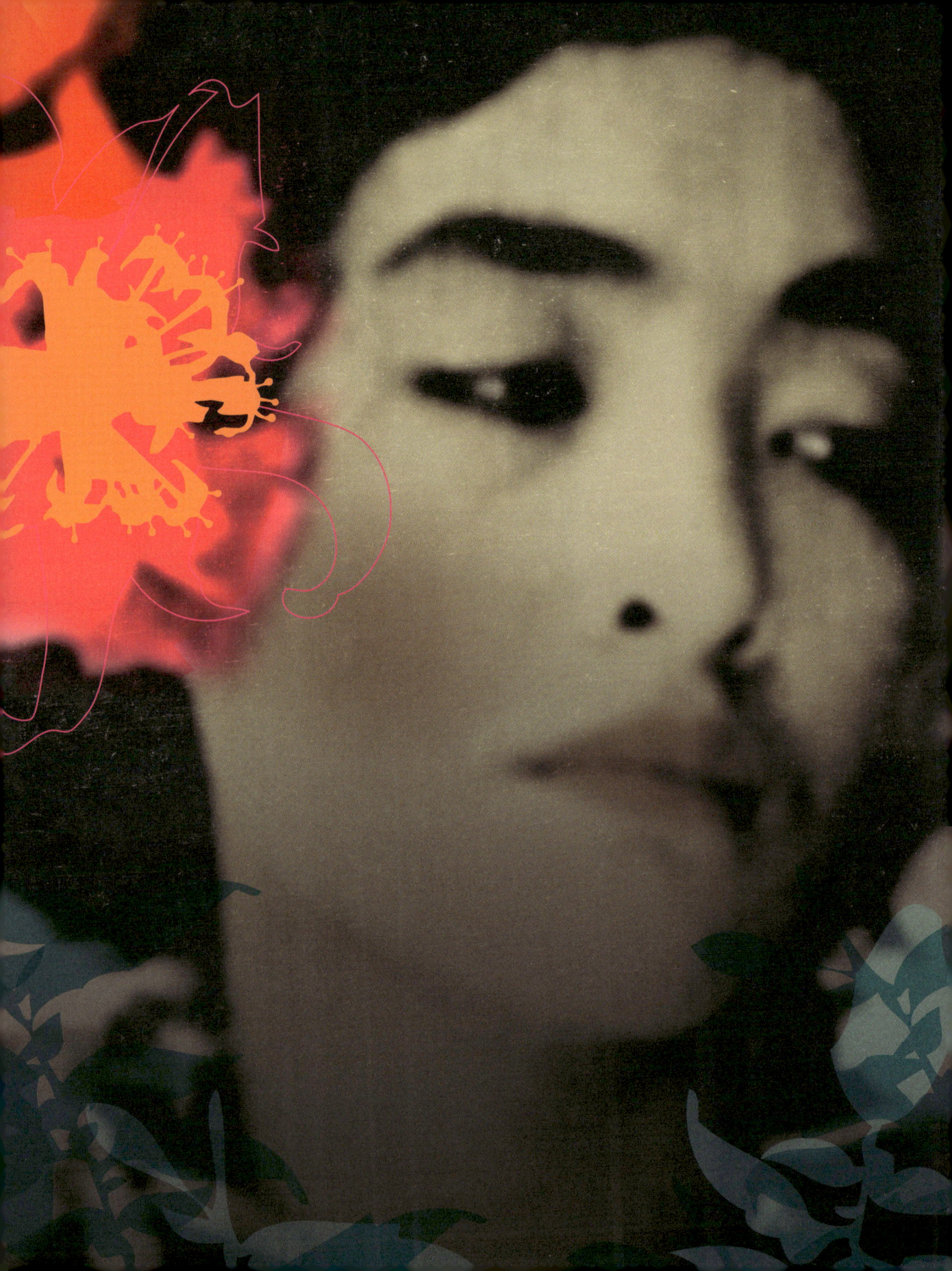

PARADIESE DER SÜDSEE

MYTHOS UND WIRKLICHKEIT

Katalog zur Sonderausstellung
Herausgegeben von Inés de Castro, Katja Lembke
und Ulrich Menter

Roemer- und Pelizaeus-Museum Hildesheim

Paradiese der Südsee – Mythos und Wirklichkeit
Begleitbuch zur Sonderausstellung
im Roemer- und Pelizaeus-Museum Hildesheim
11. Oktober 2008 – 7. Juni 2009
www.rpmuseum.de
www.suedsee-ausstellung.de

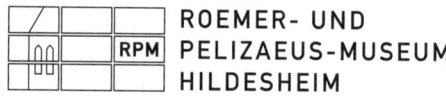

248 Seiten mit 1 Karte, 344 Farb- und 9 Schwarzweißabbildungen

Umschlagabbildung: Nicole Westphal, Atelier für Kommunikationsgestaltung, Hildesheim

Für die Unterstützung des Projektes danken wir:

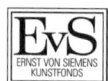 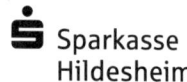 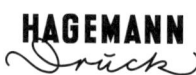 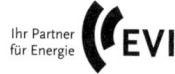

Bibliografische Information der Deutschen Nationalbibliothek

Die Deutsche Nationalbibliothek verzeichnet diese Publikation in der Deutschen
Nationalbibliografie; detaillierte bibliografische Daten sind im Internet über
<http://dnb.d-nb.de> abrufbar.

© 2008 Roemer- und Pelizaeus-Museum GmbH Hildesheim und Verlag Philipp von Zabern, Mainz
ISBN: 978-3-8053-3915-5 (Buchhandelsausgabe)
ISBN: 978-3-8053-3936-0 (Museumsausgabe)
Gestaltungskonzept und Layout: Dipl.-Des. Nicole Westphal, Atelier für Kommunikationsgestaltung, Hildesheim
Satz: Ragnar Schön, Verlag Philipp von Zabern, Mainz
Lithos: Das Reprohaus, Rödermark
Gesamtherstellung: Verlag Philipp von Zabern, Mainz

Weitere Publikationen aus unserem Programm finden Sie unter:
www.zabern.de

Ausstellungsorganisation

Ausstellungskonzeption
Roemer- und Pelizaeus-Museum Hildesheim GmbH
Leitende Direktorin: Dr. Katja Lembke

Wissenschaftliche Kuratorin
Dr. Inés de Castro

Wissenschaftlicher Mitarbeiter
Ulrich Menter M.A.

Ausstellungsgestaltung
RUFUS studio für raum und form, Berlin

Corporate Design der Kommunikationsmittel
Dipl.-Des. Nicole Westphal, Atelier für Kommunikationsgestaltung, Hildesheim

Museumspädagogik
Julia Kruse-Hübner M.A., Helmut Bormann, Dipl.-Kultpäd. Margrid Schiewek-Giesel

Presse- und Öffentlichkeitsarbeit
Kristina Zappen, Benita Hieronimi

Restaurierung, Objektmontagen
Dorothea Lindemann, Dipl.-Museol. Stefan Kaltenbach

Verwaltung
Dr. Rainer Mentel, Sabine Wehmeyer

Technische Durchführung
Svenn Pollow, Bernward Stochay, Andre Ollech, Sharokh Shalchi,
Marian Mierzwa, Edmund Czora

Modellbau
HAWK – Hochschule für Angewandte Wissenschaft und Kunst Hildesheim

Übersetzungen
Ursula Jähne

Inhalt

Vorwort

»Nun war ich wirklich an der Schwelle der lichtreichsten Träume, die zu träumen ich kaum in meinen Kinderjahren mich erkühnt, die mir im »Schlemihl« vorgeschwebt, die als Hoffnungen ins Auge zu fassen ich, zum Manne herangereift, mich nicht vermessen. Ich war wie die Braut, die, den Myrtenkranz im Haare, dem Heißersehnten entgegensieht. Diese Zeit ist die des wahren Glückes; das Leben zahlt den ausgestellten Wechsel nur mit Abzug, und zu den hienieden Begünstigteren möchte der zu rechnen sein, der da abgerufen wird, bevor die Welt die überschwengliche Poesie seiner Zukunft in die gemeine Prosa der Gegenwart übersetzt.«

Als Dichter und auch Naturforscher ist er bekannt, doch kaum jemand wird als Autor dieser Zeilen, die vom Aufbruch künden, Adelbert von Chamisso vermuten. Er, einer der führenden Vertreter der deutschen Romantik, gehörte zu den Pionieren der Erforschung der Südsee, als er von 1815 bis 1818 die Welt umsegelte. Auch in seinen Gedichten hat sich diese Reise niedergeschlagen, etwa in »Ein Gerichtstag auf Huahine«. Doch bekannt wurde Chamisso vor allem durch den Zyklus »Frauenliebe und -leben«, den Robert Schumann vertonte.

Schon wenige Jahrzehnte später war es nicht allein die Reiselust, welche die Europäer in die Südsee trieb. So unbekannt die Reise von Chamisso ist, so berühmt sind die Bilder, die uns Paul Gauguin hinterlassen hat. Eine ähnliche Sehnsucht nach dem Ursprünglichen trieb auch deutsche Künstler wie Max Pechstein und Emil Nolde kurz vor dem Ersten Weltkrieg in den fernen Pazifik. Doch nicht nur Kunst und Natur, auch weitaus profanere Gründe führten Menschen an das andere Ende der Welt. Das 19. Jahrhundert war schließlich das Zeitalter der Kolonisation, die auch die entlegendsten Gebiete einschloß. So herrschten die Engländer auf den Fiji-Inseln, und die Deutschen hatten zwischen 1884 und dem Ersten Weltkrieg einen Teil Neuguineas, des Bismarckarchipels und der nördlichen Salomonen, teilweise auch die Marianen und die Karolinen unter ihrer Kontrolle. Ähnlich wie in den amerikanischen Städten New Orleans und New York verwendeten die neuen Bewohner heimatliche Namen wie Neupommern oder Neumecklenburg. Zentren waren Madang (Friedrich-Wilhelmshafen) in Kaiser Wilhelms-Land und später Kokopo (Herbertshöhe) im Bismarckarchipel. Hierher gelangten auf Geheiß des Kaisers Kolonialbeamte, aber auch Seeleute und Händler, die von der Gewinnung von Rohstoffen wie Tabak, Cobra und Baumwolle profitieren wollten.

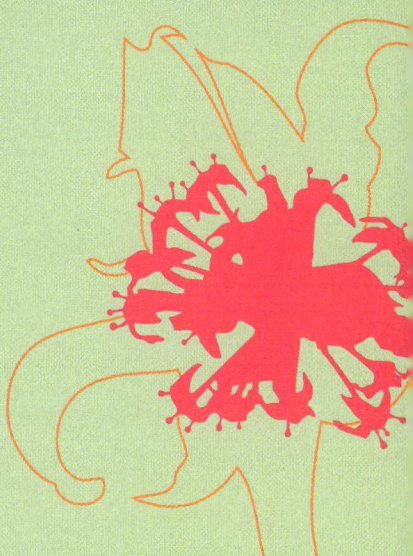

Auch wenn man es kaum mehr wahrnehmen mag: Die Völker der Südsee waren vor hundert Jahren unsere »neuen Nachbarn«. Und gerade heute ist die Südsee wieder in Mode, denn die Tätowierung, die nicht nur bei Jugendlichen en vogue ist, geht auf den tahitischen Ursprung »tatau« zurück.

Dennoch ist vieles in Vergessenheit geraten, die Reisen des romantischen Pioniers Adelbert von Chamisso, die Suche nach dem natürlichen Menschen von Pechstein und Nolde oder auch die Herkunft der Tätowierung. Mit dieser Ausstellung möchten wir wieder die Sehnsucht entfachen und gleichzeitig Aufklärung leisten über die zahlreichen Völker der Südsee mit ihren komplexen Traditionen und Ritualen.

Aloha, kommen Sie an Bord und genießen Sie die Reise, so wie einst Adelbert von Chamisso.

»Fernher aus geheimem Schreine
   Winkt ein Schatz so wunderbar,
Weiß allein nur, wen er meine,
   Und den Ort, wo er bewahrt.
Und wir streben, und wir meinen,
   Streben, meinen immerdar;
Schweifen durch des Lebens Weite
   Und verachten die Gefahr.
Wir begehren nur das Eine,
   Wir begehren immerdar;
Immerdar auch will's erscheinen,
   Ach! verschwinden immerdar.«

Dr. Katja Lembke
Leitende Direktorin des Roemer- und Pelizaeus-Museums Hildesheim

Einleitung

Die Ausstellung »Paradiese der Südsee – Mythos und Wirklichkeit« rückt erstmals die bedeutende Südsee-Sammlung des Roemer- und Pelizaeus-Museums Hildesheim in den Mittelpunkt einer großen Schau. Gezeigt werden die Highlights der Sammlung aus den Regionen von Melanesien, Mikronesien und Polynesien, die durch die Sammlertätigkeit von Handelshäusern, Missionaren oder Kolonialbeamten meist vor dem Ersten Weltkrieg nach Hildesheim kamen.

Eine Ausstellung, die sich mit den kulturellen Ausprägungen eines geographischen Raumes von 1,2 Mio km² befassen möchte, steht vor einer fast unlösbaren Aufgabe. Geographisch gesehen umfasst Ozeanien über 7000 Inseln und Inselgruppen in einem Gebiet, das mehr als ein Drittel der gesamten Erdoberfläche einnimmt.

Auch wenn die Sammlung des Roemer- und Pelizaeus-Museums kein vollständiges Bild der über 1000 verschiedenen Ethnien zeigen kann, ermöglicht sie doch einen spannenden Einblick in die verschiedenen kulturellen Räume aus einer Zeit, in der die Auseinandersetzung mit den kolonialen Mächten tief gehende und bleibende Veränderungen in den Südsee-Gesellschaften herbeiführte. Die Objekte erstaunen durch ihre schlichte oder reich ornamentierte Gestaltung sowie durch die Fülle an verwendeten Materialkombinationen. Obwohl sie ihrem ursprünglichen kulturellen Kontext entrissen wurden und ihre ursprüngliche kraftgeladene Funktion verloren haben, dokumentieren sie auf eindrucksvolle Weise den kulturellen Reichtum dieser Region.

Zu Beginn der Ausstellung steht jedoch der Mythos Südsee: die europäischen Vorstellungen eines Paradieses freier Menschen, die im Widerspruch zu den meist stark reglementierten Gesellschaften der Südsee stehen. Diese Faszination entstand bereits im 18. Jahrhundert durch Kapitän Louis Antoine de Bougainville, der im April des Jahres 1768 auf Tahiti stieß und die Insel mit einem Paradies aus der klassischen Antike verglich. Auch Georg Foster gehört zu den Architekten des Mythos: Als er als Biologe Kapitän Cook auf seinen Reisen begleitete, verglich er Tahiti aufgrund der aus europäischer Sicht egalitären Verhältnisse und der angenommenen sexuellen Freizügigkeit mit einem Garten Eden.

Dem Mythos folgend reisten im 19. Jahrhundert die Künstler Emil Nolde und Max Pechstein in die Südsee. Ihre Werke stehen zu Beginn der Ausstellung und dokumentieren die von ihnen erlebte Realität sowie die europäische Faszination des »schönen Wilden« – in einer Zeit, in der das nordöstliche Neuguinea und der Bismarckarchipel, der größte Teil Mikronesiens und West Samoa bis 1914 unter der Kolonialverwaltung des Deutschen Reiches standen.

Namhafte Autoren vereinen in diesem Buch die vielschichtigen Aspekte von Mythos und Wirklichkeit und geben den neuesten Stand der deutschsprachigen Südsee-Forschung wieder.

Ich danke allen Mitarbeitern und Kollegen, die zur Verwirklichung dieses Projektes beigetragen haben.

Dr. Inés de Castro
Kuratorin der Ausstellung

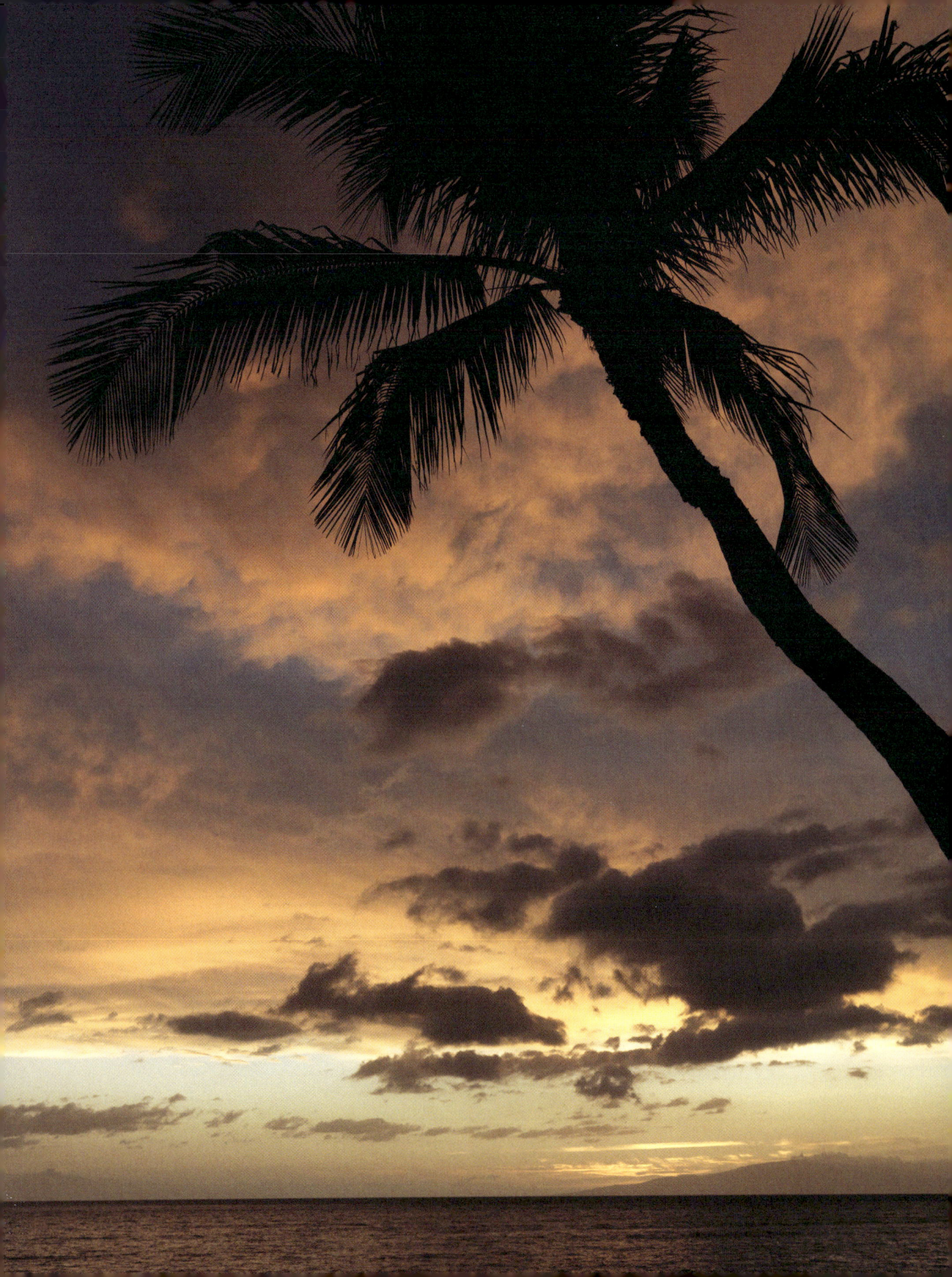

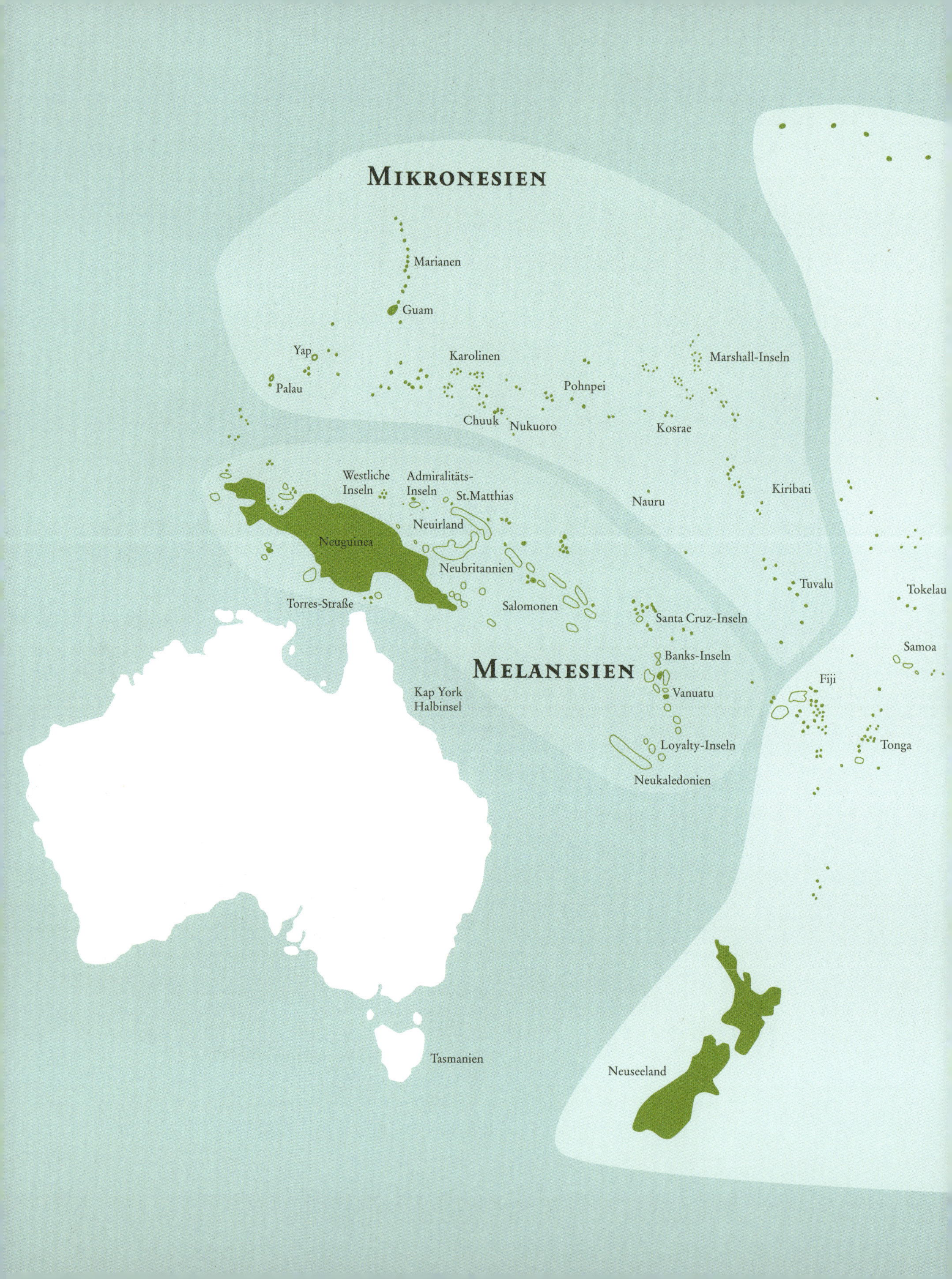

MIKRONESIEN

Marianen

Guam

Yap

Palau

Karolinen

Marshall-Inseln

Pohnpei

Chuuk   Nukuoro

Kosrae

Westliche   Admiralitäts-
Inseln   Inseln
                        St.Matthias

Neuirland

Neuguinea

Neubritannien

Nauru

Kiribati

Torres-Straße

Salomonen

Tuvalu

MELANESIEN

Tokelau

Santa Cruz-Inseln

Kap York
Halbinsel

Banks-Inseln

Samoa

Vanuatu

Fiji

Loyalty-Inseln

Tonga

Neukaledonien

Tasmanien

Neuseeland

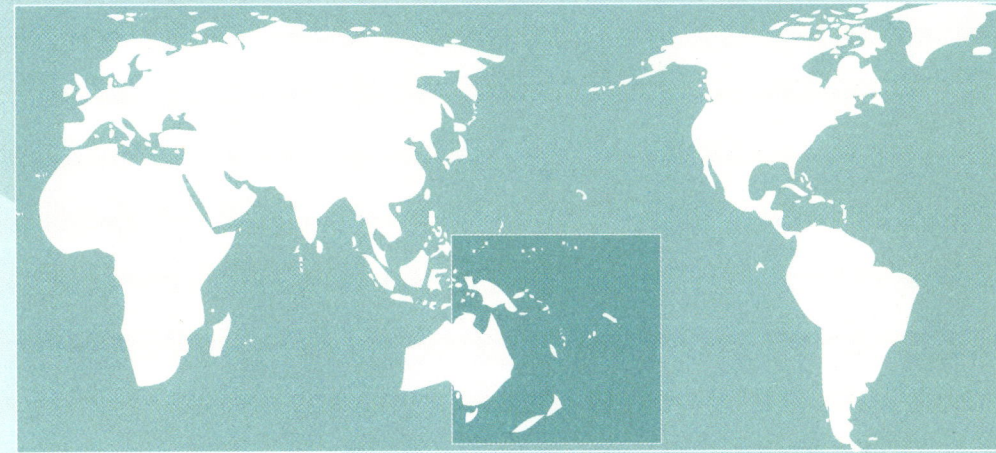

Hawai'i

POLYNESIEN

Marquesas-Inseln

Gesellschafts-Inseln

Tuamotu-Inseln

Tahiti

Cook-Inseln

Austral-Inseln

Pitcairn-Inseln

Rapa Nui
(Osterinsel)

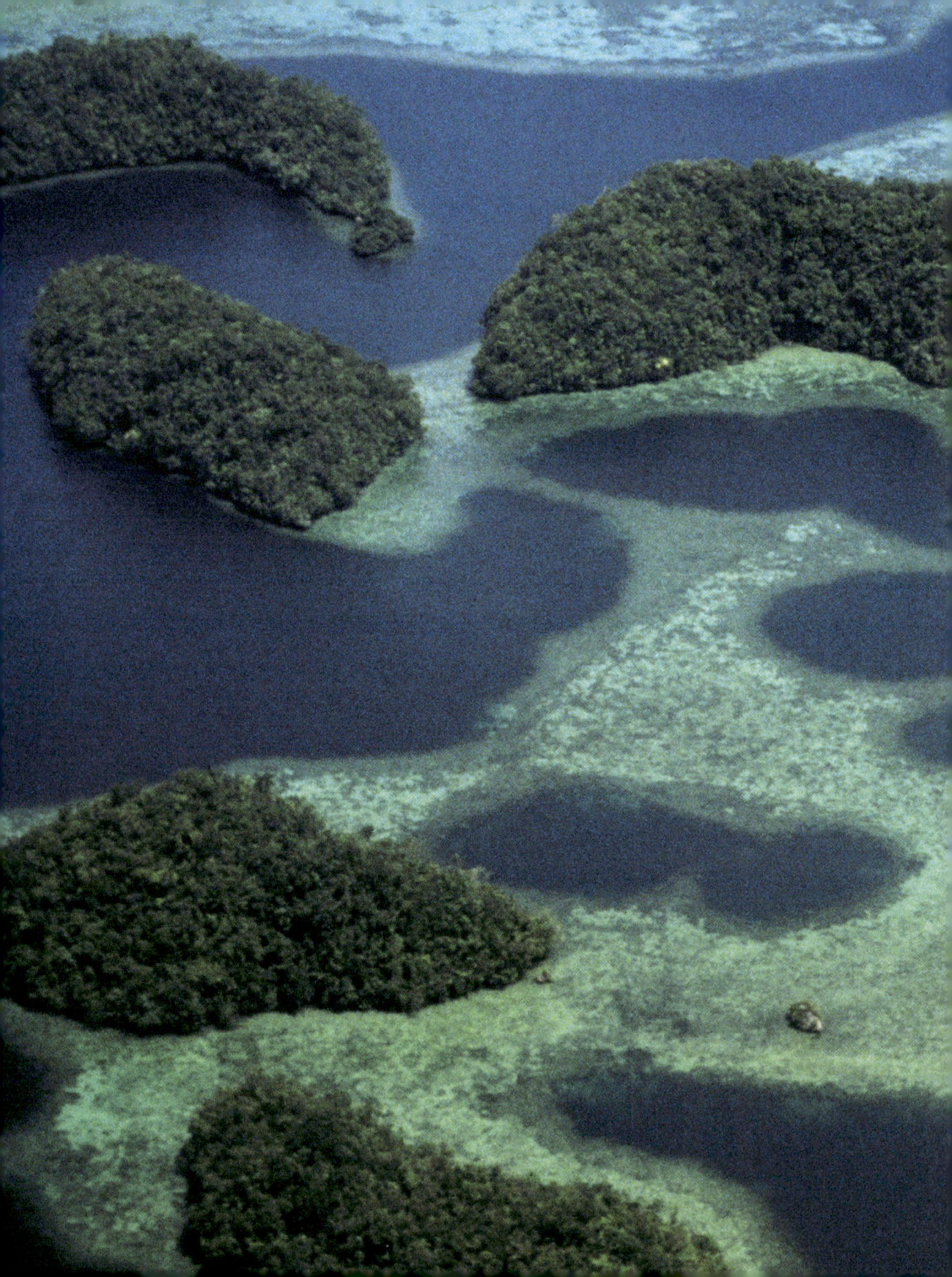

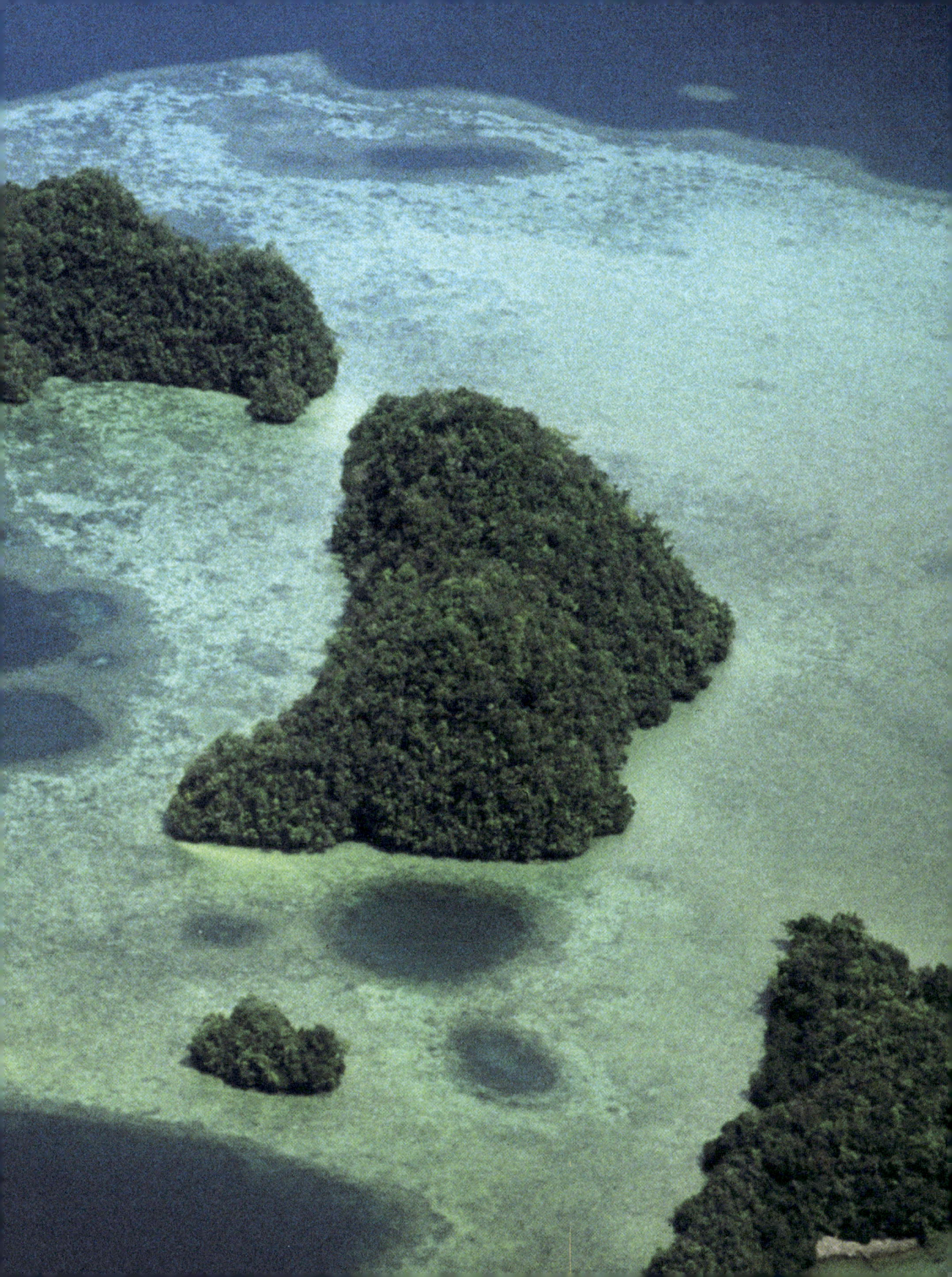

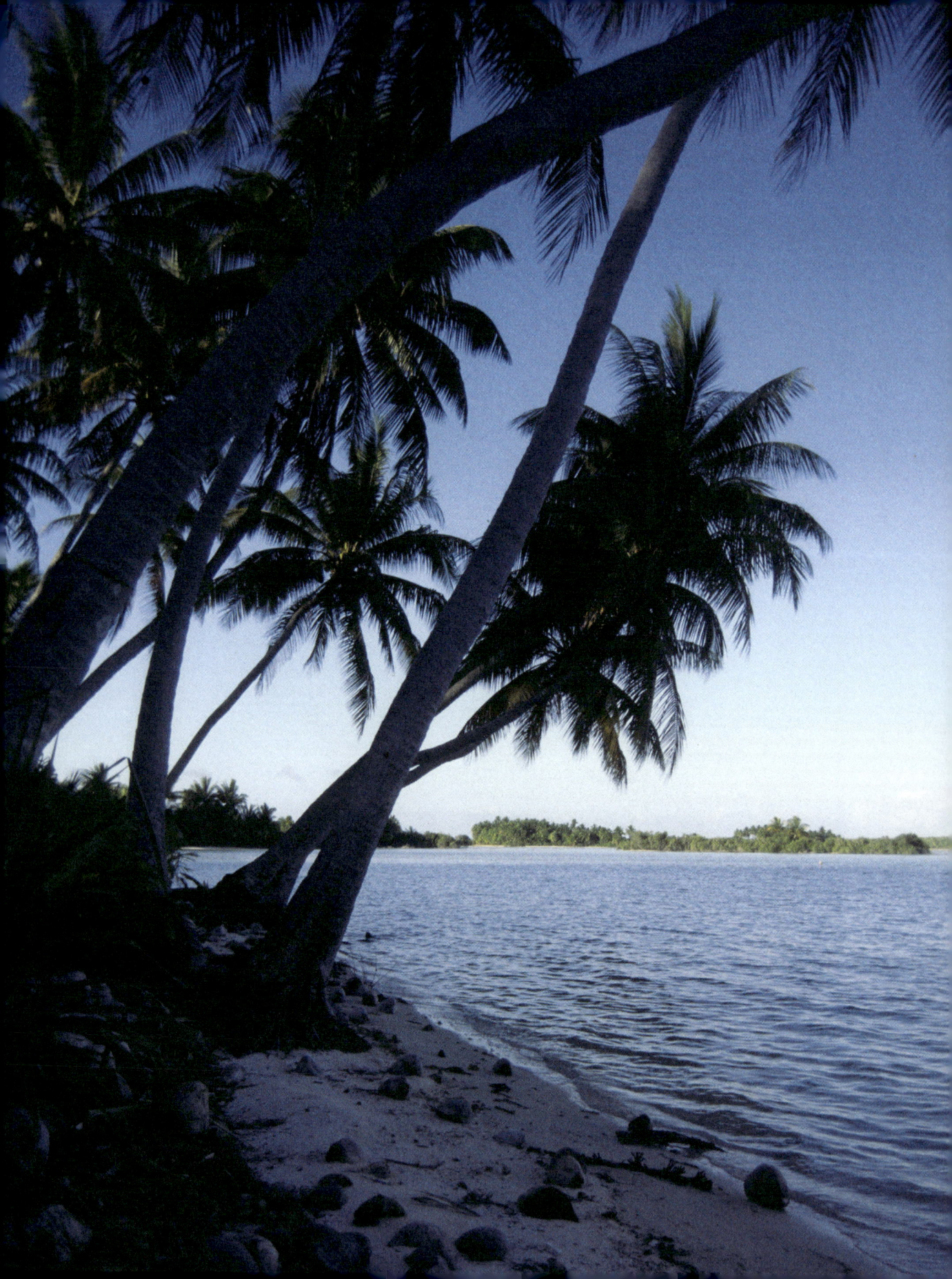

Inselwelten im Pazifik

Werner Kreisel

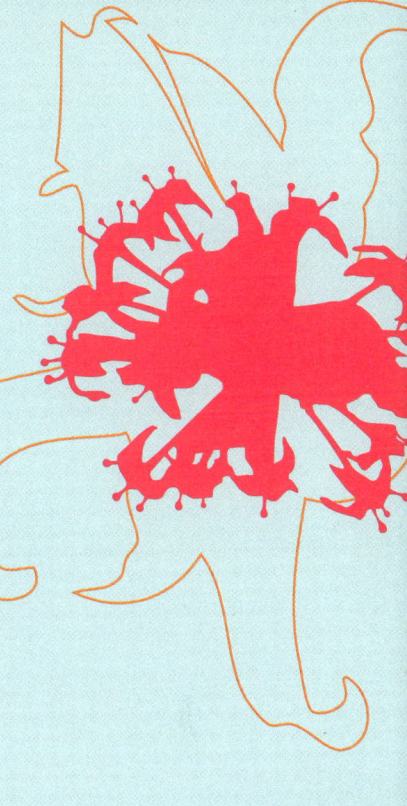

Im Pazifischen Ozean, dem größten Ozean der Erde mit einer Gesamtfläche von 166,24 Mio. qkm befinden sich, auf zahllose Inselgruppen verteilt, zusammen lediglich 1,349 Mio. qkm Land, die von nicht mehr als 11 Mio. Einwohnern besiedelt sind. Hinsichtlich der Größe stehen einzelne Inseln beträchtlichen Ausmaßes (Neuguinea: 884.000 qkm, Neuseeland: 269.000 qkm) neben tausenden von kleinen und kleinsten Koralleninseln. Je nach Dauer der Erosion sind sog. »hohe Inseln« (*high islands*) erhalten geblieben, während andere abgetragen wurden und als Atolle (*low islands*) überdauerten. Der Pazifische Ozean hat, ausgehend von der tropischen Zone, Anteil an der Passatregion, den subtropischen Hochdruckzellen, den gemäßigten außertropischen Bereichen bis zu den polaren Regionen beider Halbkugeln. Dies bringt es mit sich, dass Relief, Klima und Vegetation höchst unterschiedlich sind. Man findet dementsprechend in der pazifischen Inselwelt eine Spannbreite von undurchdringlichen tropischen Regenwäldern (Tiefländer Neuguineas) bis zu hochalpinen Formen (Südalpen Neuseelands).

Die Gliederung der pazifischen Inselwelt in die drei Räume Melanesien, Polynesien und Mikronesien geht auf die traditionelle Einteilung in die drei Gruppen der voreuropäischen Bevölkerung zurück: die »dunkelhäutigen« Melanesier, deren Verbreitungsgebiet sich von Neuguinea bis einschließlich Fiji erstreckt, die »braunhäutigen« Polynesier, welche die Inseln des so genannten »polynesischen Dreiecks« zwischen Hawai'i, Neuseeland und der Osterinsel bewohnen und die ihnen recht ähnlichen Mikronesier, die auf den südöstlich an Japan anschließenden Inselgruppen (Marianen, Karolinen, Marshall-Inseln etc.) leben.

Geomorphologische Formelemente

Der Bereich des Pazifiks besteht aus verschiedenen tektonischen Platten (Pazifische Platte, Gorda-Platte, Cocos-Platte, Fiji-Platte, Bismarck-Platte, Philippinen-Platte). Ein randkontinentales Gebirge (Orogengürtel vom Kor-

Abb. 1
Vorhergehende Seite:
Zahlreiche Koralleninseln
prägen das Gesicht
Mikronesiens (Palau).

Abb. 2
Typisch für die tropischen
Inseln der Südsee sind die
entlang der Strände wachsenden
Kokospalmen.

Abb. 3

Übersichtskarte des Pazifischen Ozeans und seiner Nebenmeere.

Abb. 4

Vulkanismus ist für die Entstehung des größten Teils der pazifischen Inseln verantwortlich (Vanuatu).

Abb. 5

Fast alle Inseln Ozeaniens liegen in den Tropen. Größere Inseln zeichnet eine prächtige Vegetation aus (Vanua Levu, Fiji).

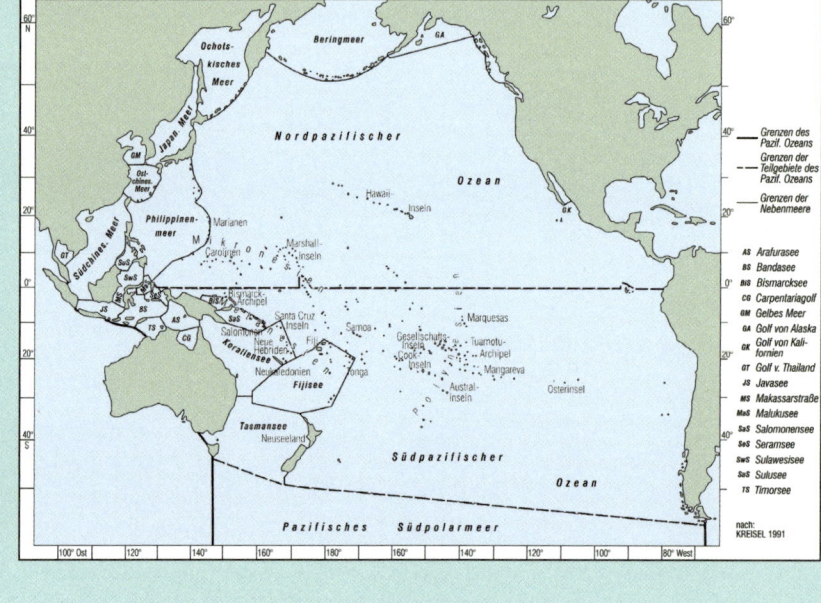

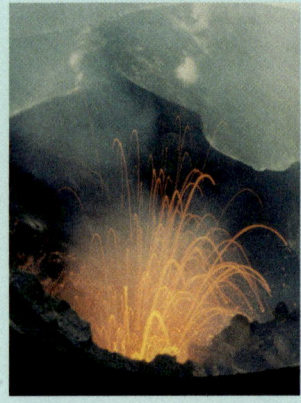

dillerentyp) begrenzt den Ozean nach Amerika hin; die ozeanischen Platten tauchen unter den Kontinentalrand ab. Inselbögen sind hingegen ein wesentliches Element des westlichen Pazifischen Ozeans. Vulkanismus ist für Entstehung des größten Teils der pazifischen Inselwelt verantwortlich. Die Ränder des Pazifiks sind durch explosiven Vulkanismus geprägt (»Feuerring« des zirkumpazifischen Gebirgssystems). Demgegenüber tritt der so genannte ozeanische Intraplattenvulkanismus abseits der großen Lineamente (Bruchzonen) und Schwächezonen auf. Auf diesen Typ des Vulkanismus sind die innerpazifischen Inselketten zurückzuführen. Während heute nur noch zwei Gebiete innerhalb des Pazifiks aktiven Vulkanismus aufweisen (Insel Hawai'i in der Hawai'i-Gruppe und Savai'i in Samoa) sind auf diese Weise auch viele andere innerpazifische Inselgruppen durch fossilen Vulkanismus entstanden.

Das heutige Aussehen der Inseln richtet sich nach der Dauer und der Intensität der Erosion: Relativ junge Inseln sind als Schildvulkane oder Vulkankegel noch erkennbar (Hawai'i); ältere zeigen nur noch Vulkanruinen als Zentren des einstigen Vulkans (Bora-Bora) oder sind durch Abtragung zu flachen Koralleninseln geworden. Das Korallenwachstum setzt in geringer Tiefe unter dem Meeresspiegel an. Es geht so lange weiter, wie die Korallen sich unter Wasser befinden und endet dann, wenn das Riff über den Ozeanspiegel hinausragt. Die Zukunft der Koralleninseln ist jedoch angesichts des gegenwärtigen Klimawandels und des prognostizierten Meeresspiegelanstiegs ungewiss.

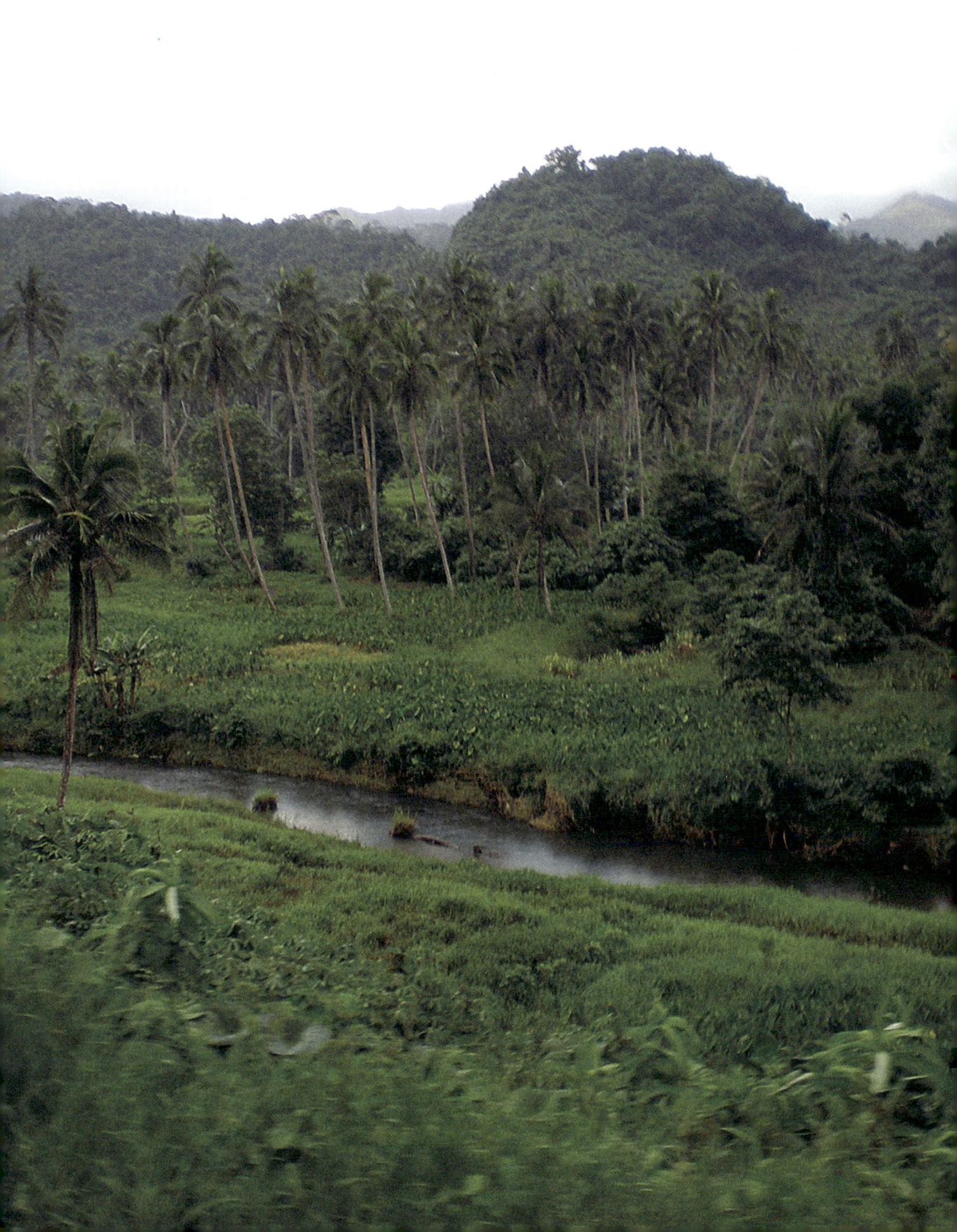

KLIMA, FLORA UND FAUNA

Im Pazifik befinden sich zwei Passatzonen, die Region des NE-Passats (von der Westküste Mexikos über Hawai'i bis zu den Marshall-Inseln) und die des SE-Passats (von der Westküste Südamerikas über Marquesas und Tuamotus bis zu den Gesellschaftsinseln). Die zweite bedeutende Klimaregion des Pazifiks ist die äquatoriale Tiefdruckrinne, die sich vom südlichen Panama in einem weiten Bogen zu den Salomonen erstreckt. Die Tagesmitteltemperaturen weisen nur geringe Schwankungen im Laufe des Jahres auf. Es handelt sich um eine Zone mit ganzjährigen ergiebigen Niederschlägen. Die Monsun-Region des Pazifischen Ozeans befindet sich im westlichen Teil des Ozeans zwischen Südjapan, den Philippinen, Neuguinea und Nordaustralien. Für diese Zone sind die jahreszeitlich wechselnden Winde und die ausgeprägte Saisonalität von Bewölkung und Niederschlag typisch. Die nördlichen Philippinen und die Marianen auf der Nordhalbkugel und Neuseeland auf der Südhalbkugel liegen im Bereich der außertropischen Westwindzone. Auf der Südinsel bestimmt die Kette der Südalpen das regionalklimatische Geschehen und trennt den sehr niederschlagsreichen westlichen Küstenstreifen von der trockeneren und weiträumigeren Ostseite. Die Südalpen selber besitzen ein Hochgebirgsklima mit rezenter Vergletscherung (Tasman-, Fox-, Franz Josef-Gletscher).

Die Pflanzen- und Tierwelt des Pazifischen Raumes ist durch die Insularität und die Isolation bestimmt. Die Insularität führte dazu, dass mit zunehmender Entfernung von den Kontinenten die Artenvielfalt abnimmt; die Isolation hat zur Folge, dass der Endemismus stark entwickelt ist. Die ökologischen Verhältnisse von Inseln sind sehr anfällig für Störungen. Das Eindringen des Menschen war der entscheidende Einschnitt, der das vorherige Gleichgewicht durch Anbau (bewusste und unbewusste Einführung neuer Arten) sowie durch Haustierhaltung (Schweine, Hunde, Hühner, Rinder, Schafe) zerstörte.

Die pazifische Inselwelt ist angesichts dieser enormen naturräumlichen, aber auch kulturräumlichen Vielfalt wesentlich differenzierter, als es die »Südsee-Schablonen« vorgaukeln – überdies stören auch zahlreiche soziale, ethnische, politische und ökonomische Probleme das Bild eines Inselparadieses.

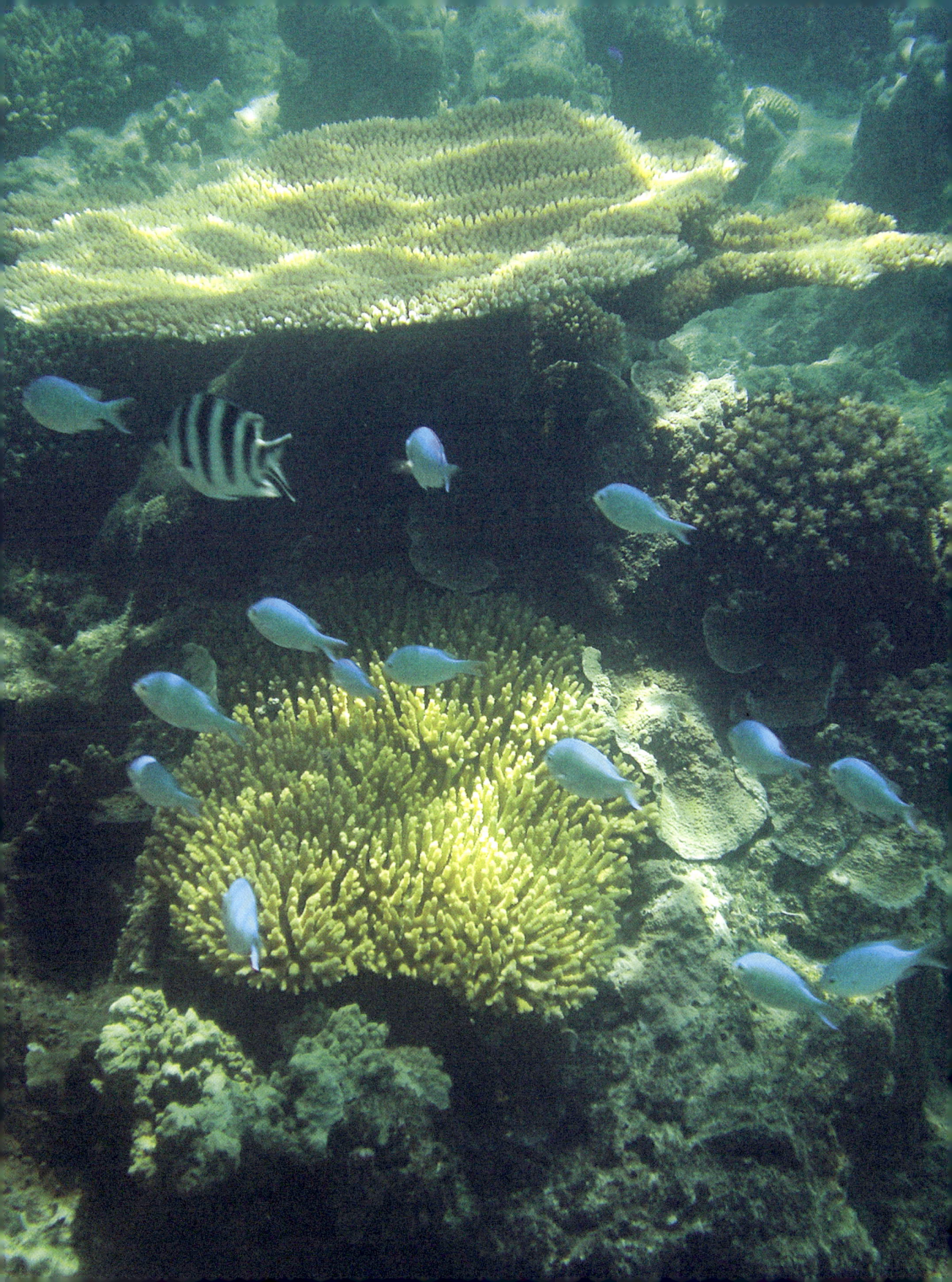

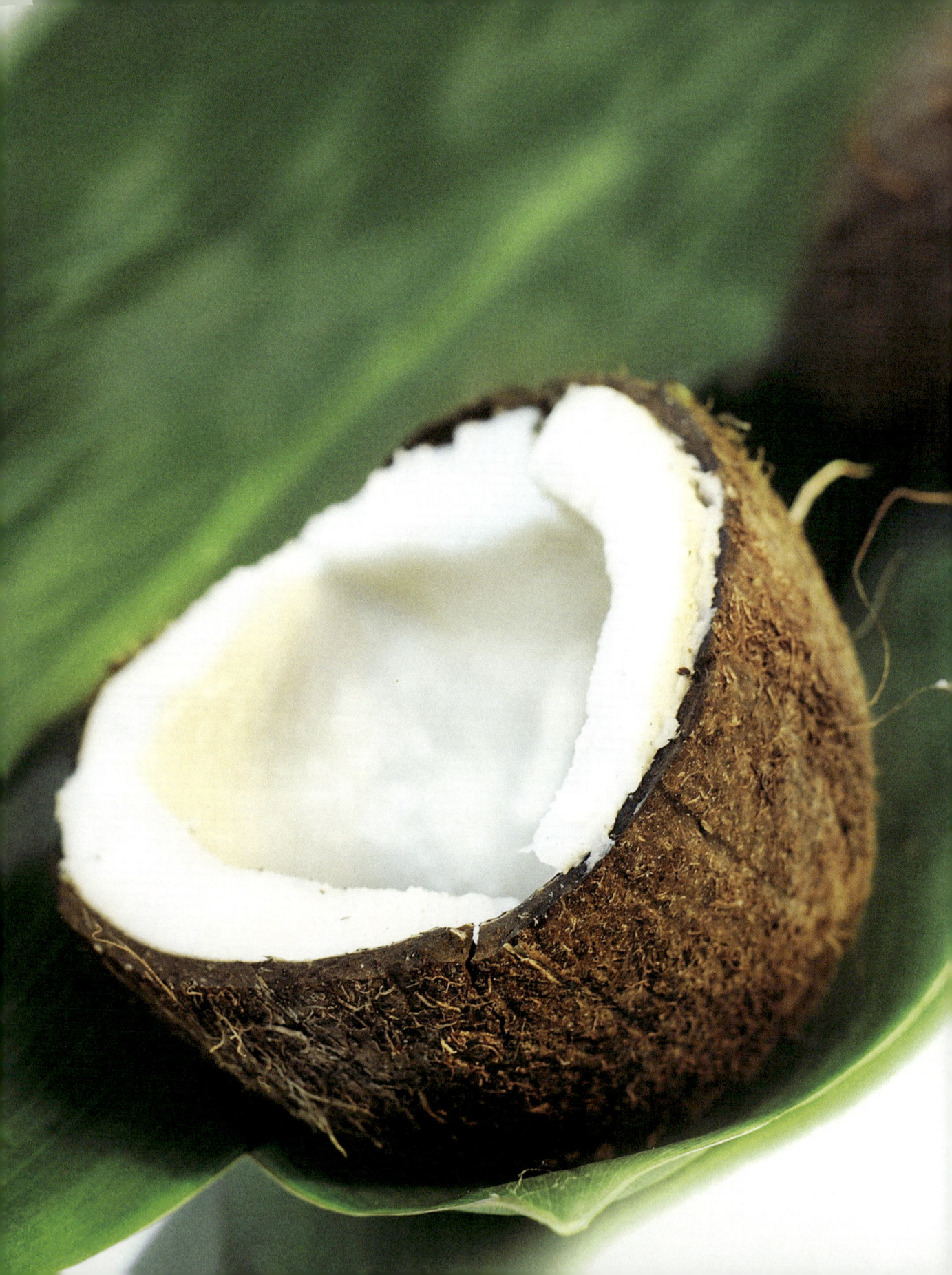

Die Kokospalme

eine Pflanze, viele Materialien

Ehrentraud Bayer

Sie ist das Symbol für den Traumurlaub am Meeresstrand und gilt als Inbegriff von Exotik und Sinnbild der Tropen. Ihr Verbreitungsgebiet deckt sich mit dem gesamten Tropengürtel. Die Königin der Palmen – die Kokospalme (*Cocos nucifera*) – gedeiht nur in warmen feuchten Gebieten. Sie wächst bevorzugt an der Küste, dringt aber (an Flussläufen) auch ins Landesinnere vor. Wo sie vorkommt, bestimmt sie durch ihren hohen schlanken Wuchs, die dichte Krone und den bogig aufsteigenden Stamm das Landschaftsbild.

Ihre Herkunft ist ungeklärt, doch wird vermutet, dass die Kokospalme aus Melanesien oder dem indomalaiischen Raum stammt. Als alte Kulturpflanze, die schon vor 4000 Jahren den Völkern der Südsee und Asiens als wertvolle Nutzpflanze diente, wurde sie vielfach durch den Menschen verbreitet. Zudem können die schwimmfähigen Früchte Tausende von Kilometern im Meer verdriftet werden, ohne ihre Keimfähigkeit zu verlieren. Eine Unterscheidung zwischen absichtlich angelegten und natürlich entstandenen Palmhainen ist daher nicht möglich.

Die bis zu 30 m hohe Palme trägt einen Schopf von 25–35 riesigen Fiederblättern, die ausgewachsen bis zu 6 m lang sind und 15 kg wiegen. Der armdicke Wedelstiel ist an der Basis verbreitert und hinterlässt beim Abfallen die charakteristischen horizontalen Narben am Stamm. In den Achseln neu gebildeter Blätter entstehen die Blütenstände. Aus den weiblichen Blüten bildet sich im Laufe eines Jahres eine große eiförmige, stumpf dreikantige Steinfrucht, die zwischen 900 g und 2500 g wiegt. Sie wird 18–25 cm lang und ebenso breit und gehört damit zu den größten Früchten im Pflanzenreich. Sie ist außen umgeben von einer lederigen glatten Haut, die gelb oder grün, später braun gefärbt ist und die aufgrund eines Wachsüberzuges kein Wasser eindringen lässt. Darunter liegt eine bis zu 5 cm dicke, spezifisch leichte Faserschicht, die den sehr harten holzigen Steinkern umgibt, der bei uns als Kokosnuss gehandelt wird. Im Inneren des Steinkerns befindet sich der Samen.

Abb. 7
Das frische Kokosfleisch im Inneren des Steinkerns ist das Nährgewebe des Samens. Erst beim Trocknen löst es sich von der harten Schale. Es enthält dann bis zu 70% Fett, ferner Eiweiß, Zucker, Ballaststoffe und Mineralien.

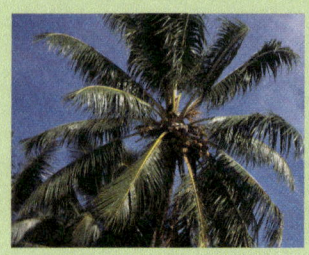

Er besteht bei der Reife aus einem festen, öl- und eiweißreichen, weißen Nährgewebe, das den Steinkern innen auskleidet. Die freibleibende Höhlung ist
zur Hälfte von einer Flüssigkeit, dem Kokoswasser, erfüllt. Reife Kokosnüsse
erzeugen daher beim Schütteln ein klatschendes Geräusch. Das schmackhafte
Nährgewebe wird frisch verzehrt oder kommt getrocknet und zerkleinert als
Kopra in den Handel. Durch Auspressen der Kopra gewinnt man das Kokosöl, das bei Temperaturen unter 25° zu festem Fett erstarrt. Es wird weltweit
in der Seifen- und Kosmetikindustrie oder nach Reinigung und Aufbereitung
als Speisefett verwendet. In der Südsee wird es zur Salbung der Haare und des
Körpers gebraucht.

In der jungen Kokosnuss ist das Nährgewebe insgesamt noch flüssig. Dieses
Kokoswasser wird als süßes, erfrischendes Getränk genossen (Trinknüsse).
Alle Teile der Kokosnuss sind nutzbar und können vielfältig verwendet werden: Die harten Kokosnussschalen dienen als Gefäße sowie als Brennmate-
rial, der Kokosbast aus der Faserschicht, *Coir* genannt, zur Herstellung von
Schnüren und Tauen. Aus dem Stamm werden Balken, Masten, Wasserrinnen
und Möbel hergestellt. Die Blätter nutzt man vielfach beim Hausbau oder
für Körbe. Kokosnüsse gelten als bewährte Heilmittel gegen vielerlei Krankheiten.

Abb. 8
Kokospalmen blühen und
fruchten das ganze Jahr über.
Der Ertrag ist am höchstens
im Alter von 15–50 Jahren.
Durchschnittlich gelangen
50–80 Früchte pro Jahr zur
Reife.

Abb. 9
Dieses Wassergefäß wurde aus
Kokosnuss und Kokosfasern
hergestellt. Roemer- und
Pelizaeus-Museum Hildesheim,
Kat. Nr. 100.

Abb. 10
Die Abbildung zeigt das
typische Aussehen der
Kokospalme, die Steinfrucht mit
Faserschicht im Längsschnitt
(1), den Steinkern (2, 3) sowie
Ansicht und Detail des Samens
(4, 5).

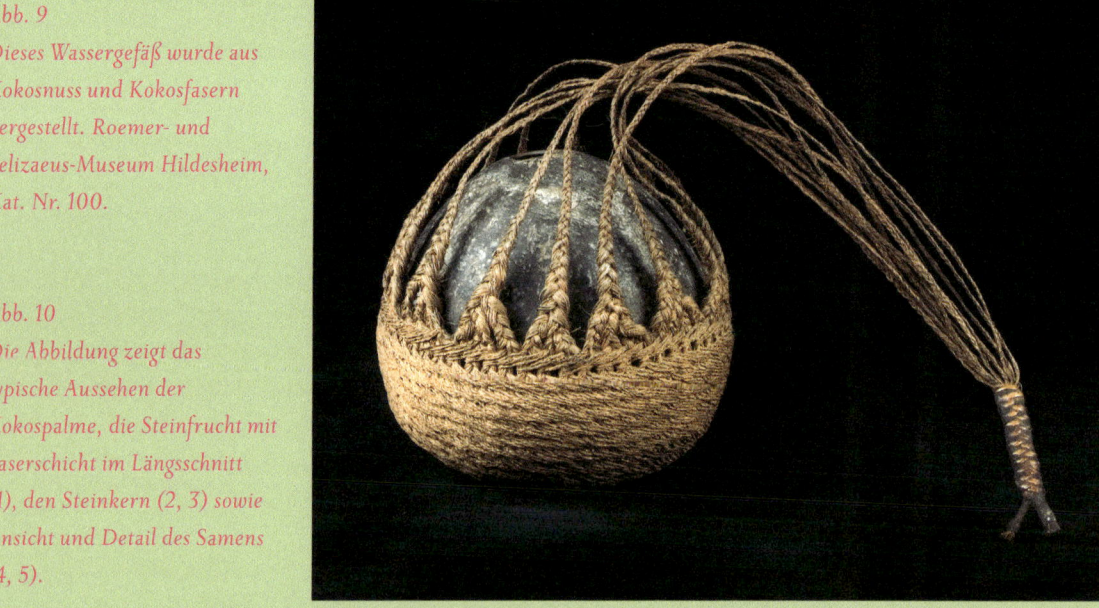

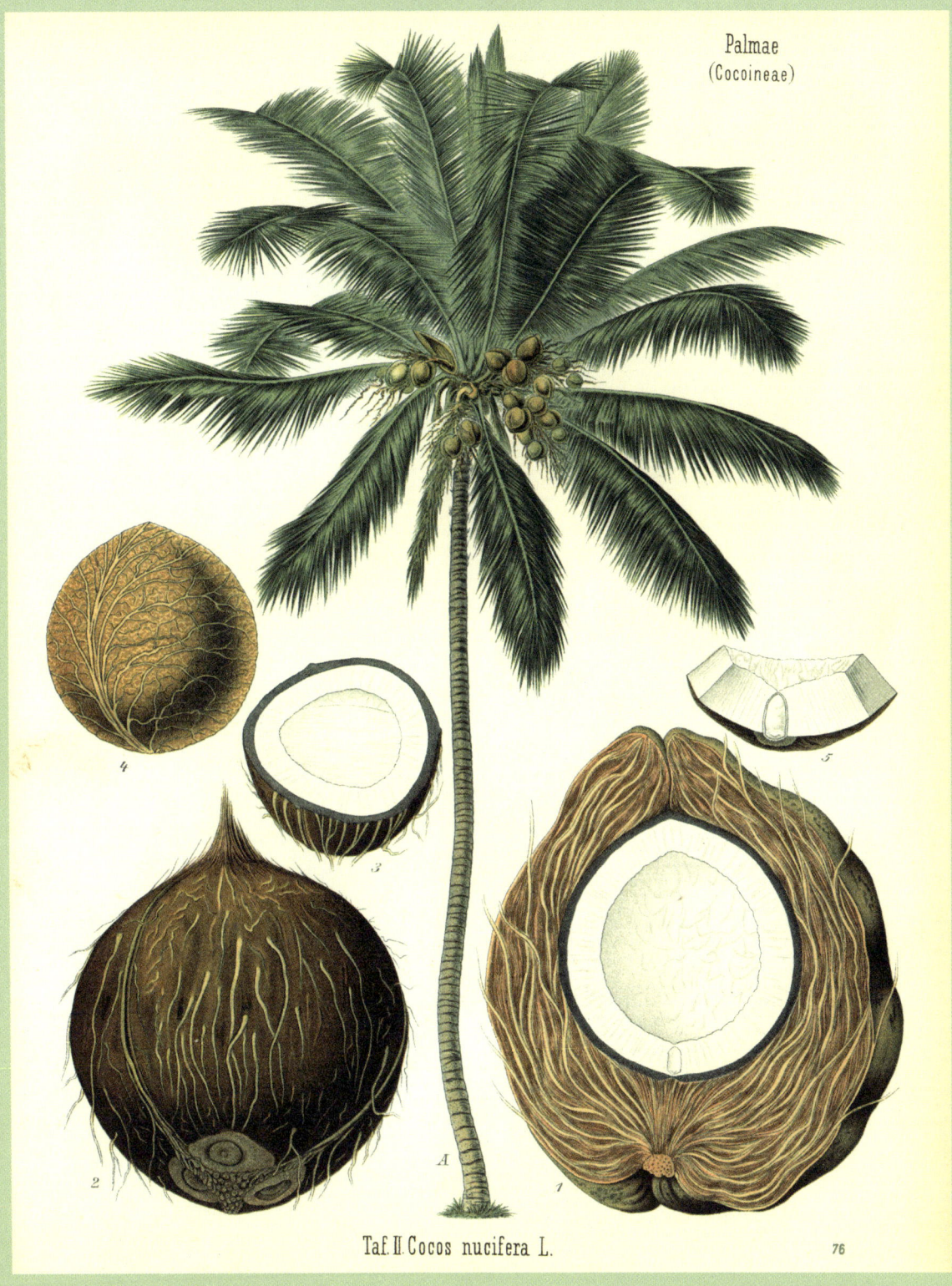

Taf. II. Cocos nucifera L.

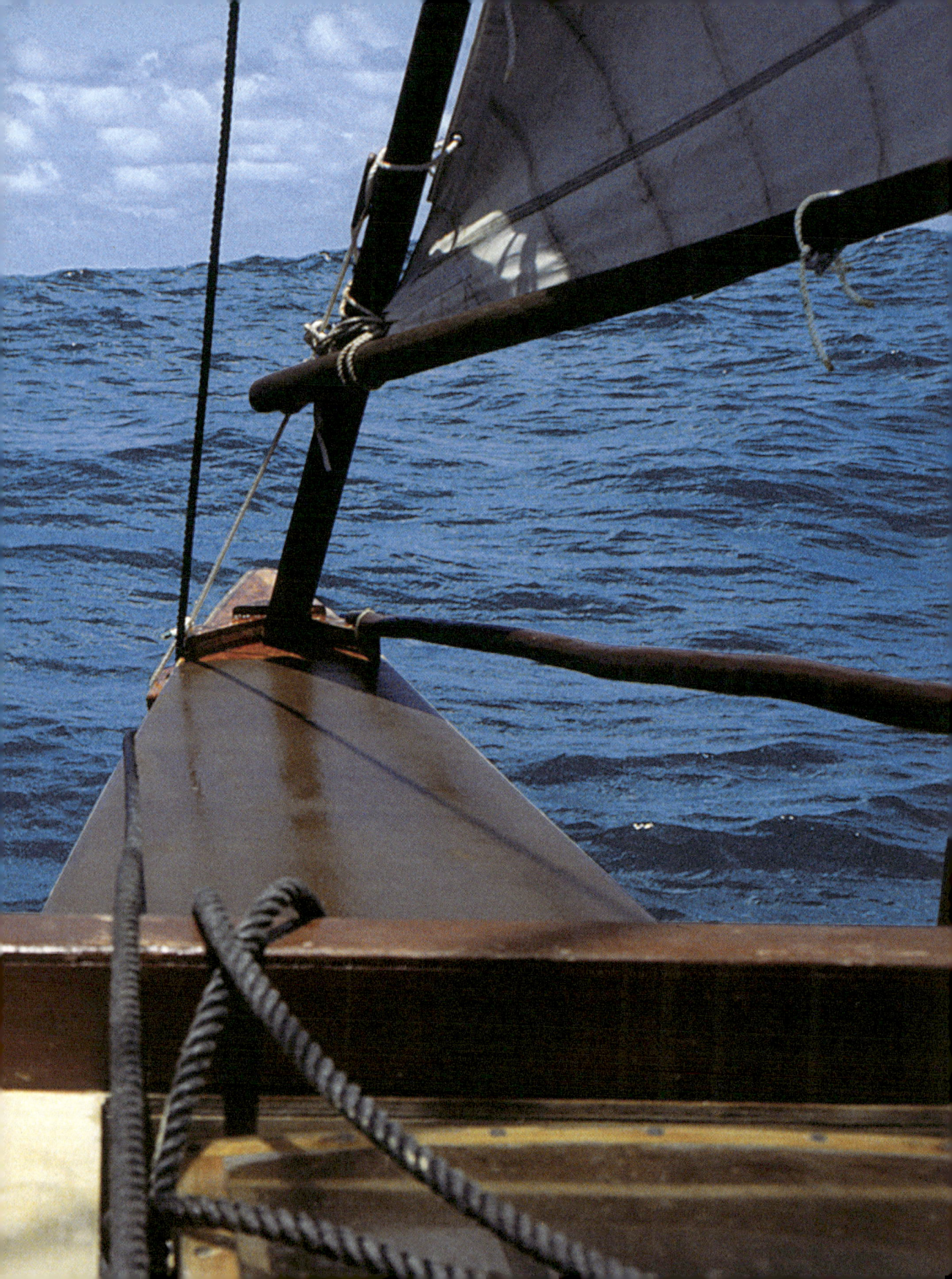

Indigene Entdeckung und Besiedlung

Inés de Castro

Die Besiedlung des ozeanischen Raumes begann während der letzten Eiszeit vor mehr als 35.000 Jahren, als erste Gruppen von Nomaden aus Südostasien Neuguinea besiedelten. Zu dieser Zeit waren die Wasserstrassen zwischen Asien und Neuguinea aufgrund des niedrigen Meeresspiegels gut passierbar. Mit Hilfe von Kanus wurden die Admiralitätsinseln und die Salomonen in Besitz genommen. Importierte Gerätschaften, Tiere und Pflanzen belegen großes Geschick in der Seefahrt sowie eine schnelle Anpassung an den neuen Lebensraum. Erste Besiedlungsspuren mit Ackerbau finden sich ab 8000 v. Chr.: Gräser wie Hirse oder Reis wurden angebaut, Schweine und Hunde gehalten, mit Pfeil und Bogen gejagt, Muschel und Obsidian gehandelt.

Zwischen 3000 und 1000 v. Chr. erreichte vermutlich eine bedeutende Einwanderungswelle aus Taiwan und dem Südosten Chinas die Inseln Melanesiens und um 850 v. Chr. die polynesischen Inseln Tonga und Samoa. Kennzeichnend für diese als Lapita-Kultur bezeichneten Gruppen sind vor allem charakteristische Keramiken mit Muschelmagerung in Tier- oder Menschengestalt sowie Koch- und Vorratsgefäße mit geometrischen Mustern. Archäologische Funde weisen darauf hin, dass Taro (aus der Familie der Aronstabgewächse), Kokospalme, Banane und Brotfrucht kultiviert wurden.

Um die Zeitenwende herum gelang es den Nachfahren dieser Kultur mit großen seefahrerischem Geschick die Cook-Inseln und die Inseln des heutigen Französisch Polynesien zu erreichen. Mit großen Doppelrumpfbooten, in denen Passagiere und ausreichend Proviant Platz fanden, gelang es riesige Distanzen zu überwinden. Knappe Ressourcen, Rivalitäten um Status und der einfache Entdeckerwille veranlassten die Menschen immer wieder nach neuen Besiedlungsmöglichkeiten zu suchen.

Zwischen dem 3. und 6. Jahrhundert n. Chr. erreichten die Polynesier schließlich Hawai'i, um 600 n. Chr. die Osterinsel. Die tüchtigen Seefahrer könnten sogar die Westküste Südamerikas erreicht haben – diese These bleibt jedoch in der Forschung umstritten.

Im 16. Jahrhundert begann die Entdeckung Ozeaniens durch die Europäer.

Abb. 11
Die Besiedlung des pazifischen Ozeans gelang insbesondere mit dem Doppelrumpfboot, mit dem weite Strecken überwunden werden konnten.

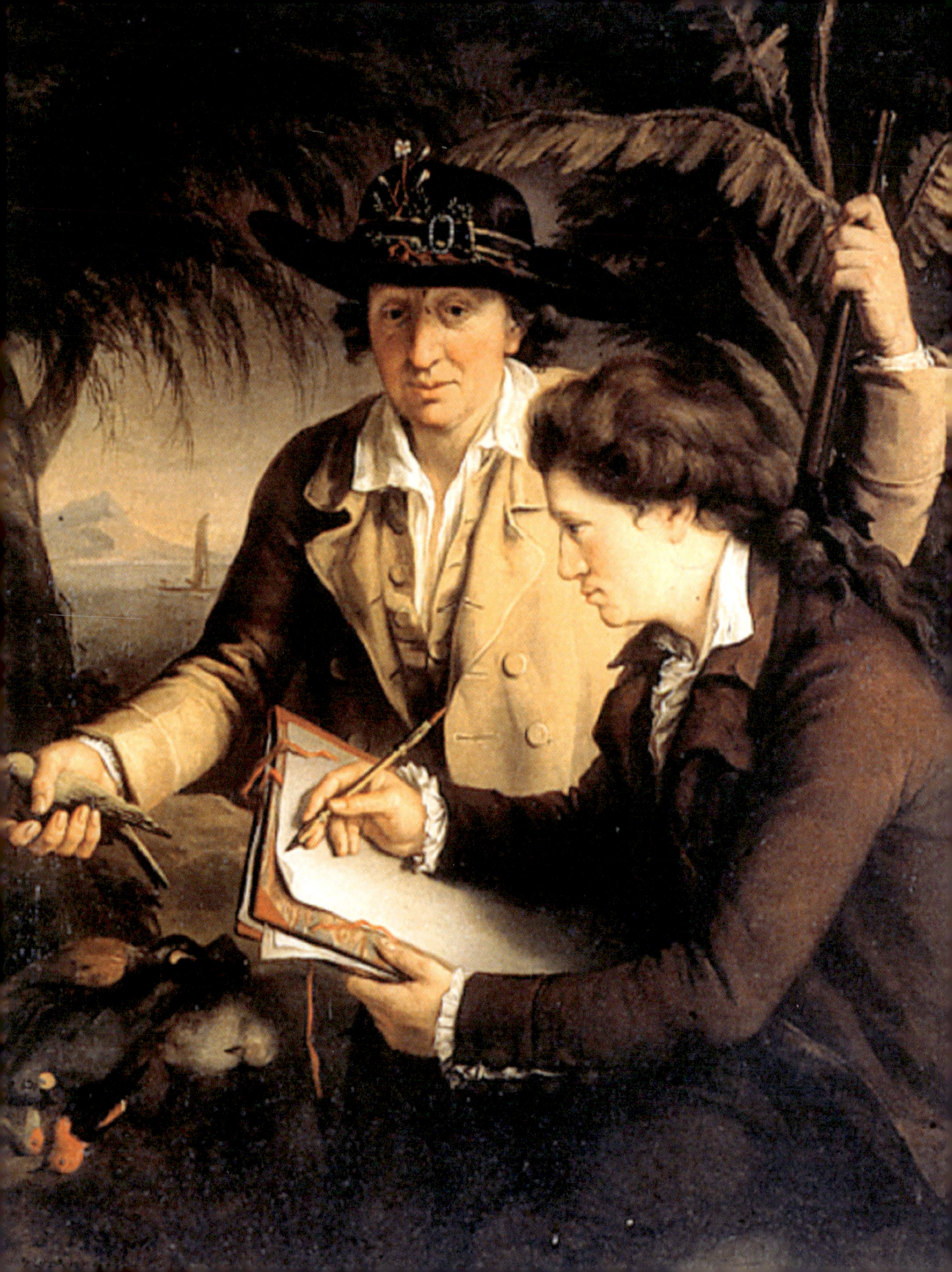

James Cook: Entdeckungen im Zeichen der Wissenschaft

Gundolf Krüger

Die Kontakte europäischer Seefahrer mit fremden Kulturen waren bis ins 18. Jahrhundert vorrangig von machtpolitischen Interessen bestimmt. Mit den Weltumsegelungen des englischen Kapitäns James Cook (1728–1779) änderte sich das Bild: Es ging nun neben der Erschließung von Handelswegen fortan auch um die Befriedigung wissenschaftlicher Neugier. Cook, der einer einfachen Landarbeiterfamilie in Yorkshire entstammte, machte aufgrund seiner hervorragenden Fähigkeiten im Navigieren sehr schnell Karriere in der Königlichen Marine. Er wurde deshalb von der Admiralität zum Leiter jener berühmt gewordenen Expeditionen benannt, während der er mithilfe neu entwickelter nautischer Instrumente, die ihm zur Verfügung gestellt wurden, zur umfassenden und genauen Erkundung der Südsee beitrug. Ihm und den zahlreichen Naturforschern, Gelehrten und Zeichnern, die an seinen drei Reisen (1768–71, 1772–75, 1776–79/80) teilnahmen, verdanken die Europäer die ersten systematischen und verlässlichen Kartenwerke, die frühesten umfassendsten Studien zum geologischen Aufbau der pazifischen Inseln und zu ihrer Flora und Fauna. Ferner wurden in einer vorher nicht gekannten Weise die Begegnungen mit den Menschen »am anderen Ende der Welt« minutiös beschrieben und bildlich dokumentiert.

Alle drei Reisen führten auf Empfehlung der Royal Society, der weltweit führenden naturforschenden Gesellschaft jener Zeit mit Sitz in London, vornehmlich in jenen Teil der Südsee, der heute Polynesien (»Vielinselwelt«) genannt wird. Von zentralem Interesse waren neben der Beobachtung des Transits der Venus vor der Sonne am 3. Juni 1769 in der Matavai-Bucht von Tahiti auch die Suche nach einem unbekannten Südkontinent *terra australis incognita* und der insbesondere von handelspolitischen Erwägungen unternommene Versuch, auf dem Seeweg um Alaska herum vom Pazifischen in den Atlantischen Ozean zu gelangen. Von

Abb. 12
Johann Reinhold und Georg Forster. Ölgemälde von Francis Rigaud, London 1780.

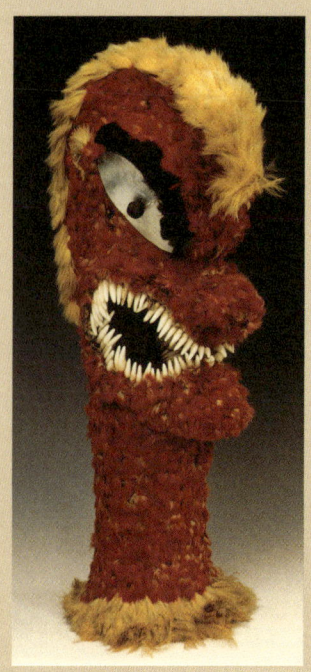

den in Polynesien besuchten Hauptinselgruppen Tahiti und den Gesellschafts-inseln, Tonga, Neuseeland und Hawai'i, wo Cook während eines Handgemenges mit Einheimischen am 14. Februar 1779 schließlich den Tod fand, gelangten neben Mineralien und neu entdeckten Pflanzen auch ca. 2000 Kulturzeugnisse der Bewohner der Südsee bis zum Jahr 1780 nach Europa. Letztere lassen sich gegenwärtig in knapp 50 Museen und Sammlungen weltweit nachweisen. Die unter der strengen Aufsicht Cooks während der Expeditionen hauptsächlich im Rahmen des Geschenkaustausches von den Einheimischen erworbenen Gegen-stände stehen heutzutage »in der Reihe der unwiederbringlichen Kostbarkeiten, die Bestandteil des kulturellen Erbes der Menschheit sind«, wie es der deutsche Ethnologe Stephan Augustin zu Recht formuliert hat.

Für die ethnologische Erkenntnisgewinnung, insbesondere im Hinblick auf eine verlässliche kulturelle Interpretation der gesammelten Artefakte, war es ein Glücksfall, dass auf Cooks zweiter Reise der deutsche Naturforscher Jo-hann Reinhold Forster und vor allem dessen Sohn Georg teilnahmen. Letzte-rem verdanken wir völkerkundliche Beschreibungen und kulturvergleichende Reflexionen, die die Begegnung mit dem kulturell Fremden in einer auch nach heutigen wissenschaftlichen Maßstäben modernen ethnologischen Weise zu erhellen vermochten. Georg Forster, dessen sprachliche Begabung und origi-nelle Denkansätze trotz des Hanges zur Schwärmerei von dem stets nüchtern denkenden Cook sehr geschätzt und gefördert wurden, richtete während des Tahiti-Aufenthaltes im Jahr 1773 jene erstaunliche Botschaft an die Europäer, die ihn bis in die Gegenwart auch bei den Polynesiern zu einer beachteten Persönlichkeit werden ließ: »Wahrlich! Wenn die Wissenschaft und Gelehr-samkeit einzelner Menschen auf Kosten der Glückseligkeit ganzer Nationen erkauft werden muß; so wär´es für die Entdecker und Entdeckten besser, dass die Südsee den unruhigen Europäern ewig unbekannt geblieben wäre!«.

Abb. 13
Federbildnis des Kriegsgottes
Kūka'ilimoku, Hawai'i-Inseln.
Institut für Ethnologie und
Ethnologische Sammlung der
Universität Göttingen.

Abb. 14
Ankunft auf Eua, Tonga-Inseln.
Stich von John Keyse Sherwin
nach William Hodges,
London 1777.

Abb. 15
Kapitän James Cook. Stich von
James I. Basire nach William
Hodges, London 1777.

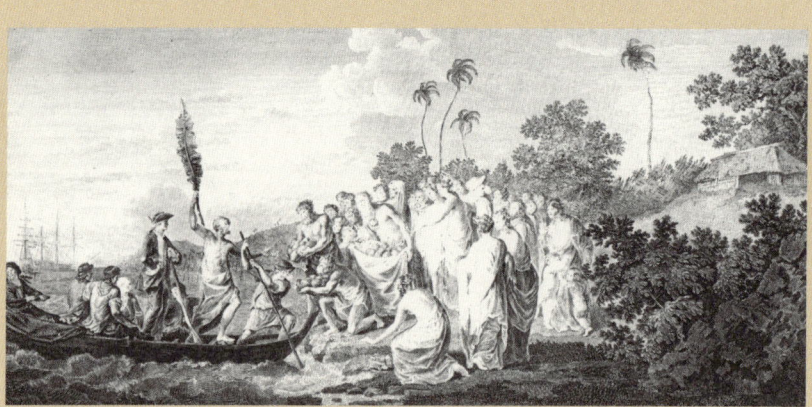

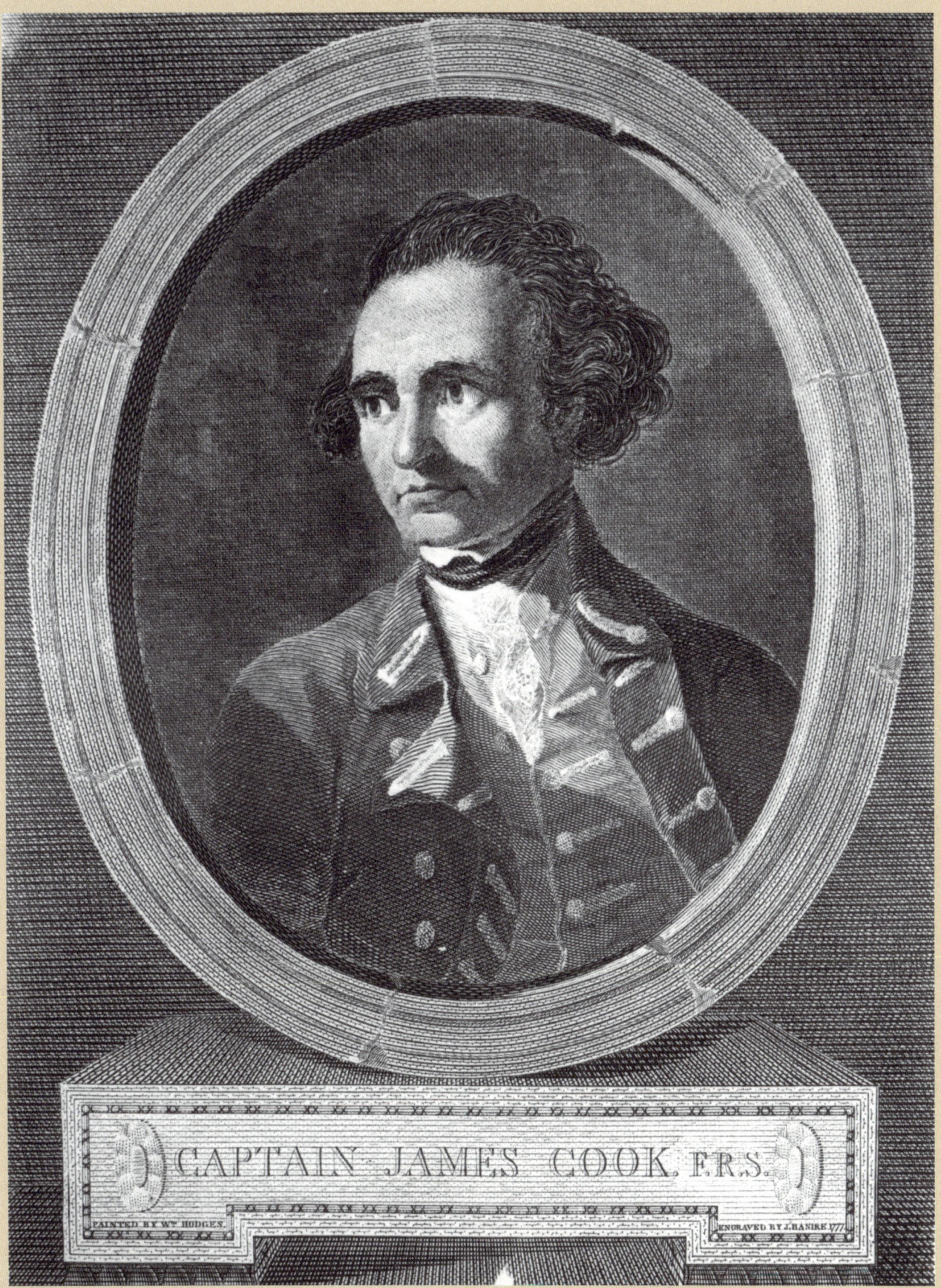

CAPTAIN JAMES COOK, F.R.S.

PAINTED BY W. HODGES.   ENGRAVED BY J. BASIRE 177

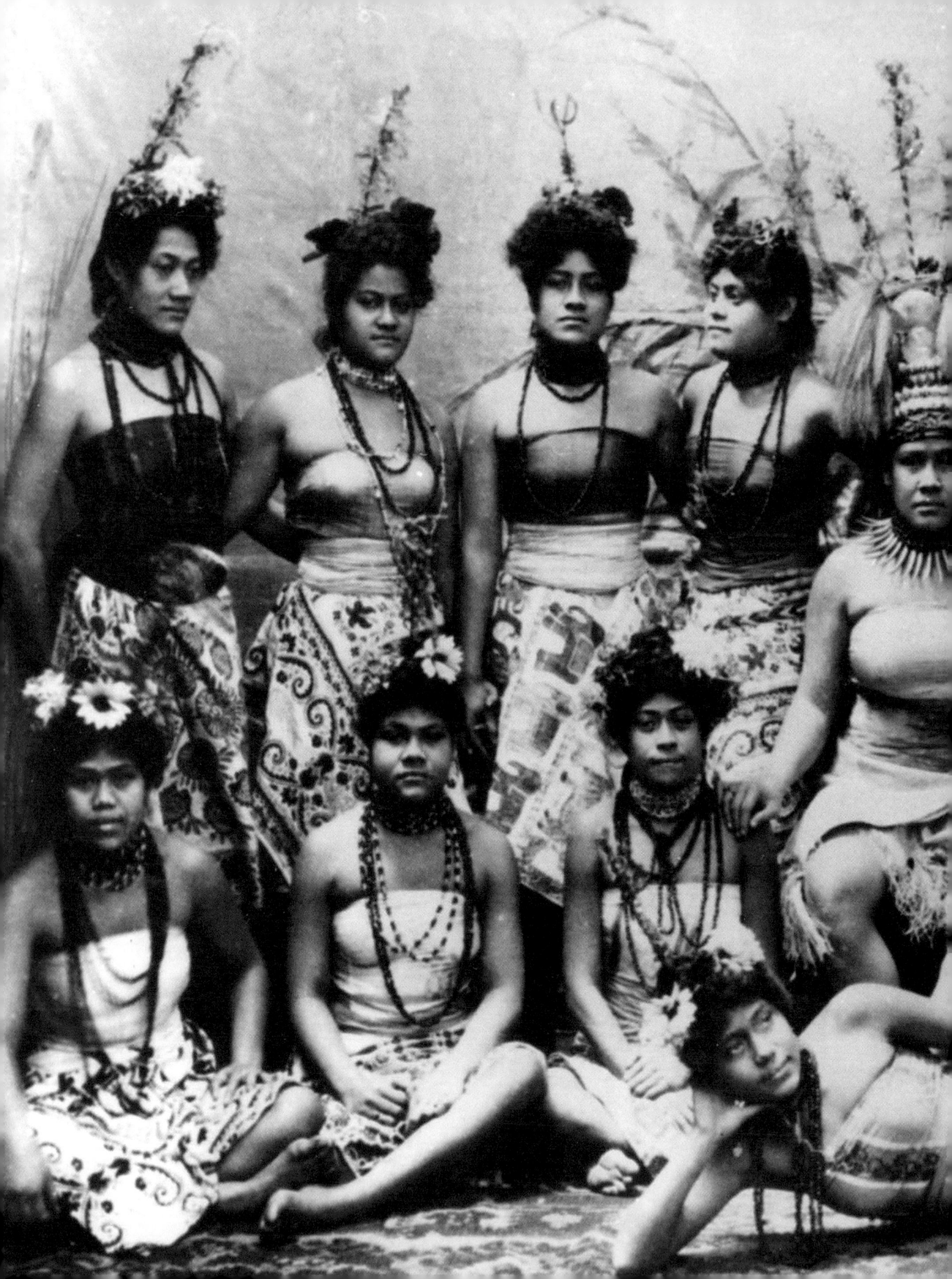

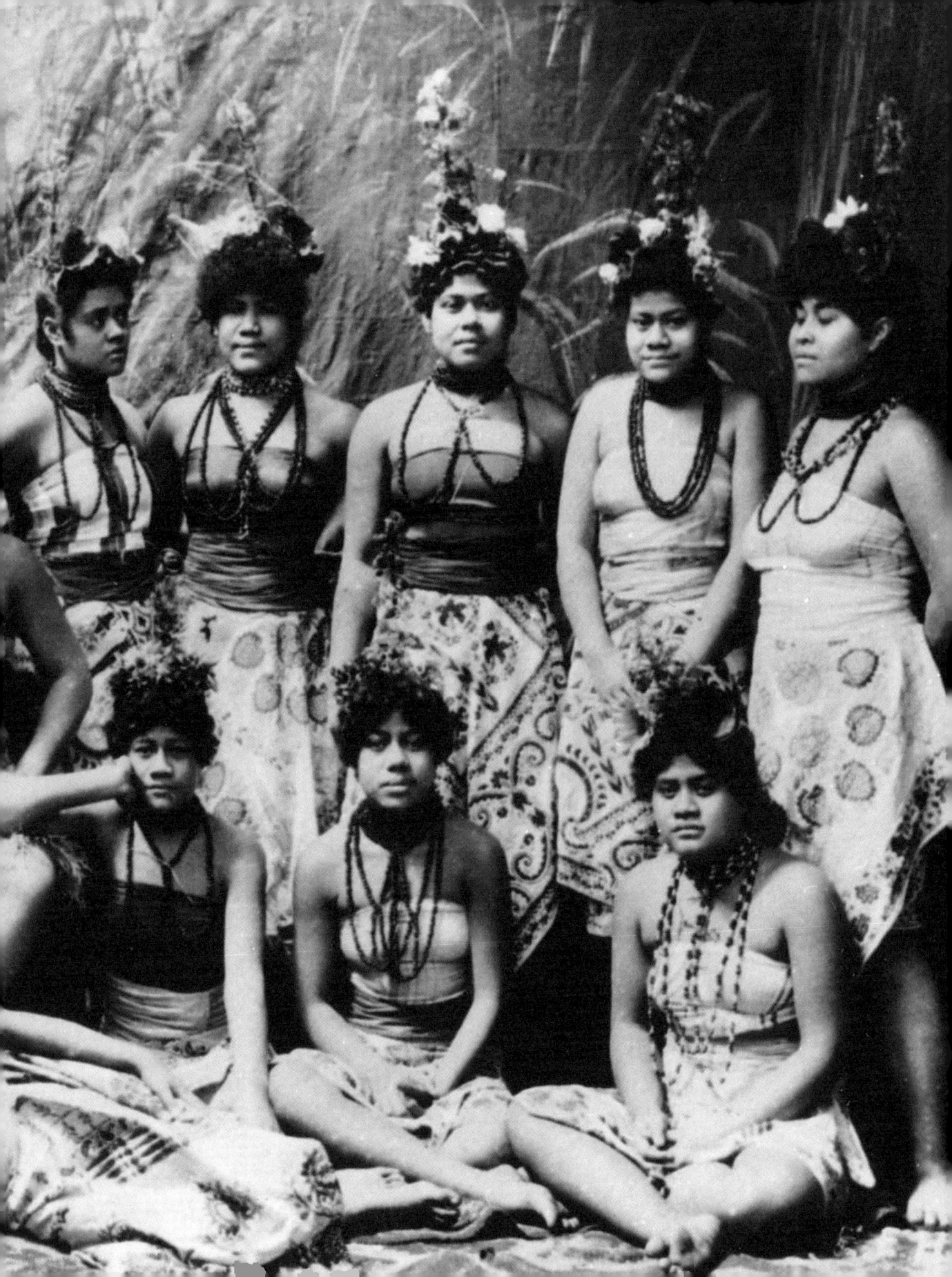

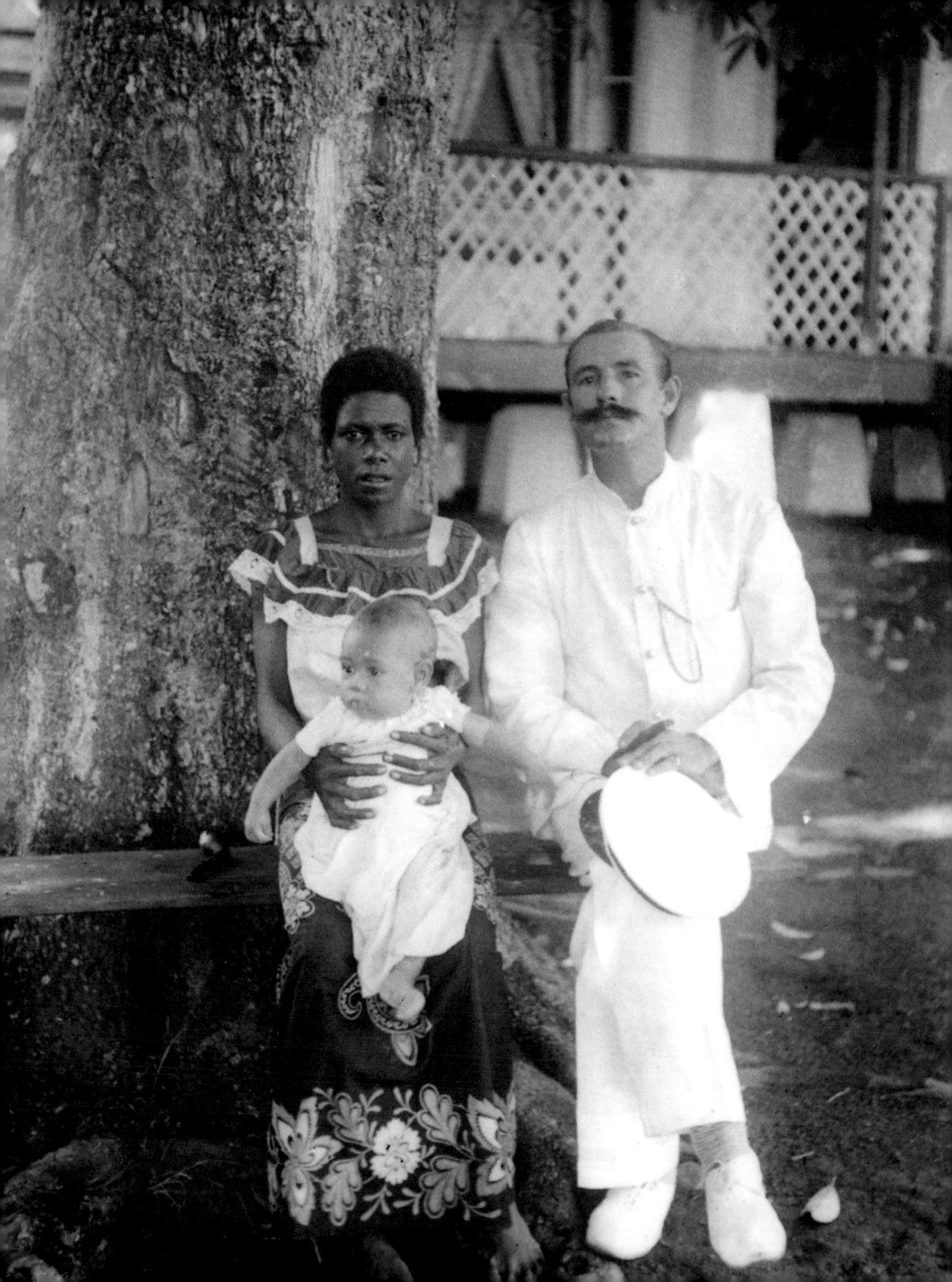

Deutsche in der Südsee

Markus Schindlbeck

Vorkoloniale Zeit und die Romantisierung der Südsee

Die weit auseinander liegenden Inseln der Südsee gerieten in das Blickfeld der Europäer, als diese nach Amerika aufbrachen. Der Spanier Vasco Nuñez de Balboa (1475–1519) durchquerte 1513 den Isthmus von Panama und erblickte als erster Europäer den weiten Ozean, den er »Mar del Sur« (Südsee) nannte. In den folgenden Jahrhunderten entdeckten Spanier, Portugiesen und Niederländer zahlreiche Inseln. Auf diesen Reisen befanden sich unter der Besatzung auch Deutsche, die sich als Kanoniere oder Schützen verdingten. Aber erst durch die Reisen von James Cook und seinen Nachfolgern wurden die Inseln systematisch kartiert und beschrieben. Es entstand der »Mythos Südsee« – auch durch Berichte von Schiffbrüchigen wie dem britischen Kapitän Henry Wilson, der durch die Inselbewohner von Palau gerettet wurde. Diese Tat führte zu einer emphatischen Darstellung der Moralität der Palauer: »ein geringes Völkchen, arm an Kenntnissen, aber reich an jenen inneren Anlagen, auf welchen die Würde der Menschheit beruht« (Forster in Keate 1789: XXXVIII). Die Nachricht von der Rettung wurde begierig aufgenommen und fand schon zwei Jahre später in einem Lustspiel von August von Kotzebue (*Bruder Moritz, der Sonderling. Oder: Die Colonie für die Pelewinseln*) ihren Niederschlag. Die Palau-Inseln wurden als das Land der guten unverdorbenen Geschöpfe beschrieben, wohin man auswandern sollte. Zivilisationsmüdigkeit und soziale Unrast verbanden sich mit den Entdeckungen in der Südsee. Eine zunehmende Zahl von Reisebeschreibungen über neue Länder ermöglichte den Vergleich mit der eigenen Situation und förderte die Sehnsucht nach alternativen Lebensformen. Georg Forster hatte zusammen mit seinem Vater Johann Reinhold den britischen Entdecker James Cook auf dessen zweiter Südsee-Reise von 1772–1775 begleitet und schrieb darüber sein zentrales Werk »Eine Reise um die Welt«, das zunächst in englischer, dann aber auch in deutscher Sprache erschien. Durch dieses Werk angeregt, entwarf Heinrich Wilhelm Gerstenberg 1777 einen Plan, auf Tahiti mit einer Schriftstellerkolonie einen Staat zu begründen und übertrug es Christian Adolf Overbeck, dafür zu werben. Overbeck schlug dem Dichter Johann Heinrich Voß vor: »unsere besten Freunde allesamt aufzubieten, mit uns die falsche Europäische

Abb. 16
Vorhergehende Seite:
Samoanerinnen bei einer
»Völkerschau« in Berlin 1901.
In so genannten Völkerschauen
wurden Einheimische
dem deutschen Publikum
präsentiert.

Abb. 17
Albert Hahl, Gouverneur
von „Kaiser-Wilhelms-
Land" (Neuguinea), mit
einheimischer Frau und Kind.

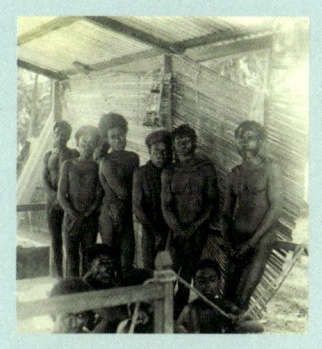

Welt zu verlassen, und den glücklichen Gefilden eines zweiten Paradieses entgegenzueilen« (zit. in Heermann 1987:46). Diese früh geborene Sehnsucht sollte für lange Zeit das Interesse an der Südsee wach halten. Ebenso wichtig für die Beschäftigung mit der Südsee wurden die Schriften des Dichters und Naturforschers Adelbert von Chamisso (1781–1838). Er begleitete den Kapitän Krusenstern auf einer Weltumseglung auf der Suche nach der nordwestlichen Durchfahrt an der Behringstraße. Sie gelangten 1816–17 mehrmals zu den Marshall-Inseln und nach Hawai'i. Sein späteres Interesse galt besonders der Sprache von Hawai'i.

DIE DEUTSCHE KOLONIALHERRSCHAFT

Das Deutsche Reich bemühte sich, verglichen mit anderen europäischen Kolonialmächten, sehr spät um so genannte Schutzgebiete in der Südsee. Ab 1884 zählten die Inseln Mikronesiens, das polynesische Samoa, der nordöstliche Teil von Neuguinea sowie der Bismarckarchipel mit der Admiralitätsgruppe, den Inseln Neubritannien (Neupommern) und Neuirland (Neumecklenburg) sowie die nördlichen Salomonen zu den »neuen Nachbarn«. Die deutsche Kolonialherrschaft im Pazifik endete mit Beginn des Ersten Weltkriegs im Jahre 1914.

Abb. 18
Einheimische von Nissan
wurden als angebliche
»Kannibalen« gefangen
genommen und deportiert.

Abb. 19
Häuser der Europäer in
Herbertshöhe, Neubritannien.

Abb. 20
Manuel Lichau, ein
Plantagenaufseher mit
einheimischer Frau.

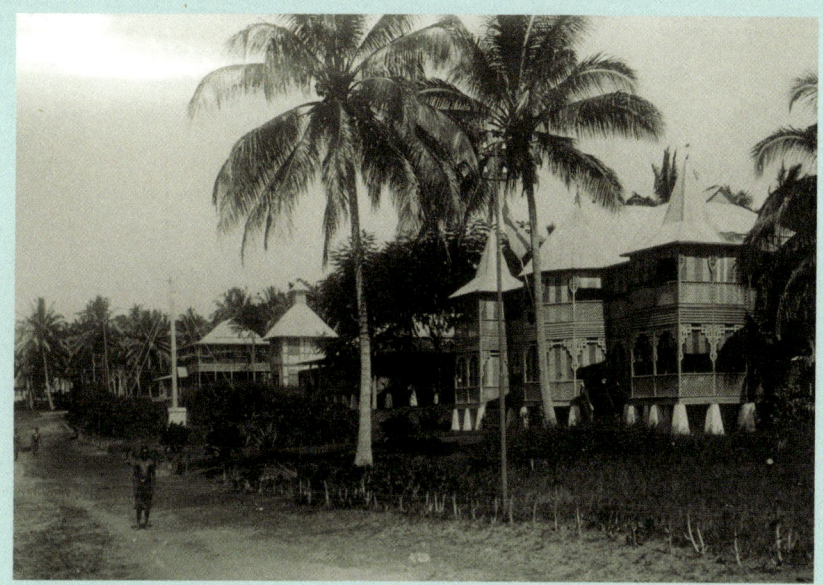

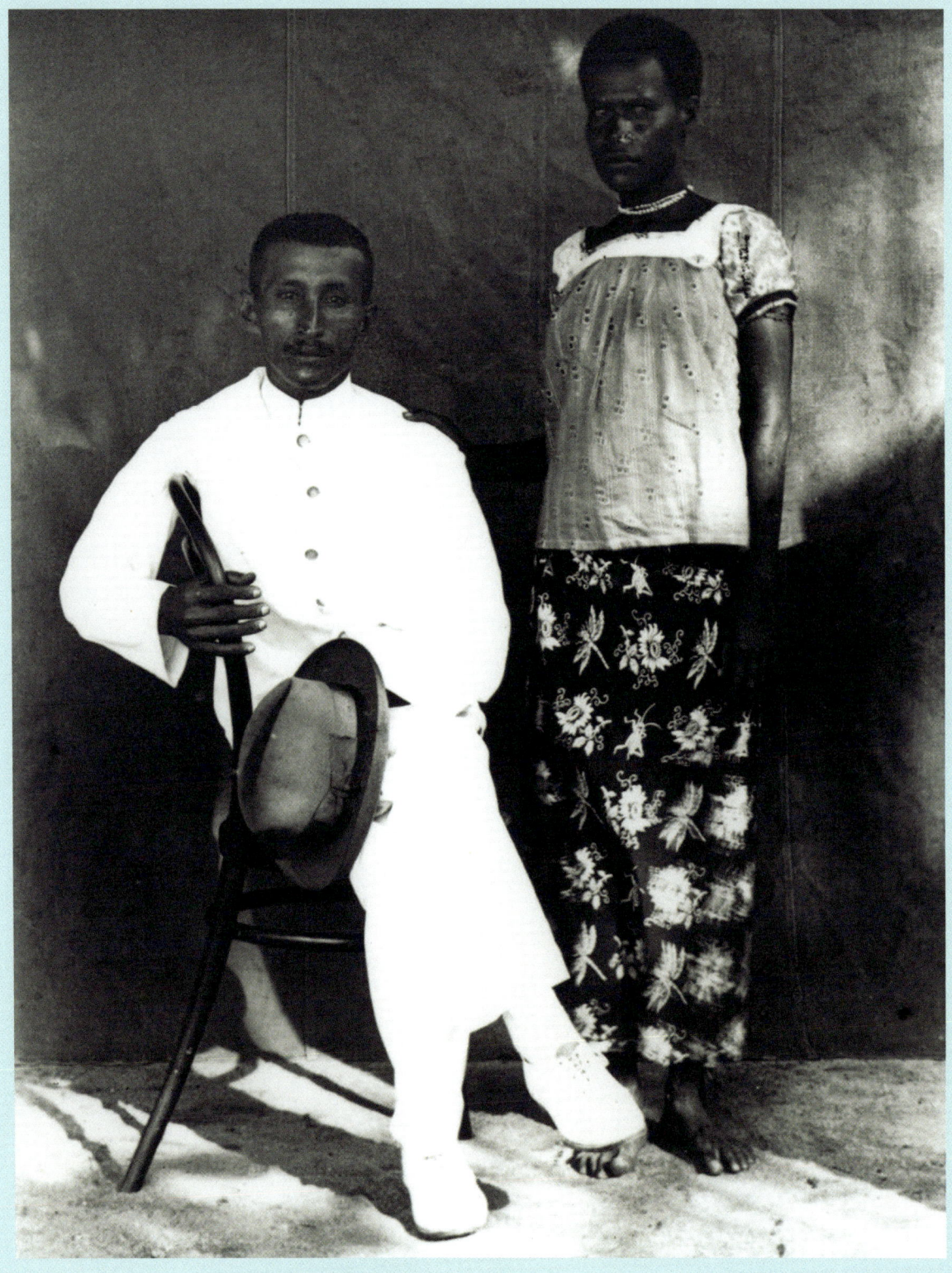

Neuguinea

Erstes Kolonialobjekt des Deutschen Reiches wurde Neuguinea. Der Bankier Adolph von Hansemann schuf 1882 ein Neuguinea-Konsortium, das den Nordosten der Insel erwerben sollte. Das westliche Neuguinea war von den Niederlanden schon 1828 beansprucht worden, der Südosten lag im Interessengebiet von Australien. Otto Finsch, Zoologe, sorgte für die Erwerbung von Ländereien für die Handels-Kompanie und Ende 1884 wurde hier die deutsche Flagge gehisst. 1886 einigten sich England und Deutschland auf die Abgrenzung ihrer Interessen, so dass neben Nordost-Neuguinea (Kaiser-Wilhelms-Land) und dem vorgelagerten Archipel (Bismarckarchipel) noch die westlichen Salomonen mit den Inseln Buka, Bougainville, Choiseul und Isabella unter deutsche Herrschaft gestellt wurden.

Während in Polynesien die Missionare schon Anfang des 19. Jahrhunderts Fuß fassen konnten, waren die Missionsversuche auf Neuguinea von Rückschlägen begleitet. Der Aufbau von Grundschulen und eine erste medizinische Versorgung waren wichtige Ziele, doch führte eine strenge Regelung des Lebens wie z.B. unter der lutherischen Neuendettelsauer Mission auch dazu, dass zahlreiche einheimische Traditionen aufgegeben wurden. Die Rheinische Missionsgesellschaft, die katholische Steyler Mission, die auf ihren großen Plantagen Handwerksbetriebe führte, sowie die Herz-Jesu-Mission waren ebenso in Neuguinea vertreten. Einen nennenswerten Widerstand gegen die Fremden gab es nicht, Überfälle auf Missionsstationen, wie 1904 in den Bainingbergen

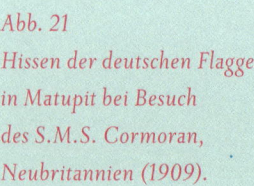

Abb. 21
Hissen der deutschen Flagge
in Matupit bei Besuch
des S.M.S. Cormoran,
Neubritannien (1909).

Abb. 22
Die erste kaiserliche
Postagentur in Finschhafen,
Neuguinea.

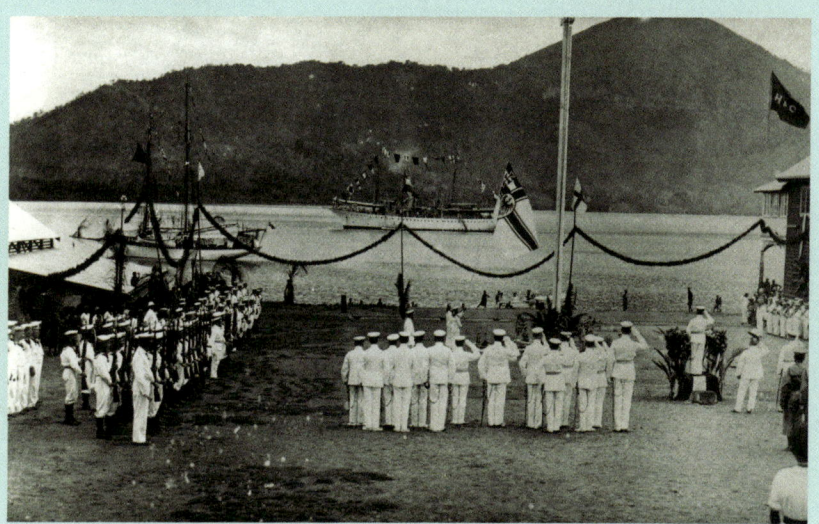

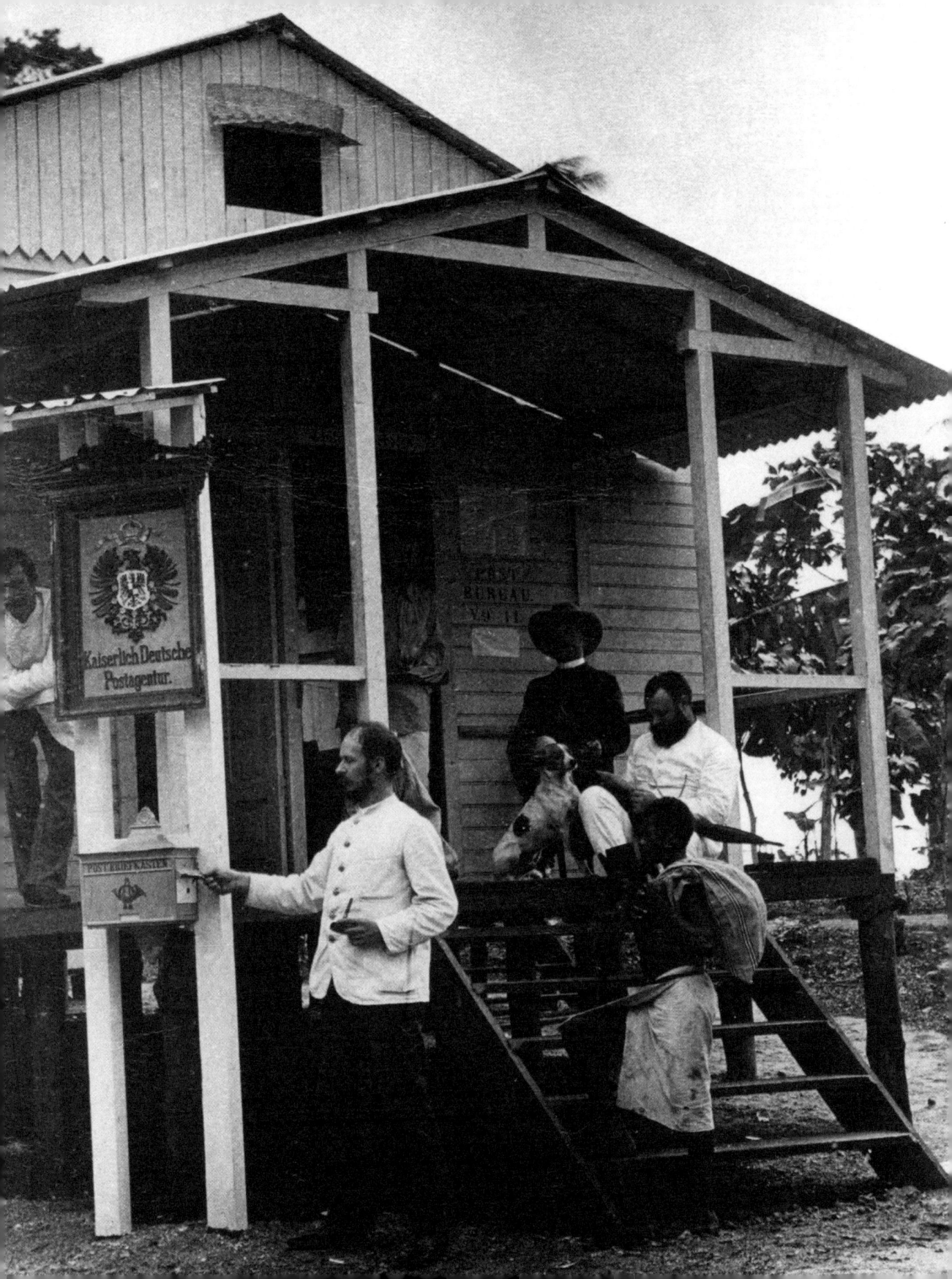

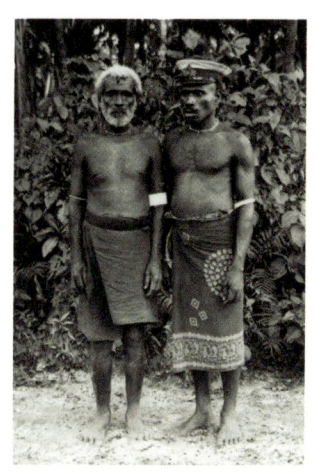

auf Neubritannien, blieben die Ausnahme. Der rücksichtslose Umgang mit der traditionellen Kultur, die Prügelstrafe, Landverkauf, Zwangsarbeit und die Erhebung von Steuern führten jedoch immer wieder zu Protesten. Um diesen zu begegnen, aber auch um die Verwaltung zu stärken, führte der Gouverneur Albert Hahl (1868–1945) die so genannte »behutsame Eingeborenenpolitik« ein. Er ernannte einheimische Dorfvorsteher (*luluai*), die für Ruhe und Ordnung zuständig waren und kleinere Rechtstreitigkeiten schlichten durften. Ihre Helfer (*tultul*) waren häufig aus dem Polizeidienst zurückgekehrte Dorfbewohner. Landfragen und Ehestreitigkeiten waren hingegen dem Gouverneur vorbehalten. Diese Strukturen wurden von späteren Kolonialverwaltungen übernommen und sind heute noch existent.

MIKRONESIEN

Die über ein weites Gebiet verstreuten Inseln Mikronesiens gehörten zu den ersten Inseln, die europäische Seefahrer im 16. Jahrhundert erreichten. Seit dieser Zeit zählte Spanien die Karolinen zu seinem Hoheitsgebiet – sein Einfluss blieb hier jedoch sehr begrenzt –, die nördlich gelegenen Marianen besetzten die Spanier im 17. Jahrhundert. Das Deutsche Reich meldete im 19. Jahrhundert Interessen an Flottenstützpunkten an und auch hier waren es Handelsfirmen, die einen Reichsschutz verlangten. Im Jahre 1873 hatte die Firma Godef-

Abb. 23
Luluai von Fissoà, Neuirland.
Luluai waren von den
Kolonialherren eingesetzte
Dorfvorsteher.

Abb. 24
Schutztruppe in Friedrich-
Wilhelmshafen, Neuguinea.

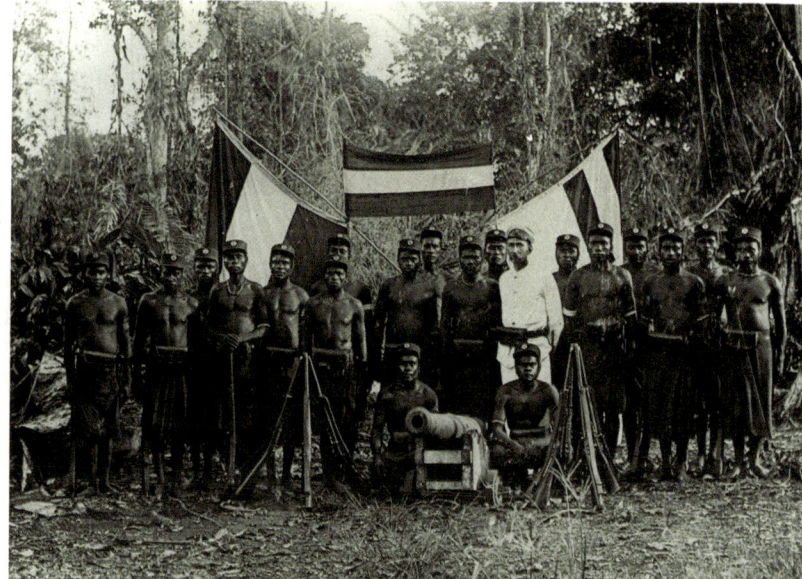

froy eine Faktorei auf den Marshall-Inseln (Jaluit) gegründet. In dem darauf folgenden Konflikt mit Spanien sicherte ein päpstlicher Schiedspruch 1885 den Deutschen Handels- und Niederlassungsfreiheit auf den Karolinen sowie das Recht auf eine Kohlenbunkerstation zu, auf den Marshall-Inseln wurde die deutsche Flagge gehisst. In der Folge des spanisch-amerikanischen Krieges 1898 erwarb das Deutsche Reich von Spanien die Palau-Inseln, die Karolinen und die Marianen mit Ausnahme von Guam.

Die deutsche Verwaltung war gekennzeichnet durch eine äußerst geringe Ausstattung mit Personal. Während auf Yap in der spanischen Kolonialzeit bis zu 200 Leute stationiert waren, folgten nun lediglich zwei Europäer mit elf malaiischen Polizeisoldaten. Albert Hahl, der spätere Gouverneur von »Kaiser-Wilhelms-Land« (Neuguinea), verbrachte die ersten Jahre auf Pohnpei, nachdem er schon Erfahrungen als Richter in Neuguinea gesammelt hatte. Anders als die Spanier versuchte er das Vertrauen der Bevölkerung zu gewinnen. Die Deutschen unterbanden den illegalen Handel mit Gewehren und Alkohol und sammelten die vorhandenen Waffen ein. Schwieriger gestaltete sich die Kontrolle der entlegenen Atolle, da eigene Transportmöglichkeiten fehlten. Auf den Mortlock-Inseln brach eine revitalisierende Bewegung aus, die sich u.a. für die Belebung alter Tänze und das Tragen der traditionellen Kleidung aussprach. 1905 und 1907 führten schwere Taifune durch enorme Zerstörungen auf den flachen Inseln zu weiteren Veränderungen und Umsiedlungen.

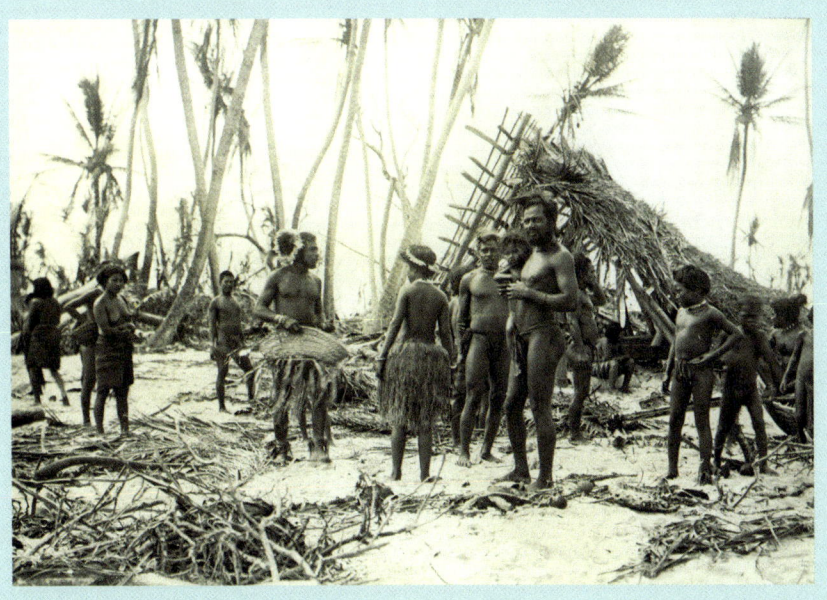

*Abb. 25
Einheimische von Mogemog
(Karolinen) vor zerstörten
Häusern nach dem Taifun von
1907.*

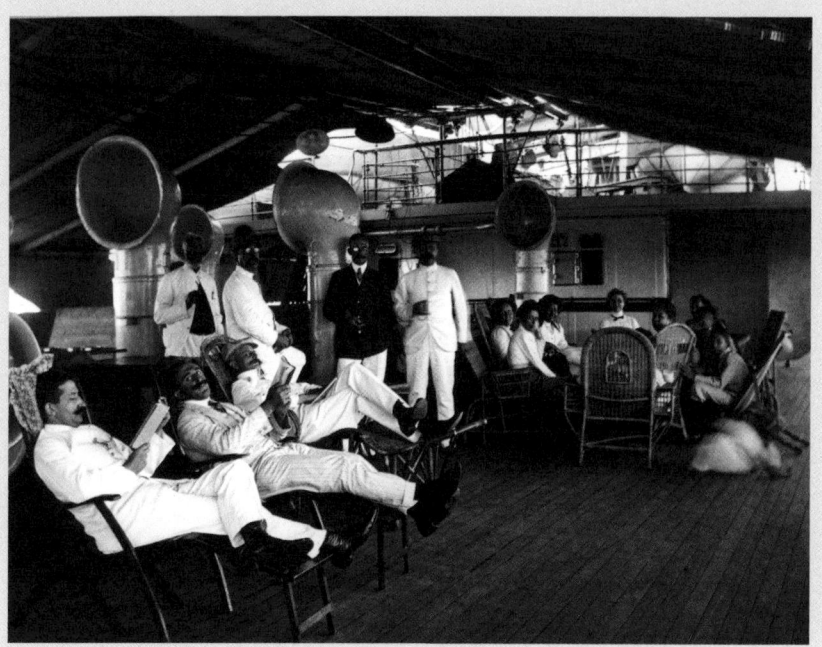

Abb. 26
Europäische Passagiere an Deck
der »Prinz Waldemar«.

Die Verwaltung auf der Inselgruppe Yap wurde von den Deutschen als äußerst erfolgreich angesehen. Der Beamte Arno Senfft hatte einen Rat von acht Häuptlingen eingerichtet, der die innere Verwaltung übernehmen sollte. Mit nur einem deutschen Polizeimeister und elf Polizeisoldaten brachte man die einheimische Bevölkerung dazu, über 100 km Straße, einen Kanal und Piere zu errichten. Dies war jedoch nur in einer Gesellschaft möglich, die schon eine traditionelle Schichtung mit einem Netz von Dorfbeziehungen besaß. Senfft bezog auch das einheimische Steingeld in seine Verwaltung ein, das er bei Strafen pfändete oder an Arbeiter weitergab; beim Abschluss großer Projekte ließ er Feste veranstalten. Die Deutschen versuchten die einheimische Hochseefahrt zu unterbinden, weil die Kolonialverwaltung für die Rückführung von auf den Philippinnen gestrandeten Karolinen zu sorgen hatte. Ferner begrenzten sie die Anzahl der einheimischen Boote auf fünf bei einer Reise, um die Gefahr kriegerischer Überfälle zu vermeiden und den Weggang der Männer von den Inseln aufzuhalten. Leider wurde auf diese Weise der Niedergang der traditionellen Seefahrt gefördert.

Anders als auf Yap waren die Bewohner von Palau durch Schiffskontakte und die spanische Mission weniger verändert worden, obgleich sie zahlreiche Eisenwaren wie Metallgefäße und Beile, aber auch Gewehre eingehandelt hatten, die sie für ihre zwischendörflichen Kämpfe nutzten. Erst gegen Ende des Jahrhunderts endeten die Kriege zwischen den Distrikten. Ein gravierender Eingriff der Verwaltung bestand darin, den Männern der Aufenthalt tagsüber in den Klubhäusern zu untersagen, um so den Einfluss dieser politischen Instanz zu brechen. Erst 1905 sandte Senfft mit Wilhelm Winkler einen eigenen Verwalter nach Palau, der versuchte, mit »modern« eingestellten Bewohnern – auf Palau hatten Männer schon früh als Seemänner auf europäischen Schiffen angeheuert – gesellschaftliche Veränderungen herbeizuführen. Stärker noch als auf Yap war auf Palau die Bevölkerung innerhalb kurzer Zeit auf ein Drittel gesunken, verringerte Fruchtbarkeit und Geschlechtskrankheiten wurden mit den Diensten von jungen Frauen (*armongol*) in den Klubhäusern in Verbindung gebracht. Diese Institution der *armongol* war für die Zirkulation des traditionellen Geldes von großer Bedeutung, und wie beim Verbot der Seefahrt führte auch hier der Eingriff der Kolonialverwaltung zu einem starken Bedeutungsverlust. Widerstand, vor allem von Seiten der Priester, war die Folge und eine Verschwörung endete damit, dass die Deutschen den Schrein der Aufständischen zerstörten und sechs Männer zur Strafarbeit nach Saipan sandten. Häuptlinge unterstützten die Zerstörung aller Schreine sowie die Verbannung der Priester und befreiten sich so von unliebsamen Konkurrenten. Die aus europäischer Sicht schlechte wirtschaftliche Situation von Palau änderte sich durch das Auffinden von Phosphat 1906 auf Angaur. Auf Nauru und auf Angaur waren dann mehr als 1300 Arbeiter unter harten Bedingungen beschäftigt. Für die Phosphat-Gesellschaft, aber auch für das Deutsche Reich waren diese Minen äußerst profitabel.

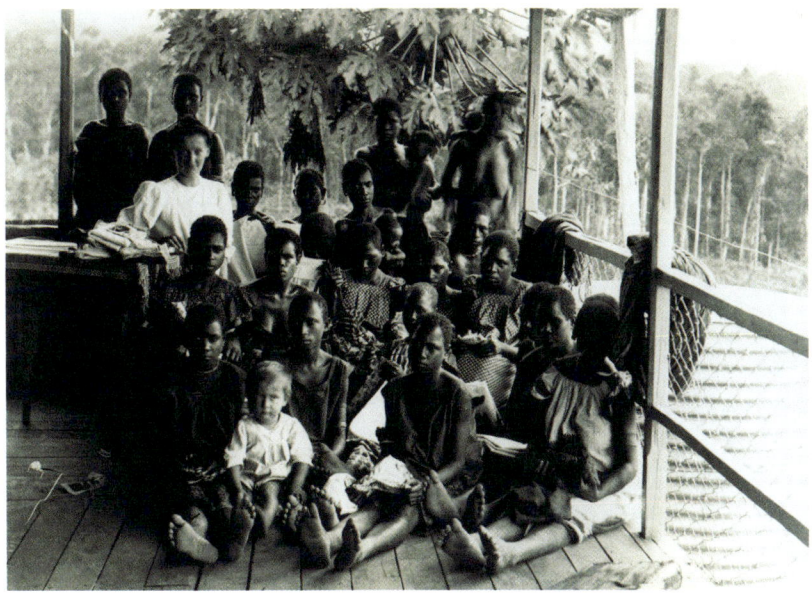

Abb. 27
Missionsschule in Bukaua,
Neuguinea.

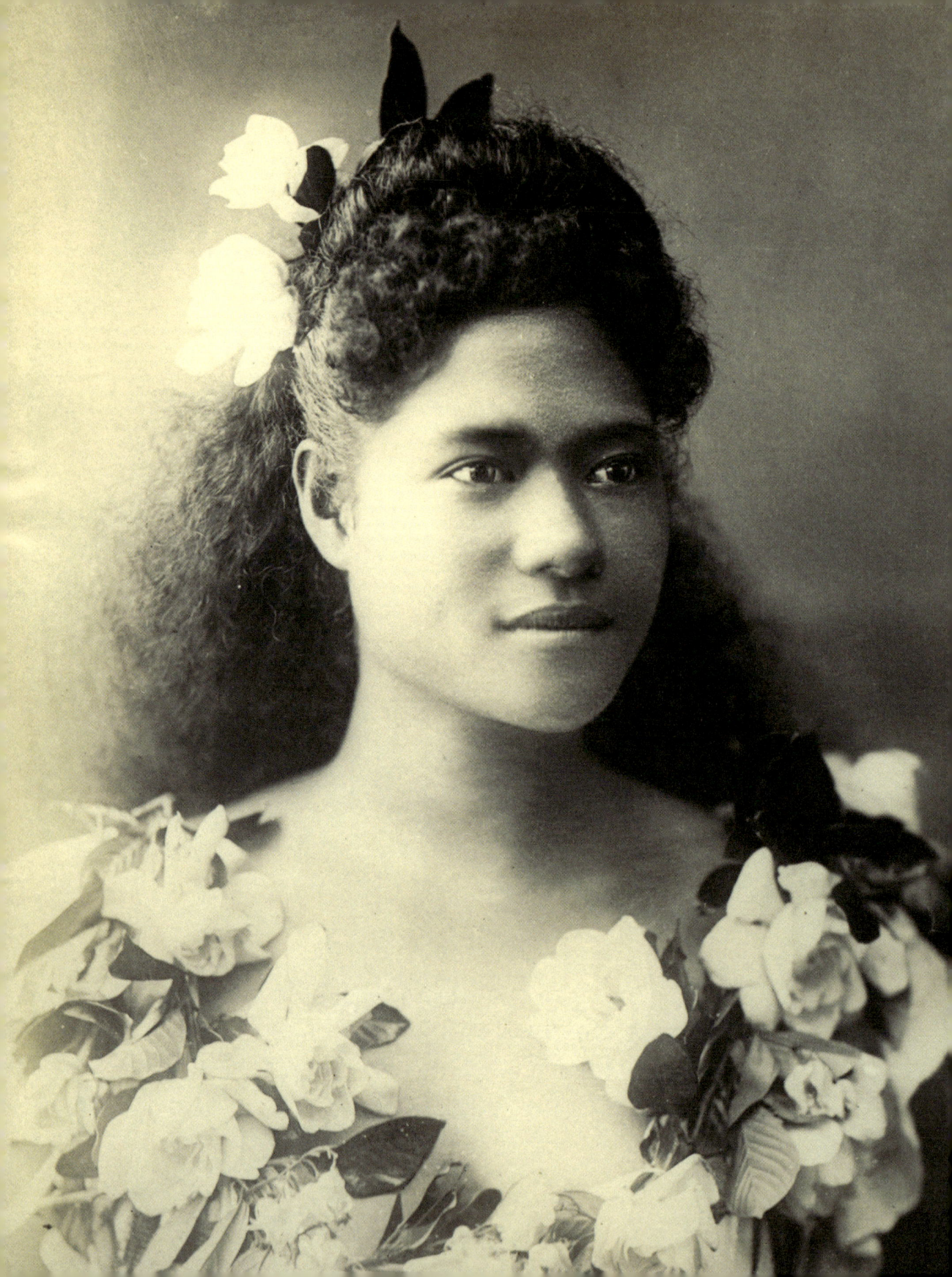

Auf Pohnpei bahnte sich ein Aufstand an, nachdem Hahl den Häuptlingen drohte, ihnen ihre Machtbasis zu nehmen und die Landtitel an die Gemeinen zu verteilen. Durch einen Landstreit eskalierte der Konflikt, in den auch die unterschiedlichen Missionen hineingezogen wurden. Als ein neu aus Afrika eingetroffener Kolonialbeamter den Straßenbau erzwingen wollte und die Prügelstrafe einführte, kam es 1910 zu einem Aufstand, bei dem mehrere Deutsche und vier Mortlock-Leute getötet wurden. Erst einige Monate später landeten melanesische Truppen und schließlich kamen im Januar 1911 300 deutsche Marinesoldaten. Der Konflikt endete mit der Erschießung von 15 Aufständischen und der Exilierung aller an den Unruhen beteiligten Einwohner der Insel Sokeh nach Palau.

SAMOA

Der holländische Admiral Jacob Roggeveen entdeckte 1722 Samoa, doch hatten die Samoaner über die bereits achtzig Jahre früher gesichteten Archipele von Fiji oder Tonga vermutlich schon vorher Kontakt mit europäischen Seeleuten. Weitere Begegnungen gab es 1768 mit dem berühmten Franzosen Louis Antoine de Bougainville, der wegen seiner Beschreibungen Tahitis als Begründer des Südseemythos gilt, und mit La Pérouse, der 1787 nach Samoa kam und erstmals an Land ging. Die Samoaner überfielen die Franzosen und galten von nun an als besonders »wild«, so dass die Inseln von Europäern gemieden wurden. Die eigentliche kulturelle Veränderung durch Europäer begann erst 1830, als der Missionar John Williams landete und Willkommen geheißen wurde, weil er in Begleitung eines Samoaners war, der lange auf Tonga gelebt hatte. Williams ließ auf Samoa polynesische Missionslehrer zurück, 1836 folgten auch weiße Missionare, und die ersten Walfangschiffe liefen in den Hafen von Apia ein. In der Zeit zwischen 1830 und 1847 gelang es der englischen Mission (London Missionary Society) ihren Einfluss auszubauen und das Fundament für die weitere koloniale Inbesitznahme zu legen. Längere Kontakte zwischen Samoanern und Europäern gab es jedoch auch vorher schon: Samoaner heuerten auf europäischen Schiffen an, und europäische Schiffbrüchige und ausgesetzte oder entflohene Matrosen ließen sich auf den Inseln nieder. Um die Mitte des Jahrhunderts lebten zahlreiche Weiße auf den Inseln, die den Häuptlingen als Kontaktleute und als Dolmetscher bei Begegnungen mit europäischen Schiffen dienten. Nach den »Strandläufern«, wie diese ansässigen Weißen auch genannt wurden, kamen die Händler. Wie die Matrosen lebten auch sie mit samoanischen Frauen zusammen, lernten die Sprache und nahmen eine wichtige Mittlerposition ein.

Abb. 28
Europäisch gekleidete
Samoanerin mit traditionellem
Blütenschmuck.

Am Beispiel Samoas zeigt sich deutlich, dass es den Deutschen bei ihren Kolonialerwerbungen in der Südsee vor allem um Prestige ging. Lange bevor Samoa Kolonie wurde, hatten sich Agenten des Hamburger Handelshauses Johann Cesar Godeffroy & Sohn 1857 auf Samoa niedergelassen und führten einen immer lukrativeren Handel mit Kokosöl bzw. getrocknetem Kokosfleisch (Kopra). Das Hamburger Handelshaus war aber auch sehr an der naturwissenschaftlichen und ethnographischen Erforschung interessiert, so dass der Arzt und Naturforscher Eduard Graeffe 1861 nach Samoa kam und damit eine lange Tradition der deutschen wissenschaftlichen Erforschung dieser Inselwelt eröffnete. Die Geschicke des Archipels waren zu Beginn des 19. Jahrhunderts von Konflikten zwischen den benachbarten Tonganern und den Samoanern bestimmt, die durch die Europäer noch verstärkt wurden. Aber auch unter den »Fremden« waren unterschiedliche nationale Interessen vertreten: neben Deutschen waren es vor allem Briten, Nordamerikaner und Neuseeländer. Seit 1847 hatte zunächst Großbritannien, 1853 dann die USA und 1861 schließlich Hamburg eine konsularische Vertretung eingerichtet. So ist die Geschichte Samoas bis 1860 gekennzeichnet durch Missionare und Händler sowie durch Akte der Willkür seitens der Europäer. Die mächtigste Firma auf Samoa war die Nachfolgerin Godeffroys, die Deutsche Handels- und Plantagen-Gesellschaft.

1889 hatte es zwischen dem Deutschen Reich, den USA und Großbritannien ein Abkommen gegeben, nach dem die Samoaner einen eigenen »König« wählen durften. Damit sollte zum einen ein Ansprechpartner für die Kolonialmächte geschaffen und zum anderen eine Lösung der internen samoanischen Konflikte erreicht werden. Die ethnographische Arbeit des jungen Schiffsarztes Augustin Krämer (1865–1941), der 1893 im Dienst der Kaiserlichen Marine nach Samoa kam, ist auch vor diesem Hintergrund zu sehen: Die Kolonialverwaltung suchte nach einer Obergewalt, die es im politischen System Samoas nicht gab. Seine zehn Jahre später veröffentlichte Monographie *Die Samoa-Inseln* wurde das wichtigste Werk für nachfolgende Forschungen und ist noch heute für die Samoaner von Bedeutung.

Die lange andauernden Streitigkeiten zwischen den Kolonialmächten und den auf Samoa vertretenen Gruppen führten 1899 zu einem Teilungsvertrag, der den USA den östlichen Teil (Tutuila und Manu'a), dem Deutschen Reich den westlichen Teil Samoas (Upolu, Savai'i, Manono und Apolima) und Großbritannien Gebiete in Melanesien (Choiseul und Isabella) sowie Rechte auf Tonga zusprach. Wilhelm Solf (1862–1936) wurde 1900 zum Gouverneur von Deutsch-Samoa berufen, wo er zwölf Jahre tätig war und erfolgreich mit der

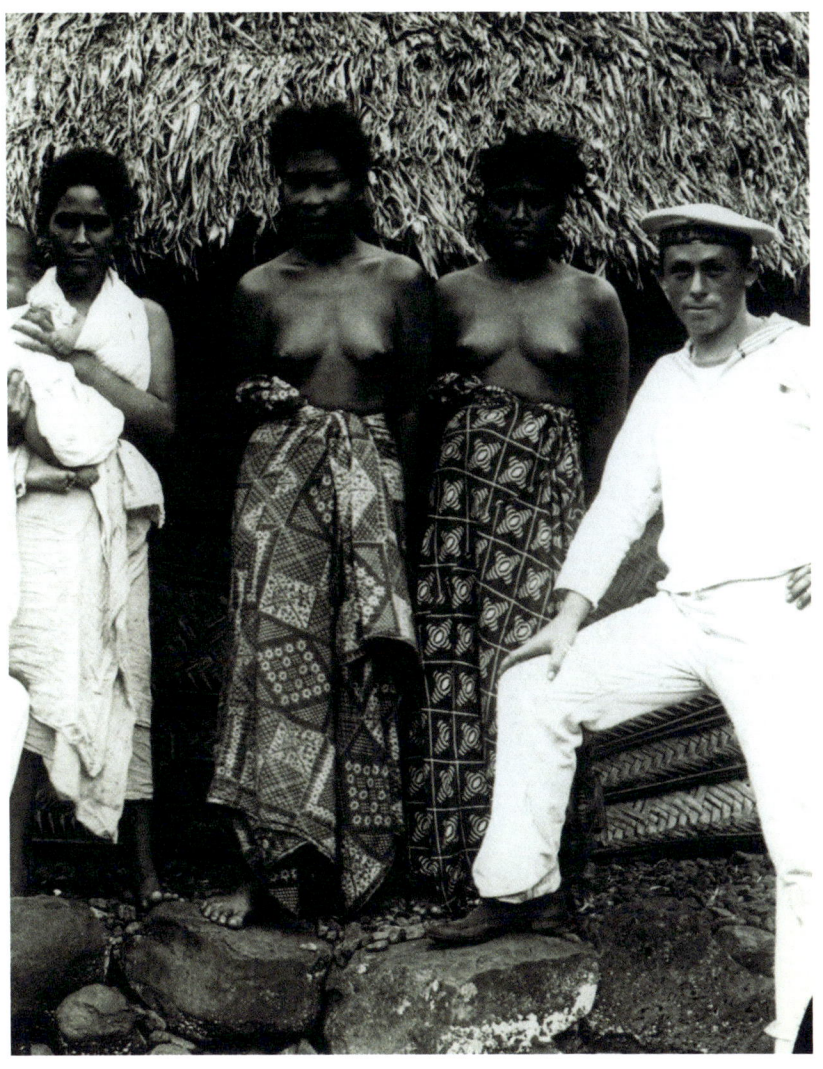

Abb. 29
Matrose mit Samoanerinnen.
Gestellte Fotos zeigten gern
Europäer neben angeblich
freizügigen polynesischen
Frauen.

Struktur der indirekten Herrschaft amtierte. Er war überzeugt, dass nur mit
der Tradition der Indigenen ein Weg gefunden werden konnte und wandte
sich gegen eine starke Militärpräsenz der Deutschen auf Samoa sowie eine ver-
mehrte Ansiedlung deutscher Kolonisten.

Von deutscher Seite wurde der Wegebau und die Kopraproduktion intensi-
viert. Jeder Samoaner musste nicht nur jährlich 50 Kokospalmen pflanzen,
sondern war auch zum Straßenbau verpflichtet. Dagegen konnten sie nicht
zur Arbeit auf den Plantagen herangeholt werden, so dass man zahlreiche Chi-
nesen nach Samoa brachte. Auch durfte samoanisches Land nur mit Zustim-

mung des Gouverneurs verliehen oder verkauft werden. Die Bereitschaft zur Mitarbeit war seitens der Samoaner groß: Sie reichte von dem Angebot von Truppen für kriegerische Unterstützung auf anderen Südsee-Inseln, oder der Bitte, Samoaner als Freiwillige in die Kaiserliche Marine aufzunehmen bis hin zu Reisen von samoanischen Würdenträgern zu Paraden des Kaisers nach Berlin (1911). Obwohl es auch zu Konflikten kam, ist die deutsche Kolonialzeit auf Samoa insgesamt friedlich verlaufen. Entscheidend war die lokale Selbstverwaltung, die den Samoanern eingeräumt worden war. Hinzu kam die Ausbildung einer lokalen Elite durch eine Regierungsschule. Eine militärische Präsenz seitens der Deutschen war kaum vorhanden und es gab keine blutigen Zusammenstöße. Teilnehmer einer Verschwörung wurden auf die fernen Inseln der Marianen verbannt. Mögliche Konflikte, die sich hier anbahnten, wurden 1914 unterbrochen, als die deutsche Kolonialherrschaft von einer neuseeländischen Militärverwaltung abgelöst wurde. West-Samoa kam 1919 als Völkerbund-Mandat unter neuseeländische Verwaltung und wurde 1962 unabhängig.

KOLONIALREVISIONISMUS UND REZEPTION

Schon während des Ersten Weltkrieges gab es deutsche Kriegsziele, die verlorenen Kolonien wieder zurück zu gewinnen bzw. andere Kolonien zu erhalten. Diese Ziele konzentrierten sich jedoch vor allem auf Afrika, hingegen war man bereit die Kolonien in der Südsee aufzugeben. Dieser Kolonialrevisionismus wurde von einer sehr breiten politischen Öffentlichkeit in der Weimarer Republik getragen. Kolonialverbände und Kolonialgesellschaften verbreiteten weiterhin ihre Propaganda. Der »koloniale Gedanke« sollte in der Bevölkerung wach gehalten werden. Viele Publikationen sowohl wissenschaftlicher als auch belletristischer Art über die ehemaligen Kolonialgebiete erschienen erst nach dem Ersten Weltkrieg. Fraglich ist allerdings, wie stark die breitere Öffentlichkeit an der Rückgewinnung der Kolonien interessiert war. Besonders die ehemaligen Kolonialbeamten, aber auch akademisch gebildete Bürger, darunter zahlreiche Ethnologen, traten für eine Rückgabe der Kolonien ein. In Berlin gab es 1924 nochmals einen Deutschen Kolonialkongress. Erst nach 1929 schlossen sich kolonial interessierte Kreise vermehrt den Nationalsozialisten an. Die unterschiedlichen Kolonialverbände wurden nach 1936 mit nationalsozialistischen Organisationen gleichgeschaltet. Obgleich die Forderungen nach Rückgabe der Kolonien aufrechterhalten wurden, beschränkte sich die konkreten Pläne auf Afrika. Anfang 1943 wurden die kolonialen Ziele völlig aufgegeben.

Abb. 30
Der hochrangige Mataafa Josefos wurde auf Samoa von der deutschen Kolonialmacht in seiner Position anerkannt und unterstützt.

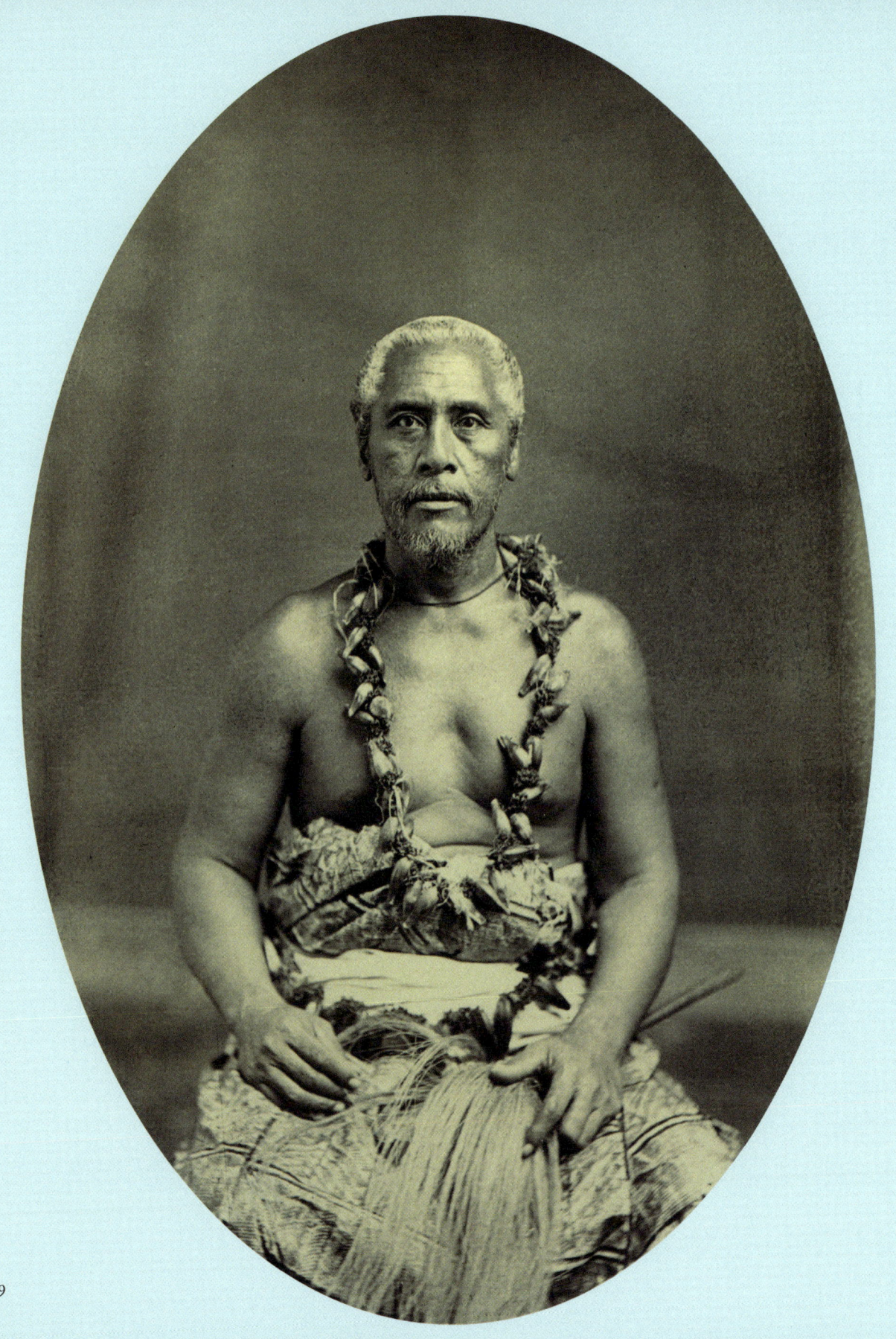

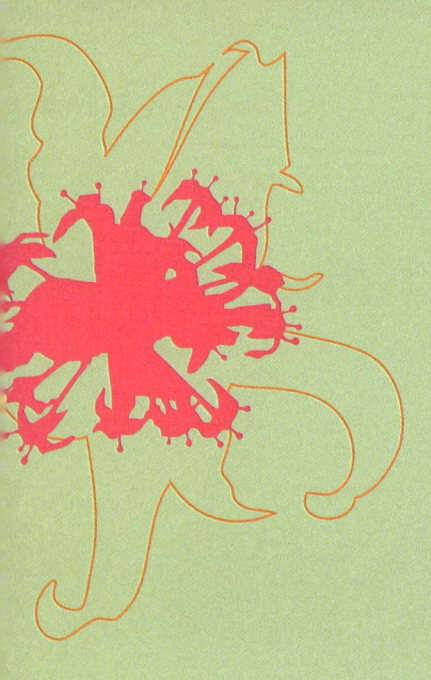

Das Bild der Südsee in der Kunst des frühen 20. Jahrhunderts

Hildegard Wiegel

Als vor zwei Jahren das ethnischer Kunst gewidmete *Musée du Quai Branly* in Paris eröffnete, nannte man es – politisch fast überkorrekt – das »Museum der ersten Künste«. Dass dieser Paradigmenwechsel bei der Betrachtung vor allem afrikanischer und ozeanischer Kunstwerke, die zunächst primär als ethnographisch-kultische Dokumente gesehen wurden, gerade in Paris stattfand, hat Tradition: Von hier brach 1891 erstmals der wohl bekannteste Maler einer als paradiesisch empfundenen Südsee, nämlich Paul Gauguin, in den pazifischen Raum auf und seit den ersten Jahren des 20. Jahrhunderts entwickelte sich Paris zur wichtigsten Stadt für die Entdeckung der so genannten primitiven Kunst durch bildende Künstler. Schauplätze hierfür waren nicht zuletzt die ethnographischen, kolonial geprägten Präsentationen wie die im 1878 eröffneten *Musée des Missions Ethnographiques* und diejenigen der Weltausstellung im selben Jahr, welche die Kunst der Naturvölker erstmals an drei Orten zeigten, sowie die Sammlungen des ab 1882 einer breiteren Öffentlichkeit zugänglichen *Musée d'Ethnographie* am Trocadéro. 1913 fand zudem die erste der ozeanischen Kunst gewidmete Ausstellung in Paris statt.

Das sich aus dieser Beschäftigung mit der außereuropäischen Kunst entwickelnde, stilistisch facettenreiche Zeitphänomen in der Kunst ab 1905 wird bis heute in der Kunstgeschichte unter dem Begriff »Primitivismus« zusammengefasst. Dieser beruht auf der Suche der europäischen Künstler nach neuen formalen und inhaltlichen Stil- und Ausdrucksmitteln, die ihnen neben Gauguins Œuvre in erster Linie die indigene Kunst Afrikas und der Südsee boten. Deren Attraktivität lag darin begründet, dass sie als kraftvoll-vital, absolut originär und weitgehend unverdorben angesehen wurden. Es faszinierten deren Farbigkeit, Proportionen, Ornamente und Erzählstrukturen, die zumeist unmittelbar, emotional und gewollt subjektiv in die eigene Kunstproduktion umgesetzt wurden.

In Frankreich waren es vor allem die Künstler der Gruppe »Fauves« und in Deutschland verschiedene Mitglieder der »Brücke« (vor allem Emil Nolde, Ernst Ludwig Kirchner, Max Pechstein und Karl Schmidt-Rottluff), die – zunächst in Dresden – daran partizipierten. Kirchners Skizze eines palauischen Hausbalkens aus dem Museum für Völkerkunde auf einer 1910 an Erich Heckel gesandten Postkarte, zu der er schreibt, dass ihm diese Komposition ganz neue Ausdruckmittel an die Hand gegeben habe, wird als der Beginn des Brücken-Primitivismus angesehen. Mehr oder weniger unbewusst spielt dabei der damals herrschende Zeitgeist mit hinein: Gerade um 1900, zur Zeit des Jugendstils, als das Ornament als Ursprung aller Kunst und damit als etwas Elementares betrachtet wurde, fand das Ornamentale der polynesischen Motive und Holzschnitztechniken großen Anklang und wurde mit dem zeitgenössischen Kunstgewerbe verglichen.

Neben Museumsbesuchen wurden die Künstler von indigenen Kunstwerken in ihren eigenen Sammlungen inspiriert, die ihnen als Studienobjekte dienten. Nur wenige zog es wie den Zivilisationsflüchtling Gauguin tatsächlich in die Südsee; vielmehr wurde sie als exotisches, natürliches Arkadien aus der Ferne betrachtet, oftmals als utopische Metapher verklärt und in die als magisch angenommene Region wurden in der eigenen Kultur vermisste Werte hineinprojiziert. Selbst Gauguin gab in seinen Bildern kein unmittelbares Abbild der von ihm erlebten Südsee wieder; vielmehr schuf er mit stilpluralistischen, aus verschiedenen Quellen geschöpften motivischen Versatzstücken seine eigene »Südsee«. Pechstein, dessen dortiger Aufenthalt 1914 infolge des Ausbruchs des Ersten Weltkrieges verfrüht abgebrochen wurde, schuf anschließend in Berlin seinen »Palau-Stil«, für den er von manchen als »Südsee-Insulaner« verspottet wurde. 1913/14 hielt sich auch Nolde im südpazifischen Raum auf. Er hatte seine gesamten Ersparnisse eingesetzt, um sich auf der Suche nach dem »Urmenschentum« einer Expedition in die deutsch-kolonialen Gebiete anzuschließen. Seine vor Ort gefertigten Farbskizzen, Aquarelle und Gemälde sah er desillusioniert als Spurensicherung einer infolge der intensiven Kolonialisierung vergehenden Welt.

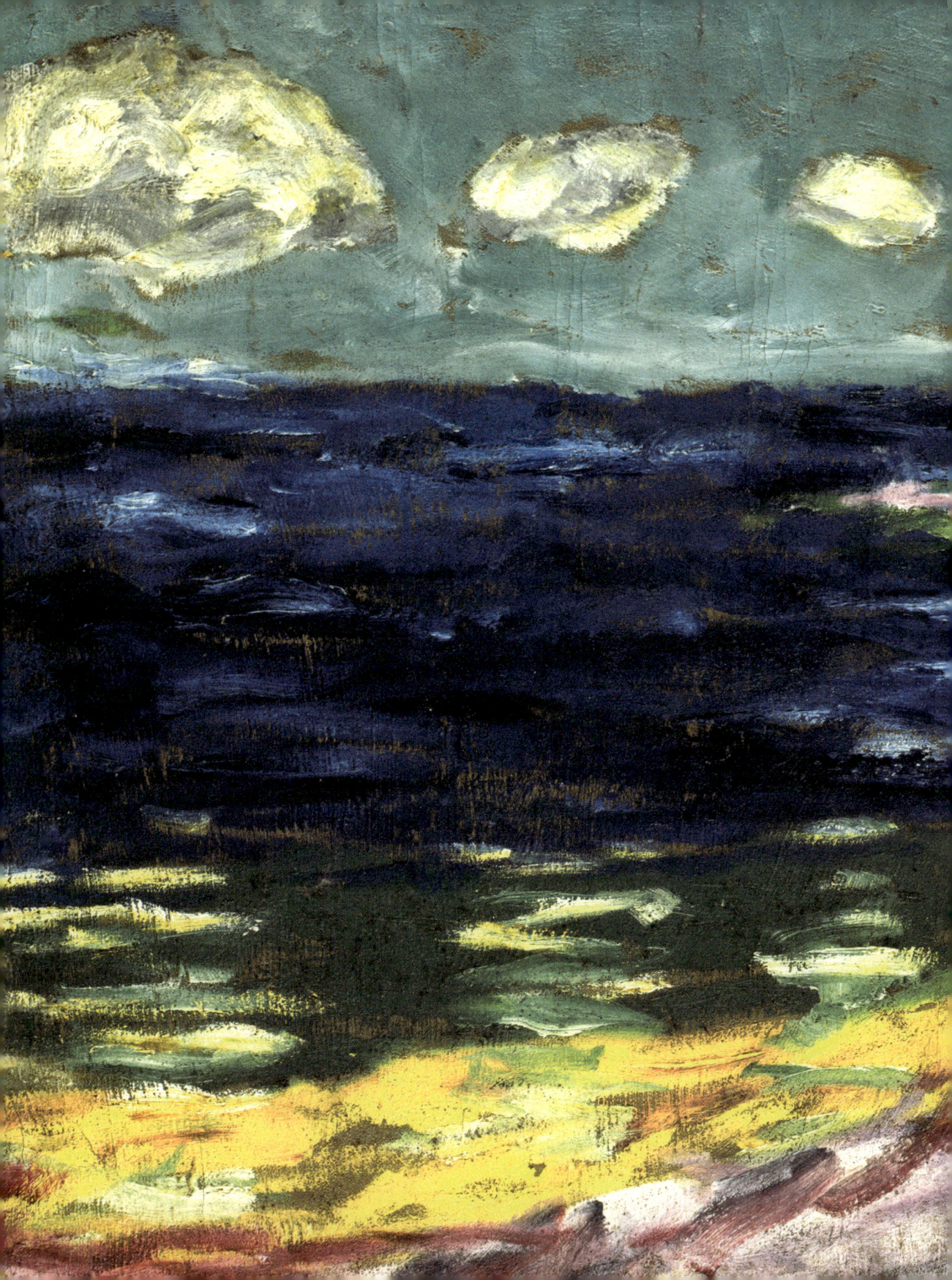

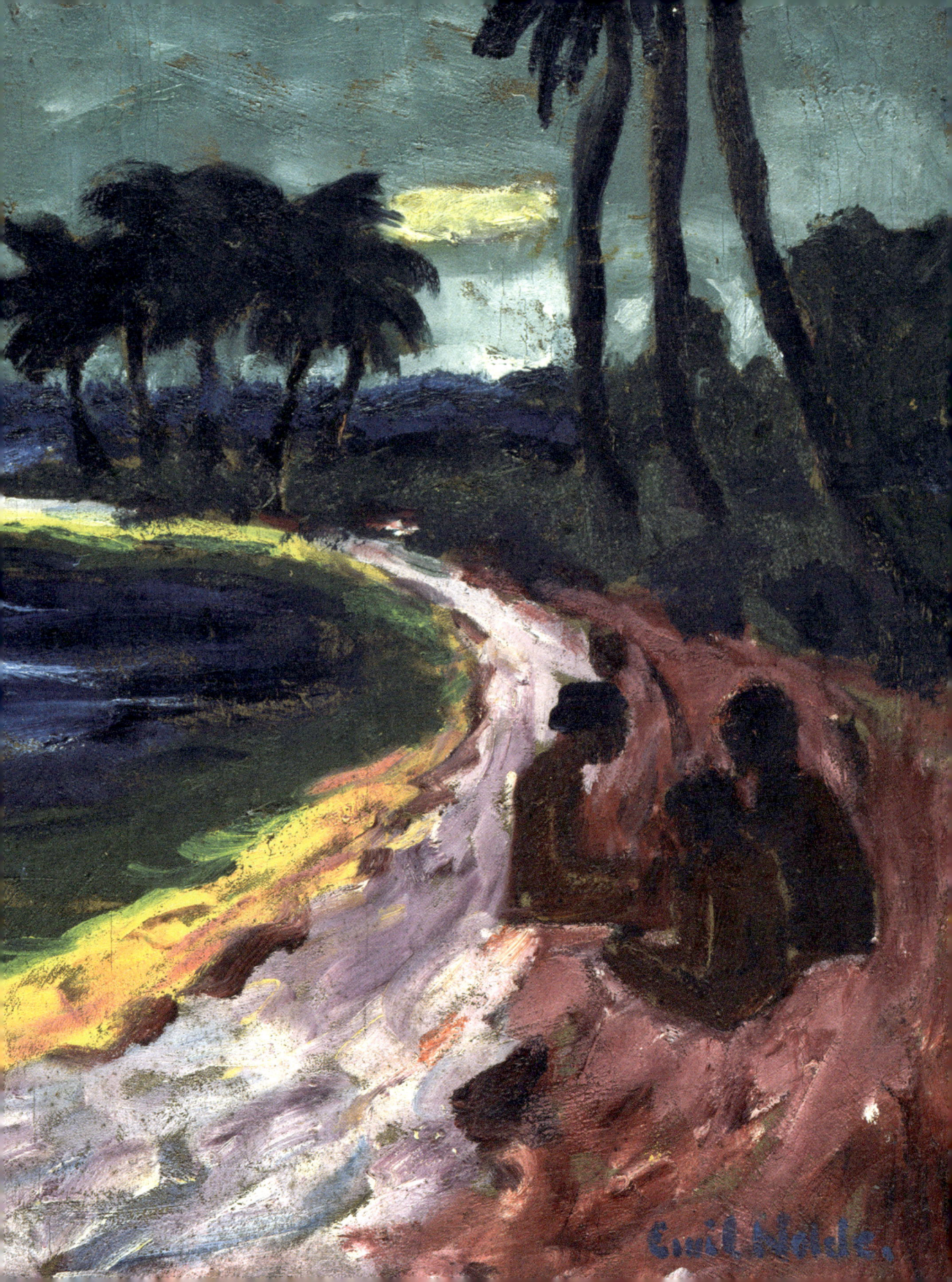

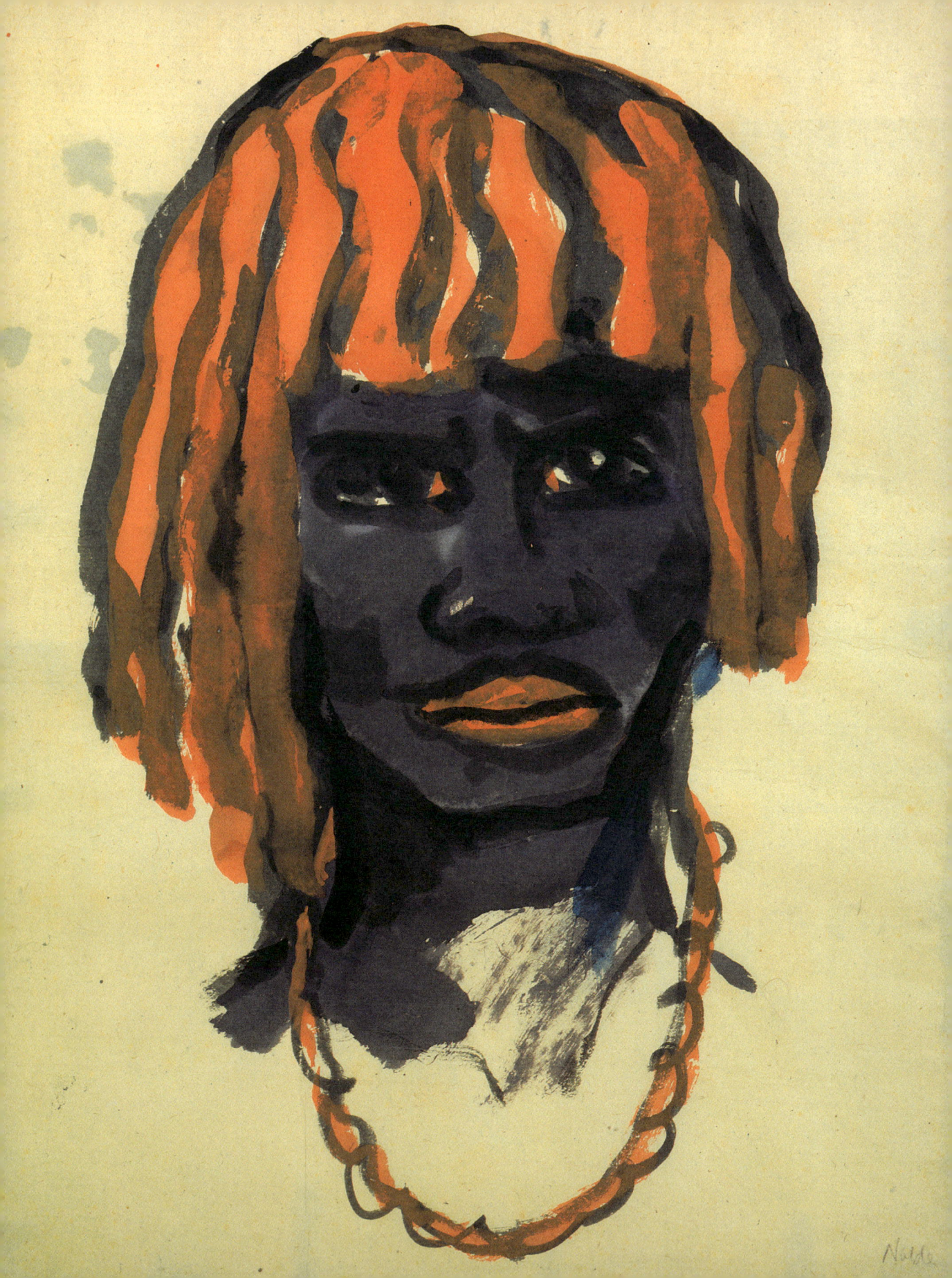

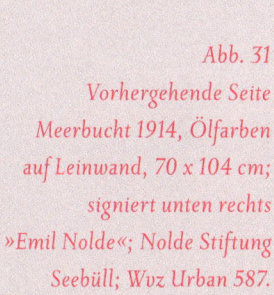

Emil Noldes Reise in die Südsee

Andreas Fluck

Mit seiner Reise in die Südsee in den Jahren 1913 und 1914 erfüllte sich für Emil Nolde der lang gehegte Wunsch, »einige ganz von jeder Zivilisation unberührte Erstheiten der Natur und Menschen kennenzulernen.« Wie viele seiner expressionistischen Malerkollegen beschäftigte sich Nolde schon vor 1913 intensiv mit Kunst und Kultur der Urvölker. Bereits 1911/12 entstanden bemerkenswerte Studien-Zeichnungen nach Ausstellungsstücken im Berliner Museum für Völkerkunde. Diese kleinformatigen Zeichnungen dienten Nolde als Vorlagen für zahlreiche Stillleben des Jahres 1912, in welchen er die verschiedensten Objekte in oft ungewöhnlicher Kombination im Bildraum arrangierte. Daher zögerte er keinen Augenblick, als sich ihm die Chance zur Teilnahme an dieser »Medizinisch-demographischen Deutsch-Neuguinea-Expedition« des Reichskolonialamts bot.

Die Expedition sollte die Ursachen für die Bevölkerungsabnahme in der damaligen deutschen Kolonie sowie Entstehung und Verlauf hier auftretender epidemischer Krankheiten erforschen. Leiter der Expedition waren der bereits in ähnlicher Eigenschaft auf Samoa tätige Professor Alfred Leber, Arzt für Augenheilkunde in Göttingen, sowie Professor Ludwig Külz, ehemaliger Regierungsarzt in Kamerun. Zur Unterstützung der Ärzte und pflegerischen Betreuung der gesundheitlich labilen Ada Nolde reiste die junge Krankenschwester Gertrud Arnthal mit.

Mit Ausnahme von Professor Külz, der bereits am 21. August vorausreiste und erst in Neu-Guinea zur Expedition stoßen sollte, startete die Gruppe in der Nacht zum 3. Oktober 1913 vom Berliner Bahnhof Zoo aus. Die Fahrt ging über Warschau nach Moskau, von dort dann mit der Transsibirischen Eisenbahn über den Ural entlang der südsibirischen Grenze bis in die Mandschurei. Nach einem Zwischenaufenthalt in Mukden, dem heutigen Shenyang, gelangte

Abb. 31
Vorhergehende Seite
Meerbucht 1914, Ölfarben
auf Leinwand, 70 x 104 cm;
signiert unten rechts
»Emil Nolde«; Nolde Stiftung
Seebüll; Wvz Urban 587.

Abb. 32
Eingeborener mit rotem Haar,
Neu-Guinea 1914; Aquarell auf
Japanpapier, 50,8 x 38,5 cm;
signiert unten rechts »Nolde.«;
Nolde Stiftung Seebüll;
Inv. Nr. A.Süd.11.

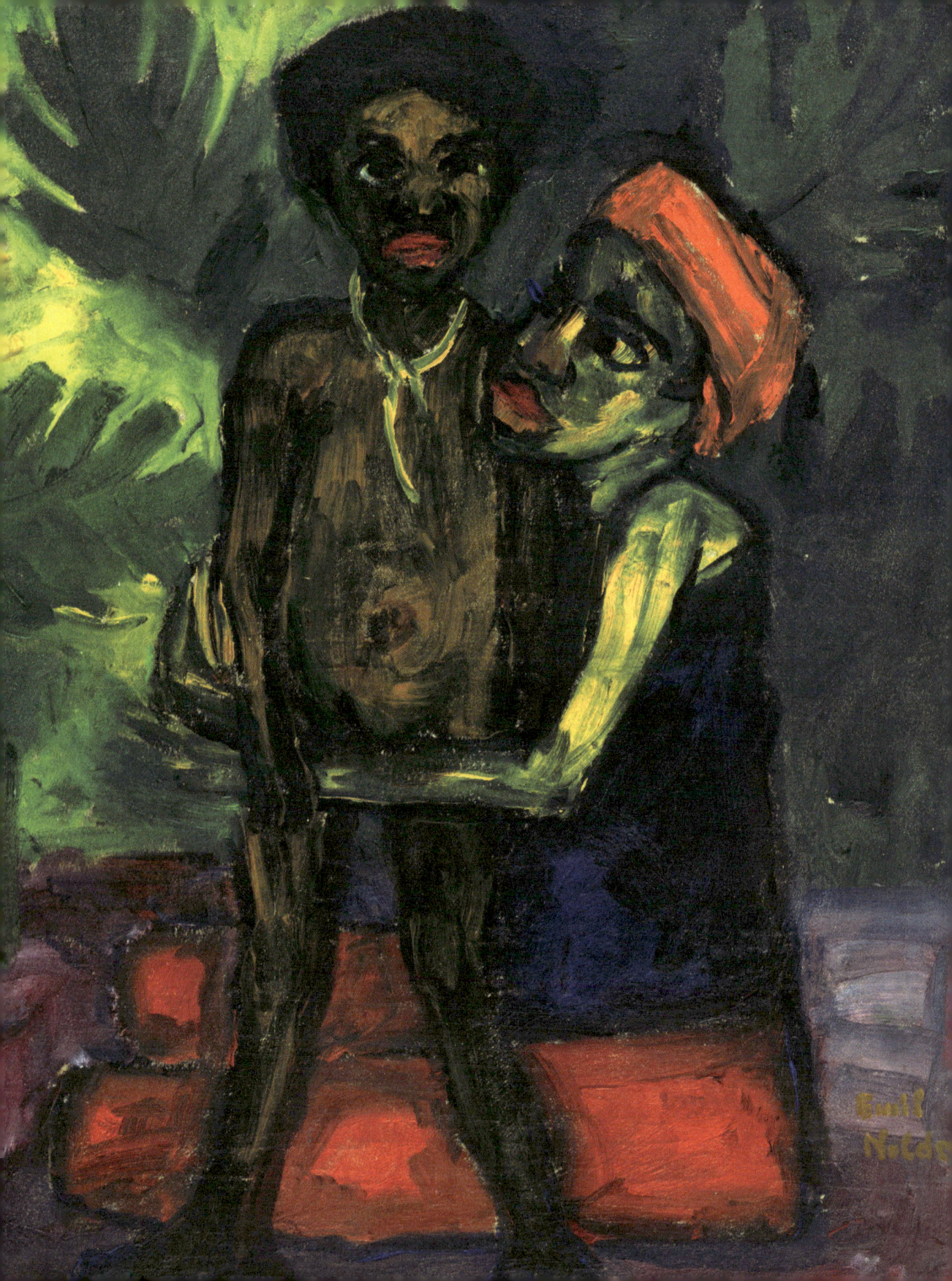

die Gruppe nach Korea. Mitte Oktober setzte man mit dem Schiff nach Japan über. Am 5. November erfolgte die Überfahrt nach China, Ende November die Einschiffung in Hongkong nach Deutsch-Neuguinea, dem heutigen Papua-Neuguinea. Nach dreiwöchiger Seefahrt erreichte die Expedition am 13. Dezember 1913 Friedrich-Wilhelmshafen, das heutige Madang, gelegen auf der Hauptinsel Papua-Neuguineas. Bereits nach wenigen Tagen schiffte man sich erneut ein, um die Hauptstadt Rabaul auf Neu-Pommern, dem heutigen Neu-Britannien, anzulaufen. Hier traf man mit dem fünften Expeditionsmitglied, dem vorausgereisten Professor Ludwig Külz, zusammen, die Gruppe war damit vollständig.

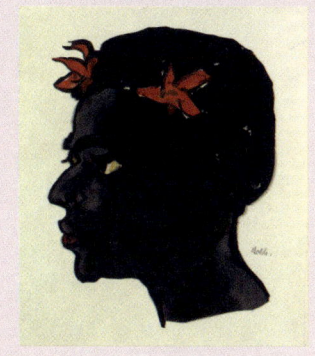

Auf Namanula, einem Hügel oberhalb Rabauls, bezogen die Noldes Quartier. Um sich an das Leben auf der Insel zu gewöhnen und die Umgebung kennenzulernen, blieb man für etwa einen Monat am Ort. Ab der zweiten Januarhälfte begleiteten die Noldes Professor Külz bei seinen Tagesausflügen zu entlegenen Dörfern der Gazelle-Halbinsel. Mit Hilfe eingeborener Dolmetscher befragte der Arzt die Dorfbewohner über Krankheiten, führte Untersuchungen und Behandlungen durch. Emil Nolde war bei all diesen Gesprächen als stiller Beobachter zugegen und zeichnete unter höchster Anspannung unaufhörlich, da er nur selten die Eingeborenen wie hier »in voller Natürlichkeit« vor sich haben konnte.

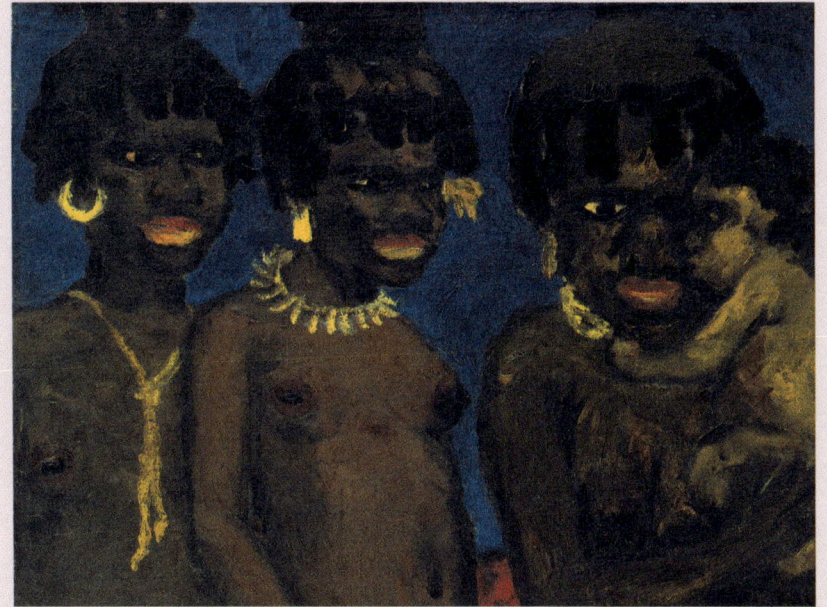

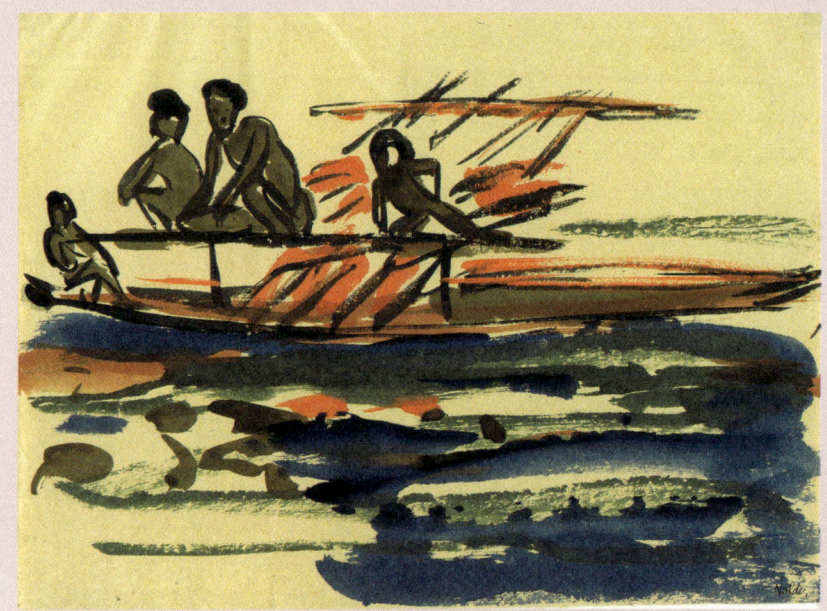

Am 28. Januar 1914 erkrankte der Künstler an Amöben-Ruhr. Ein dreiwöchiger Krankenhausaufenthalt im nächstgelegenen Hospital von Herbertshöhe war notwendig, sein Gesundheitszustand zeitweise sehr kritisch. Erst Mitte März war an eine Weiterreise zu denken: Ein Dampfer brachte die Noldes nach Kavieng an der Nordspitze Neu-Mecklenburgs, dem heutigen Neu-Irland. Nur hier in Kavieng fand Nolde die zur Ölmalerei nötige Ruhe. Er berichtet in seinen Lebenserinnerungen: »Ich aber arbeitete jeweils nur eine kurze Zeit, es war allzu warm. Und dabei doch entstand nach und nach eine Reihe Bilder. Teils waren es landschaftliche, teils Figurenbilder. Sie wurden nicht gleichmäßig gut, wie könnte das sein, aber manche waren uns eine besondere Freude, als ich sie, diese Zeit beschließend, an den Wänden meines Raumes zu einer kleinen ´Südseeausstellung´ angeheftet hatte.«

Nachdem die Forschungsarbeiten der beiden Ärzte abgeschlossen waren, machte man sich Ende April auf die Rückreise nach Rabaul. Dort erfuhr die Gruppe von dem plötzlichen Tod Gertrud Arnthals. Obwohl die Noldes ursprünglich planten, ein Jahr in den Tropen zu verbringen, fassten sie zu dieser Zeit den Entschluss zur Rückreise, um »den Bogen nicht überspannen zu wollen.«

Auf dem Weg durch das Rote Meer nach Suez erfuhren Besatzung und Passagiere vom Ausbruch des Ersten Weltkrieges, im neutralen Hafen von Port Said ging das Schiff Anfang August 1914 vor Anker. Getarnt als Dänen gelangten

Ada und Emil Nolde mit einem holländischen Frachtdampfer nach Marseille, von dort nach Genua. Mit den letzten Ersparnissen wurden Fahrkarten nach Zürich gelöst. Ihr kleines Fischerhaus auf der Ostseeinsel Alsen erreichten die Noldes am 16. September 1914. Der Maler resümiert in seiner Selbstbiographie: »Vor einem Jahr hatten wir unsere Insel Alsen verlassen. Sechs Monate reisten wir, sechs Monate waren wir in Neuguinea. Dieses eine Jahr war uns unendlich reich gewesen, so reich, als ob es zehn Lebensjahre enthalte.«

Schon auf der Überfahrt nach Manila widmete sich der Maler wie während des gesamten Aufenthalts in der Südsee den dort lebenden Eingeborenen. Es zeigte sich rasch, dass der Künstler, obwohl er auf eigene Kosten reise und folglich vollkommen ungebunden in seiner künstlerischen Arbeit war, die Aufgabe des »demographischen« Erfassens der unterschiedlichen »Eingeborenenstämme« Neuguineas freiwillig übernahm und diese durchaus ernsthaft und konsequent betrieb. So entstand eine Vielzahl von Aquarellen nach den Einwohnern der besuchten Inseln und Regionen, gemalt auf groben Reisstrohpapieren, welche Nolde aus China mitgebracht hatte. Es überwiegen portraithafte Darstellungen, welche allein den Kopf des Modells, seltener auch dessen Oberkörper wiedergeben. Neben der Physiognomie der Einheimischen, Männern wie Frauen, gilt das Interesse des Künstlers auch den sehr unterschiedlichen Gesichtbemalungen, den Schmuckgegenständen und

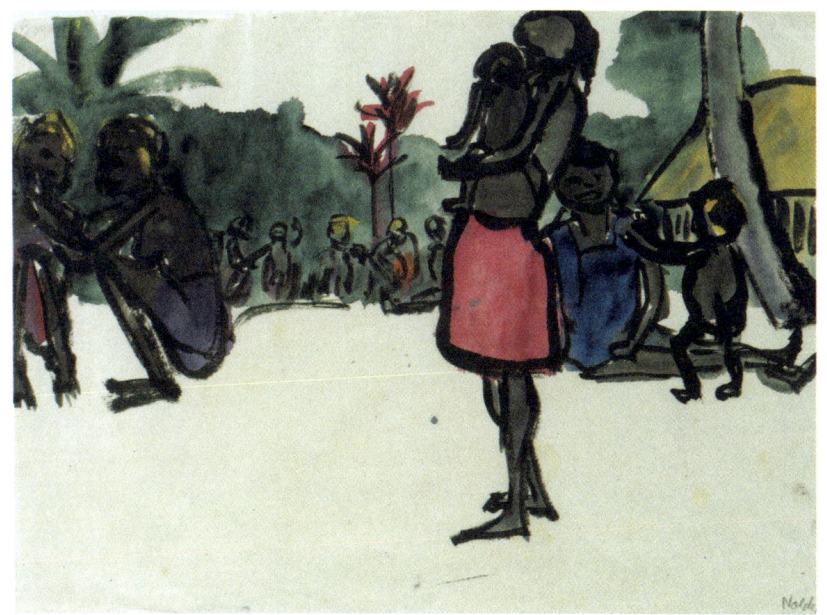

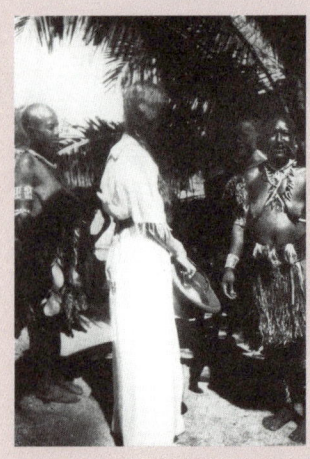

Kopfbedeckungen sowie – seltener – der Bewaffnung der Krieger. Abgesehen von gelegentlichen Schattenzonen bleibt der Hintergrund im Allgemeinen vollkommen neutral. So erscheinen die Köpfe auf hellem Grund für sich isoliert, der fast schon heraldische Charakter dieser Darstellungen verleiht ihnen Würde und gesteigerte Ausdruckskraft.

Auch die übrigen Südsee-Aquarelle, in welchen Nolde eher einem künstlerischen Impuls als dem Willen zur nüchternen, demographischen Dokumentation folgte, zeigen den Menschen im Mittelpunkt des Geschehens: Frauen mit ihren Kindern, Badende, Ruderer, Lastenträger und die dörfliche Gemeinschaft sind bevorzugte Bildmotive. Seltener finden sich unter diesen Blättern hingegen Darstellungen menschenleerer Dörfer oder der üppigen Vegetation des Urwalds.

In Kavieng entstanden im März und April 1914 insgesamt neunzehn Gemälde, zehn von ihnen zeigen landschaftliche bzw. florale Motive, die übrigen neun Darstellungen der Einheimischen. Nachdem die Bilder auf der Rückreise in Port Said zurückgelassen werden mussten, galten sie als verschollen. 1921 tauchten sie überraschend in einem Warenhaus im englischen Plymouth wieder auf, und Nolde erhielt sie unversehrt zurück.
In zahlreichen der erst nach der Reise – vor allem in den Jahren 1914 und 1915 – entstandenen Ölbilder setzt sich Nolde weiter mit seinen Erlebnissen auseinander.

Wie in seinen Aquarellen, so ist Nolde auch in den Gemälden der Südseereise bestrebt, bleibende Zeugnisse einer im Untergang befindlichen vermeintlichen Urkultur zu schaffen. »Ursprünglichkeit« und »Urwesenhaftes« sind für sein gesamtes künstlerisches Werk Begriffe von zentraler Bedeutung, und so bilden die »primitiven Urvölker« für ihn die erste und wichtigste Stufe menschlichen Kunstwollens überhaupt. Rückblickend zieht er in seinen Lebenserinnerungen folgende Bilanz der Südsee-Reise: »Als Mensch und Künstler interessierten mich immer die ganzen Stufen des menschlichen Seins, von der Urnatur an bis zur Auflösung: Die Krieg und Jagd treibenden und Bananen pflanzenden Tropenmenschen, – die pflügenden, säenden und erntenden Bauern, – die geschäftigen, eilenden und sich verzehrenden Stadtmenschen, und als Künstler schließlich auch die in seichter Lebenslust und im Sumpf verkommene Dekadenz. (...) Mit der Südseereise glaubte ich, die erste, die Urstufe erledigt zu haben.«

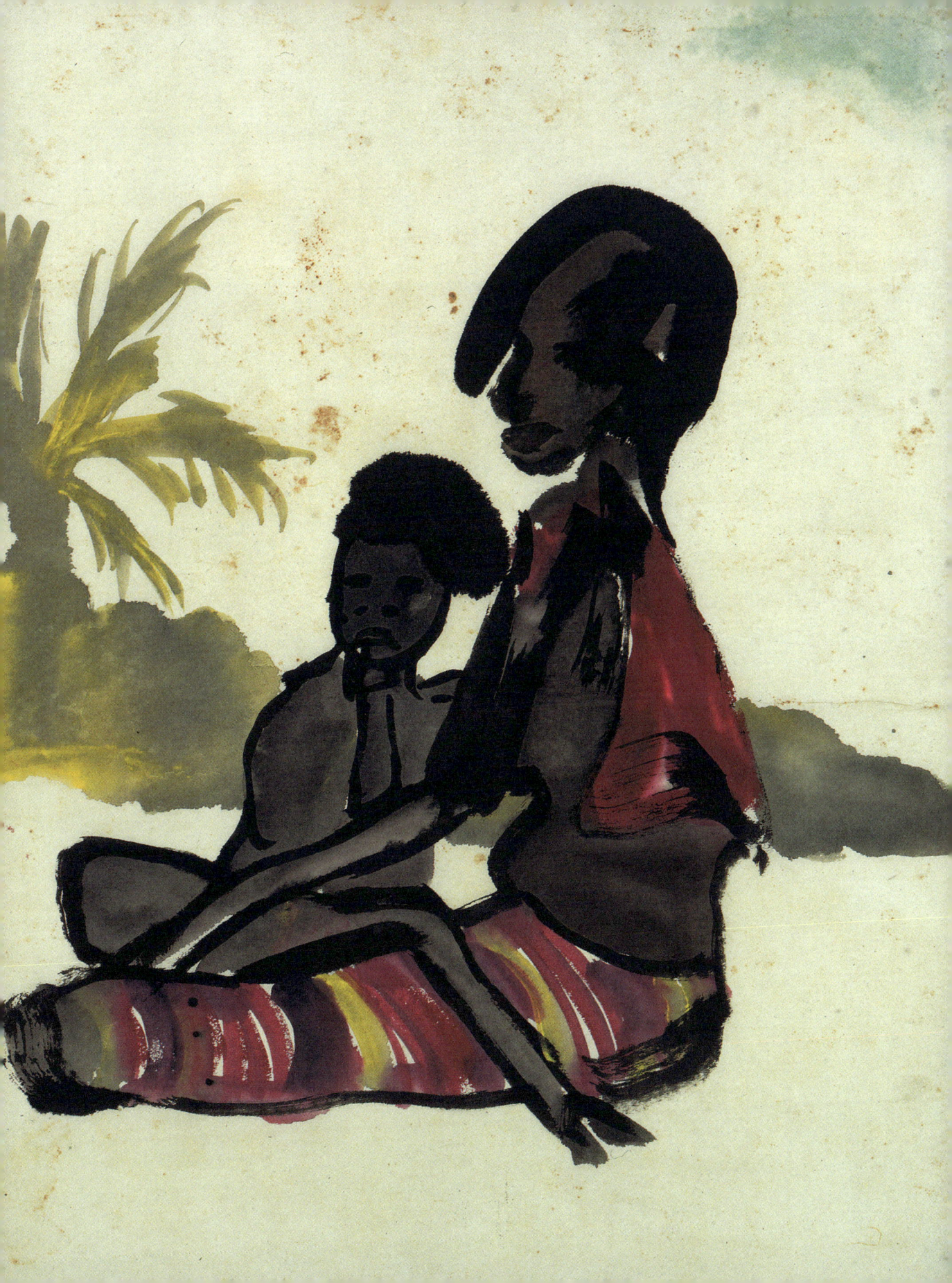

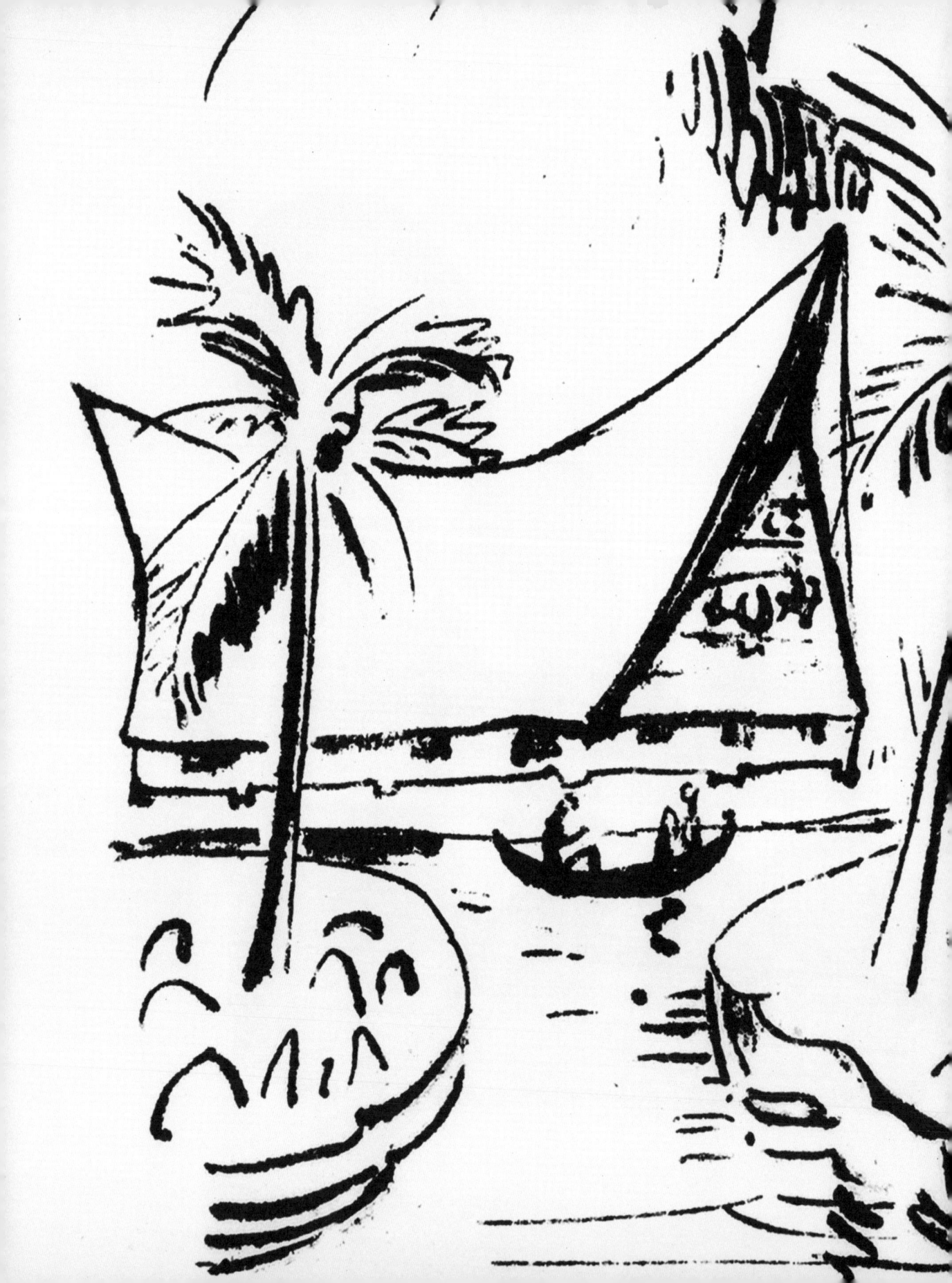

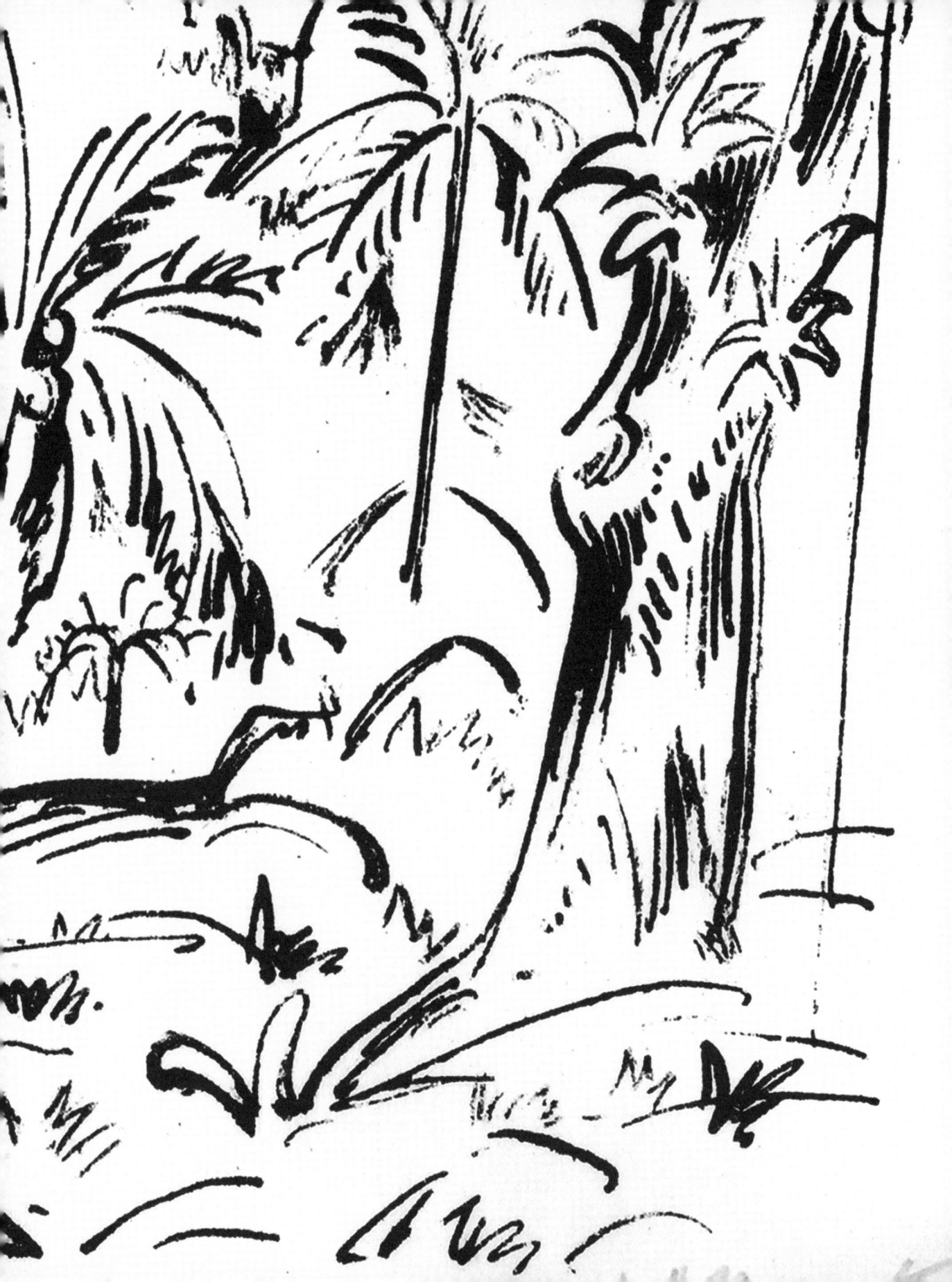

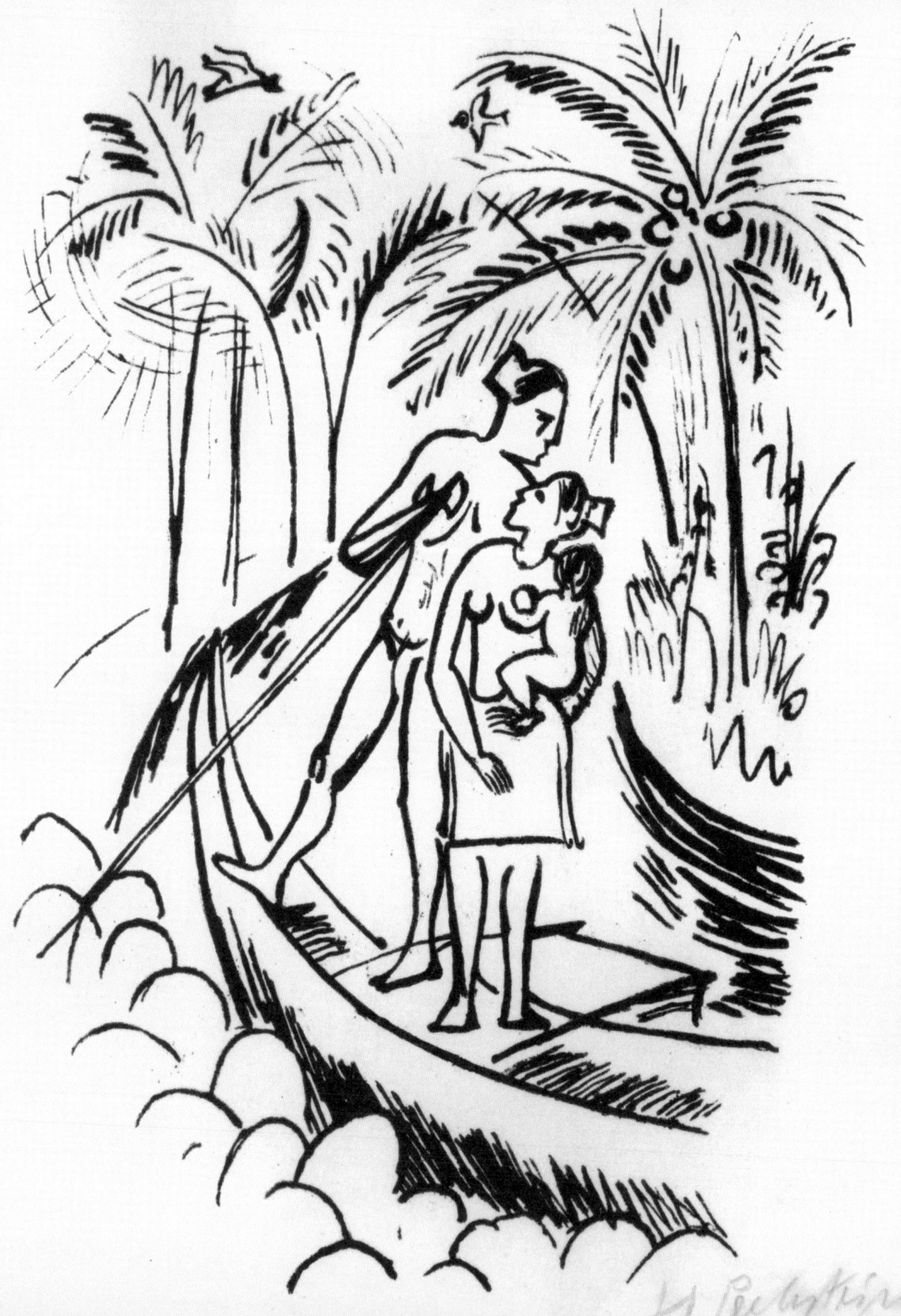

Die Südseereise Max Pechsteins

und ihr künstlerischer Ertrag

Thomas Gädeke

Zu nahezu allen Zeiten reisten die Künstler, um sich mit neuen Eindrücken anzufüllen – sei es in der Natur oder um Kunstwerke älterer Epochen aufzusuchen, sei es um künstlerischen Vorbildern zu begegnen und in Werkstätten mitzuarbeiten. Das Reisen in den Zeiten vor der Globalisierung war unbequem und teuer, die Künstler in den Zeiten vor dem allgemeinen Stipendienwesen waren arm und auf den Antrieb ihrer unbedingten Leidenschaft angewiesen, der sie Unmögliches erreichen ließ. Die Ziele von Künstlerreisen in der Geschichte sagen viel über die Epochen und die Richtung des schöpferischen Schaffens aus. Vorbilder zu suchen, war in allen Zeiten – außer der modernen – das A und O künstlerischer Ausbildung und künstlerischen Reifens. Reisten die Künstler des frühen Mittelalters zwischen den Zentren damaligen Schaffens in den höfischen und kirchlichen Schulen – etwa Köln, Fulda, Reichenau –, waren es im 12. und 13. Jahrhundert die Bauhütten der Kathedralen in Südfrankreich, Nordspanien, Oberitalien, Deutschland und England, in denen wir den Wegen einzelner Künstler nachspüren können.

Schon damals und verstärkt in den Jahrhunderten seit der Renaissance war es die unbestrittene Sonne der Antike, in deren Licht und Wärme sich die Künstler Kraft und Inspiration holten. Somit war Italien das Land der Sehnsucht, am Ende auch für die Kunsthistoriker, deren Protagonist Johann Joachim Winckelmann diesem Land sein Leben widmete. Das war aber schon zu dem Zeitpunkt, als die Kunst an die Schwelle der Moderne geriet und die festgefügten Vorbildwelten ins Wanken brachte. Eine erneute Belebung antikischer Gesinnung wollte nicht gelingen. Bezeichnenderweise reiste Delacroix – bei aller Verbundenheit mit Michelangelo, Tizian und Rubens – nicht nach Italien

Abb. 40
Vorhergehende Seite:
Lithographie von Max Pechstein: Südsee, Reisebilder 41 (Südseelandschaft) 1919, Lithographie (347) Stiftung Rolf Horn in der Stiftung Schleswig-Holsteinische Landesmuseen Schloß Gottorf, Schleswig. (Detail von Abb. 43).

Abb. 41
Lithographie von Max Pechstein: Südsee, Reisebilder 42 (Familie auf Schiffsbug) 1919, Lithographie (348) Stiftung Rolf Horn in der Stiftung Schleswig-Holsteinische Landesmuseen Schloß Gottorf, Schleswig.

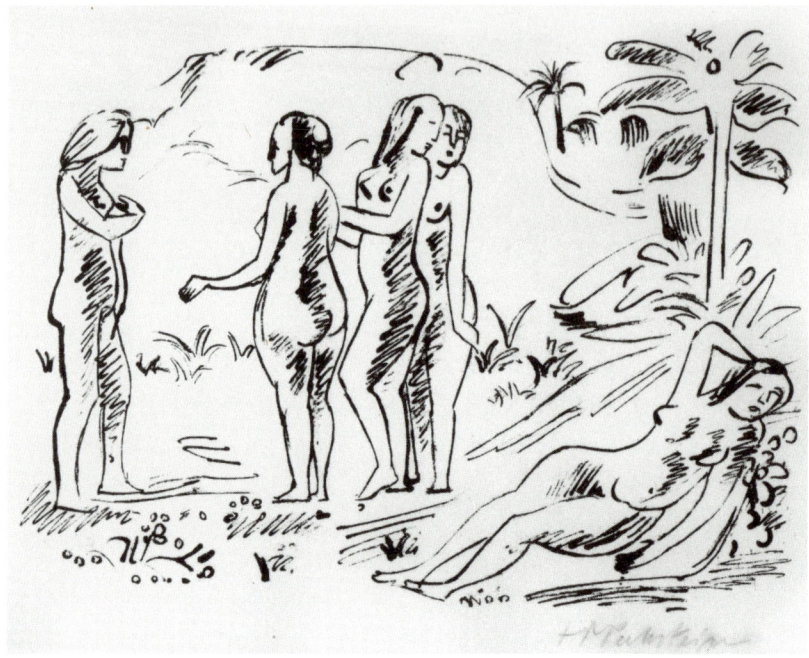

sondern nach Marokko, um in der arabischen Welt der wilden Reiter, Basare und Serails eine eigene unverfälschte Welt für die Darstellung in seiner Kunst zu gewinnen. Japan trat über importierte Graphiken ins Bewußtsein, und der Trend zum Fremden wurde bekanntlich von Gauguin verstärkt, der nach Tahiti übersiedelte und dessen Kultur in seine Kunst zog. Damit war, stärker noch als bei Delacroix, eine Sehnsucht zum Ursprünglichen, zu den Quellen natürlichen Lebens ausgedrückt, womit zugleich eine Flucht aus der modernen Zivilisation und ihren Großstädten des 19. Jahrhunderts versucht wird.

Auf der Suche nach dem ursprünglichen Leben war auch Nolde, der 1913/14 auf Einladung des kaiserlichen Reichskolonialamts an einer Südseereise unter dem Titel »Medizinisch-demographische Deutsch-Neuguinea-Expedition« teilnahm. Seine Sicht deckte sich nur teilweise mit der Pechsteins, etwa wenn er schrieb: »Die Urmenschen leben in ihrer Natur, sind eins mit ihr und ein Teil vom ganzen All. Ich habe zuweilen das Gefühl, als ob nur sie noch wirkliche Menschen sind, wir aber etwas wie verbildete Gliederpuppen, künstlich und voll Dünkel.«

Zeitgleich fand die Reise Pechsteins zu den Palauinseln statt. Dieser Reise widmet der Maler ein umfangreiches Kapitel in seinen lebendig geschriebenen

Erinnerungen, die er unmittelbar nach dem zweiten Weltkrieg verfaßte. Daraus wird klar: Es ging ihm darum, die »Gefilde der Seligen« zu suchen. Er brach mit seiner Frau am 14. Mai 1914 in Genua auf, erreichte am 10. Juni Hongkong, wo er sich die Haare schneiden und die Ohren putzen ließ, reiste am 13. Juni nach Manila weiter, das er am 16. Juni verließ, um am 21. Juni in Angaur auf Palau anzukommen. Von dort erreicht er sein Ziel Madalai, die mit 43 Kilometern Länge größte Insel Palaus. Die Inseln standen unter deutscher Verwaltung, die, Pechstein hebt es lobend hervor, alles für den Erhalt der Ursprünglichkeit tat: »Der Betreuer dieser Inselgebiete, die dem Deutschen Reich unterstanden, war ein kluger Beamter, der ängstlich darauf achtete, daß nichts Europäisches eindrang und die Insulaner verdarb.«

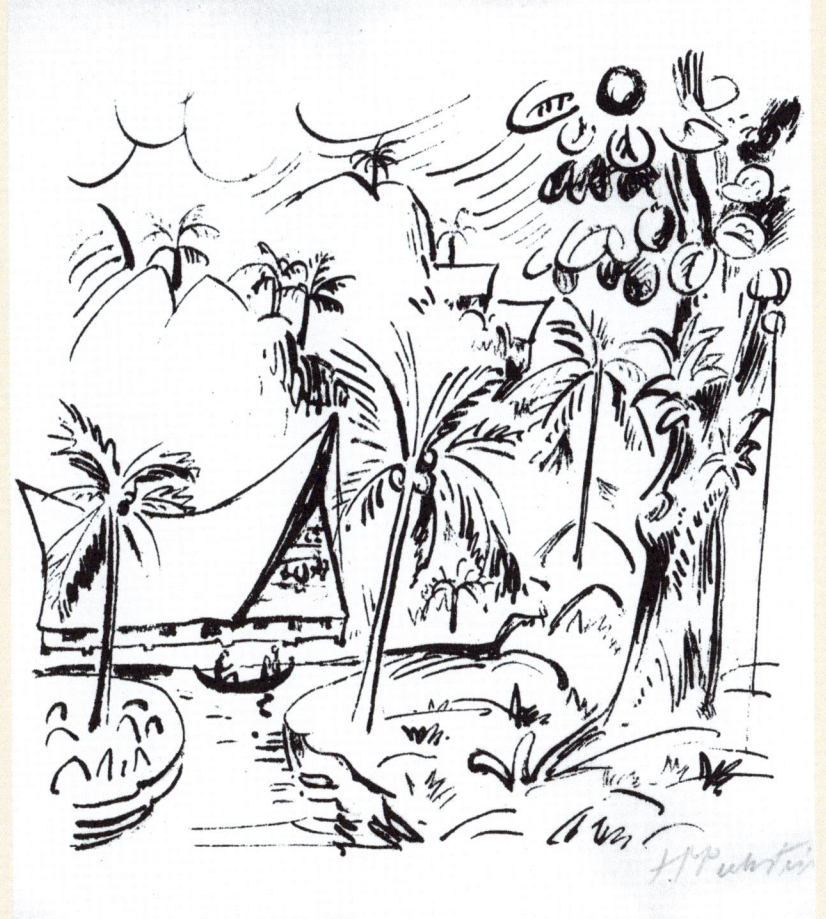

Abb. 43
Lithographie von Max
Pechstein: Südsee, Reisebilder
41 (Südseelandschaft) 1919,
Lithographie (347) Stiftung
Rolf Horn in der Stiftung
Schleswig-Holsteinische
Landesmuseen Schloß Gottorf,
Schleswig.

Gleich Gauguin hatte Pechstein sich auf einen langen, womöglich unbegrenzten Aufenthalt eingerichtet. Ihm ging es um eine umgekehrte »Entwicklungshilfe«. Er versprach sich Stärkung und Hinführung zum Kern des Menschendaseins durch das Leben neben und mit den Eingeborenen: »Von Eibedul erwerbe ich ein Eiland, nicht weit von Madalai, mit einer wunderschönen, kleinen halbrunden Bucht; Süßwasser ist auch darauf, Fruchtbäume, Tarofelder, wilde Ziegen und Schweine. Geflügel und Fische gibt es ja sowieso, so daß ich nicht mehr nach der Ernährung zu fragen brauche, deren Beschaffung ich jetzt vollkommen in die Hände Auchells lege. Er bekommt meinen Zwilling, um, wenn nötig, das frische Fleisch zu schießen, was er ausgezeichnet besorgt.« Er zeichnet viel und überträgt später diese Skizzen in seine Reiselithographien: »Ob ich nun die Palauer beim Schnitzen, Fischen, Jagen oder bei der Rast beobachtete, immer hielt mein Zeichenstift ihr geselliges Leben fest.«

Die Blätter sind Zeugnisse von Pechsteins Traumwelt, die er real erleben durfte – bis der Ausbruch des Krieges seine Rückreise erforderlich machte. Nach der Besetzung der Palau-Inseln durch Japan wurde das Ehepaar interniert, am 1. November als Gefangene nach Nagasaki gebracht. Von dort durften sie schließlich über Manila in die USA reisen. 1915 kehrte Pechstein auf einem Schiff als Kohlenschipper nach Europa zurück.

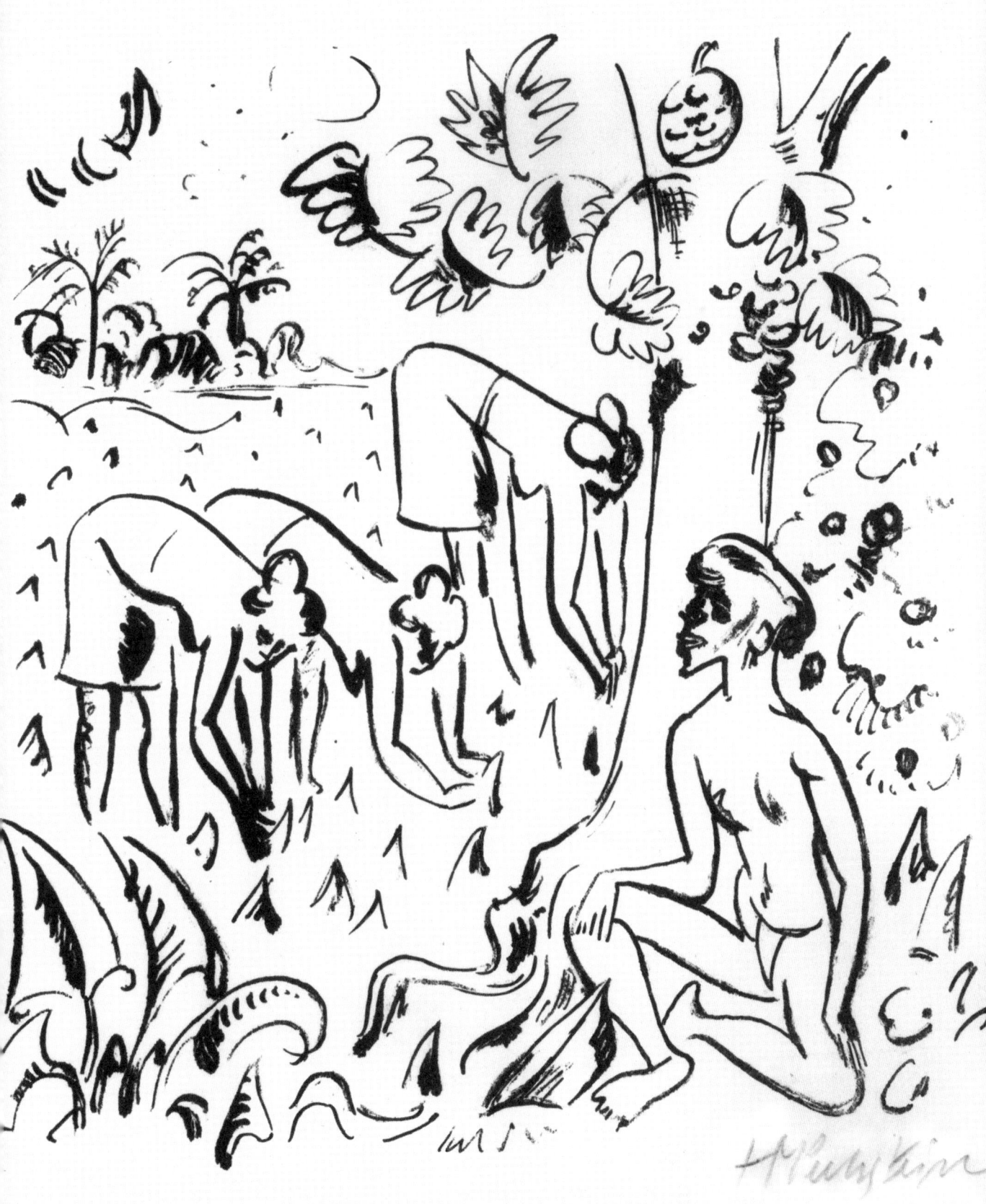

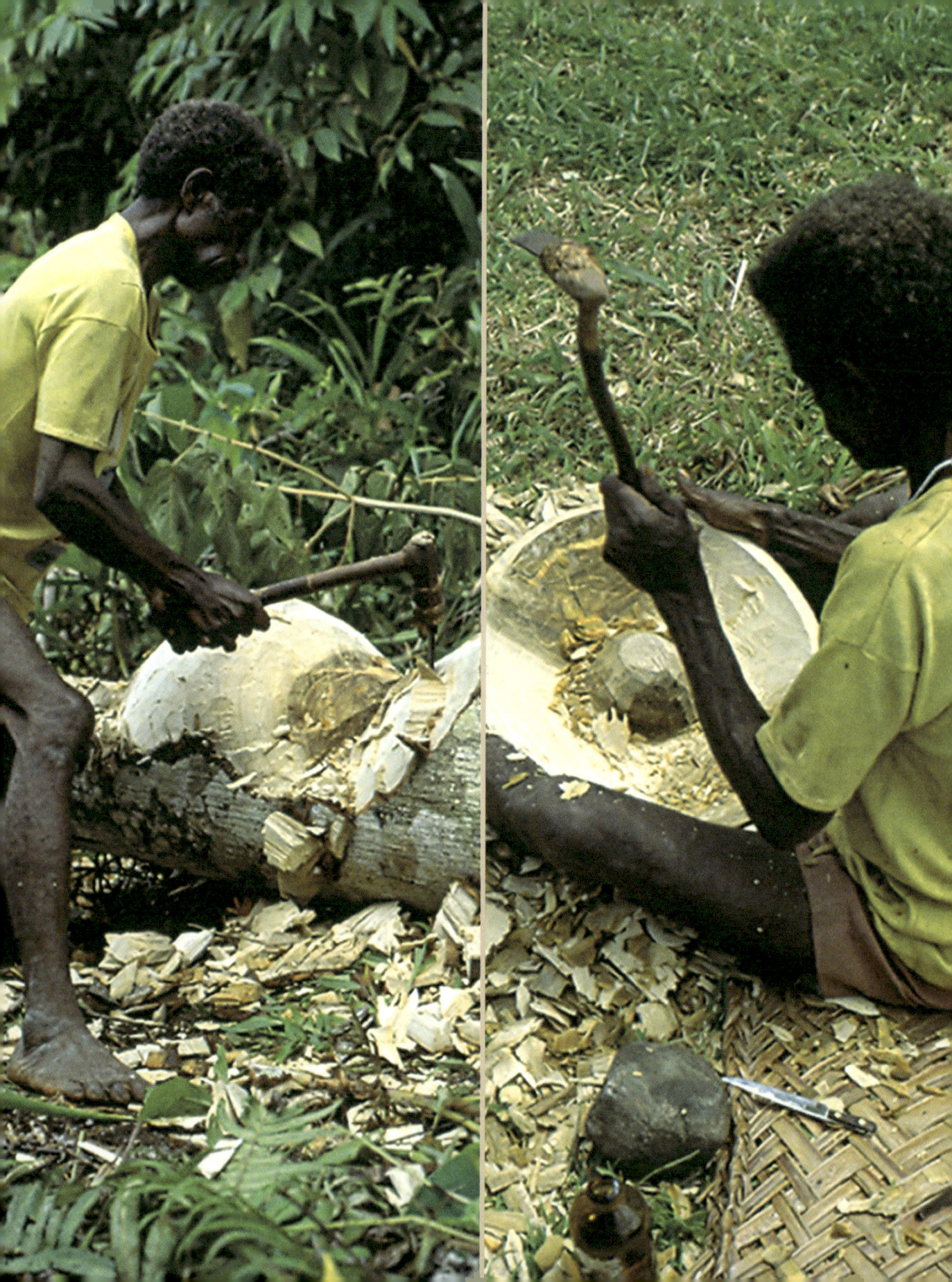

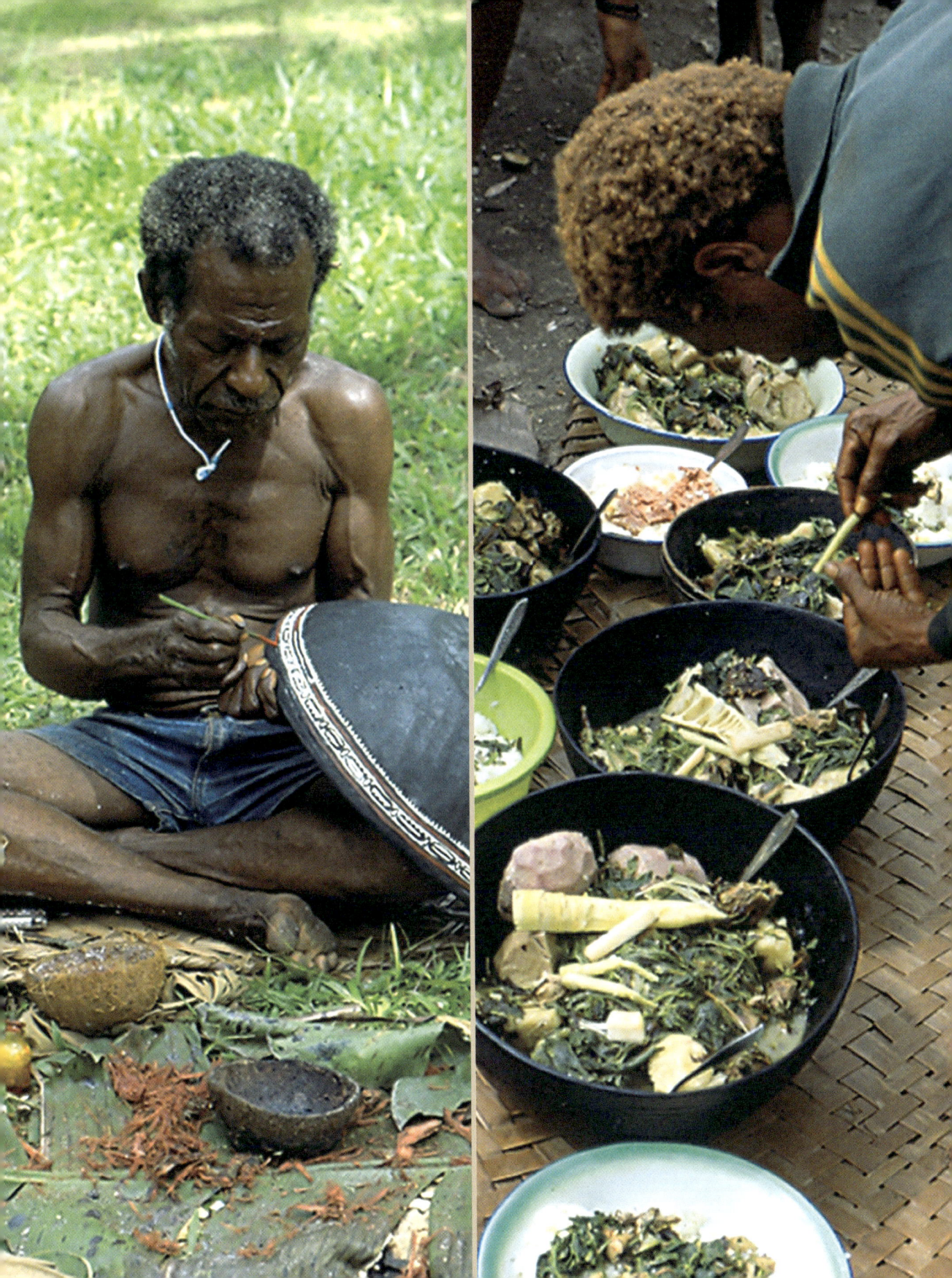

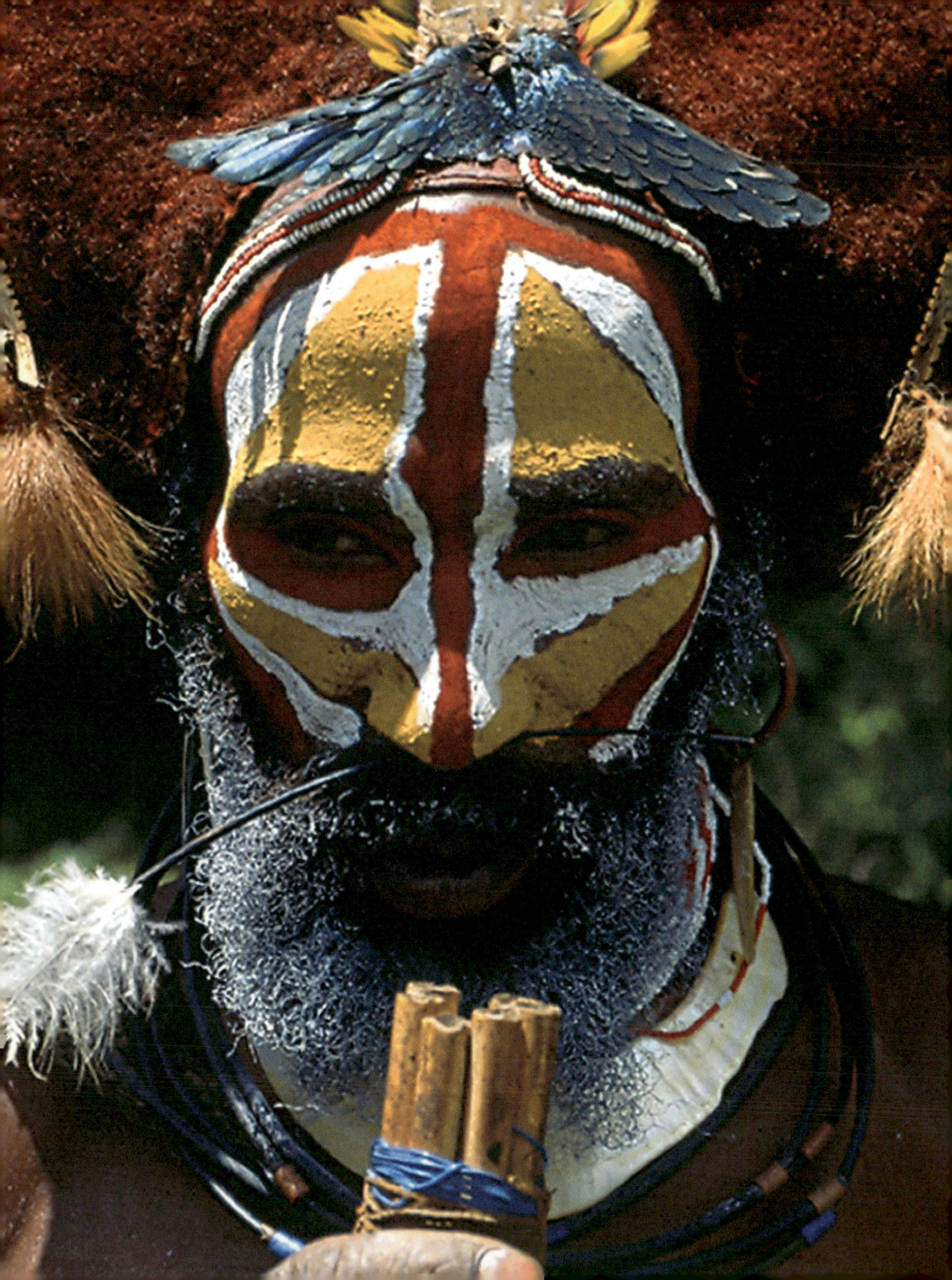

Neuguinea

Lokale Kulturen – Globale Einbindungen

Wolfgang Kempf

»Wie Gestalten, die man im Traum sieht« – die ersten Begegnungen mit Weißen und ihren Helfern während des 20. Jahrhunderts lösten bei den Bewohnern in den abgelegenen Regionen Neuguineas für gewöhnlich Bestürzung und Befremden aus. Die Menschen dort betrachteten die exotischen Erscheinungen zunächst als mythische Figuren, Geistwesen aus der Wildnis oder Geister von Verstorbenen, die ihnen aus einer anderen Sphäre kommend nun unvermittelt gegenübertraten. Als die australischen Regierungsbeamten Jack Hides und Jim O'Malley im Jahre 1935 mit 40 Trägern und bewaffneten Polizisten auf ihrer legendären Strickland-Purari Patrouille vom damaligen Verwaltungsgebiet Papua aus in das südliche Hochland Neuguineas gelangten, hatten zuvor bereits spektakuläre Entdeckungen im nördlich gelegenen Mandatsgebiet von Neuguinea für Aufsehen gesorgt. Lutherische Missionare, Goldsucher und australische Verwaltungsbeamte waren gegen Ende der 1920er, Anfang der 1930er Jahre verstärkt in das noch unerschlossene Hochland von Neuguinea vorgestoßen. Vor allem die Goldfunde bei Wau und Bulolo im Jahre 1926 hatten die Hoffnung auf weitere lukrative Vorkommen in den angrenzenden Hochlandregionen genährt und damit die Erkundung des bis dahin weitgehend unbekannten Terrains befördert. Was nach gängiger Meinung lediglich zerklüftetes, bewaldetes und unbewohntes Bergland zu sein schien, entpuppte sich schon bald als eigene Welt mit ausgedehnten, fruchtbaren und vor allem dicht besiedelten Gebirgstälern.

Im westlichen Hochland um Mount Hagen und im Enga-Gebiet trafen die Europäer auf die zahlenmäßig größten Bevölkerungsgruppen mit mehr als 100.000 Angehörigen. Die Gruppen dieser Region lebten auf Klanterritorien in Weilern oder Familienanwesen verstreut und zeichneten sich durch versierten Gartenbau sowie intensive Schweinehaltung aus. Schweine waren

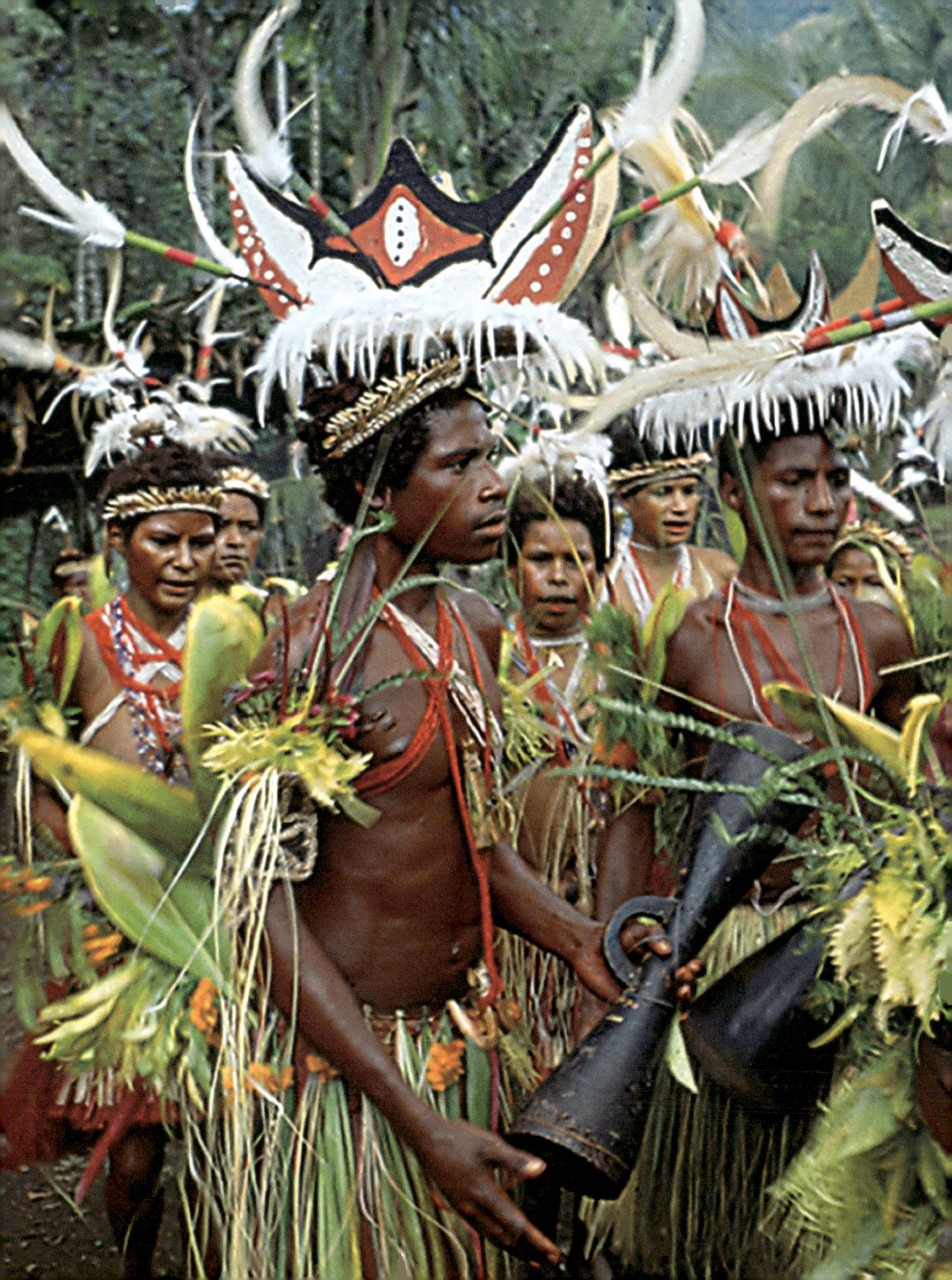

neben den Kina-Muscheln für Tauschzeremonien von zentraler Bedeutung und besaßen daher einen hohen ökonomischen, sozialen und rituellen Wert. Archäologische Ausgrabungen deuten darauf hin, dass in der Region um Mount Hagen bereits vor rund 9000 Jahren Gartenbau betrieben wurde. Der intensive Anbau von Feldfrüchten, zunächst vor allem Taro, erlaubte es, den Mehrertrag in Schweine als Wertgegenstände für Tauschfeste umzuwandeln. Die später in die Region eingeführte Süßkartoffel hatte die Entwicklung noch verstärkt. Der zeremonielle Tausch stiftete in diesen Gesellschaften politische Führerschaft. Im Mittelpunkt standen hier, wie auch andernorts auf der großen Insel, die so genannten »Big Men«, ambitionierte, redegewandte Männer, die über die Kontrolle von Wertgegenständen, Arbeitskraft, Gefolgschaft und Ritualwissen im Rahmen regionaler Tauschsysteme soziales Prestige und politisch einflussreiche Positionen erlangen konnten, ohne damit notwendigerweise erbliche Führungsansprüche zu begründen.

Die Gegensätzlichkeit in den Beziehungen zwischen Mann und Frau wurde nicht nur im Hochland, sondern auch in anderen Regionen Neuguineas stark betont. Die Trennung der Geschlechter basierte auf der Vorstellung, der weibliche Körper sei eine (mächtige) Quelle der Verunreinigung und stelle somit eine Gefahr für das Wohlergehen der Männer dar. Frauen hatten daher ihre eigenen Aktionsräume. Der Zugang zu den Männerhäusern war ihnen verwehrt. Auch die Paraphernalia der Männer wie heilige Flöten oder Schwirrhölzer sowie die damit verbundenen Rituale wurden vor ihnen verborgen gehalten. Initiationsrituale dienten dazu, die Jungen aus der weiblichen Sphäre zu lösen, in die geheimen Bereiche männlicher Macht einzuweihen und mit speziellen Verfahren zu Männern zu formen. In einem Gebiet vom östlichen Hochland über das Papuanische Plateau bis hin zur Küstenregion im Westen Neuguineas griffen einige Gruppen im Rahmen der geheimen Initiation auch auf ritualisierte »homosexuelle« Praktiken zurück. Es handelte sich dabei um Praktiken des wiederholten Inseminierens von Initianden durch ältere Initiierte, da aus indigener Sicht das Wachstum eines Jungen zum Mann nur auf diese Weise garantiert werden konnte. Den aufwendig gestalteten Männerhäusern und figürlichen Darstellungen einiger Sepik-Kulturen stand im Hochland die Kunstform des Körperschmucks gegenüber. Bis in die Gegenwart hinein pflegen dabei insbesondere Männer die Ästhetik eines äußeren Erscheinungsbildes der Stärke und des Pretiges, das an die soziale und politischen Beziehungen einer Gruppe gekoppelt ist

Neuguinea ist heute faktisch zweigeteilt. Die Grenze, von kolonialer Hand willkürlich durch die Mitte der Insel gezogen, verläuft entlang des 141. Län-

Abb. 47
Tanzfest im Hinterland der
Rai-Küste, Madang Provinz,
Papua-Neuguinea.

Abb. 48
Sanduhrförmige Trommel
mit stilisierten Gesichtern
begleiteten rituelle Tänze.
Neuguinea, Huon-Halbinsel,
Finschhafen. Roemer- und
Pelizaeus-Museum Hildesheim,
Kat. Nr. 45.

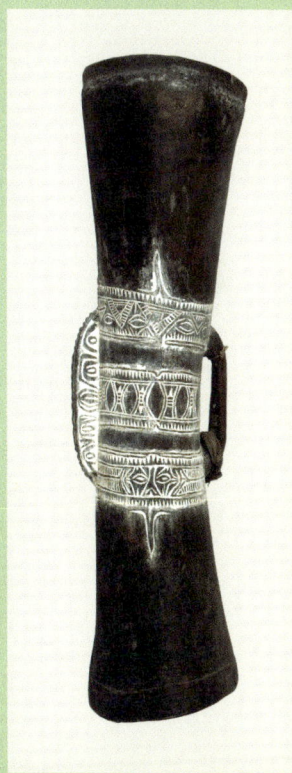

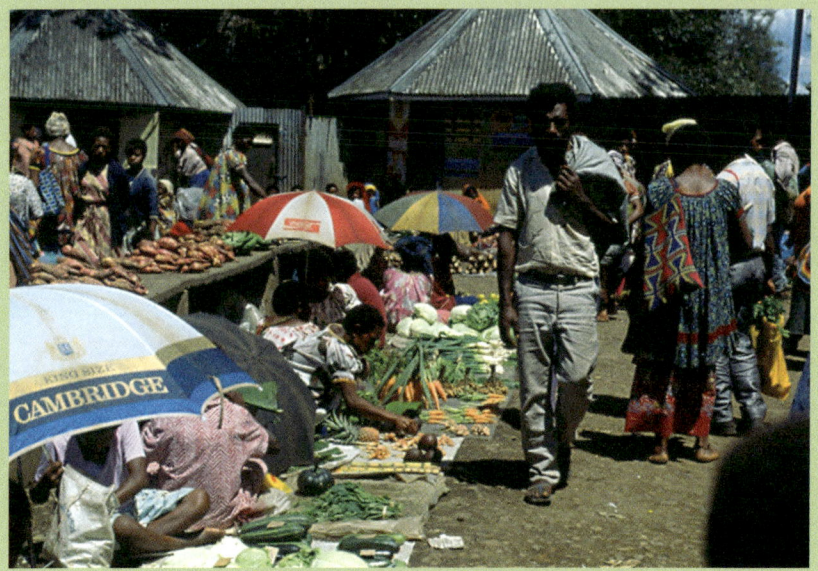

gengrads. Die Westhälfte, Irian Jaya (oder West-Papua), gehörte vormals zum holländischen Kolonialgebiet »Niederländisch-Indien« und wird seit 1963 von Indonesien kontrolliert. Auf der anderen Seite der Grenze liegt der seit 1975 unabhängige Pazifikstaat Papua-Neuguinea, dessen Staatsgebiet die Osthälfte der Insel Neuguinea (das »Festland«) sowie kleinere Inselgruppen vom Bismarckarchipel bis zu den beiden nördlichsten Inseln der Salomonen-Gruppe, Bougainville und Buka umfasst.

Die ethnische und kulturelle Vielfalt Neuguineas war und ist einzigartig. So werden allein in Papua-Neuguinea über 750 Sprachen gesprochen. Die rund 200 Sprachen, die zur austronesischen Sprachfamilie zählen, kommen hauptsächlich in den Küstenregionen und auf den umliegenden Inseln vor, während die sogenannten nicht-austronesischen oder papuanischen Sprachen häufiger im Inneren des »Festlands« sowie einiger großer Inseln anzutreffen sind. Um innerhalb regionaler Handelssysteme über die Sprachgrenzen hinweg kommunizieren zu können, entwickelten einige Gruppen bereits in vorkolonialer Zeit eigene Handelssprachen, wie etwa das Hiri-Motu in Südost-Neuguinea oder die Siassi-Mischsprache im Handelsnetz der nordöstlichen Vitiaz-Straße. Die sprachliche Diversität des Landes machte schließlich auch den Prozess der Kolonisierung und Missionierung von praktikablen Verkehrssprachen abhängig. Das Neomelanesische Tok Pisin (oder Pidginenglisch) hat sich in dieser Ära herausgebildet. Tok Pisin besitzt eine eigene Grammatik und setzt sich unter anderem aus englischen, polynesischen, melanesischen sowie deutschen

Elementen zusammen, wobei Germanismen wie »raus«, »strafe«, »beten« deutliche Anklänge an den kolonialen Grundton der Kreolsprache enthalten. Englisch ist die offizielle Amtssprache in Papua-Neuguinea, doch Tok Pisin hat sich seit der Unabhängigkeit des Landes bei der Mehrzahl der Bevölkerung als (inoffizielle) nationale Lingua franca durchgesetzt. Im indonesischen Teil Neuguineas dominiert dagegen die Landessprache Bahasa Indonesia.

Die Einbindung Neuguineas in globale Strömungen und Strukturen veränderte die Menschen und Kulturen dieser Region nachhaltig. Der ökonomische Wandel brachte Papua-Neuguineas Bevölkerung die Umstellung von einer auf Subsistenzwirtschaft und Tausch basierenden Ordnung hin zu Arbeitsmigration, Bargelderwerb durch Cash Crop oder Ausgleichszahlungen von der

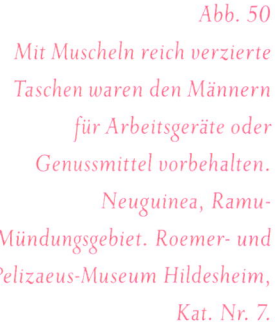

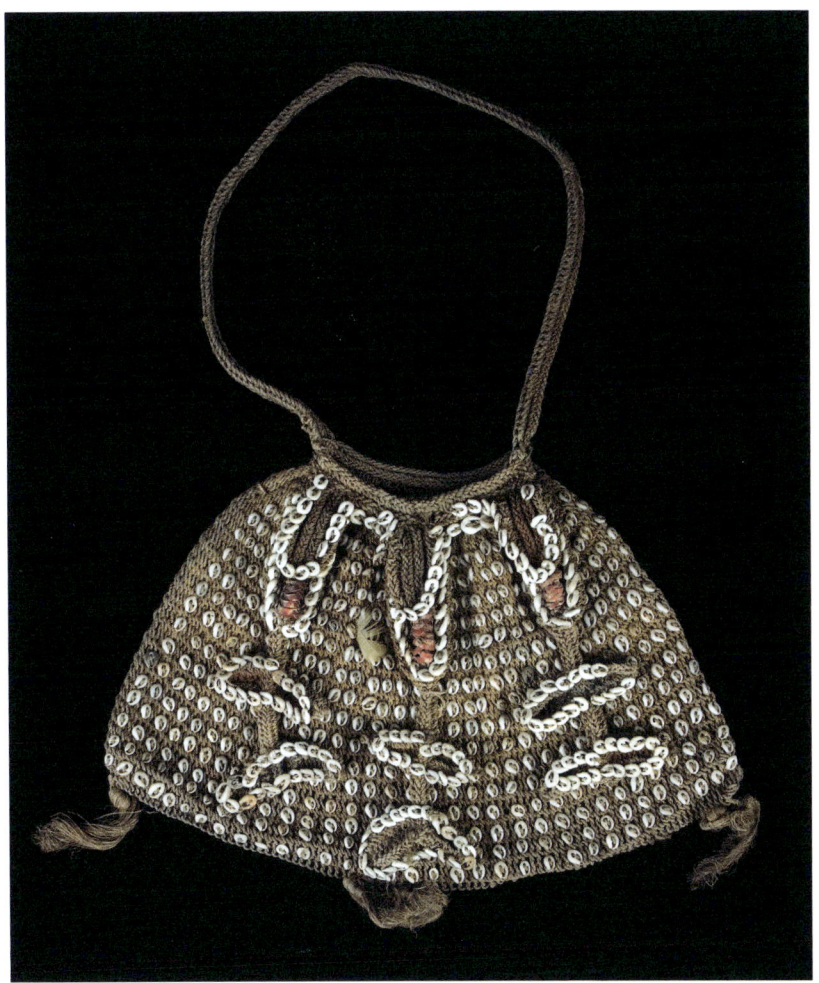

Abb. 50
Mit Muscheln reich verzierte
Taschen waren den Männern
für Arbeitsgeräte oder
Genussmittel vorbehalten.
Neuguinea, Ramu-
Mündungsgebiet. Roemer- und
Pelizaeus-Museum Hildesheim,
Kat. Nr. 7.

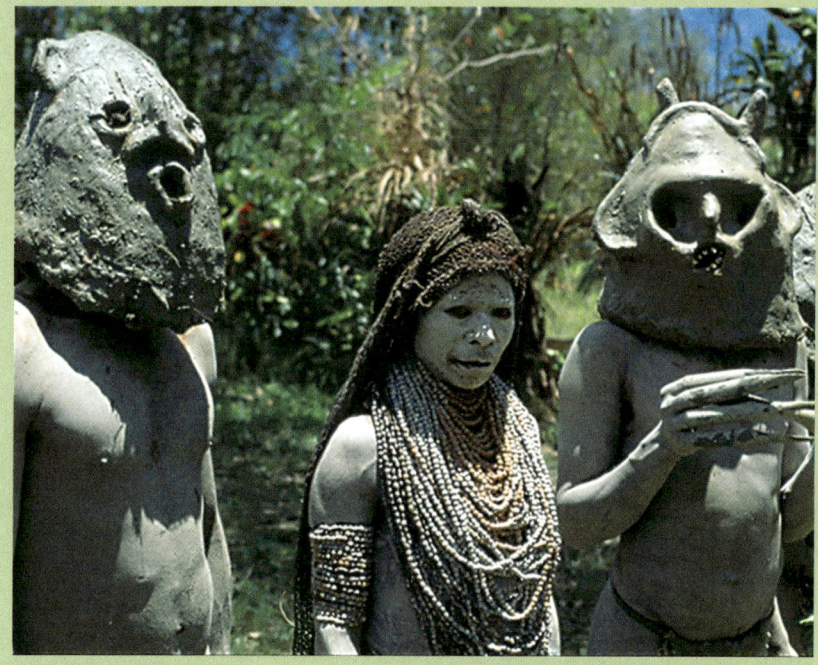

Bergbauindustrie, gefolgt vom wachsenden Bedarf an importierten Waren so-wie unterschiedlichen Lebensstandards in ländlichen und urbanen Regionen. In Irian Jaya, wo der indonesische Staat die Ausbeutung von Land, Wald und Bodenschätzen forciert, geht die staatlich geförderte Ansiedlung von Indone-siern aus anderen Teilen des Landes mit der gewaltsamen Unterdrückung und Enteignung der West-Papuas einher. Aufgrund der repressiven Politik Indonesiens leben im benachbarten Papua-Neuguinea zwischenzeitlich rund 20.000 Flüchtlinge. In Papua-Neuguinea sind die Überzeugungen und Institu-tionen des Christentums integraler Bestandteil des alltäglichen Lebens gewor-den. Der Prozess der Christianisierung hat dabei ohne Zweifel dazu beigetra-gen, zahlreiche religiöse Traditionen zum Verschwinden zu bringen, doch das Christentum wurde von indigener Seite ebenfalls kulturellen Modifikationen unterzogen und nicht selten in den Dienst des Fortführens lokaler Weltan-schauungen und Identitäten gestellt. So existieren »tribale Kulturen« in Neu-guinea heute bestenfalls noch als Inszenierungen, wie im Fall der sogenannten Schlamm-Männer des östlichen Hochlands; mit ihren Stülpmasken aus Lehm sind sie nationale Ikonen Papua-Neuguineas und zugleich archaisch wirkende Gestalten, die vor allem dann in Erscheinung treten, wenn es gilt, den Traum internationaler Touristen vom privilegierten Blick auf den »primitiven Men-schen« zu verwirklichen.

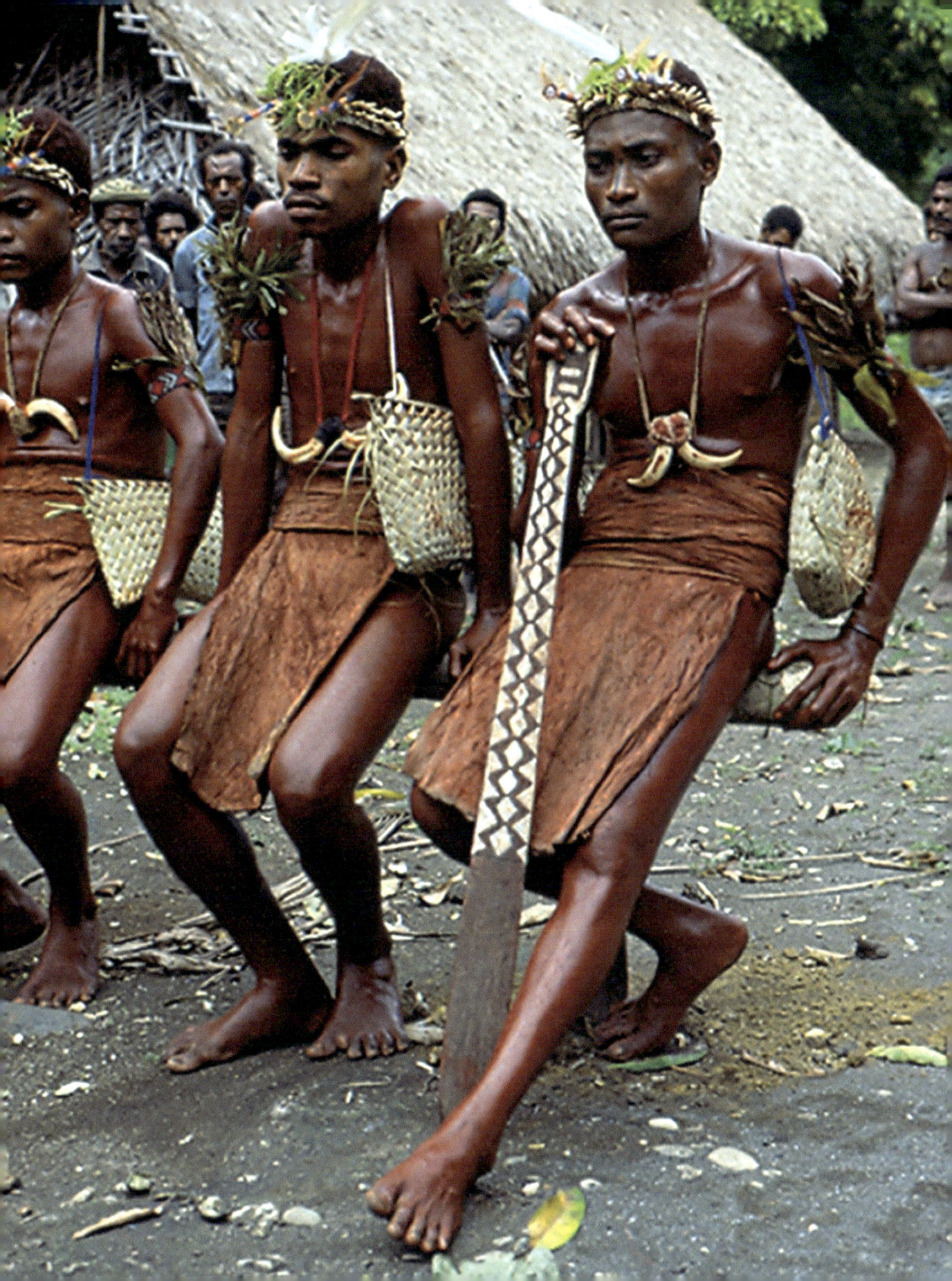

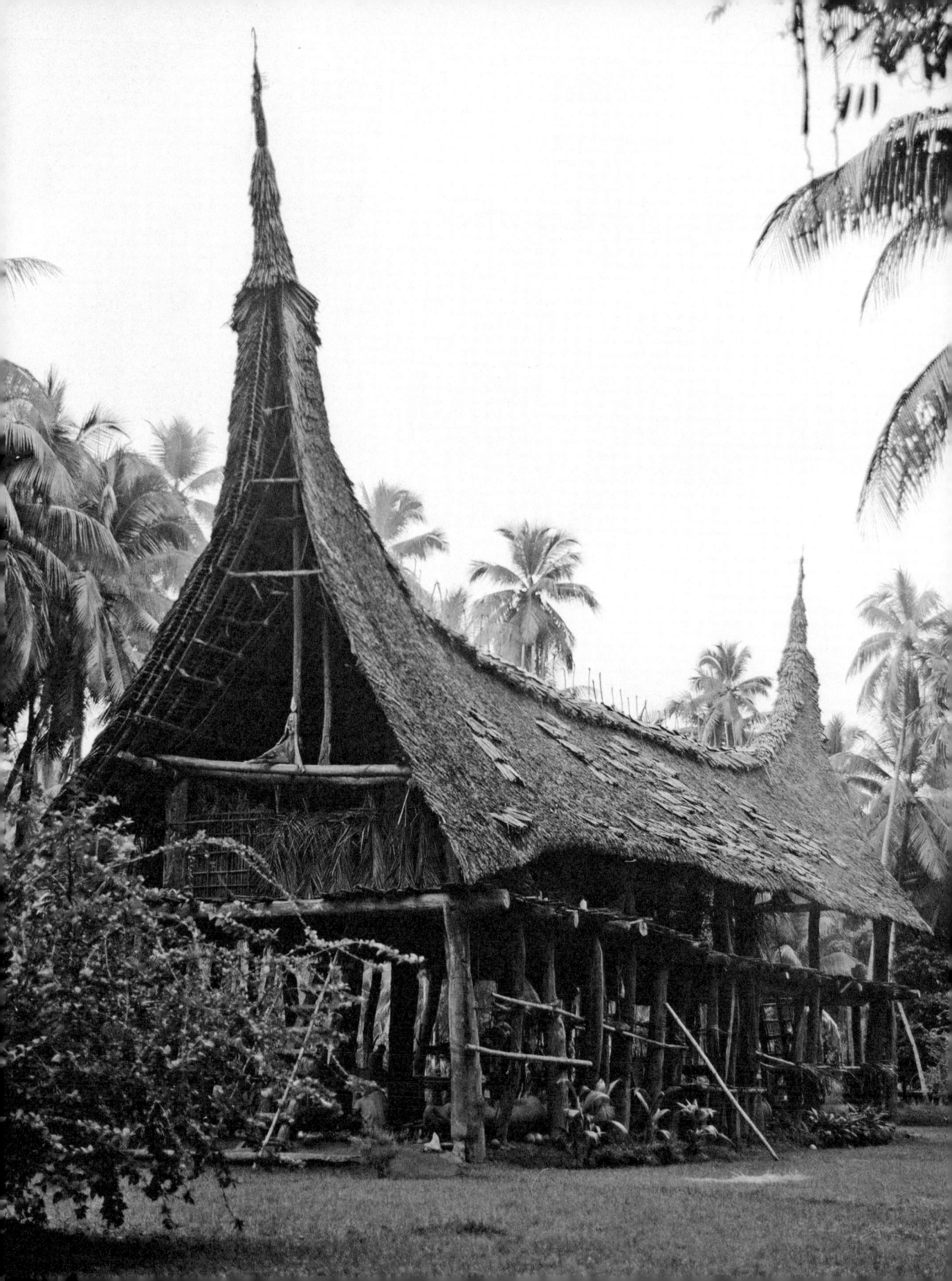

Männerhäuser
in Melanesien

Brigitta Hauser-Schäublin

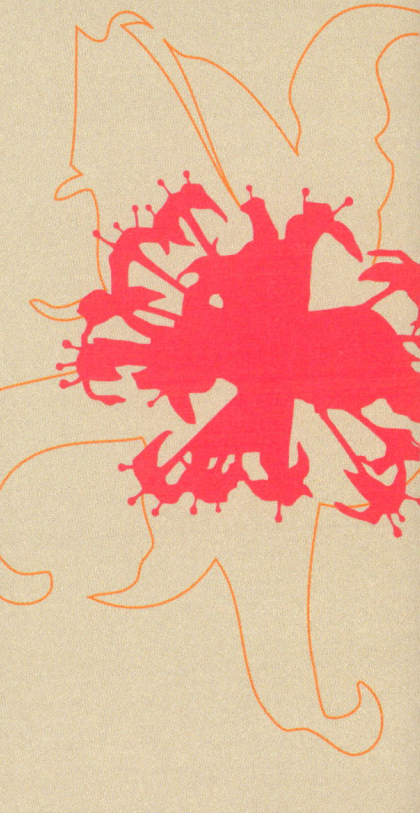

In allen Gesellschaften gibt es Heiligtümer, die Göttern oder heiligen Ahnen geweiht sind. Schreine, Tempel und Pyramiden sind oft die eindrucksvollsten Bauwerke lokaler Architektur. Zweckbauten – wie etwa Wohnhäuser oder Vorratshäuser – sind meistens sehr viel unspektakulärer und verschwinden hinter der Größe des Außeralltäglichen von Sakralbauten. Wo Schreine, Tempel oder Pyramiden stehen, gibt es auch Spezialisten für das Sakrale, Architekten, Priester und Ritualorganisationen, die über besonderes Wissen verfügen. Spezialistentum ist oft ein Hinweis darauf, dass solche Sakralbauten typisch für komplexe Gesellschaften sind. Darunter versteht man Gesellschaften mit einer sozialen Arbeitsteilung, die über diejenige entsprechend Geschlecht und Alter hinausgeht, und etwa Bauern, Handwerker, Künstler, Priester, aber auch eine politisch herrschende Schicht umfassen.

In Melanesien gibt es traditionellerweise keine Tempel oder Pyramiden. Charakteristisch für diese Region sind stattdessen Männer- und Kulthäuser, die immer auch Ausdruck der Sozialorganisation sind. Diese ist in weiten Teilen Melanesiens meist relativ egalitär. Alter, Geschlecht und Verwandtschaft sind, abgesehen vom Prinzip des Sich-Hervortuns durch besondere Leistungen und Verdienste, die bestimmenden Faktoren der Gesellschaftsstruktur. Männerhäuser (gelegentlich auch Versammlungshäuser genannt) sind meistens größer als Wohnbauten. Die Männerhäuser am Sepik-Fluss im Nordosten der Insel Neuguinea beispielsweise gehörten zu den größten und imposantesten Gebäuden ganz Melanesiens. Sie waren in vorkolonialer Zeit bis 30 Meter hoch, standen auf rechteckigem Grundriss und auf Pfählen (Pfahlbauten) inmitten einer lichtungsähnlichen Umgebung. Sie wiesen elegant hochgezogene Giebel und mächtige Masken auf, welche die Personifizierung und Persönlichkeit dieser Bauwerke ausdrückten.

Solche Männerhäuser wurden von Männern errichtet und dort hielten sich ebenfalls nur Männer – vor allem solche fortgeschrittenen Alters – auf; sie verdeutlichten auch – ebenso wie die viel kleineren Gebäude, die in jüngster Zeit erbaut wurden –, wie stark die Trennung nach Geschlecht das Zusam-

Abb. 53
Das berühmte Männerhaus
von Kanganaman, Mittelsepik
(Iatmul) 1979.

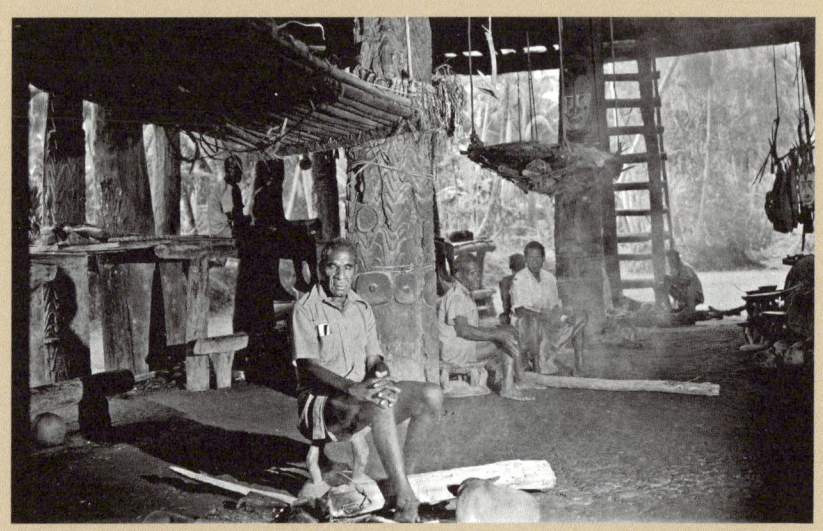

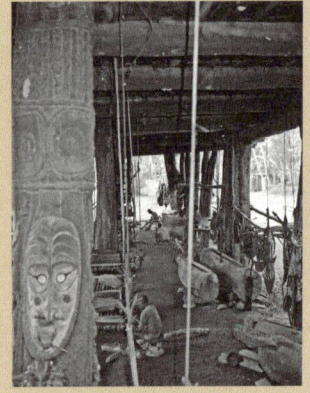

menlebens der Menschen prägte. Die Männerhäuser wiesen eine mehr oder weniger feste Sitzordnung auf; jeder Klan war dort vertreten. Das Männerhaus war ein zentraler Ort der Begegnung der Männer mit mythischen, einzelnen Klanen zugeordnete Wesen, welche die Welt erschaffen hatten. Männerhäuser enthielten eine Vielzahl von Skulpturen, Malwerken, Masken und Musikinstrumenten. Sie galten als Abbildungen oder gar Vergegenwärtigungen dieser Urahnen. Im Rahmen von Ritualen inszenierten die alten Männer diese Artefakte zu imposanten Kulten und ließen dadurch die (Ur-) Zeit der Ahnen wieder auferstehen.

All das, was durch den internationalen Kunstmarkt als Sepik-Kunst gehandelt wird, stand in diesem kultischen Zusammenhang und wurde bei Initiationsritualen – Einweihungszeremonien von jungen Männern in die von älteren Männern gehüteten Geheimnisse der Religion – den Novizen vorgeführt. Nicht selten gehörten Frauenskulpturen, mächtige Ahninnen, zu den geheimnisvollsten Dingen der Männer, die vor den Frauen sorgfältig verborgen gehalten wurden.

Das Männerhaus spiegelt damit einerseits die Organisation der Gemeinschaft wider – einander mehr oder weniger gleichgestellte Klane, welche die soziale Abstammung in der männlichen Linie rechnen – und andererseits deren Beziehungen zu den jenseitigen Wesen, in deren Händen die Geschicke aller Lebewesen und der ganzen Welt liegen. Männerhäuser verkörperten eine soziale und religiöse Ordnung.

In den verschiedenen Kulturen Melanesiens kommen Männerhäuser vor. Manchmal handelt es sich eher um Kulthäuser, Gebäude, die den jenseitigen Wesen und der Kommunikation der Männer mit ihnen während Ritualen vorbehalten sind. Die Männer versammelten sich draußen, auf dem Zeremonialplatz. Hier wären etwa die auf trapezförmigem Grundriss erbauten Kulthäuser der Abelam mit ihren riesigen bemalten dreieckigen Giebelfassaden zu nennen, von denen es heute nur noch vereinzelte gibt. Während des Alltags, so nahmen die Abelam an, streifen die Ahnen einem Windhauch gleich durch den Innenraum. Nur während der Initiationen manifestierten sie sich in riesigen, aus Malereien und Schnitzereien aufgebauten Kultbildern.

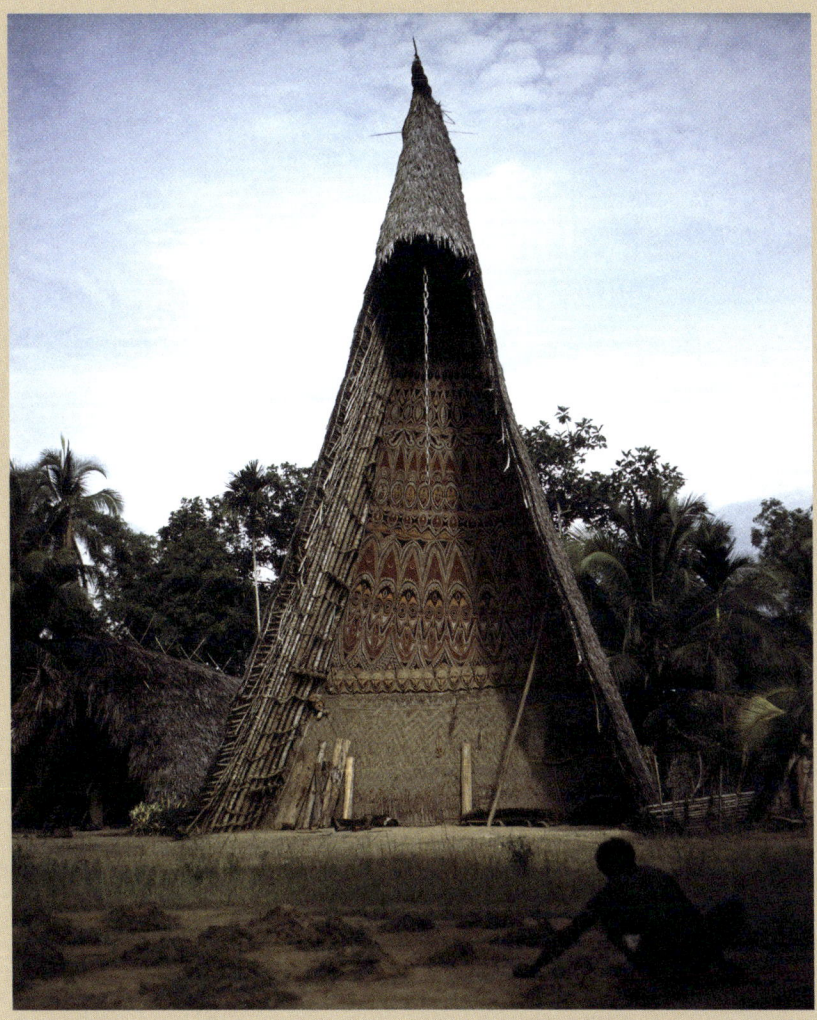

Abb. 56
Kulthaus der Abelam mit bemalter Giebelfassade; im Vordergrund: der Kult- und Versammlungsplatz, der immer wieder vom Gras befreit wird. Mittelsepik, 1978/1979.

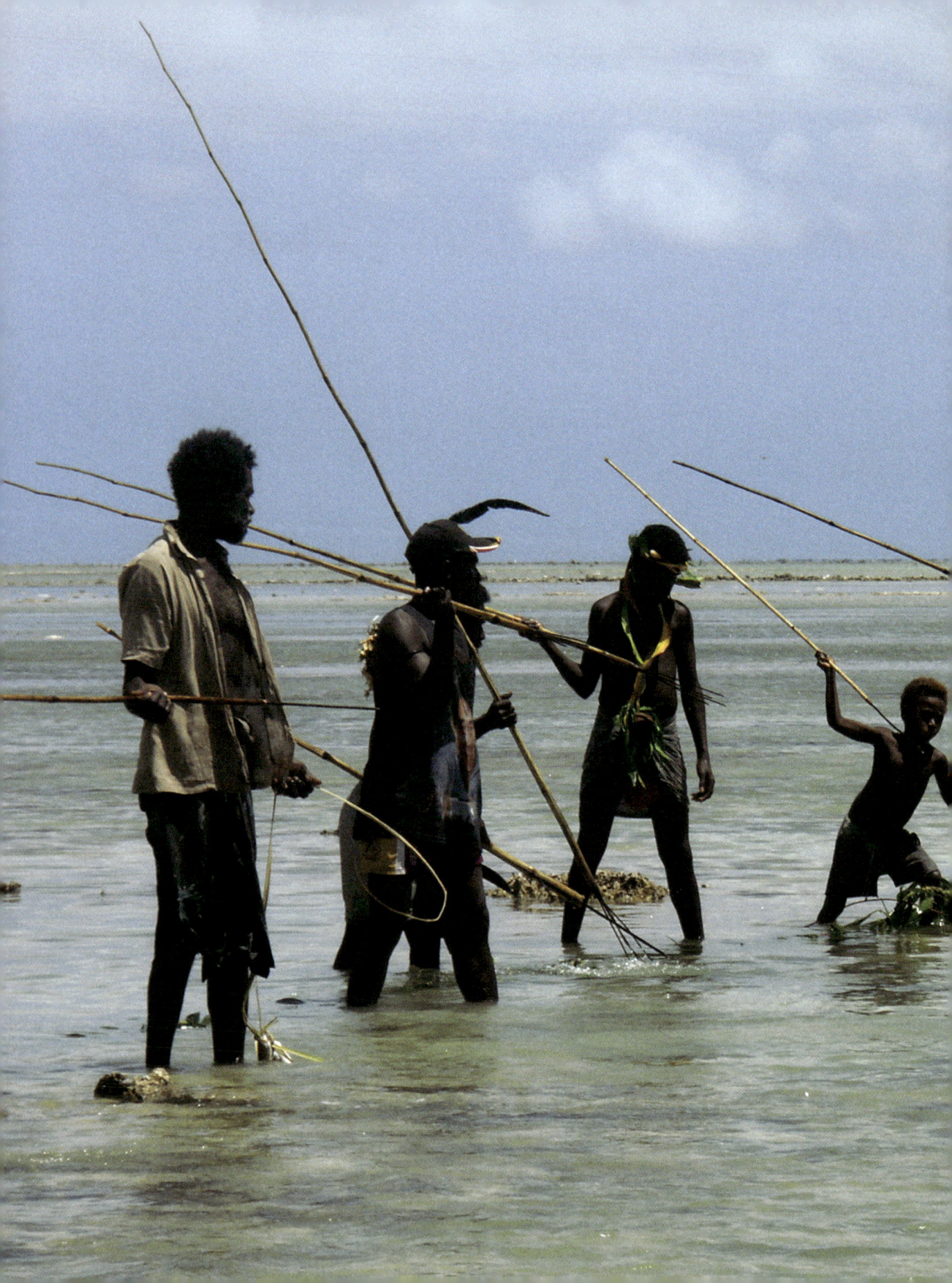

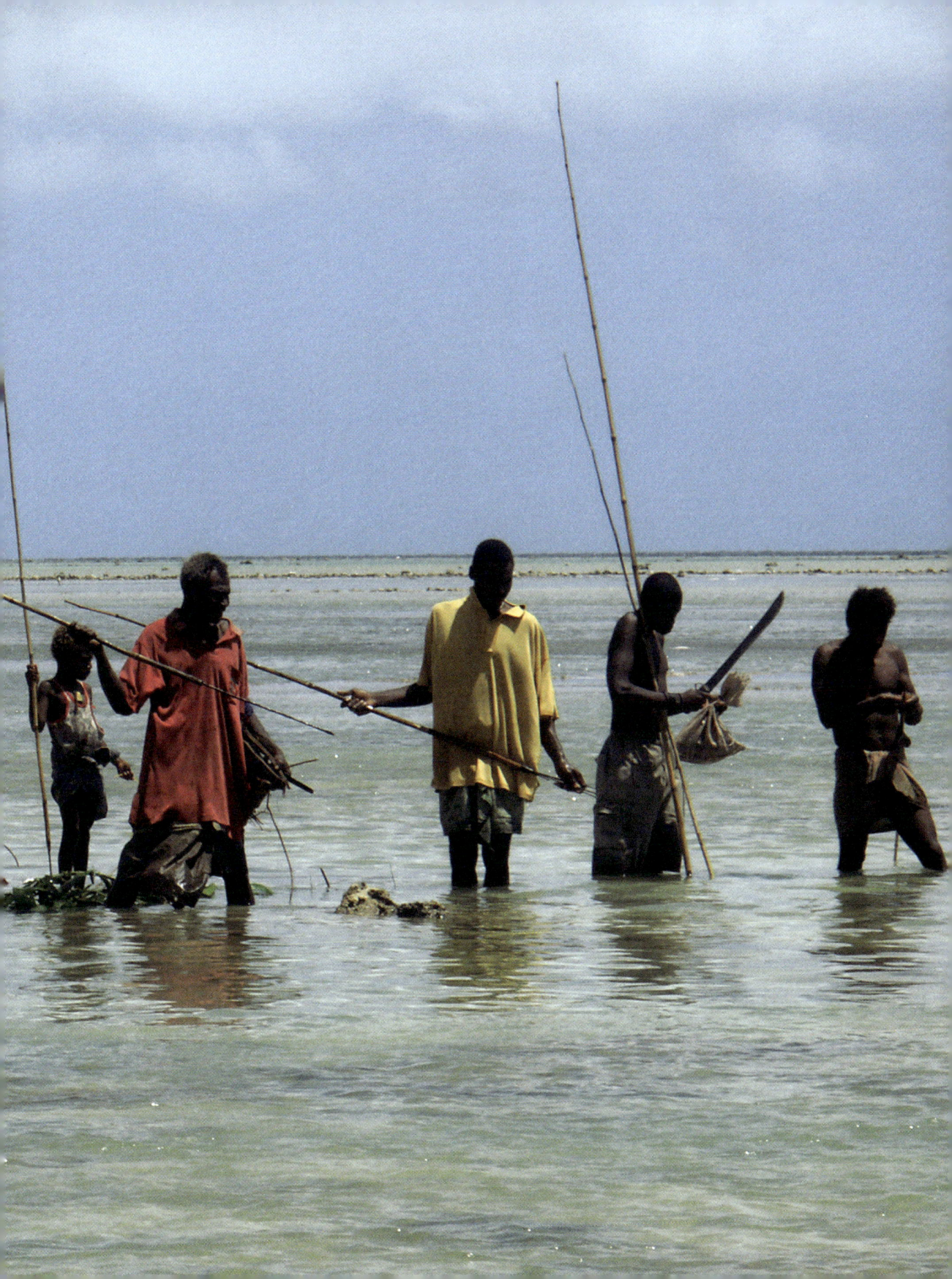

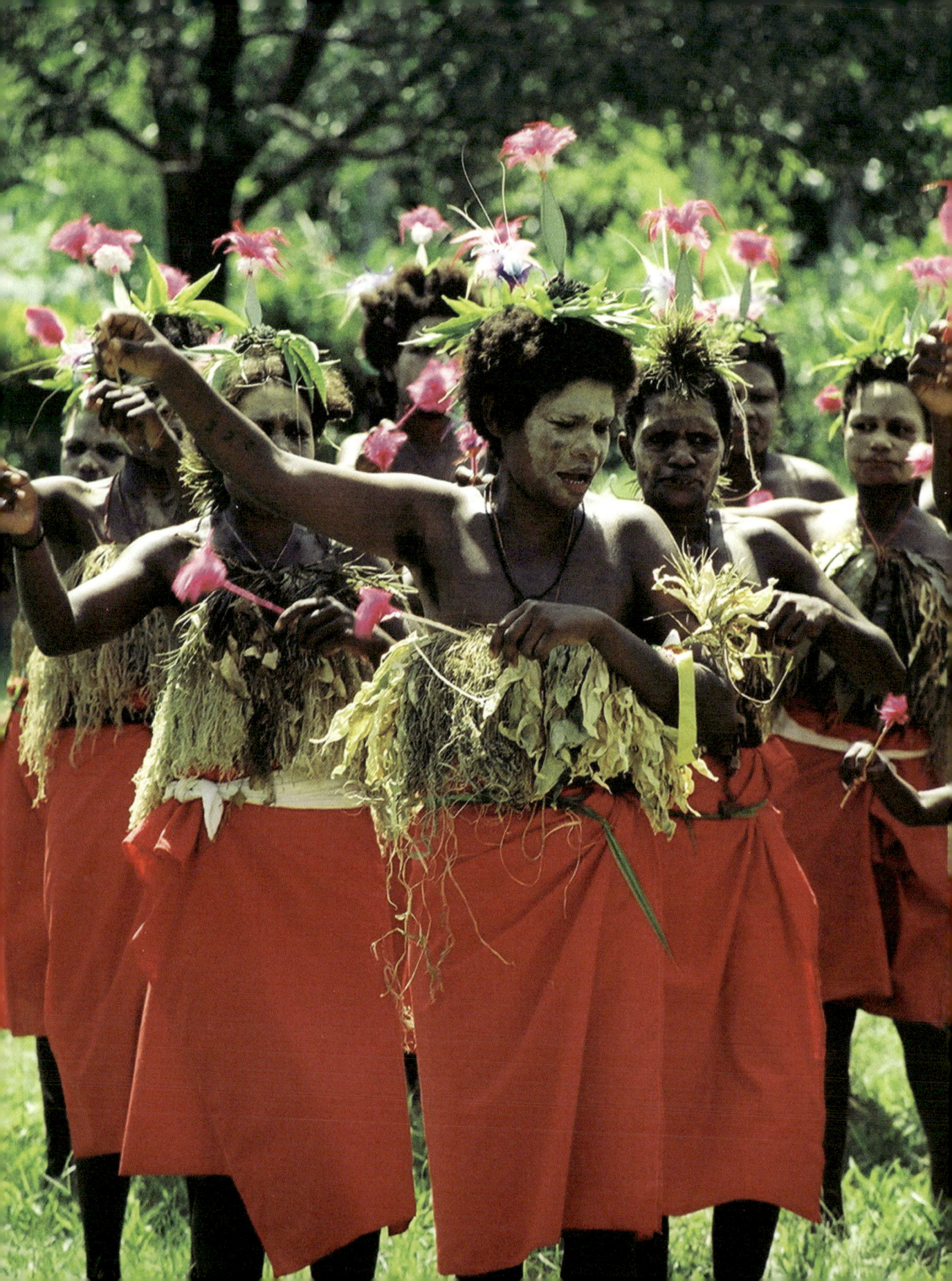

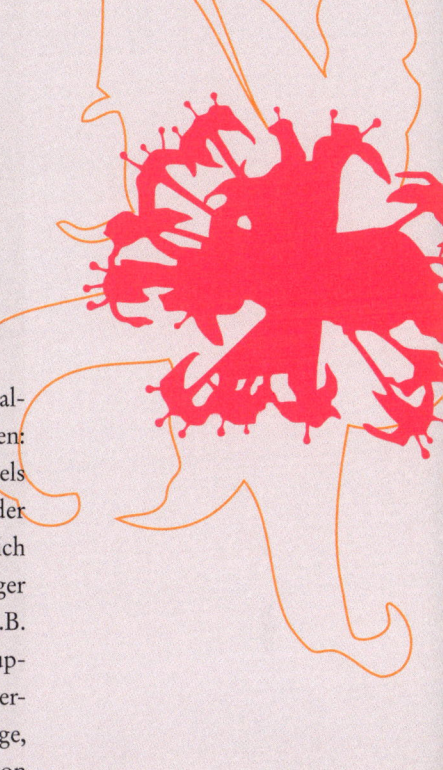

Big Men und Geheimbünde
Die Inseln Melanesiens

Antje Denner

Zu Insel-Melanesien gehört eine Vielzahl von meist bergigen, dicht bewaldeten Inseln, die sich in einem Bogen nordöstlich von Australien erstrecken: die im Staate Papua-Neuguinea gelegenen Inseln des Bismarck-Archipels (Admiralitätsinseln, Neuirland, Neubritannien) sowie sämtliche Inseln der Salomonen, Vanuatus und Neukaledoniens. Insel-Melanesien zeichnet sich durch eine große sprachliche und kulturelle Vielfalt aus, wobei das Meer weniger ein trennendes, als vielmehr ein verbindendes Element darstellt. So leben z.B. in Vanuatu und auf den Salomonen jeweils über 100 verschiedene Sprachgruppen. Die meisten Melanesier sprechen austronesische Sprachen, daneben werden in Neubritannien, Neuirland und auf den Salomonen auch einige wenige, nicht-austronesische oder Papua-Sprachen gesprochen. Auf einer Reihe von kleineren Inseln – den so genannten »Polynesian outliers« – siedeln Gruppen, die sich polynesischer Idiome bedienen. Sie gehen auf Migrationen zurück, die sie vor 800 Jahren von Polynesien zurück nach Melanesien durchgeführt wurden. Unter den Melanesiern gab es ausgezeichnete Bootsbauer und Seefahrer, und viele Inseln und Inselgruppen waren auch in vorkolonialer Zeit durch ein Netz von Routen verbunden, entlang derer Nahrungsmittel und Rohstoffe sowie Gegenstände der materiellen und geistigen Kultur ausgetauscht wurden. Bis heute bestehen zwischen diesen Partnern Heiratsverbindungen und man besucht sich gegenseitig, um an Festen und Ritualen teilzunehmen.

Obwohl die Urbanisierung in der kolonialen und post-kolonialen Phase zugenommen hat, lebt der Großteil der Bevölkerung in Dörfern. Wie die Siedlungsweise sich im Einzelnen gestaltet, hängt von sozialen und wirtschaftlichen Strukturen ab und damit auch von der geographischen Lage und den Umweltbedingungen. So gibt es neben kompakten Dörfern, von denen manche früher befestigt waren, Streusiedlungen mit z.T. weit auseinander liegenden Weilern. In einigen Gegenden, z.B. auf den Admiralitätsinseln, schieben sich große Pfahlhäuser in die Lagunen hinaus. Die Bewohner einiger Gebiete im Südosten der Salomonen errichteten sogar künstliche Inseln für ihre Siedlungen.

Abb. 57
Vorhergehende Seite:
Walwal – großes
Gemeinschaftsfischen – vor
einer Totengedenkfeier im
Dorf Banakin, Anir-Inseln,
Neuirland.

Abb. 58
Stefanie Ista und andere Frauen
aus dem Dorf Farangot bei der
Aufführung eines liu-Tanzes
anlässlich der Eröffnung eines
neuen Schulgebäudes auf der
Insel Ambitlei, Anir-Inseln,
Neuirland.

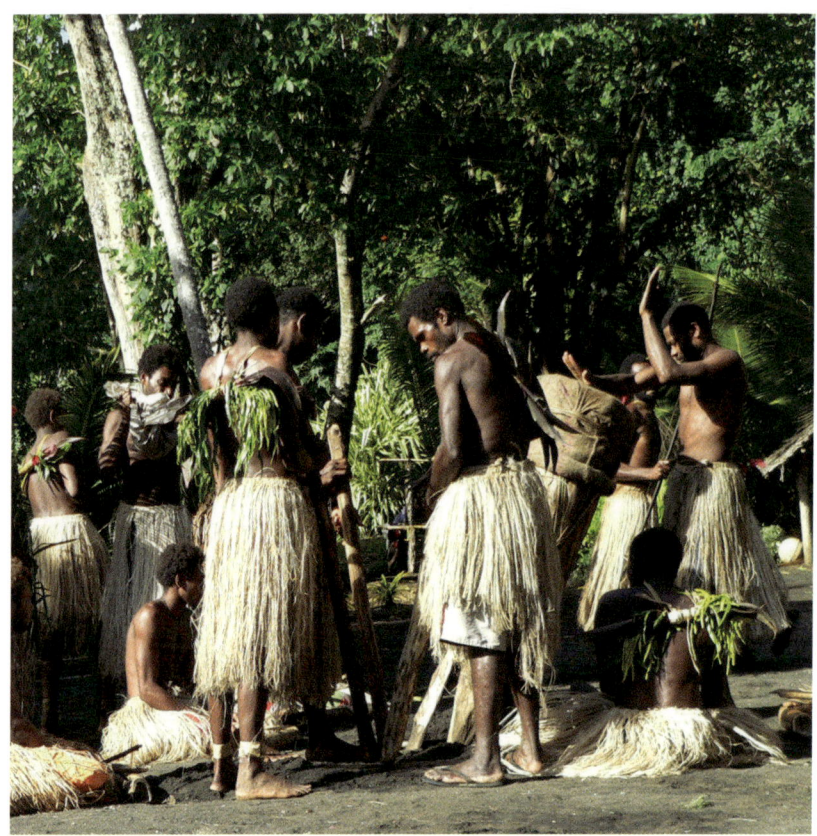

Wie überall im Pazifik sind auch die Gesellschaften Insel-Melanesiens in Verwandtschaftsgruppen untergliedert, also in Klane und Subklane oder Lineages. Je nach Region ist die Zugehörigkeit zu diesen sozialen Einheiten patrilinear oder matrilinear geregelt. Im ersten Fall wird die Abstammung nach der väterlichen, im zweiten Fall nach der mütterlichen Linie gerechnet. Die Klane selbst sind exogam, die Mitglieder desselben Klans dürfen untereinander nicht heiraten. Diese Regelung trägt wesentlich zur Bildung sozialer Netzwerke und Allianzen bei, die zwischen Individuen, Familien und größeren Gruppen entstehen und oft über Dorf- und Sprachgrenzen hinausreichen.

Entsprechend der kulturellen Vielfalt gibt es verschiedene Modelle der politischen Machtvertilung, traditionellen Führerschaft und hierarchischen Gliederung. In den insularen Gebieten Papua-Neuguineas und im Großteil der Salomonen lenken »Big Men«, also »große Männer«, die Geschicke der Gemeinschaft, während in Vanuatu und Neukaledonien Häuptlingstümer vorherrschen. Diese wiederum lassen sich unterteilen in Typen, in denen die

Führungsrolle an erbliche Titel gebunden ist, und Typen, in denen die Führerschaft auf dem Erwerb spezifischer Ränge beruht. Wohl am besten bekannt sind die Ranggesellschaften *sukwe* und *nimangki* des nördlichen Vanuatu. Je nach Insel umfassen sie vier bis 18 Grade oder Stufen, denen je eigene Titel zugeordnet sind. Der Aufstieg in diesem System verläuft über Rangerhöhungsfeiern, in deren Rahmen die jeweiligen Aspiranten Schweine opfern sowie traditionelle Wertgegenstände, z.B. Muschelgeld und Matten, verteilen. Je höher der Grad, umso höher ist das Prestige und umso größer sind die Machtbefugnisse, aber auch die Leistungen, die man erbringen muss. Den Frauen wird in den meisten melanesischen Gesellschaften eine eher untergeordnete Rolle im öffentlichen politischen Leben zugestanden, obwohl sie auf der inoffiziellen Ebene zuweilen dennoch großen Einfluss ausüben. Auf den Banks-Inseln und Malekula gibt es allerdings auch institutionalisierte Ranggesellschaften für Frauen. Hochrangige Personen werden hier mit speziellen geistigen Eigenschaften, Kenntnissen und Fähigkeiten assoziiert, wobei die spirituelle Kraft der Frauen derjenigen der Männer gegenübersteht und sie zugleich ergänzt.

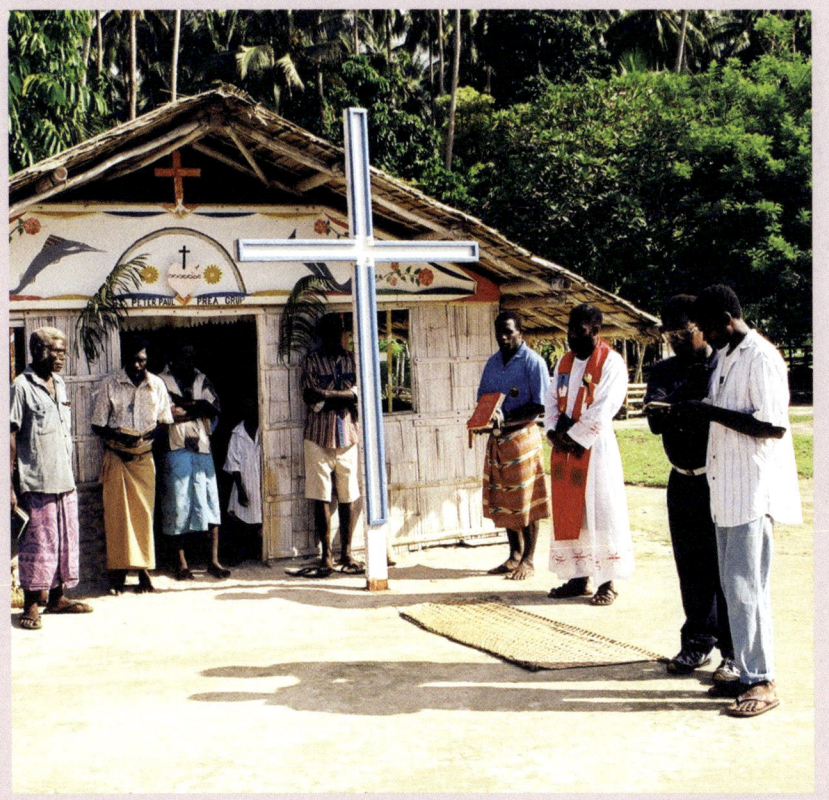

Abb. 60
Karfreitags-Gottesdienst in der
kleinen katholischen Kirche
des Dorfes Warantaban auf der
Inseln Ambitlei, Anir-Inseln,
Neuirland.

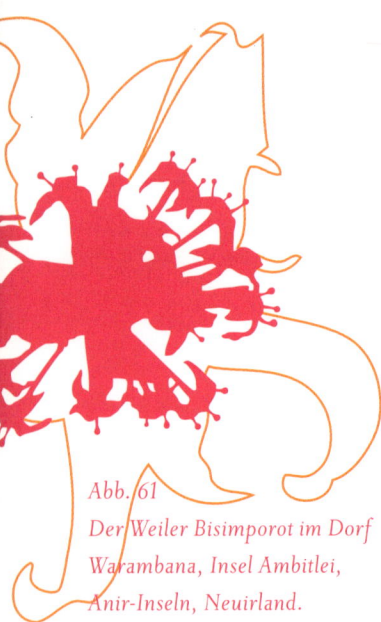

Die »großen Männer«, die in den so genannten »Big Man-Gesellschaften« Führungsrollen innehaben, werden gerne als »primus inter pares« bezeichnet. Ihr Ansehen und ihre politische Macht sind vergänglich und beruhen ebenso sehr auf Charisma und Durchsetzungskraft wie auf der Fähigkeit, eine möglichst zahlreiche Anhängerschaft zu gewinnen und große Zeremonien zu organisieren, in deren Verlauf zahlreiche Schweine und andere Nahrungsgüter sowie Wertgegenstände verschiedener Art getauscht werden. Autorität ist auch hier mit religiösem Wissen und der Aneignung von esoterischen Kenntnissen verknüpft, die meist durch die Mitgliedschaft in einer Männer- oder Geheimgesellschaft erworben werden.

Obwohl die Mehrzahl der Melanesier heute verschiedenen christlichen Kirchen angehört, spielen traditionelle religiöse Vorstellungen und der Glaube an die Kraft von Ahnengeistern und anderen spirituellen Wesen für viele auch weiterhin eine Rolle. Mündliche Überlieferungen in der Form von Mythen berichten von der Entstehung der Welt und der menschlichen Gesellschaft. Andere Geschichten handeln von Ahnen und Kulturheroen, denen die Einführung von Ritualen und anderen kulturellen Institutionen sowie die Schaffung wichtiger Kunsterzeugnisse und Kulturgüter zugeschrieben wird. Das Wissen um die jenseitigen Mächte wurde – und wird z.T. noch heute – im Rahmen kultischer Praktiken und Rituale aktiviert. In vielen Regionen wurden adoleszente Knaben mittels einer Initiation, in deren Verlauf sie zu vollwertigen, erwachsenen und heiratsfähigen Männern »gemacht« wurden, in den religiösen Kult eingeführt. Auf der Insel Bougainville z.B. glaubte man, dass Menschen nach ihrem Tod zu *urar* genannten Ahnengeistern wurden. Die *urar* bevölkerten ein auf einem Vulkan gelegenes Totenreich, konnten aber auch ins Dorf zurückkehren oder in Gestalt von Tieren oder Pflanzen im Reich der Lebenden in Erscheinung treten. Im Rahmen der Initiation in den *rukruk* oder *burri* genannten Männerbund verwendete man große *urar*-Maskenfiguren: In theatralischen Pantomimen »töteten« sie die Novizen, um sie später wieder »zum Leben zu erwecken«. Frauen und Nicht-Initiierten erzählte man, dass die Masken den Geist Kokorra verkörpern. Der Begriff *kokorra* ist auch die Bezeichnung einer anthropomorphen Figur, die auf zahlreichen Gegenständen (Paddeln, Tanzkeulen, Booten etc.) der nördlichen Salomonen dargestellt ist. Die Haartracht dieser Figur wird mit den früher gebräuchlichen Kopfbedeckungen (*upi*) in Verbindung gebracht, die die jungen Männer während ihrer Initiation und auch einige der *urar*-Figuren trugen.

Eine der bekanntesten Geheimgesellschaften Insel-Melanesiens ist der *tubuan* im Nordosten Neubritanniens und Süden Neuirlands. Die Mitglieder

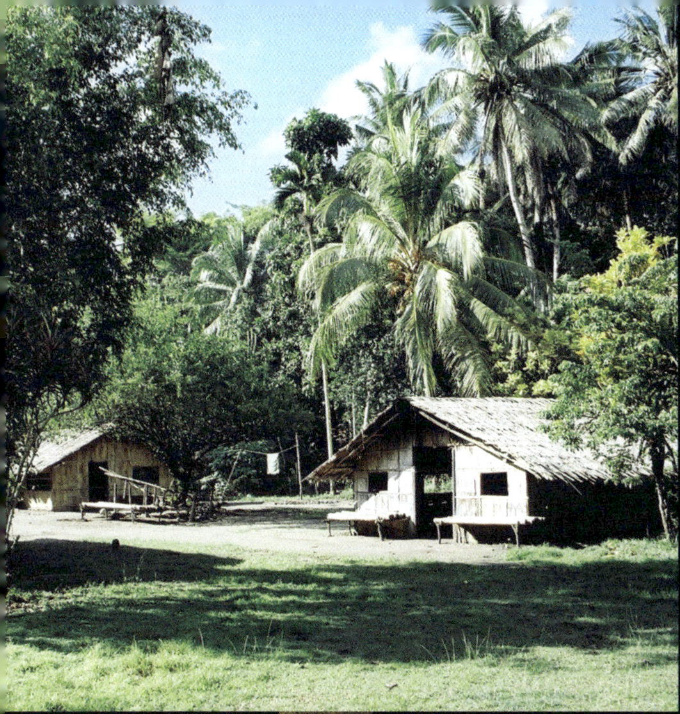

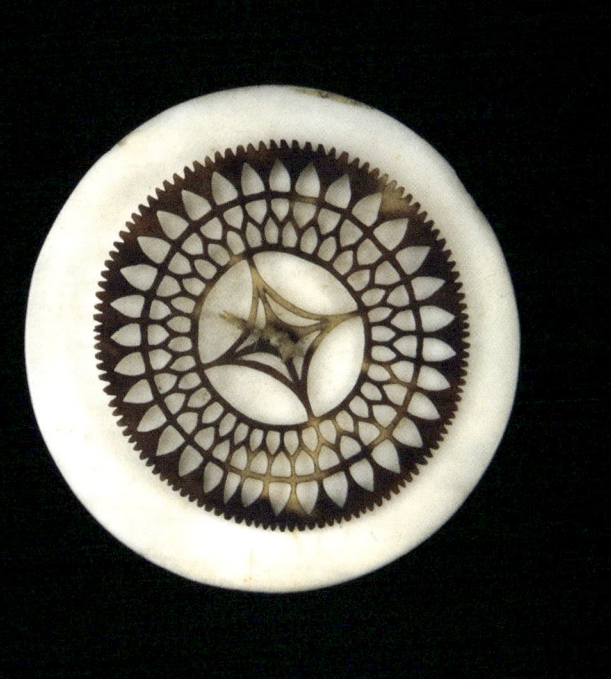
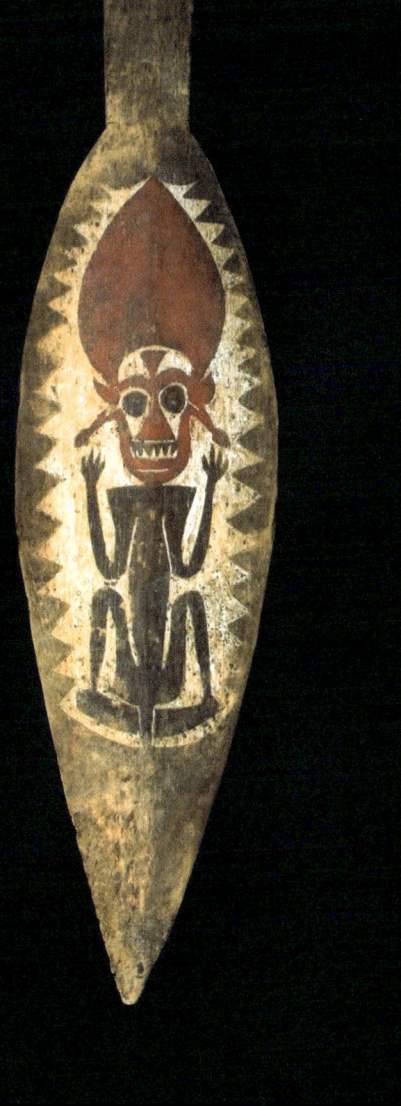
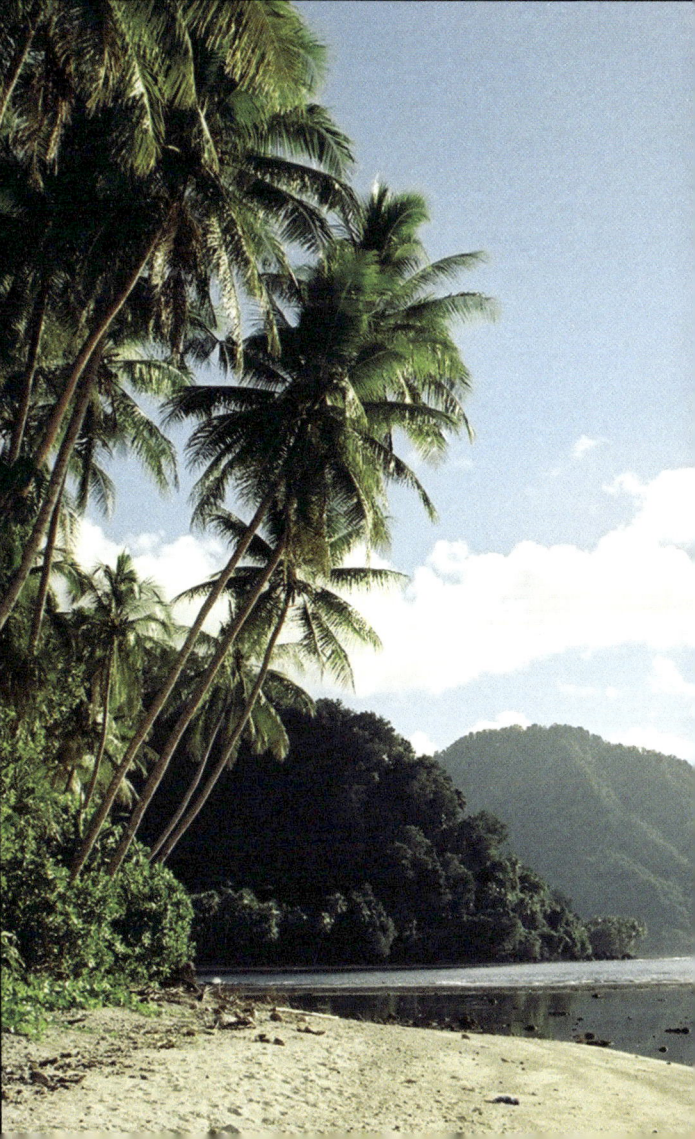

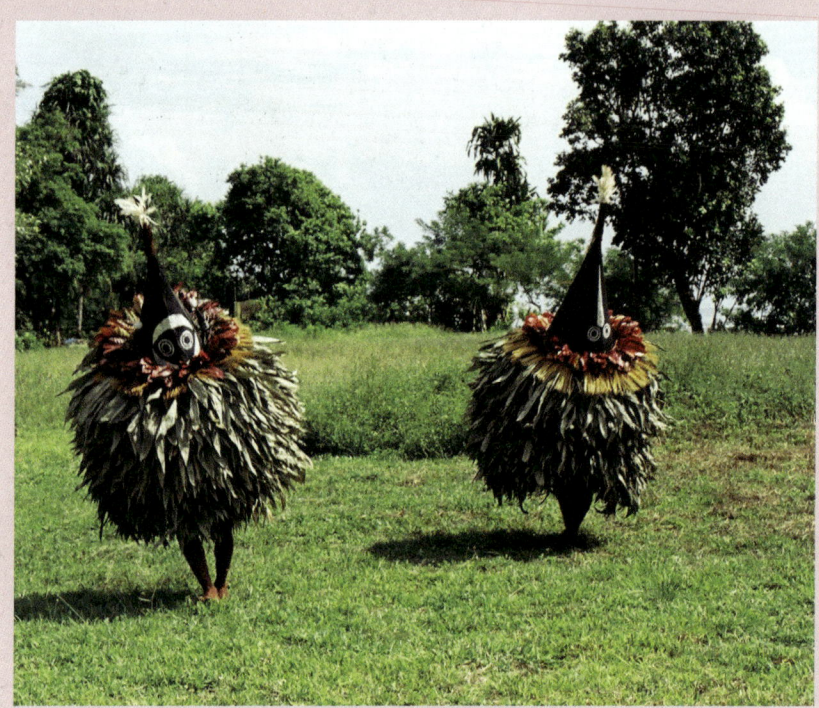

dieser Gesellschaft fertigen auf einem Geheimplatz Masken an, mit denen sie bei Bestattungs- und Gedenkfeiern zu Ehren der Verstorbenen auftreten. Die Mitglieder eines anderen Bundes (*buai*) im selben Gebiet erhalten im Verlauf ihrer Initiation ein spirituelles *alter ego*, einen Hilfsgeist, der sie bei der Komposition und Choreographie von Gesängen und Tänzen unterstützt und ihnen magisches Wissen zum Schutz derselben vermittelt. Die Kreationen dieser *tena buai* genannten Spezialisten werden dann unter ihrer Anleitung von Nicht-Mitgliedern aufgeführt – traditionellerweise bei Ritualen, heute auch im Rahmen von Schul- und Kirchenfeiern oder Kulturfestivals.

Die Mitgliedschaft in Geheimgesellschaften ist (oder war) die Vorraussetzung für den Zugang zu Wissen über den Umgang mit jenseitigen Mächten, aber auch über die Durchführung von wichtigen Zeremonien und magischen Praktiken. Kenntnisse dieser Art sind nicht nur mit Prestige verbunden, sondern auch Bedingung für die Akkumulation politischer Macht. Die Ranggesellschaften, Männer- und Geheimbünde Insel-Melanesiens spielen somit nicht nur eine große Rolle bei der Gestaltung des religiösen, politischen und gesellschaftlichen Lebens, sondern sind auch diejenigen Institutionen, in deren Rahmen ein Großteil der sich heute in westlichen Museen befindlichen Kunstwerke und künstlerisch gestalteten Gegenstände geschaffen wurde.

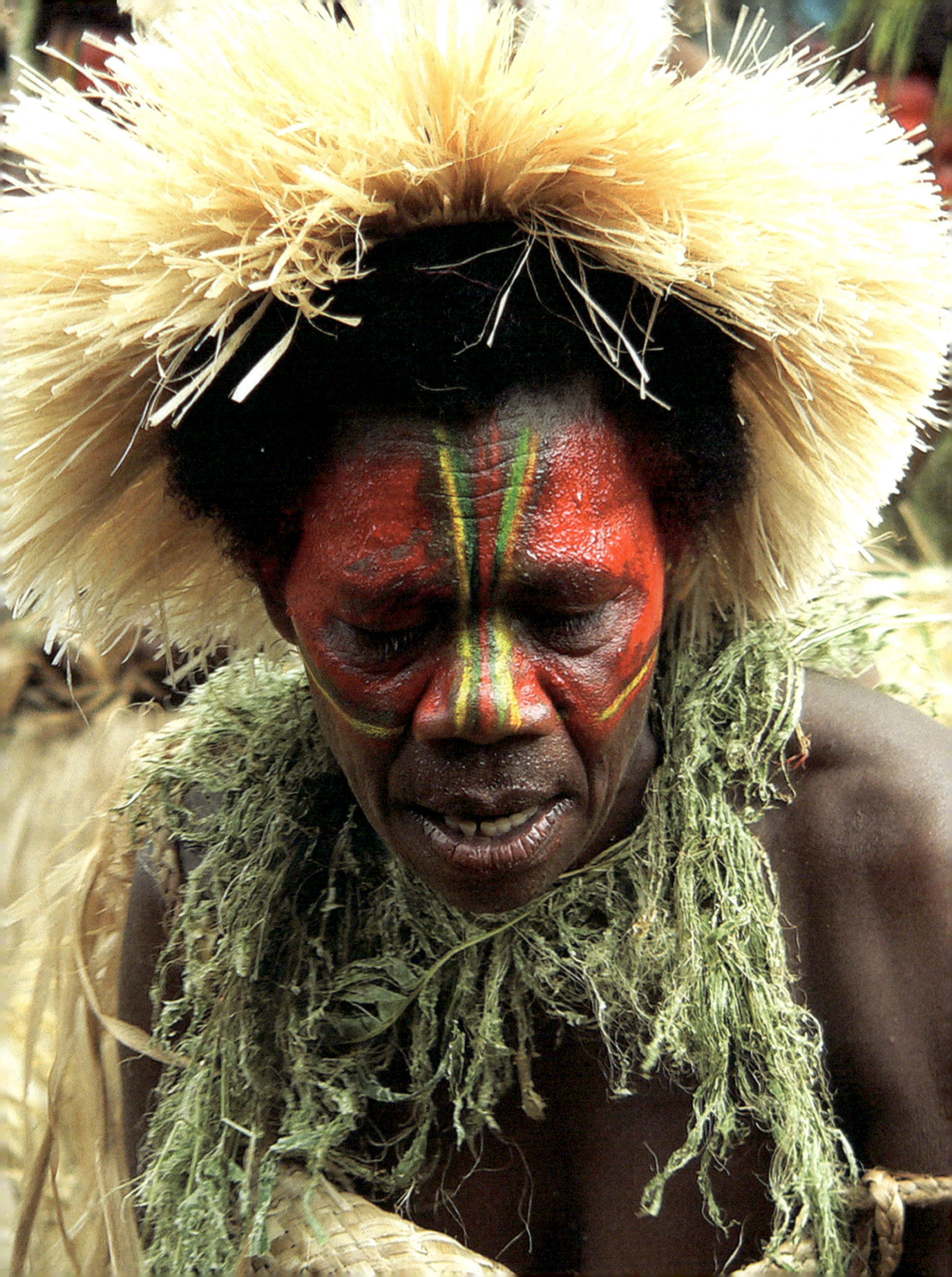

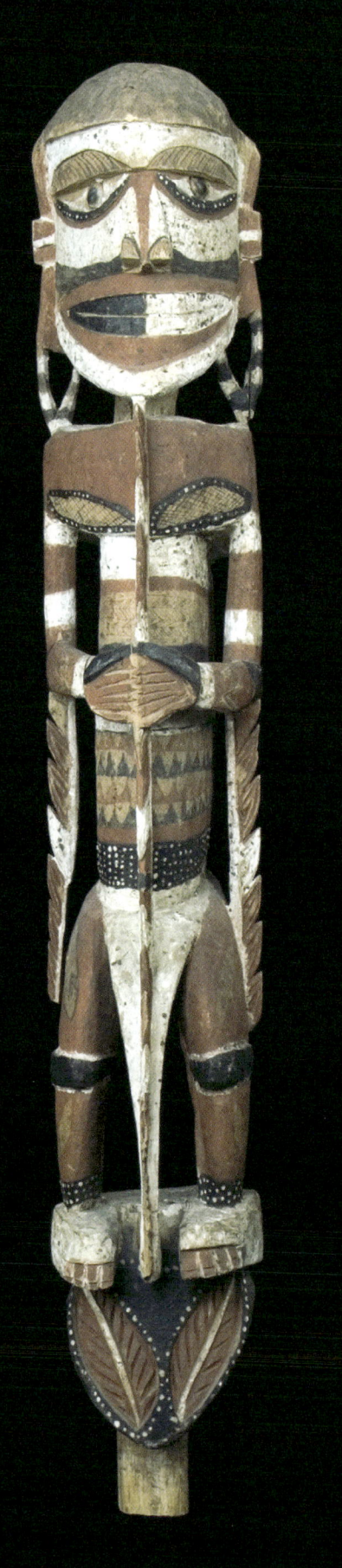

MALAGAN
FESTE FÜR DIE TOTEN

ANTJE DENNER

Mit dem Begriff *malagan* werden im Norden der Inselprovinz Neuirland (Papua-Neuguinea) sowohl die Rituale eines Zyklus von Bestattungs- und Totengedenkfeiern bezeichnet als auch die künstlerischen Werke, die man in ihrem Rahmen herstellt und verwendet. Der Tod eines Mitglieds der Gemeinschaft kommt einer Krisensituation gleich: Die Hinterbliebenen müssen ihren Schmerz und ihre Trauer bewältigen. Das soziale Gleichgewicht der Gruppe ist gefährdet, Nachfolge und Erbschaft müssen geregelt und eine Lücke geschlossen werden. Man muss den Körper des Toten bestatten und seiner Seele den Weg ins Jenseits öffnen.

Der nord-neuirländische Ritualzyklus umfasst mehrere Phasen. Er wird auf dem Klanland des Verstorbenen abgehalten und beginnt mit Beerdigungs- und Trauerzeremonien. Heute gehören über 90% der Neuirländer einer christlichen Kirche an, und die Toten werden beerdigt. Je nach Region, Status und Klanzugehörigkeit gab es früher aber auch andere Formen der Bestattung, vor allem die Verbrennung und die Seebestattung. In der zweiten Phase folgen Rituale, in deren Rahmen die materiellen Güter des Verstorbenen zerstört und Tabus, die Angehörige nach dem Tod beachten mussten, aufgehoben werden. Während des gesamten Zyklus finden Transaktionen statt, in denen die Beteiligten pflanzliche Nahrung, Schweine und Muschelgeld tauschen. Dadurch erfüllen die Lebenden ihre Pflichten gegenüber den Toten, zugleich werden alte Schulden beglichen, neue begründet und das soziale Netz neu geknüpft. Der Zyklus findet seinen Höhepunkt – oft erst nach vielen Jahren – in einer mehrtägigen, groß angelegten Feier. Sie wird zu Ehren eines Verstorbenen, etwa eines ehemaligen Anführers, oder für eine ganze Gruppe von den Nachkommen und angeheirateten Verwandten abgehalten. Mit ihr wird die Zeit der Trauer offiziell zu Ende geführt. Die Seelen der Verstorbenen gehen endgültig ins Jenseits, wobei ihre spirituelle Kraft an die folgende Generation überwech-

Abb. 67
Männliche malagan-*Skulptur.*
Neuirland, 1914. Roemer- und
Pelizaeus-Museum Hildesheim,
Kat. Nr. 112.

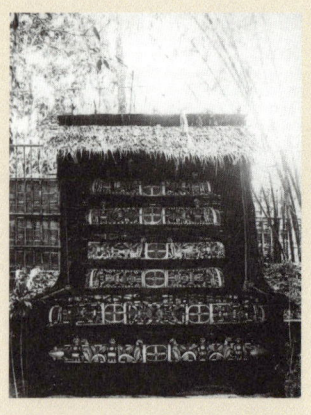

selt. Neuirländer bezeichnen diese letzte Phase auch als »Beenden der Toten«. Erst wenn sie abgeschlossen ist, können und dürfen sie die Verstorbenen »vergessen«.

Im Rahmen der großen *malagan*-Abschlussfeiern werden Tänze aufgeführt und Masken treten auf. Einige von ihnen kommen bei reinigenden Zeremonien zum Einsatz, andere nehmen die Besitztümer des Verstorbenen, zum Beispiel Gärten und Häuser, symbolisch an sich, um sie dann neu als Eigentum der Lebenden zu definieren. Im Zentrum der Feier steht die Enthüllung einer hohen, mit leuchtend grünen Blättern ausgekleideten Schauwand, an der mehrfarbig bemalte Figuren und Schnitzereien präsentiert werden. Es sind durchbrochen geschnitzte Kompositionen von großer Komplexität, in denen menschliche Motive durch solche aus der Tier- und Pflanzenwelt ergänzt werden. Eingesetzte Augen aus Schneckendeckeln und aufwendige Bemalungen erwecken diese Werke regelrecht zum Leben.

Jeder *malagan*-Feier geht eine Zeit intensiver Vorbereitungen voraus. Besondere Gärten werden angelegt, zahlreiche Schweine aufgezogen und Tänze werden einstudiert (früher schlossen die Rituale auch die Initiation von Knaben ein). Die *malagan*-Werke sind mit Bildrechten verbunden, die auch den Zugang zu Land, Autorität und Rang regulieren. Sie werden zu Ehren des Verstorbenen von ihren jeweiligen Besitzern in Auftrag gegeben und von Spezialisten gegen Bezahlung angefertigt. Die Herstellung erfolgt in einem besonderen Gehege und nimmt mehrere Monate in Anspruch. Wenn die Bildnisse auf dem Höhepunkt der Feier der Öffentlichkeit gezeigt werden, gibt man auch die Rechte an ihnen an die folgende Generation weiter. Die Werke selbst, die in diesem Augenblick als belebt gelten, sind dabei das Medium, durch das gemäß traditionellen Vorstellungen die Seelen der Verstorbenen mit der Welt der Ahnen eins werden können. Nach Abschluss der Zeremonie sind die Skulpturen nur noch »leere Hüllen«, die an westliche Händler verkauft oder in den Busch gebracht werden, wo sie verrotten.

Abb. 68
Malagan-Schauhütte mit horizontalen Friesen. Deutsche Marine-Expedition 1907–1909.

Abb. 69
Typische durchbrochene malagan-Schnitzerei in Form eines abstrahierten Vogels. Sie wurde beim Tanz mit den Zähnen festgehalten. Neuirland, um 1914. Roemer- und Pelizaeus-Museum Hildesheim, Kat. Nr. 109.

Abb. 70
Tatanua-Masken werden je nach Region als malagan-Ritualmasken zur Aufhebung von Tabus in Bezug auf die Totenfeierlichkeiten oder aber als unterhaltende Tanzmasken verwendet. Neuirland, vor 1894. Roemer- und Pelizaeus-Museum Hildesheim, Kat. Nr. 117.

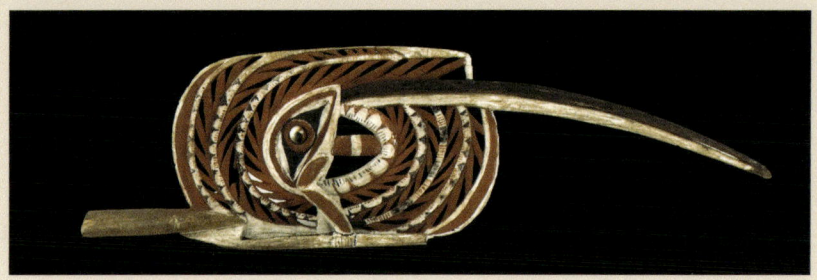

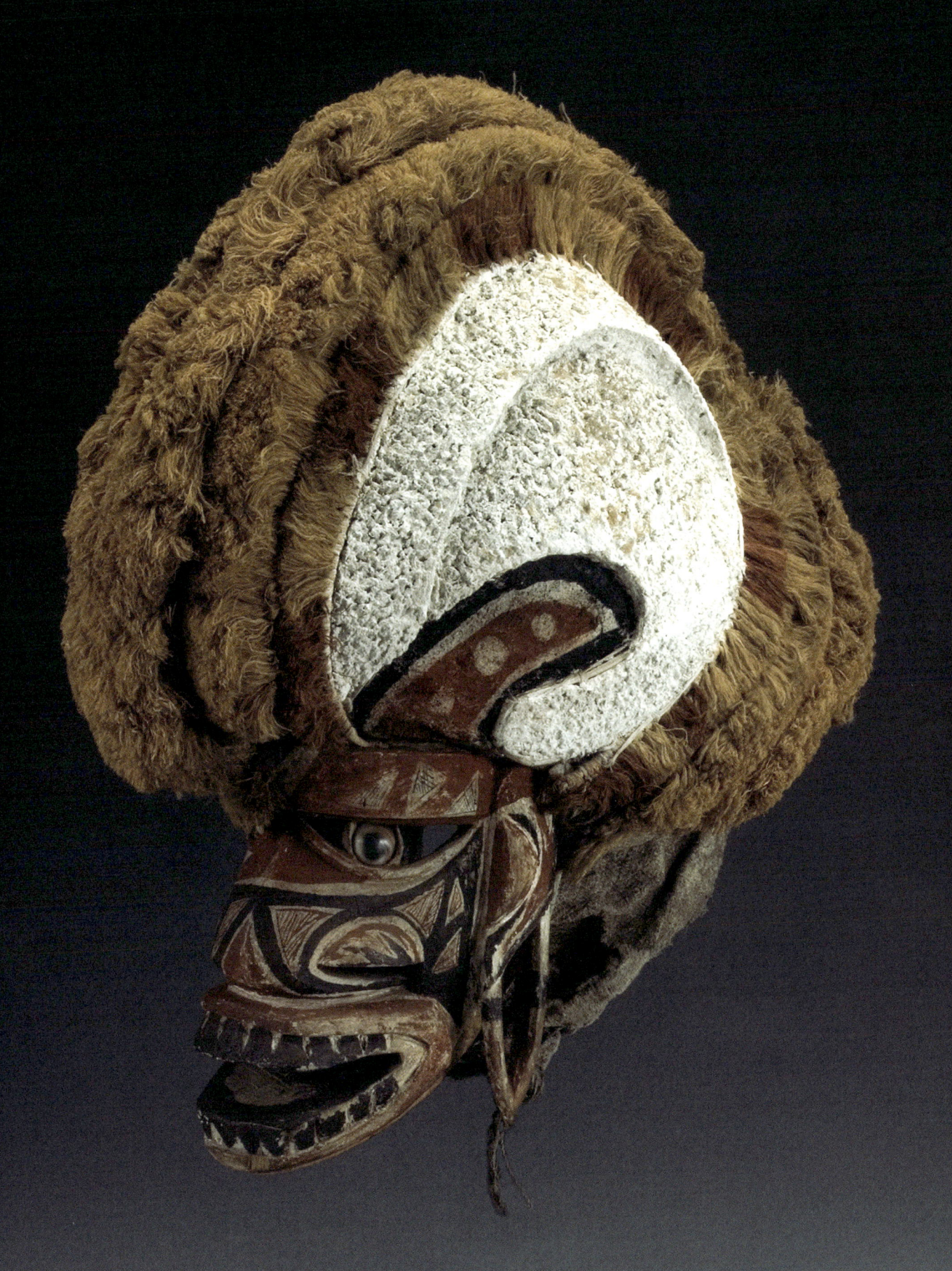

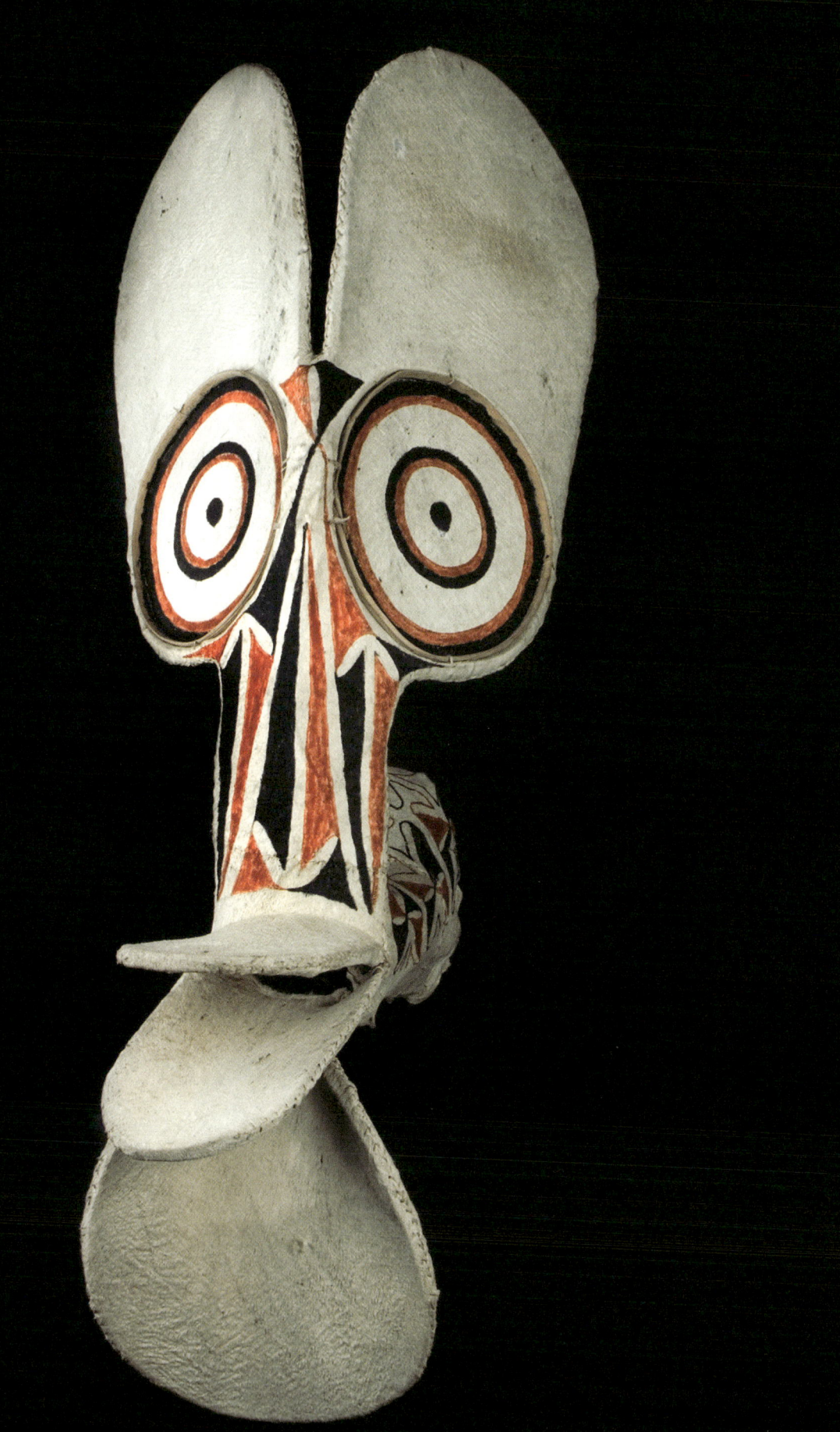

Die Feuertänze der Baining

Die Feuertänze und die dazugehörigen Masken aus Rindenbaststoff mit den großen, im Feuerschein eindringlich schauenden weiß-schwarz-roten Augen sind der wohl spektakulärste Teil der Kultur der Baining auf der Gazelle-Halbinsel Neubritanniens. Wie sind sie zu verstehen? Nur in wenigen Fällen stellen die Tänze der Baining spirituelle oder mythische Gestalten und Geschichten dar. Auch gibt es nur wenige Deutungen seitens der Baining. Dies wurde oft als »Mangel« an Deutungen begriffen, verweist aber eher darauf, dass den Baining neben einer möglichen Darstellung vor allem die ästhetische und performative Umsetzung von Erfahrungen von Spiritualität und Transzendenz wichtig ist, von Erfahrungen mit Geistwesen und mit dem Wissen darum, dass der Mensch Teil einer ihn umfassenden kosmischen Ordnung ist. Die großen, nach den aufklaffenden Mündern *a qavet* genannten Masken mit ihren eigentümlichen Augen, die an jene Eulen erinnern sollen, die nachts in den Wäldern der Baining rufen, sind somit nicht als ,Darstellung' von Geistwesen zu verstehen, sondern als der gestalterische Ausdruck der Erfahrung, die die Baining-Männer bei der Herstellung der Masken und beim Tanzen *mit* den Geistwesen machen.

Dabei gibt es zwei Arten von Geistwesen (*a yos*). Zunächst sind da die als überaus gefährlich eingestuften *a vura* (die Schlechten), böse Geistwesen, die die versteckten und für Frauen und nicht Initiierte verbotenen Orte im Busch aufsuchen, an denen die Männer ihre Masken herstellen. Sie verfolgen die Männer und ihre Masken auch, wenn sie den Busch verlassen und zum Tanzplatz gehen. Ihre Macht, die vor allem für gebärfähige und schwangere Frauen von großer Gefahr ist, kann man mit magisch besprochenem Kalk bannen. Aber auch wohlgesinnte Geistwesen können am Tanz beteiligt sein. Von den Totenseelen weiß man, dass sie selbst an ihren Orten im Busch zeitgleich mit den Lebenden Feuertänze aufführen, und manchmal tanzen sie mit den Lebenden mit, ohne dass man sie von diesen unterscheiden könnte.

Abb. 71
Traditionelle kavat-Maske
(a qavet) für den nächtlichen
Feuertanz. Neubritannien,
Gazelle-Halbinsel, 1982.
Roemer- und Pelizaeus-Museum
Hildesheim, Kat. Nr. 93.

Früher waren die Tänze eine ausdrucksvolle Demonstration der Stärke einer Siedlungsgemeinschaft gegenüber einer anderen. Die Geister, die man zu den Tanzfesten mitbrachte, waren eine große Gefahr für die anderen. Konnten sie deren Macht widerstehen? Konnte man selbst diese Macht kontrollieren und der Macht der Geistwesen der anderen widerstehen? Heute tritt diese Dimension des spirituellen Kampfes eher in den Hintergrund. Zu besonderen Festtagen aufgeführt, stehen die Anzahl der Masken, ihre ästhetische und handwerkliche Qualität sowie die Qualität der tänzerischen Aufführung mit dem rhythmischen Chorgesang im Mittelpunkt. Die gefährliche Macht der Geistwesen ist auch jetzt noch präsent, doch gilt es den heute christlich geprägten Baining als moralische Pflicht, sie im Zaum zu halten.

Abb. 72
Nächtliche Feuertanzszene in Maralingi, Raunsepna, mit Masken vom Typ a qavet und a lingenka.

Abb. 73
Bemalen einer a quruquruk-Maske, die zum Abschluss der Tagtänze getragen wird und auch ästhetisch einen Übergang von den Tagtänzen zu den nächtlichen Feuertänzen bildet (Künstler: Charles Collin Savunggat, Raunsepna).

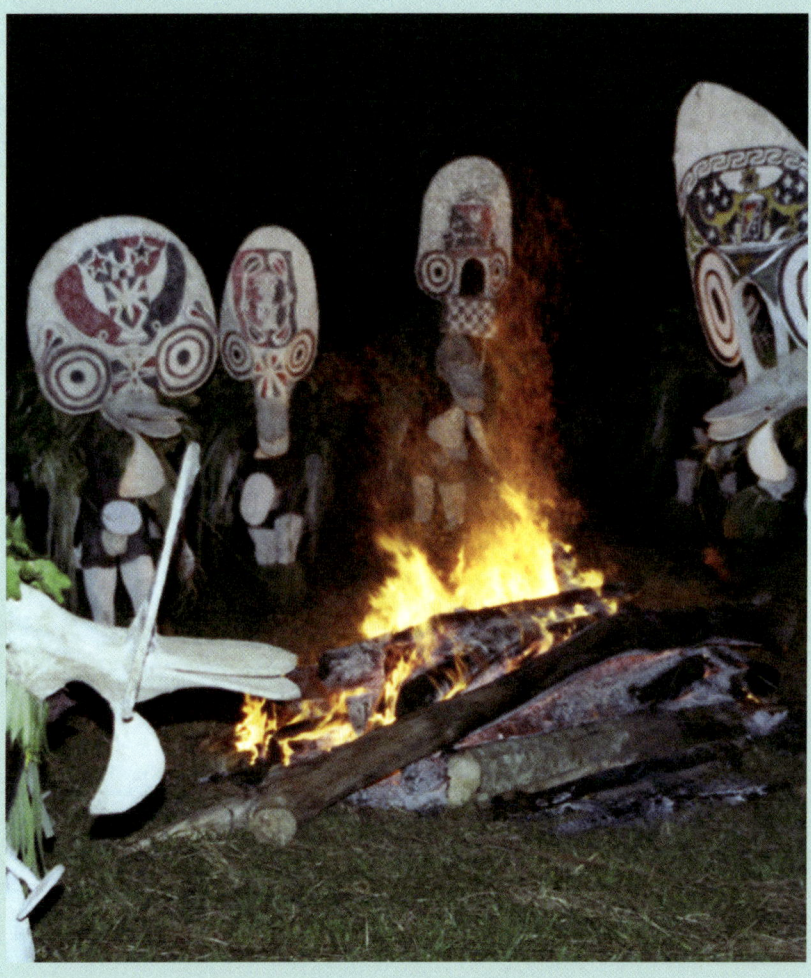

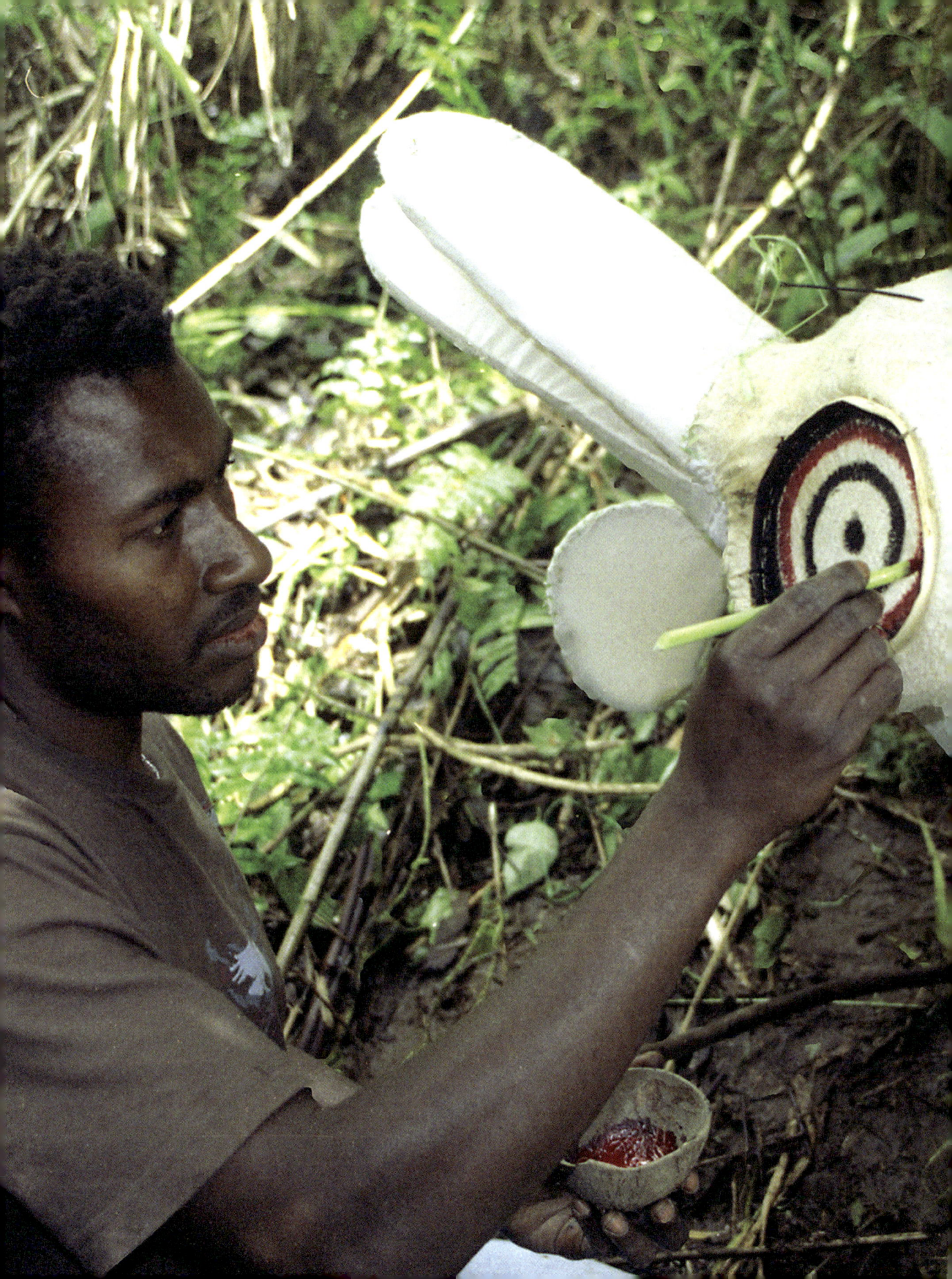

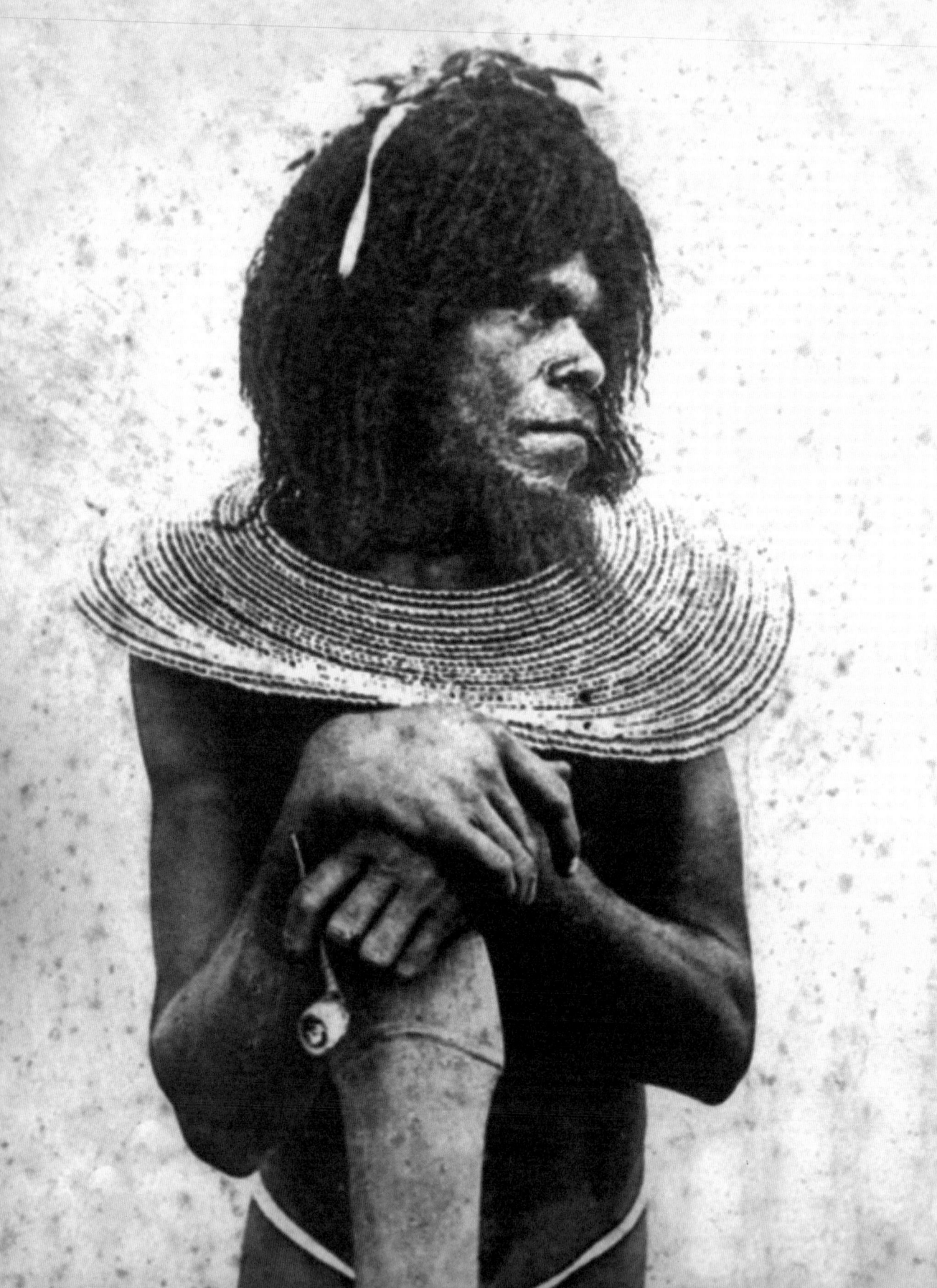

Muschel- und Schneckengeld in Melanesien

Ingrid Heermann

Geld ist ein standardisierter Wertmesser, mit dem Güter und Dienstleistungen gegeneinander aufgerechnet werden können. Geld in diesem Sinne finden wir in Melanesien nur bei den Tolai auf Neubritannien, bei denen für alles – Kredite inklusive – bezahlt wurde und man die Toten mit erheblichen Geldmengen bestattete. Bekannt als *tambu* oder *tabu* besteht dieses Geld aus den Schalen einer Meeresschnecke, die für den Einsatz als Zahlungsmittel aufwendig bearbeitet wurde: Das Rohmaterial erwarb man auf längeren Bootsreisen. Die Schnecken wurden zur Entfernung des Fleisches gekocht, die oberen Höcker abgeschlagen, mit Kalk erhitzt und in der Sonne gebleicht. Erst dann wurden sie auf Rotang-Streifen aufgereiht und – von den Frauen – durch Schleifen in eine gleichmäßige Form gebracht. Mit kleinen Abschnitten dieses Geldes kaufte man Marktprodukte, mit längeren Streifen bezahlte man rituelle Spezialisten, Tänze, Gesänge und Maskenauftritte, hob Tabus auf, zahlte für Kampfbereitschaft im Krieg oder als Buße zur Umgehung anderer Strafen. Der Besitz von Geld bedeutete bei den Tolai Ansehen und Prestige im Diesseits und ein erfreuliches Leben im Jenseits. In großen Rollen zusammengefaßt und in Kokos- oder Bananenblätter eingeschlagen, wurde *tambu* bei Familienfeiern und öffentlichen Anlässen auf besonderen Gestellen präsentiert.

Um lange Seereisen zu vermeiden, begannen die Tolai zum Ende des 19. Jahrhunderts das auf Neuirland – und leicht variiert auch auf Manus und den Salomonen – gebräuchliche Muschelgeld, das sie in größeren Mengen auf der Duke-of-York-Insel (Neulauenburg) erwarben, für den Erwerb des *tambu*-Rohmaterials zu verwenden.

Abb. 74
Hoher Würdenträger der Tolai
mit wertvollem Schmuckkragen
als Zeichen seines Status.

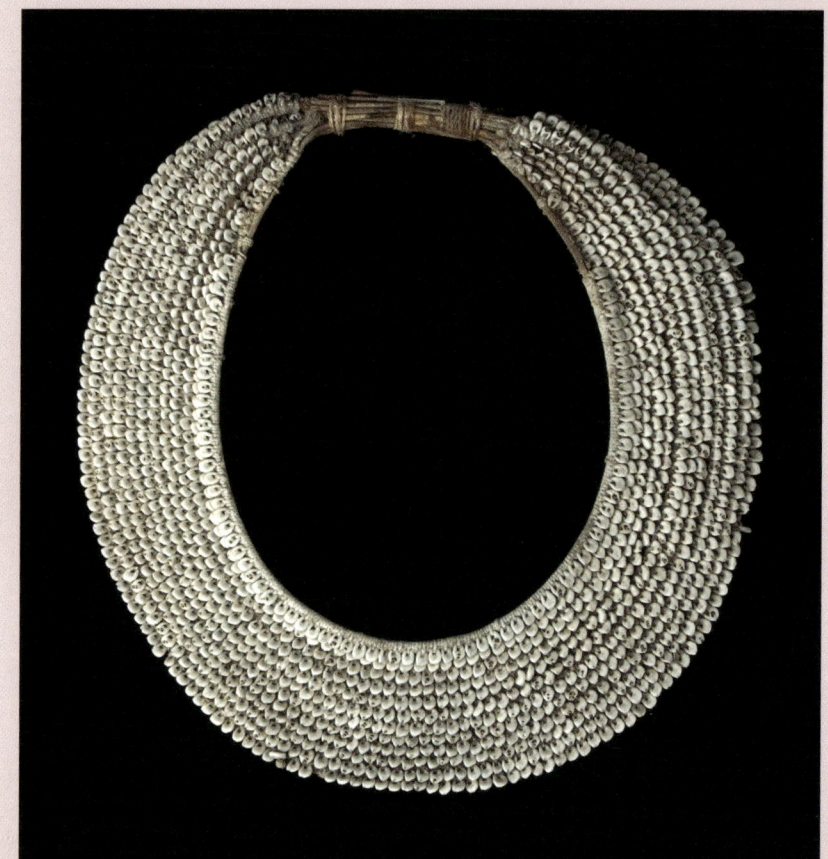

Bei dem auf Neuirland, den Admiralitätsinseln und den Salomonen gebräuchlichen Geld handelt es sich um Muschelgeld im eigentlichen Sinne, da hier
nicht Meeresschnecken, sondern unterschiedliche Muscheln verarbeitet wurden. Es war ein Spezialgeld, verwendet im rituellen Kontext: als Brautpreis,
beim rituellen Tausch oder bei den Totengedenkfeiern *malagan*, bei denen
man u.a. für »das Sehen« der Kunstwerke bezahlt. Wichtiger sind jedoch die
Zahlungen der Veranstalter für die rituell geschlachteten Schweine, zu denen
jedes Familienmitglied beitragen muss. Die Bezeichnung »Schweinegeld« für
große, mehrfädrige Bündel Muschelgeld, dekoriert mit Schmuckanhängern
und Schweineschwänzen, ist deshalb nicht falsch, greift aber zu kurz.

Bei rituellen Anlässen ist Muschelgeld auf Manus oder Neuirland bis heute
unverzichtbar, wird aber in aktuellen Tauschsituationen durch die moderne
Währung *kina* ergänzt. Auf Neubritannien dagegen wird *tambu* seit einigen
Jahren auch von Banken als Zahlungsmittel akzeptiert.

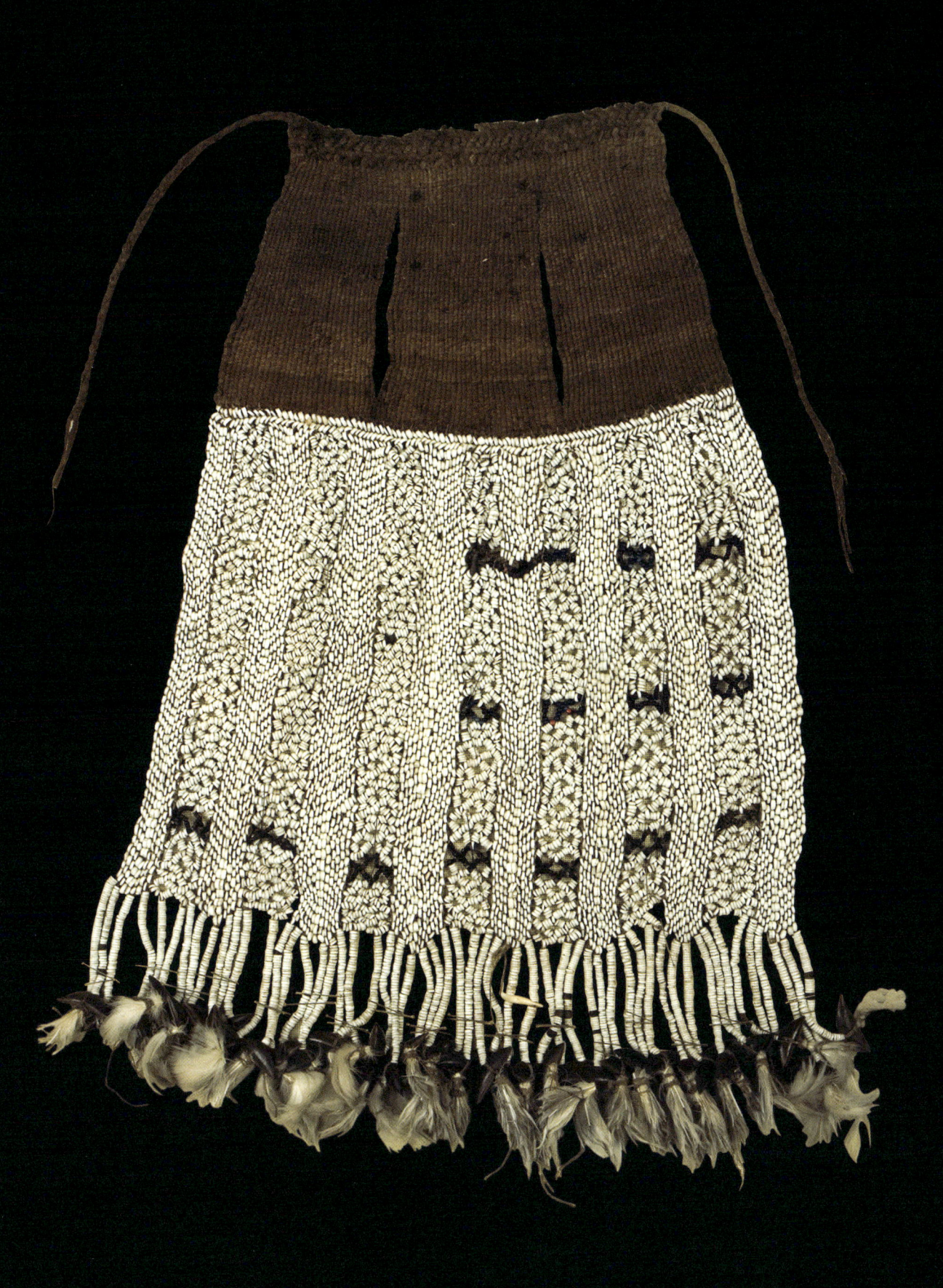

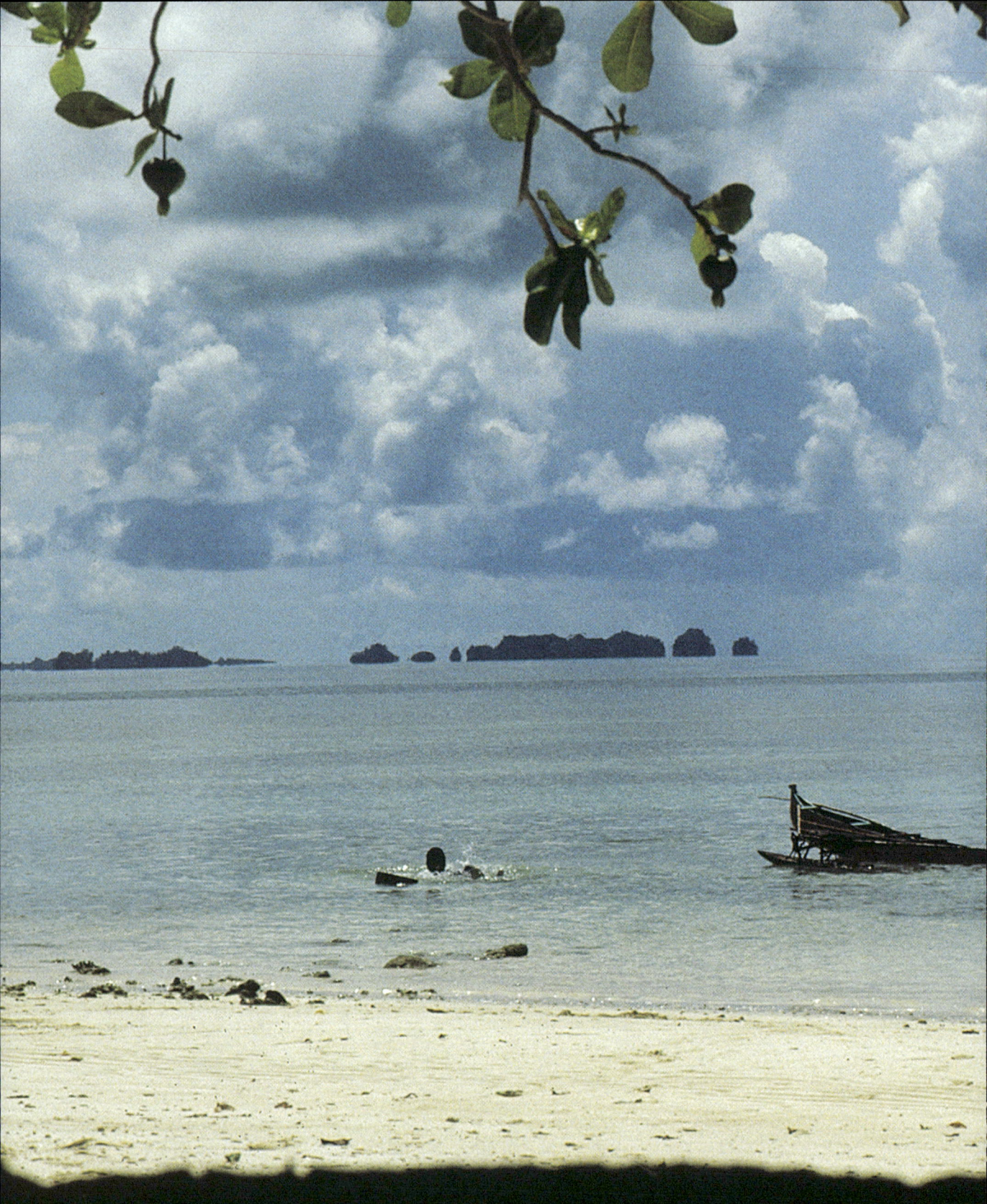

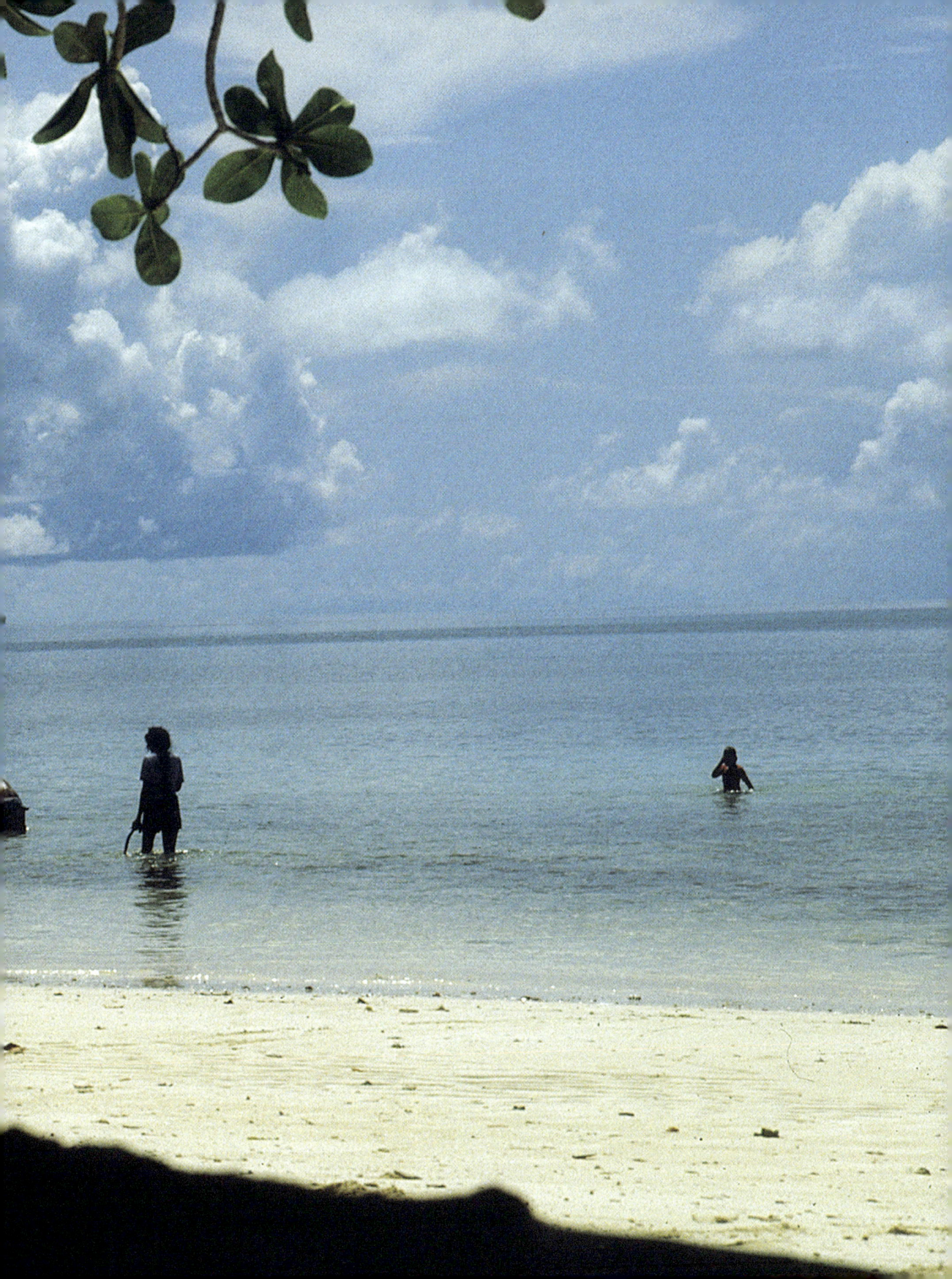

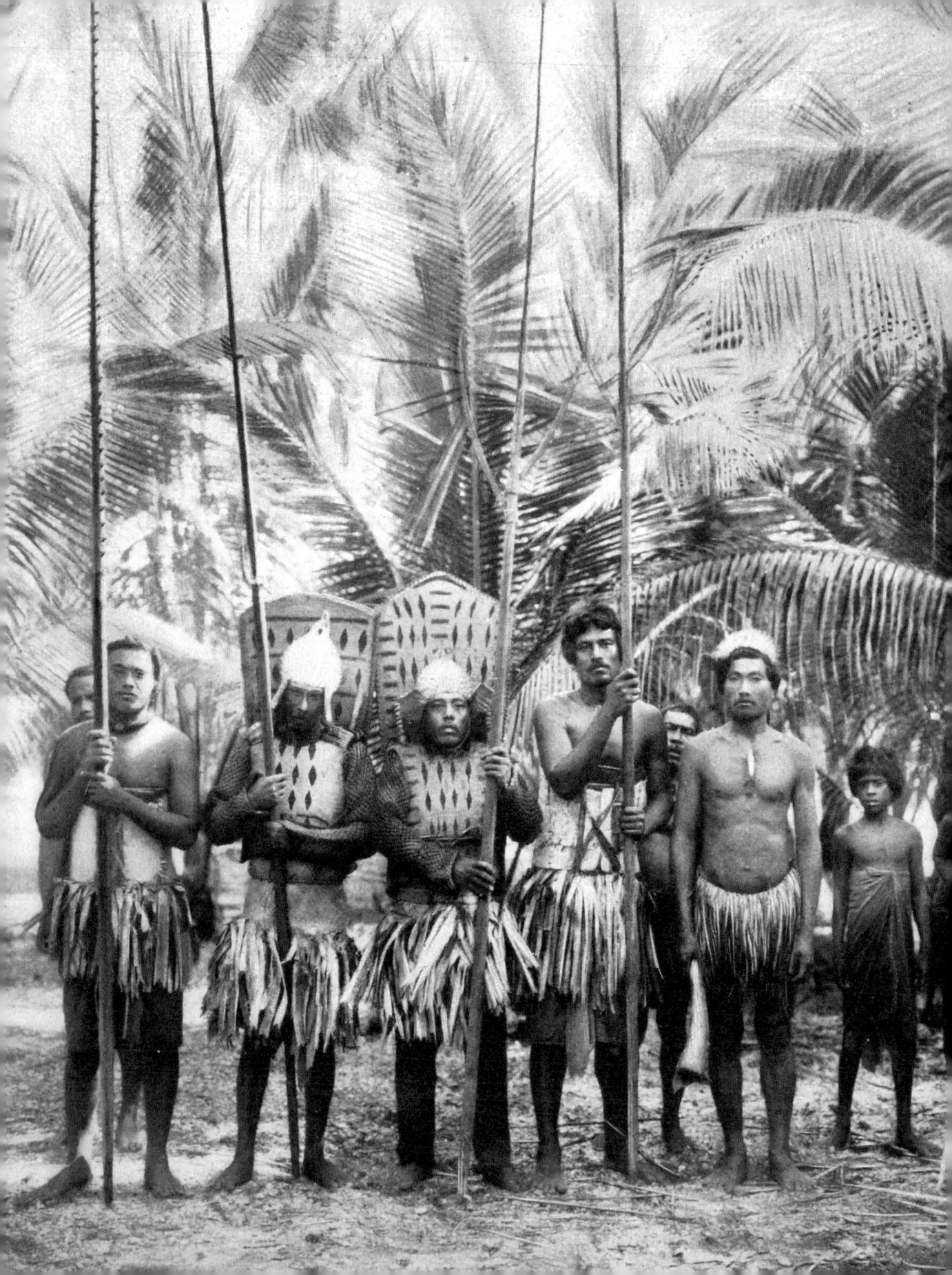

Kleininselwelt im Pazifik
Die Region Mikronesien

Ingrid Heermann

Die wenigen hohen und unzählige flache Inseln der im Pazifik nördlich des Äquators gelegenen »Kleininselwelt« Mikronesien stellen ihre Bewohner vor besondere Herausforderungen. In einem Gebiet von über 5600 km Länge verteilen sich tausende von kleinen und kleinsten Inseln wie Oasen im Meer, darunter die größte Anzahl von Atollen weltweit. Staaten wie Kiribati und die Republik der Marshall-Inseln bestehen ausschließlich aus nur wenige Meter hohen Atoll-Inseln. Mit den lebenden Riffen, die am Rande versunkener Vulkane emporgewachsen sind, mit blauen Lagunen, Sandstränden unter Kokospalmen und einer äußerst farbenfrohen Meeresfauna erscheinen sie uns als Urbild europäischer Inselträume. Höhere Landmassen finden sich auf den Marianen und den Karolinen, die heute als Republik Palau und als Föderierte Staaten von Mikronesien mit Yap, Chuuk, Pohnpei und Kosrae eigene Staaten bilden. Besiedelt wurde die Region von austronesisch sprechenden Einwanderern in zwei Etappen: Palau und die Marianen direkt von den Philippinen oder Indonesien aus um etwa 1000 v. Chr., die anderen Regionen über den Umweg der melanesischen Inseln vermutlich parallel zur Expansion nach Osten. Den ursprünglichen Einwanderern folgten Immigranten aus Indonesien, Melanesien und Polynesien bzw. von anderen mikronesischen Inseln, die unterschiedliche Einflüsse einbrachten.

Bei allen Unterschieden sind typische Aspekte mikronesischer Kultur durchaus erkennbar. Sie beziehen sich auf die hierarchisch geschichtete Gesellschaft mit ihren zumeist mutterrechtlich organisierten Klanen bzw. Sippen, auf eine dennoch auf Balance ausgerichtete politische Organisation, die ihr Symbol in den Versammlungshäuser der einzelnen Dörfer hatte, auf Männer- und Frauenklubs und die vielfältigen Formen des rituellen Tausches. Bootshäuser, oft nicht nur Aufbewahrungsort der großen Auslegerboote, sondern auch Schlafplatz der Junggesellen und der sich auf den Fischfang oder eine Seereise vorbereitenden Männer, sind ein weiterer überregionaler Aspekt.

Abb. 77
Vorhergehende Seite:
Strand von Palau.

Abb. 78 a und b
Aus Kiribati stammen die Brustpanzer aus Kokosfaserschnur, die als Schutz gegen den Angriff mit Haizahnwaffen dienten (Roemer- und Pelizaeus-Museum Hildesheim, Kat. Nr. 183). Neben dem Brustpanzer gehörten Arm- und Beinkleider sowie ein Helm zur Schutzkleidung.

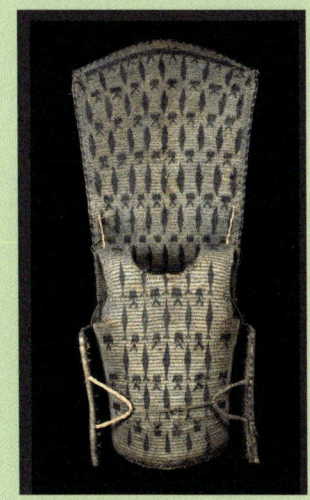

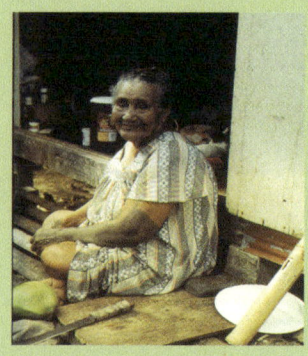

Abb. 79
*Eine Seite der Wohnhäuser
ist der alten Generation
vorbehalten, die hier den
Geistern der Verstorbenen
besonders nah sind. Heute
nur noch in Ausnahmefällen
zu sehen: Die traditionelle
Tatauierung der Arme, die auf
die hohe Klanzugehörigkeit der
Trägerin verweist. Melekeok,
Palau.*

Die materielle Ausstattung erscheint auf den ersten Blick wenig spektakulär, zeigt aber deutlich erkennbar formale Aspekte, die wir heute mit dem Begriff des funktionalen Designs umschreiben. Objekte sollten, so sagt man auf Yap, »richtig liegen«, also formal ausgewogen und funktionstüchtig sein. Die meisten Objekte sind eingebettet in soziale Beziehungen. Dies gilt für die verschiedenen Formen von Schalen, Behältern und flachen »Tischen«, auf denen bei großen Festen wie einer Haus- oder Bootseinweihung, bei der Feier von Geburten oder aus Anlass eines Todes große Mengen von Nahrungsmitteln präsentiert und in gewisser Weise getauscht wurden. Die rituell organisierte Präsentation von Nahrungsmitteln aus den Tarogärten der Frauen und dem Fischfang der Männer verdeutlichte die wirtschaftliche Potenz eines Matri-Klans oder eines veranstaltenden Dorfes, und wurde mit unterschiedlichen Geld- oder Tauschmitteln von den Empfängern der Gaben erwidert.

Tanz ist bis heute wichtiger Bestandteil aller Feste und ein wesentliches Medium künstlerischen Ausdrucks. Er wird lange vor einem Auftritt umfangreich geprobt und von einem Choreographen – auch bei Frauentänzen traditionell häufig ein Mann – gestaltet und eingeübt. Die dabei vorgetragenen Gesänge geben alte Traditionen wieder oder beziehen sich auf aktuelle Gegebenheiten – in jedem Fall ist der Auftritt der Tanzgruppen Anlass für genaue Beobachtung und Kommentar. Unterschieden werden Sitztänze, bei denen vor allem Oberkörper, Arme und Hände für Ausdruck sorgen, und Bewegungstänze, bei denen der Tanz ebenfalls – durch entsprechende Gestik – die Texte unterstützt oder interpretiert. Der Schmuck der Tänzer variiert von Insel zu Insel, ist aber immer mit reichem Kopfschmuck verbunden, der aus oft mit Gelbwurz eingefärbten Kopfbändern, aus Haarsteckern und reichem Ohr- und Halsschmuck besteht. Sorgfältig gearbeitete Schurze oder Kleidermatten vervollständigten das Bild, Tanzpaddel und Tanzstäbe mit eingekerbten geometrischen Mustern oder Umflechtungen sorgten für Variationen.

Kleidung und äußere Erscheinung waren und sind den Mikronesiern wichtig. Bis heute sieht man auf Yap, der wohl traditionellsten Inselgruppe, Männer mit geflochtenen, unter dem Oberarm getragenen Taschen, in denen sie die alltäglichen Dinge, vor allem Betelnüsse und Betelpfeffer, mitführen. Auf den Outer Islands trägt »Mann« dazu bis heute einen aus verwebten Fasern hergestellten, geschlungenen Schurz.

Die Webtechnik – zu der auf Kosrae besondere Kettböcke hergestellt wurden – geht wahrscheinlich auf indonesische Einflüsse zurück, stammt jedoch – wie die Kenntnis des Hausbaus oder die ersten Boote – nach einhei-

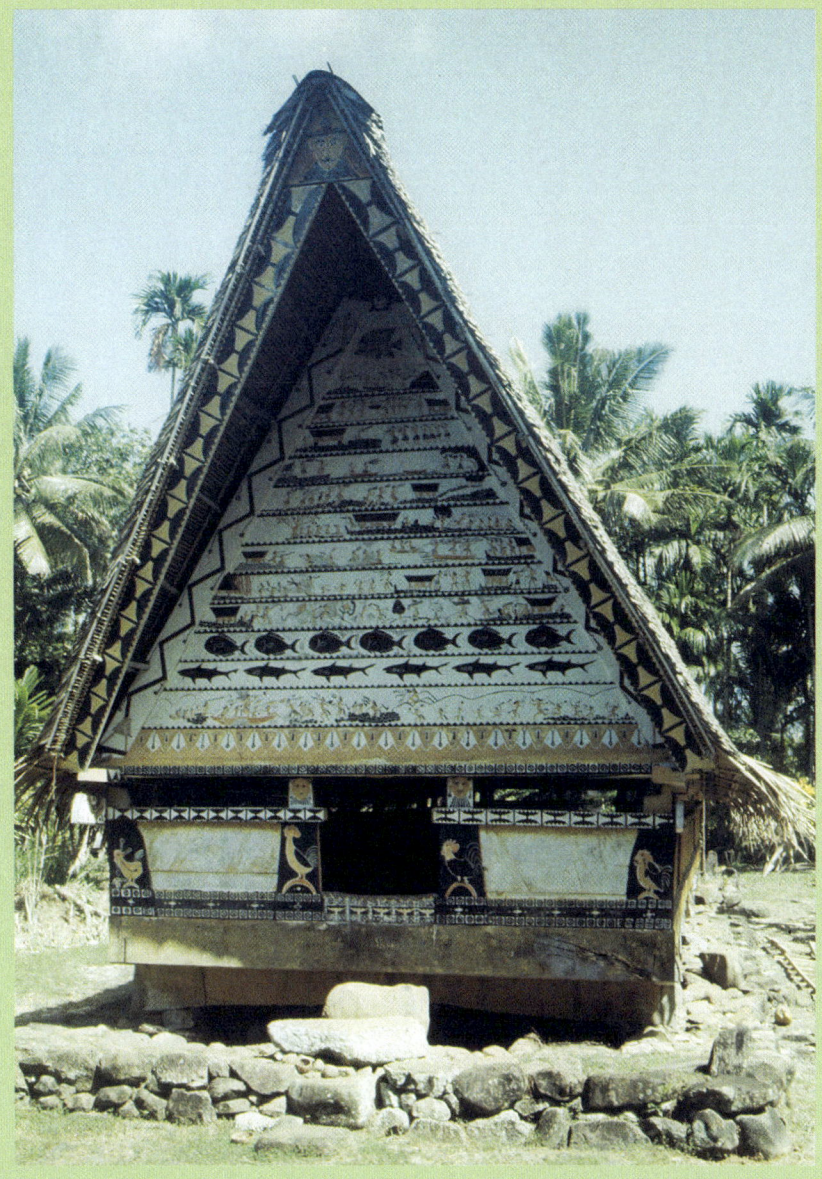

mischer Ansicht »von den Göttern«. Die Musterung der aus Bananen- oder Hibiskusbast gewobenen Stoffe ist geometrisch angelegt, wird aber vor allem bei den aus Pohnpei stammenden Gürteln bzw. Schärpen oft zusätzlich durch Muschelscheibchen oder -perlen hervorgehoben.

Geometrische Muster zieren auf den Marshall-Inseln auch die aus Pandanusstreifen geflochtenen Kleidermatten bzw. deren Ränder. Je zwei von ihnen wurden von den Frauen von der Taille abwärts getragen und von einem

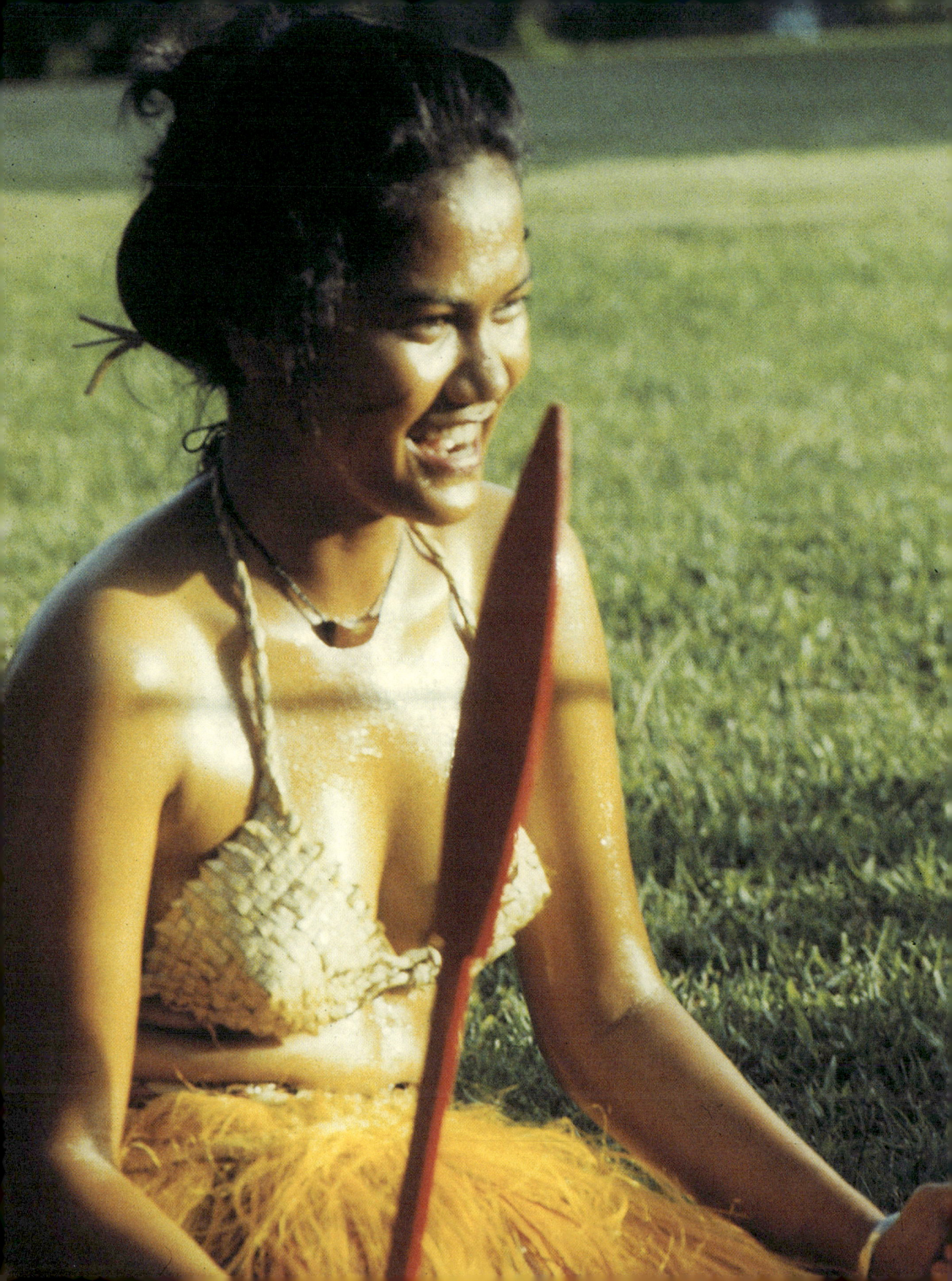

Gürtel gehalten, während die Oberkörper – wie überall in Mikronesien vor der Ankunft der Europäer und der Missionierung – unbedeckt blieben. Die Musterung der Textilien, aber auch die Kerbdekore der Tanzpaddel und die Einlegedekore von Schalen korrespondieren mit den ebenfalls grafisch angelegten Tatauierungen, deren Umfang nach Geschlecht und Status variierte. Sie wurde von Spezialisten, die für ihre Arbeit entlohnt wurden, in zumeist privaten Sitzungen angebracht. Lediglich auf Kiribati war die Tatauierung der Mädchen ein öffentliches, als Teil eines Festes im großen Versammlungshaus durchgeführtes Ereignis.

Schmuck befriedigte nicht nur das persönliche Schönheitsempfinden. Er war auch wichtiges Zeichen für Status und Macht. Als solches können die aus Muschelteilen in Kombination mit Kokosholz oder Schildpatt gefertigten Ohrgehänge gelten. Besonderes Ansehen genossen die Schmuckkreationen der Marshall-Inseln, bei denen *Spondylus*-Scheibchen und aus *Tridacna* gefertigte Anhänger zu Colliers zusammengestellt wurden. Aufgereihte Scheibchen aus Muschel- bzw. Schneckenschale oder Kokosabschnitten galten als Schmuck und Zahlungsmittel gleichermaßen. Auch die besondere Geldform Palaus, deren einzelne Stücke aus Glas oder Keramikteilen – indonesischen oder philippinischen Ursprungs – bestehen, wird bis heute als Schmuck mit ausgesprochen großem Symbolwert getragen.

Während die Tauschmittel generell, wie auch das aus Schildpatt gefertigte Frauengeld *toluk* auf Palau, transportabel waren, gilt dies nur sehr eingeschränkt für die bekannteste Geldform Mikronesiens, das Steingeld von Yap. In Form großer »Räder« wurden die Steine auf Palau gebrochen und per Floß nach Yap transferiert, wo sie als eine Art Bank die Außenseite der Versammlungshäuser oder auch privater Gebäude schmücken.

Weniger prägnant als in anderen Teilen Ozeaniens erscheinen Objekte, die zum Kontakt mit numinosen Kräften eingesetzt wurden. Lediglich in den polynesischen Exklaven Nukuoro und Mortlock finden sich sowohl herausragende Skulpturen, die Ahnen oder götterähnliche Wesen repräsentierten als auch die einzigen aus Mikronesien bekannten Masken. Letztere wurden bei Zeremonien eingesetzt, die Taifune von der Insel abhalten sollten. Dem Gedeihen des wichtigen Nahrungsmittels Brotfrucht diente auf den Chuuk-Inseln ein rituelles Wettsegeln der Männer, das die Kraft spendenden Boote, die im als eine Art Parallel-Universum gedachten Jenseits mit ihrer Fahrt alljährlich die Fruchtbarkeit erneuerten, in Gang setzen sollte. Ursprünglich in Sichelform vom Himmel gekommen – und durch eine solche Form immer wieder

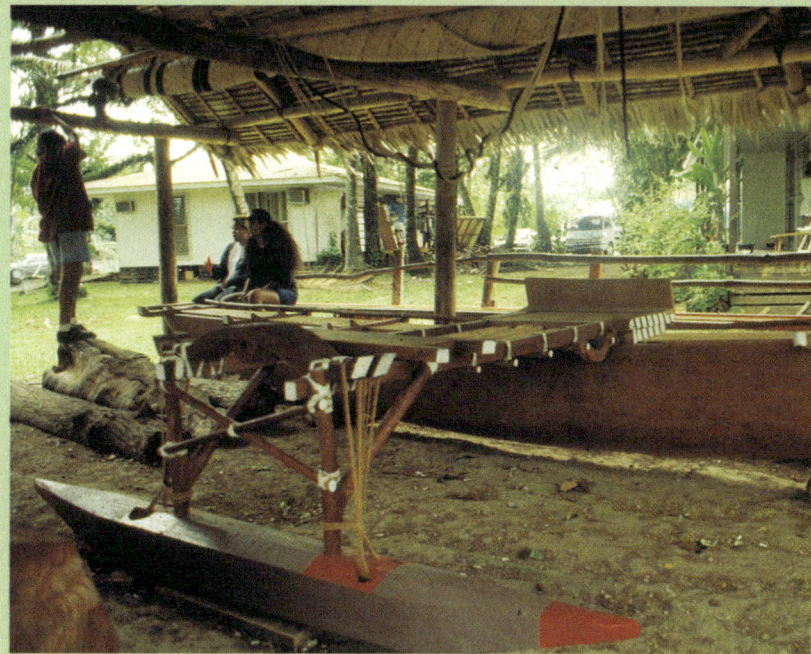

Abb. 82
Boote und Bootshäuser sind
überall in Mikronesien Teil
der besonderen »männlichen«
Kulturtradition, verbunden
mit dem geheimem Wissen der
Experten.

Abb. 83
Segelkanu aus Welite
Auslegerkanu in traditioneller
Form von Welite unter Segel.
In voreuropäischer Zeit
wurden die Lateiner-Segel aus
Pandanus-Streifen geflochten.
Yap, Outer Islands.

Abb. 84
Das Verarbeiten von Kokos-
und Pandanus-Streifen zu
Matten und Körben, aber
auch zu kleineren Taschen
ist traditionelle Aufgabe der
Frauen in Palau.

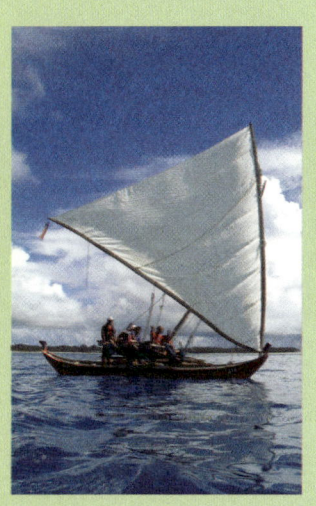

symbolisiert – galten Boote auch als Fahrzeug der Götter und als Sitz der Ahnengeister. In Miniaturform, oft in der Gestalt stilisierter Doppelrumpfboote,
wurden sie in Bootshäusern aufgehängt, ggf. mit dem Schmuck Verstorbener
dekoriert und mit Nahrungsmitteln beopfert. Hier konnten Medien mit den
Geistern der Ahnen in Kontakt treten, Hilfe für Heilungsriten erbitten oder
Rat erfahren. Auf Palau, wo Boote seit dem 17. Jahrhundert vermutlich nur
noch für Fahrten zwischen den lokalen Inseln genutzt wurden, galten Bootshäuser immer auch als Sitz numinoser Kräfte.

Vögeln und Fischen kam vielerorts besondere Bedeutung zu. Sie wurden als
Totemtiere einzelner Familien verehrt und oft mit der Bewegung des Menschen
in Raum und Zeit, z.B. mit den weiten Hochseereisen, in Beziehung gesetzt. Der
Fregatt-Vogel wurde auf Yap immer wieder dargestellt. Seeschwalben zierten
in stark stilisierter Form, die Bootssteven der auf Chuuk. Auf Palau schließlich waren Vögel und Meerestiere wesentliches Sujet der auf den Innenbalken
und den Giebeln der Versammlungs- und Klubhäuser aufgebrachten Malereien,
die teilweise Mythen und Sprichwörter illustrieren, in denen Tieren vielfältige
Bedeutungen und mythische Fähigkeiten zugeschrieben werden.

Auf den hohen Inseln wurden Nahrungsüberschüsse für große Feste und
für den Unterhalt von rituellen Spezialisten, Baumeistern oder Segelmeistern

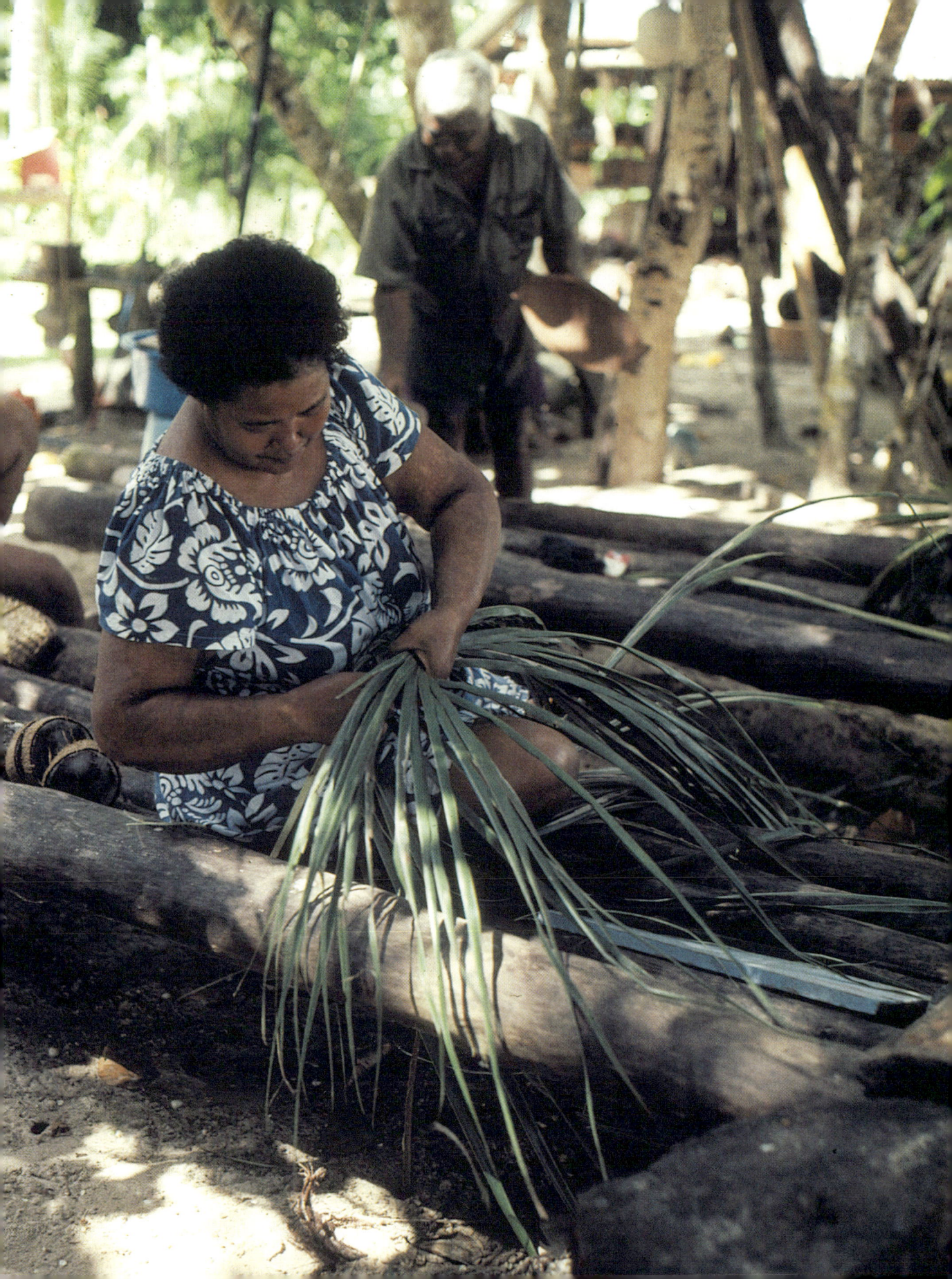

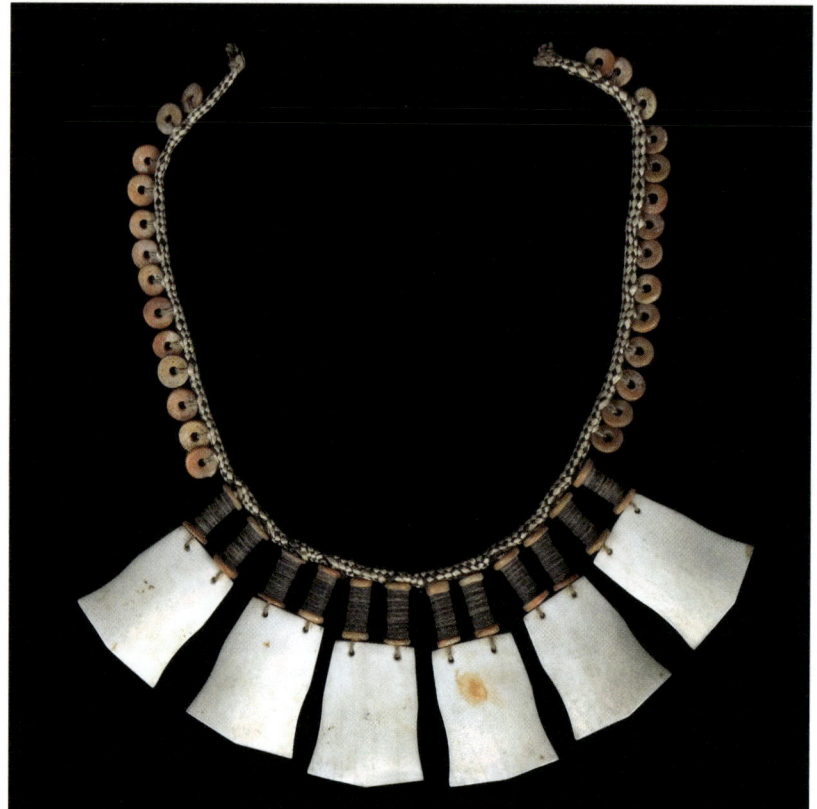

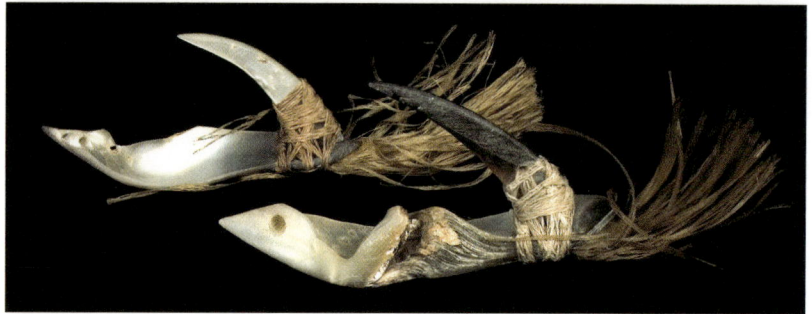

produziert. Auf Kosrae und Pohnpei reichten sie aus, zwischen dem 12. und
18. Jahrhundert eine Herrscherkaste zu unterhalten, deren architektonische
Hinterlassenschaft in Gestalt der Ruinenstädte Lelu und Nan Madol, gebaut
auf künstlich aufgeschütteten Inseln, bis heute fasziniert. Das Leben auf den
Atoll-Inseln dagegen verlangte den Bewohnern ein großes Maß an Anpassung
ab: Humus für einen Gartenbau war nur spärlich vorhanden, Süßwasserquel-

len fehlten mit Ausnahme der Süßwasserlinsen, in denen sich Regenwasser sammelte. Pflanzen und Bäume mussten weitgehend salztolerant sein, da schwere Stürme regelmäßig Meerwasser auf die niedrigen Inseln trieben. Die wesentlichen Nutzpflanzen waren deshalb die Kokospalme, der Schraubenbaum (Pandanus), Hibiskus und Brotfrucht, während die Anlage von Tarogärten mühsam und der Erfolg gleichermaßen von Trockenheit wie heftigen Regenstürmen bedroht war.

Die reiche Meeresfauna glich diese Beschränkungen reichlich aus und wurde umfassend genutzt. Gemeinschaftlich oder individuell durchgeführter Fischfang lieferte die Hauptproteinquelle. Gefischt wurde mit Netzen und unterschiedlichen Angelhaken, in Form und Komposition angepasst an die verschiedenen Fischarten und ihre Beißgewohnheiten.

Das Meer lieferte nicht nur Nahrung, sondern auch wichtige Materialien. In Ermangelung von Stein wurde die Schale der Riesenmuschel *Tridacna gigas* zu Steinbeilklingen und Dechseln, zu Senkbleien für Angelschnüre und zu Stößeln für das Zerreiben der Brotfrucht verarbeitet. Letztere aus dem Inventar der Marshall-Inseln gehören mit ihren reduzierten, ausgewogenen Proportionen zu den ästhetisch herausragenden Objekten mit einer für europäische Augen durchaus skulpturalen Qualität.

Kokospalme und Pandanus deckten an Land die meisten Bedürfnisse: Kokosnussfleisch würzte Gerichte, lieferte Öl und wurde getrocknet in europäischer Zeit zu einem wesentlichen Handelsgut. Der einheimischen »Industrie« lieferte sie Fasern für die Herstellung dauerhafter Seile, die für den Bootsbau ebenso unverzichtbar waren wie für den Hausbau, sowie für feine Leinen und Schnüre zum Zusammensetzen von Angelhaken, Schmuckensembles etc. Die Steinschale der Kokosnuss wurde zu Wasserbehältern, Trinkschalen und Schöpfkellen verarbeitet, das Holz diente als Baumaterial und aus den Blättern schließlich »nähte« man die Dachbedeckungen.

Pandanus war ähnlich vielseitig und wurde wie die Kokosfiedern zum Flechten von Matten verwendet. Eine Besonderheit Kiribatis waren die heute längst obsolet gewordenen »Rüstungen«, die ganz aus Kokosseilen gefertigt wurden. Neben Hosen gehörten dazu Brustpanzer mit angeflochtenem Nackenschutz, z.T. mit schwarzen Hibiskusfasern oder Frauenhaar dekoriert, und Helme aus der Haut der Stachelrochen. Die Kombination von Nackenschutz mit geflochtenen Hosen macht diese »Rüstungen« einzigartig in der Südsee. Es wird angenommen, dass sie nach Beispielen japanischer Rüstungen aus dem

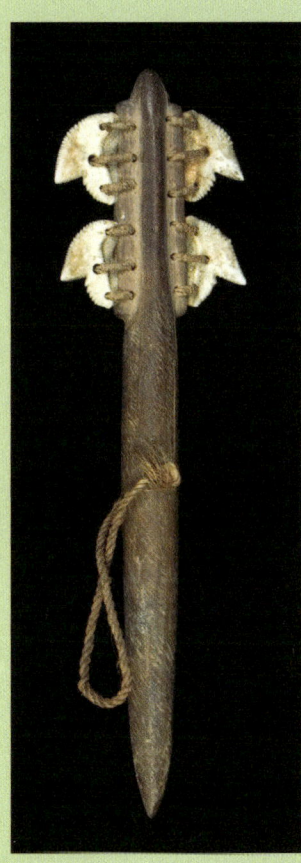

18. Jahrhundert gefertigt wurden. Damit korrespondierten die Waffen der in der Kolonialzeit als äußerst kriegerisch bekannten Kiribati-Bewohner. Sie sind als Hieb- oder Stichwaffen ausgebildet, in die seitlich oder versetzt Haifisch-Zähne eingelassen sind, die zweifelsohne nachhaltige Wunden hervorrufen können. Kleinere mit Haifischzähnen besetzte Waffen galten als Reißwaffen der Frauen und finden sich in ähnlicher Form auch auf Nauru und einzelnen Marshall-Atollen.

Während die meisten Mikronesier das Hochseesegeln und den Bootsbau als wichtigste Künste betrachten, waren diese Fähigkeiten für Atoll-Bewohner überlebenswichtig. Nur im Austausch mit anderen Inseln konnte man fehlende Materialien erwerben, nur die Evakuierung auf andere Inseln ermöglichte ein Überleben, wenn Taifune Gärten und Pflanzungen zerstört hatten. Auf Yap werden bis heute alljährlich Tributzahlungen in Form von Kokosseilen und fein gewebten Matten von den Atoll-Inseln an die »Väter« auf den hohen Inseln geliefert, um in Notfällen Nahrungshilfe oder Asyl in Anspruch nehmen zu können.

Eine Ausbildung zum Segelmeister dauerte mindestens zehn Jahre und endete mit einer Initiation, die sicherstellen sollte, dass das erworbene Wissen – über alle relevanten Bilder des Sternenkompasses, über Wind- und Strömungsverhältnisse, Wolkenbildungen etc. – und seine magischen Komponenten geheim blieben. Die jederzeit reproduzierbare mentale Speicherung dieses Wissens stellte eine herausragende Leistung dar, die nur während der Lernphase durch Hilfsmittel, wie den auf den Marshall-Inseln verwendeten Strömungskarten bestimmter Meeresabschnitte, unterstützt wurde.

In der deutschen Kolonialzeit wurden den Mikronesiern weite Segelreisen untersagt. Gravierenderen Einfluß auf die Insel-Kulturen hatten aber Krankheiten, die Entdecker und Walfänger seit dem 18. Jahrhundert einführten und die zu einer erheblichen Abnahme der Bevölkerungszahl führten. Die Einflüsse der Kolonisatoren aus Spanien, Deutschland und Japan, die erbitterten Kämpfe während des 2. Weltkriegs und der von den USA initiierte Wandel in der anschließenden Treuhandperiode haben die mikronesischen Gesellschaften stark verändert und einen großen Teil der hier besprochenen Objekte auch in Mikronesien ins Gedächtnis oder ins Museum verbannt. Viele soziale Organisationsformen jedoch haben sich als nachhaltig erwiesen und sind die Basis für ein allenthalben zu entdeckendes Revival traditioneller Ausdrucks- und Identitätsformen. Dazu beigetragen haben zweifellos Erfahrungen mit Heimatverlust nach den Atomversuchen der USA auf dem Bikini Atoll in den 1950er

Jahren und aktuell die fortschreitende Bedrohung des Lebensraumes durch den Klimawandel. Mit der Diskussion über die Grundlagen der staatlichen und idividuellen Existenz und über Leben und Überleben in einer globalisierten Welt wächst das Bewusstsein für das Eigene und Authentische – und verbunden damit der Wunsch, die eigene kulturelle Leistung nicht nur als Erinnerung zu respektieren, sondern als Fertigkeit der nächsten Generation zu hinterlassen.

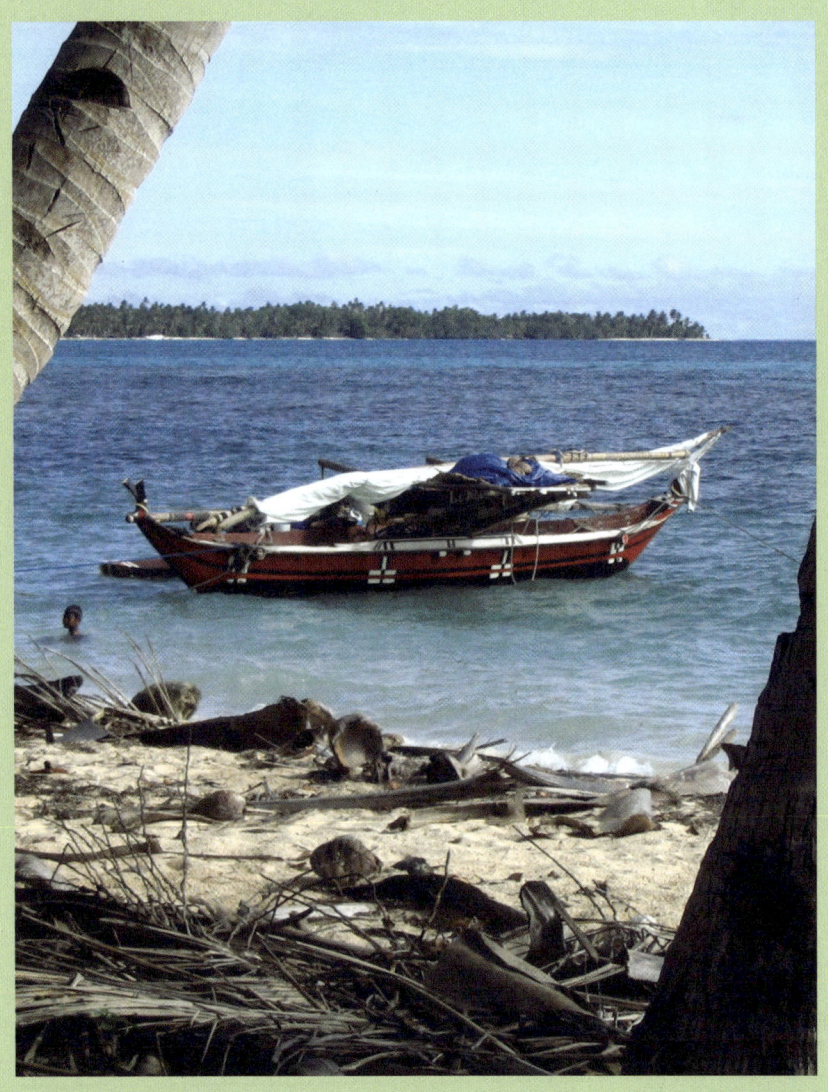

Abb. 88
Kanu am Strand von Ifaluk,
Yap, Outer Islands.

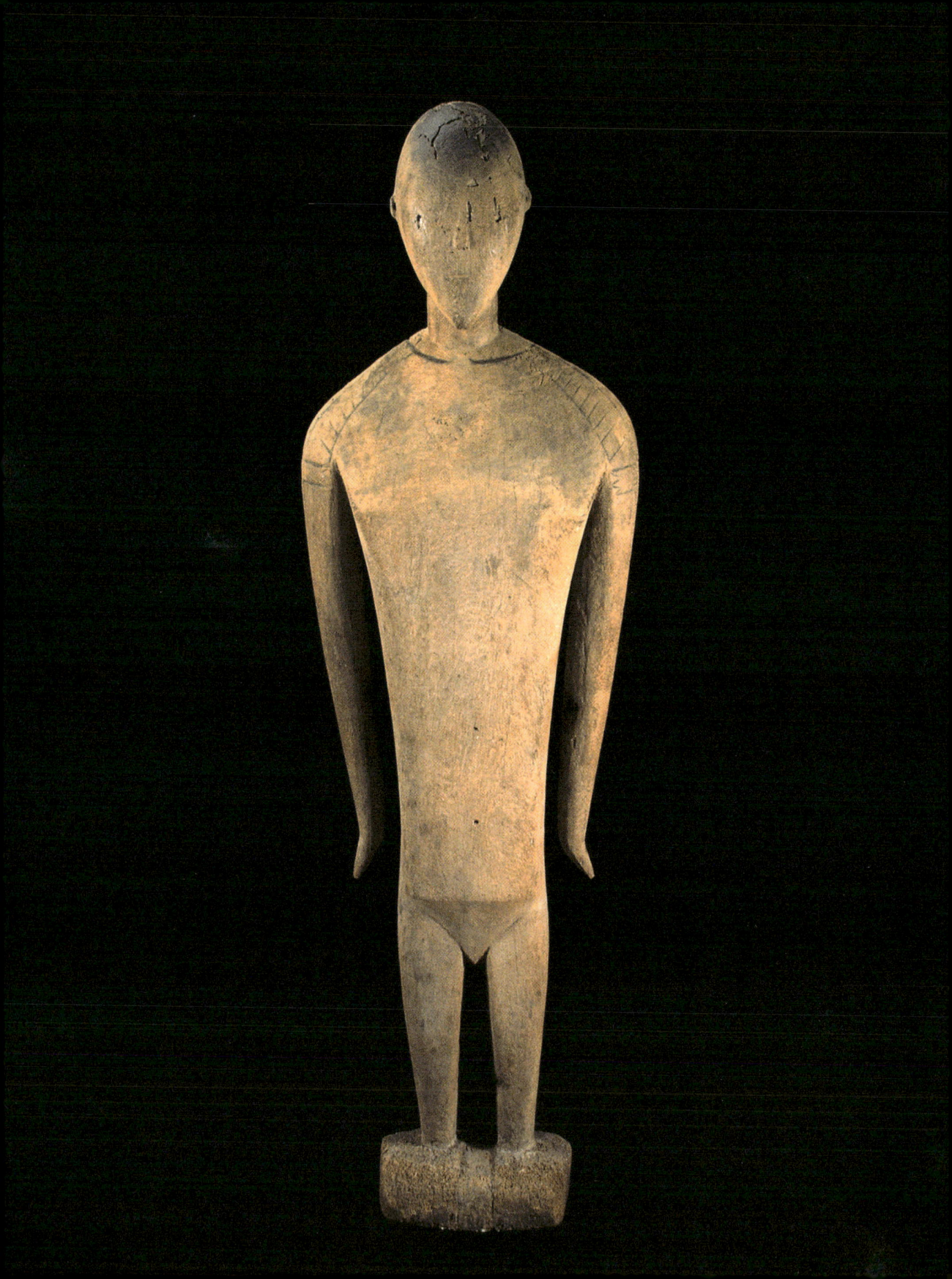

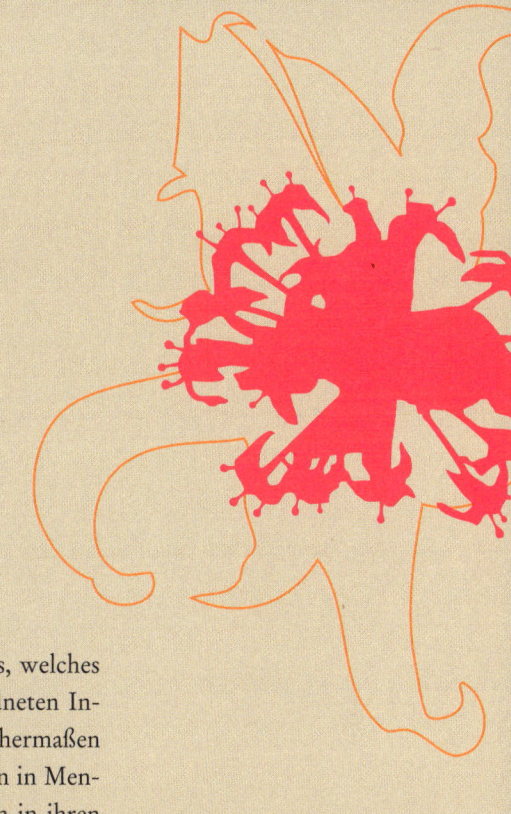

Die Hildesheimer Nukuoro-Figur

Inés de Castro

Die Name Nukuoro steht für eines der vielen Atolle Mikronesiens, welches heute zum Staat Pohnpei gehört. Die kleinen, ringförmig angeordneten Inseln sind Forschern und Sammlern außereuropäischer Kunst gleichermaßen ein Begriff. Denn aus Nukuoro stammen berühmte Holzskulpturen in Menschengestalt, die den Betrachter durch minimalistische Abstraktion in ihren Bann ziehen. Ihre Klarheit und gewinnende Einfachheit geht auf polynesische Einflüsse zurück.

Spuren von Bearbeitung mit traditionellen Geräten aus Muschel und Haifischzähnen datieren die Figur unmittelbar nach der europäischen Entdeckung der Inseln im frühen 19. Jahrhundert. Weltweit sind nur wenige Exemplare bekannt.

Die als *tino aitu* oder auch *dinonga eidu* bezeichneten Figuren verkörperten Götter oder vergöttlichte Ahnen. *Tino* bedeutet »Körper«, *aitu* steht für »Gott« oder »Geist«. Die Holzfiguren wurden in Kulthäusern aufgestellt, zeitweilig angekleidet und während des religiösen *takotona*-Festes zur Erntezeit mit Blüten und Kopfschmuck geschmückt und mit Nahrungsmitteln bedacht.

Schulter und Oberarme der Hildesheimer Figur sind mit feinen Linien verziert, die Tatauierungen nukuorischer Oberhäupter entsprechen. Außergewöhnlich im Vergleich zu den anderen bekannten Skulpturen sind die ausgearbeiteten Ohren an beiden Seiten des tropfenförmigen Kopfes. Ein Geschlecht ist bei den Figuren nicht auszumachen.

Abb. 89
Durch Minimalismus
beeindruckende Gottheit
tino aitu. *Nukuoro, 1903.*
Roemer- und Pelizaeus-Museum
Hildesheim, Kat. Nr. 176.

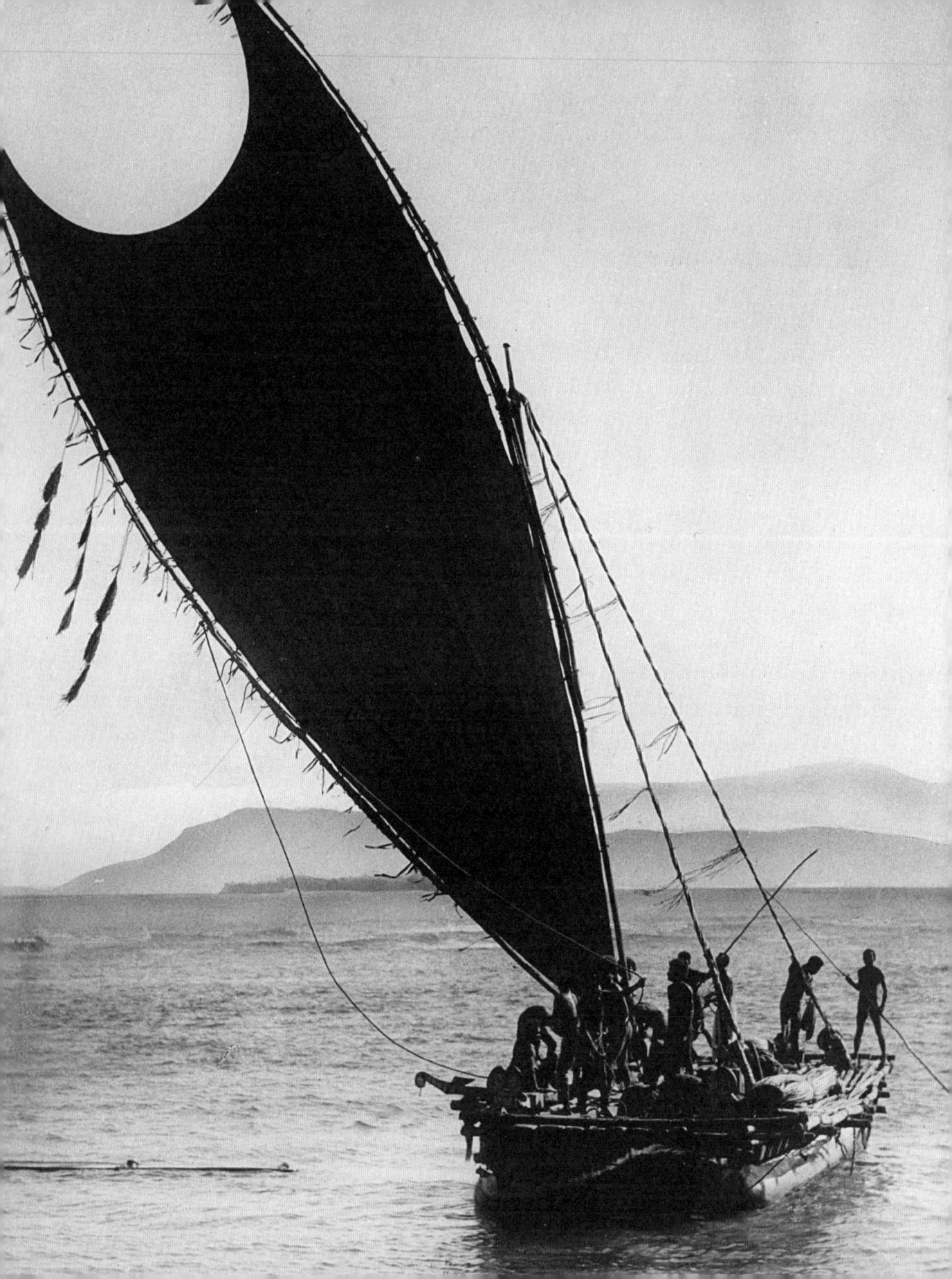

Den Sternen nach

Navigation und Boote in der Südsee

Florian Stifel

Schon auf die ersten Europäer, die durch die Weiten des Pazifiks segelten, übten die verschiedenen Boote Ozeaniens eine große Faszination aus. Diese hat sich bis heute erhalten und nach wie vor verblüfft die Tatsache, dass Menschen mit einer jungsteinzeitlichen Werkzeugtechnik in der Lage waren, Boote zu bauen, mit denen man tausende Kilometer offenes Meer sicher überqueren konnte.

Doch es gilt, die Bootstypen Ozeaniens deutlich zu unterscheiden – denn nicht in jedem Boot wären die langen Reisen zu bewältigen gewesen. Das wichtigste Unterscheidungskriterium ozeanischer Boote ist die Anzahl, der Aufbau, sowie die Funktion der Rümpfe. Bei einrümpfigen Typen finden sich sowohl Einbäume, wie sie heute noch auf den großen Flusssystemen Neuguineas benutzt werden, als auch Kanus, deren Rümpfe aus Planken bestehen. Plankenkanus wurden in den Salomonen bis zu einer hochseetüchtigen Größe hergestellt und dienten dem Verkehr zwischen verschiedenen Inseln. Der bekannteste Typ ist die *mon*, die schon Mendana 1568 sichtete und beschrieb.

Ausgehend von Einbäumen und Plankenkanus stellten die Ozeanier in der gesamten Südsee Auslegerboote her, die gepaddelt und gesegelt wurden. Bei kleineren Varianten handelt es sich um Boote, die man innerhalb der Lagunen zur Fischerei nutzte.

Bei den gesegelten Booten steht der Ausleger in Ozeanien immer im Luv, das heißt er zeigt in die Richtung aus der der Wind kommt. Im Idealfall wird er durch den Winddruck aus dem Wasser herausgehoben und hat dann keine bremsende Wirkung mehr. Um in diesem Zustand die besten Strömungseigenschaften zu erzielen, baute man in Mikronesien Bootsrümpfe mit einem asymmetrischen Querschnitt. Zudem wurde nicht nur eine Plattform zwischen Rumpf und Ausleger errichtet, auf der Proviant und die Besatzung Platz

*Abb. 90
Doppelrumpfboot orou aus
Mailu, Papua-Neuguinea,
1932/33. Dieses Boot ist
mit dem so genannten
Krebsscherensegel ausgestattet.*

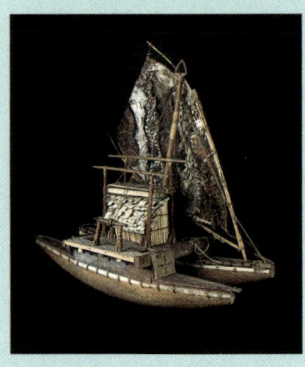

fanden, sondern auch auf der Lee-Seite, um bei Leichtwind den Ausleger mittels des Gewichts der Besatzung aus dem Wasser zu heben.

Bug und Heck von Auslegerbooten sind immer identisch geformt. Oftmals ist der Mast in der Mitte des Rumpfs und kann mittels mehrerer Taue in der Längsachse des Bootes geneigt werden. Allerdings gibt es bei Auslegerbooten kein eigentliches vorne und hinten, denn ausschließlich die Segelstellung bestimmt die Ausrichtung des Bootes.

Beeindruckende Beispiele für hochseetüchtige Auslegerboote werden noch heute in Mikronesien verwendet. Die Bauweise ist nach wie vor traditionell, auch wenn moderne Werkzeuge beim Bau der Rümpfe zum Einsatz kommen und die Segel nicht mehr aus geflochtenen Matten bestehen.

Die größten Boote der Südsee waren Doppelrumpfboote, die Vorläufer der modernen Katamarane. An der Südküste Neuguineas waren bis weit in das 20. Jahrhundert Doppelrumpfboote in Gebrauch. Die *orou* von der Insel Mailu wurden technisch wie Auslegerboote gesegelt. Im Gegensatz zu den polynesischen Typen, deren Rümpfe einen V-förmigen Querschnitt hatten, wurden diese melanesischen Doppelrumpfboote aus zwei großen Einbäumen hergestellt, die mittels einer großen Plattform verbunden waren. An der Südküste Neuguineas ist zudem ein aus drei Einbäumen zusammengesetzter Bootstyp zu Hause, die *lakatoi*, die aber nur vor dem Wind zu segeln war.

In Polynesien wurden unterschiedliche Varianten von Doppelrumpfbooten gebaut, in denen jener Bootstyp zu erkennen ist, mit dem die großen Entdeckungsfahrten der Polynesier durchgeführt wurden. Bei Doppelrumpfbooten sind beide Rümpfe identisch (mit Ausnahme des aus Fiji stammenden *ndrua*-Typs) und Bug und Heck sind klar definiert. Polynesische Doppelrumpfboote konnten über 20 Meter lang sein. Wie frühe Darstellungen tonganischer und hawaiianischer Boote zeigen, führten sie sowohl bewegliche Lateinersegel als auch am Mast befestigte Krebsscherensegel. Eine große Anzahl Menschen, Tiere und Gegenstände fanden auf solchen Booten Platz, doch um die Inselwelt Polynesiens und Mikronesiens zu besiedeln, war es zudem nötig, gezielt navigieren zu können.

Neben einer extrem guten Kenntnis der ozeanischen Umwelt, mit ihren verschiedenen Winden, Meeresströmungen und Wetterphänomenen, gehörte die genaue Kenntnis der Sterne und ihrer Bewegungen am nächtlichen Himmel dazu. So kannten die spezialisierten Navigatoren zu allen wichtigen Sternen die Punkte, an denen sie im Osten auf- und im Westen untergehen. Diese Punkte dienten als Fixpunkte, denn sie ändern sich im Lauf des Jahres nicht. Sind genügend dieser Punkte bekannt, ist es möglich, den relativen Kurs eines Bootes sehr genau zu bestimmen und zu halten.

Um auch kleine und flache Inseln nicht zu verfehlen, wurde oftmals in der so genannten Perlenkettenformation gesegelt, wobei jedes Boot eines Verbands Sichtkontakt zu je einem anderen Boot rechts und links hielt. Dadurch bildete der Bootsverband eine lange, über viele Kilometer reichende Kette, wodurch die Wahrscheinlichkeit das angepeilte Ziel zu verfehlen minimiert wurde.

Eine Möglichkeit, sich die Abfolge der besonderen Merkmale eines bekannten Seegebiets einzuprägen, waren Gesänge, wie sie von verschiedenen Karolinen-Inseln überliefert sind. In den Marshall-Inseln wurden außerdem spezielle Stabkarten angefertigt, die als Gedächtnisstützen für die Navigation dienten. Auf diesen Karten markieren die auf Stäbchen angebrachten Kaurischnecken Inseln und Riffe. Die Stäbchen zeigen die vorherrschende Dünung, die von den Inseln und Riffen ab- und umgelenkt wird. Die Kreuzungspunkte der Stäbchen markieren die Stellen, an denen Kabbelungen entstehen; diese zeigen an der Wasseroberfläche an, dass eine abgelenkte Dünung auf die Hauptdünung trifft.

Allen technischen Feinheiten des ozeanischen Bootsbaus und allen Wissens um die maritime Umwelt zum Trotz war und ist jede Fahrt mit großen Gefahren für die Seeleute verbunden und viele haben ihr Ziel nicht erreicht.

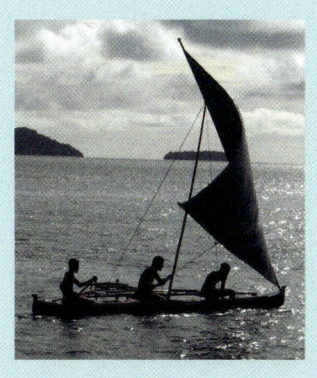

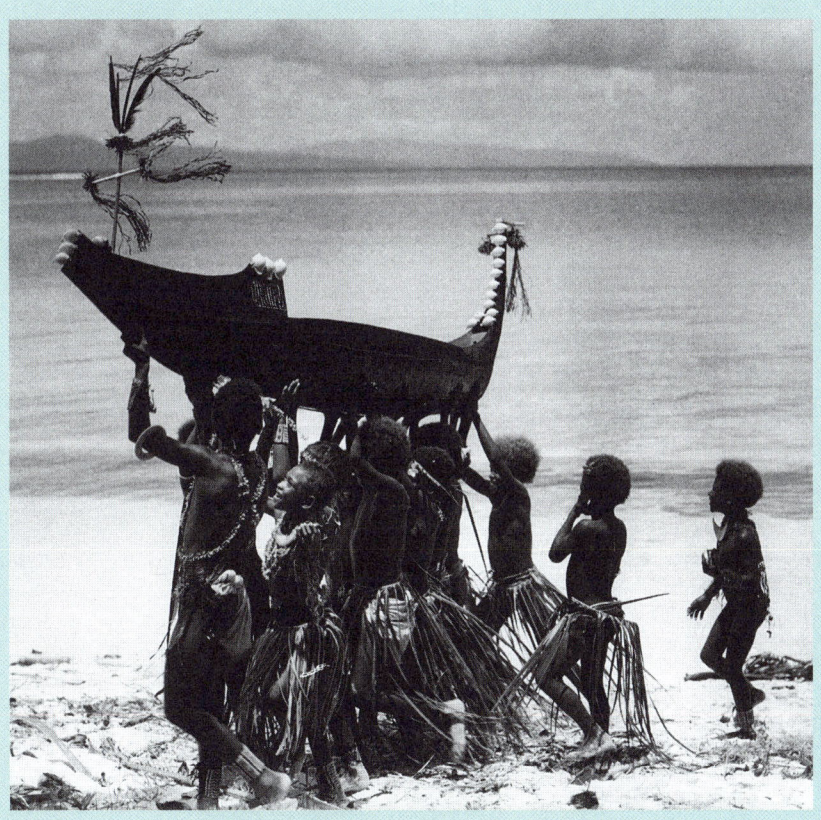

Abb. 92
Segelkanu Yap, 2004. Mit Auslegerbooten legte man kurze Distanzen zwischen den Inseln und in den Lagunen zurück.

Abb. 93
Plankenkanu lisi aus Owa Raha (Santa Ana), Salomonen, 1932/33.

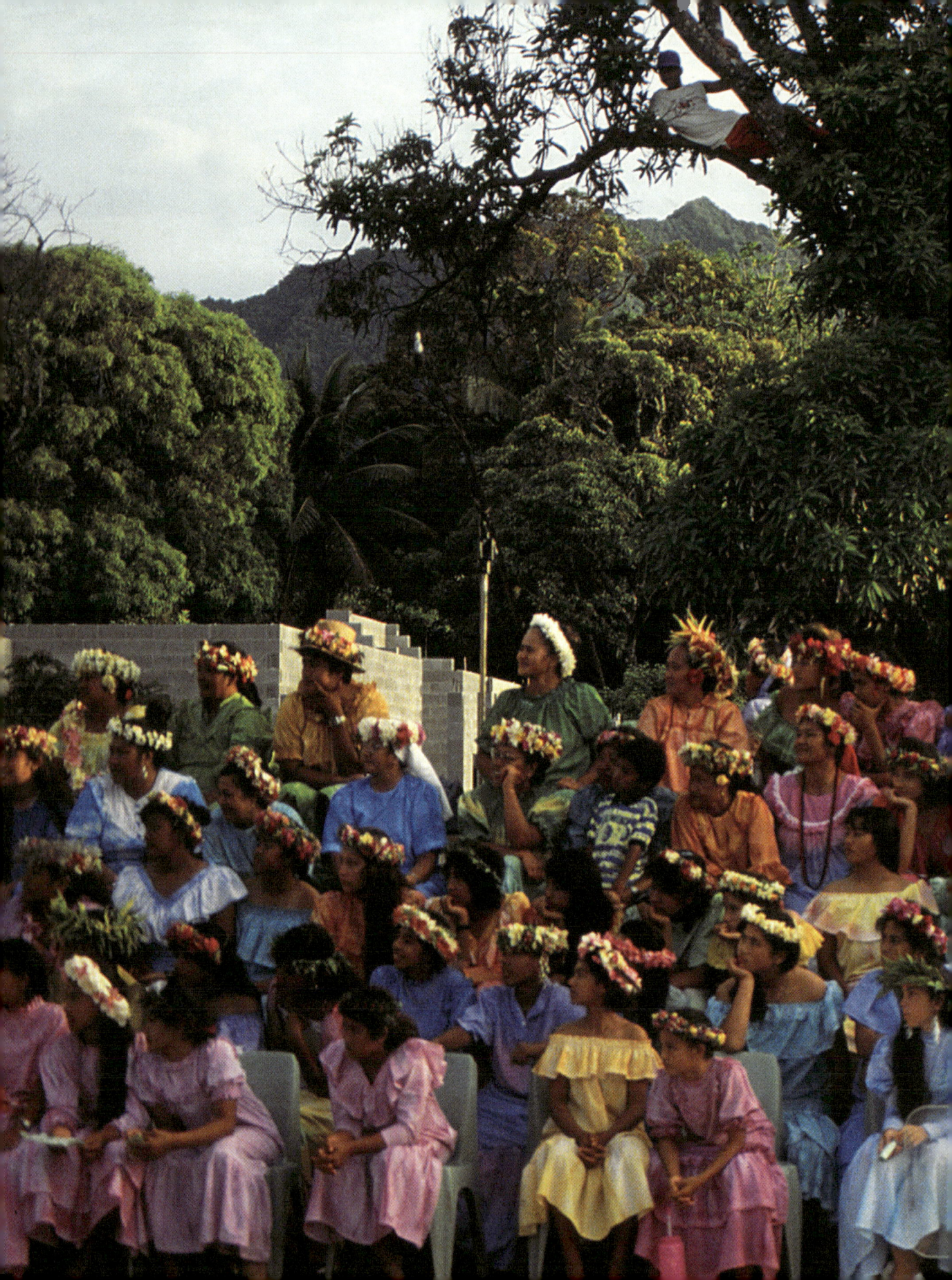

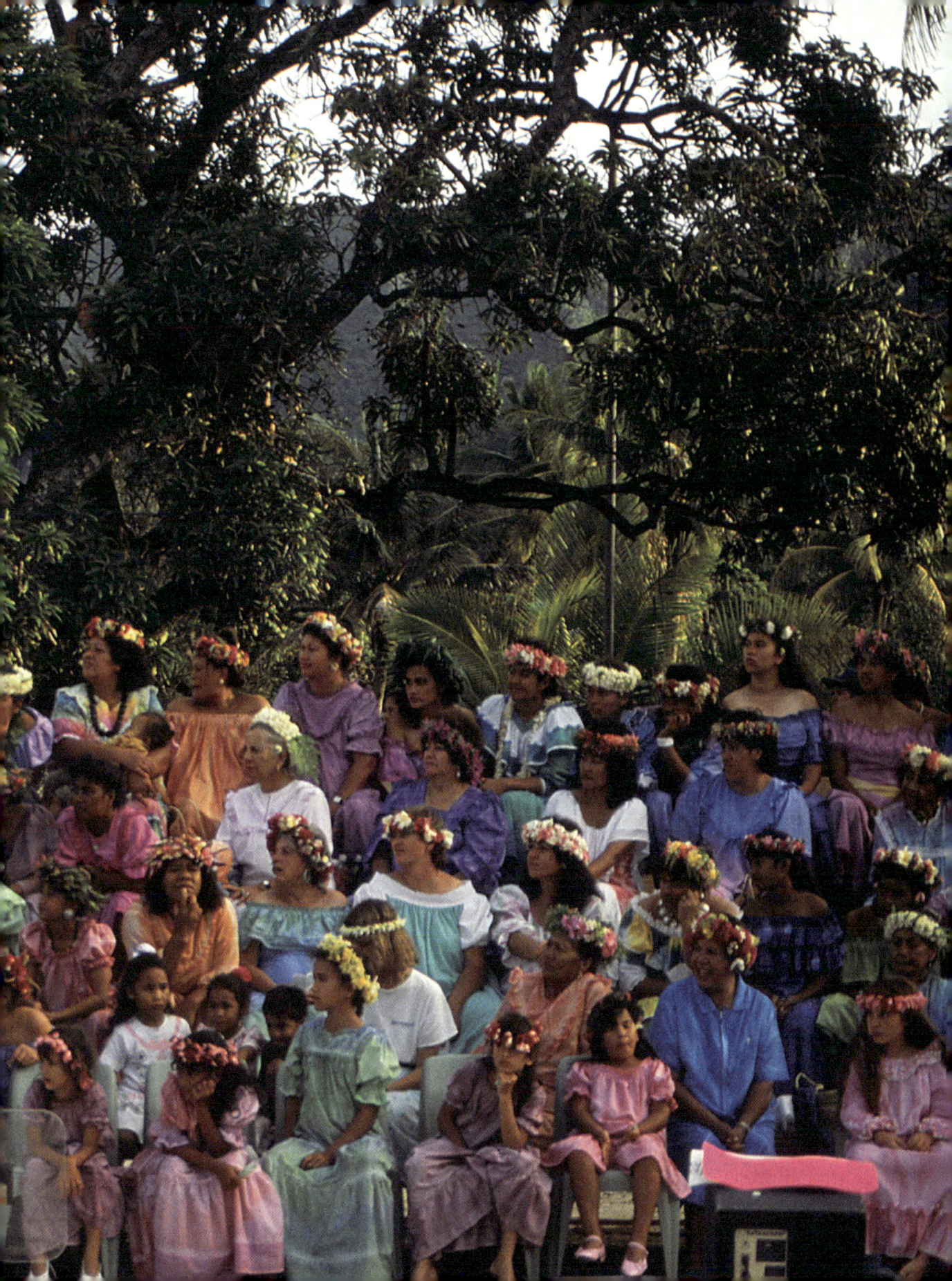

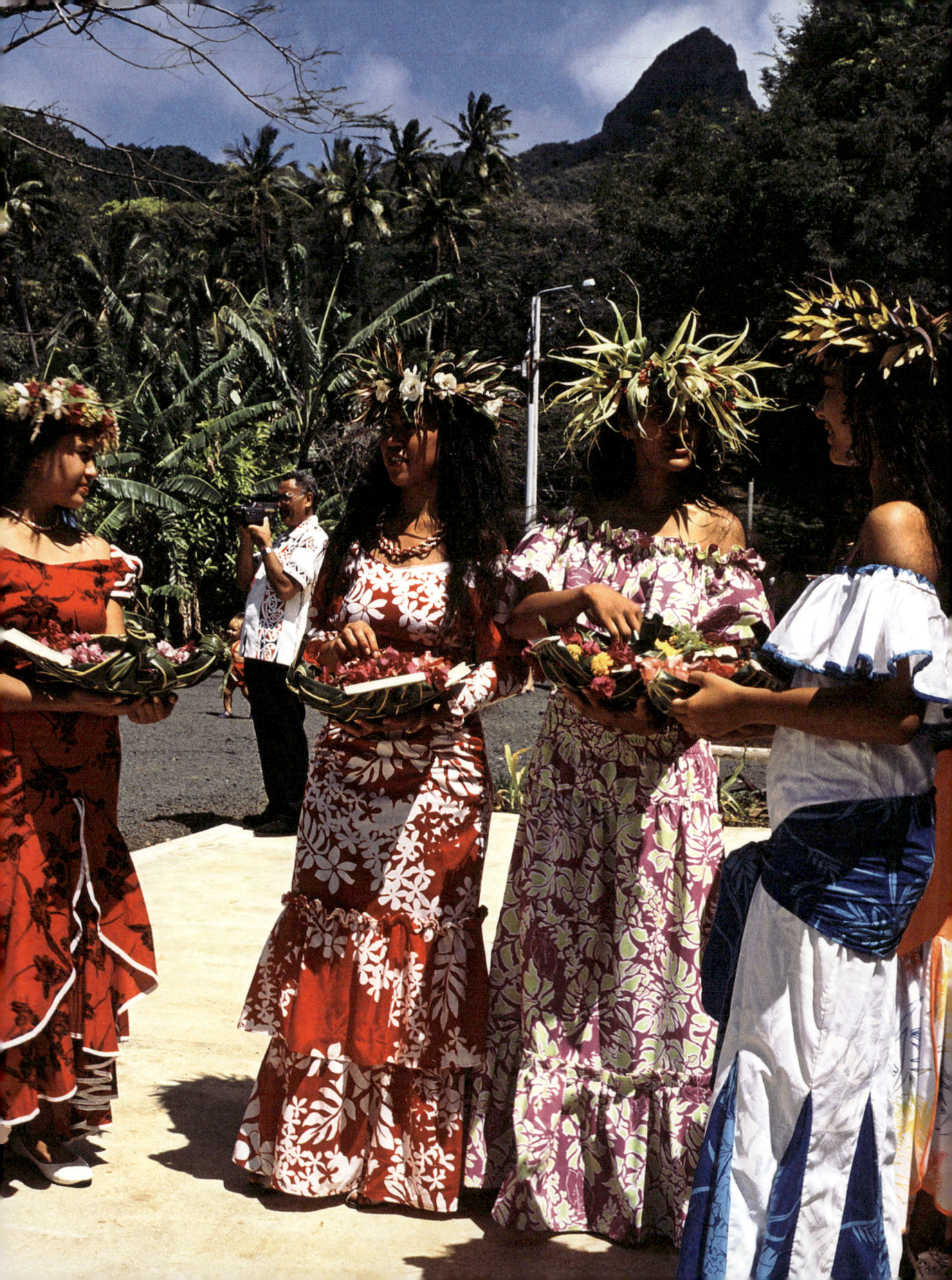

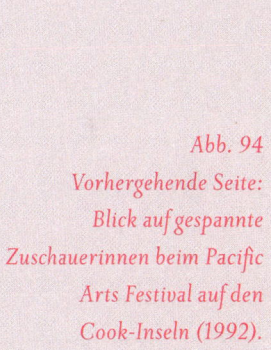

MANA UND TAPU
DIE WELT DER POLYNESISCHEN INSELN

ULRICH MENTER

Die Region Polynesien umfasst ein gewaltiges Gebiet im zentralen und östlichen Pazifik, dessen Eckpunkt im Süden die Inseln von Aotearoa (Neuseeland) bilden, das im Osten bis nach Rapa Nui (Osterinsel) reicht und im Norden vom hawaiischen Archipel begrenzt wird. In diesen ungeheuren Meeresweiten liegen viele tausend Inseln, darunter, neben den bereits genannten, so bekannte Inseln und Inselgruppen wie Samoa, Tonga oder Tahiti und die Gesellschaftsinseln. Europäische Entdeckungsreisende, die im 18. Jahrhundert aus dem noch weithin unbekannten Pazifik nach Europa zurückkehrten, wussten von einem tropischen Inselparadies zu berichten, in dem die Menschen ohne Sorge um ihren Lebensunterhalt in einer überreichen Natur lebten und ungeahnte sexuelle Freiheiten auf die Besucher aus den nördlichen Breiten warteten. Es waren Bilder einer Idylle, in denen sich die Sehnsucht nach einfachen Lebensverhältnissen mit der Zivilisationskritik eines Jean Jacques Rousseau verband; Sehnsüchte, die ein Jahrhundert später auch der Maler Paul Gauguin in seinen Malereien aus Tahiti und von den Marquesasinseln zum Ausdruck brachte und die bis heute in weit verbreitete Vorstellungen von den polynesischen Inseln einfließen. — Freilich, die Inseln Polynesiens liegen mit Ausnahme von Aotearoa (Neuseeland) tatsächlich in den Tropen und auf den meisten größeren Inseln bietet eine üppige Natur den Menschen auch wirklich alles, was sie zum Leben brauchen. Indes blenden diese Vorstellungen vom Tropenparadies zugleich die Komplexität der Inselgesellschaften, ihre oft strengen, das Miteinander der Menschen bestimmenden Regeln und die bisweilen harsche Wirklichkeit des Insellebens aus.

Der Benennung und räumlichen Eingrenzung einer geographischen und kulturellen Region Polynesien (»Welt der vielen Inseln«) – wie die Vorstellungen vom sorgenfreien Leben in der Südsee europäischen Ursprungs – kam in den traditionellen Gesellschaften des Pazifiks, wo einzelne Inseln und Inselgrup-

Abb. 96
Eine traditionell geschmückte
Frauengruppe vor dem
Königspalast in Nukuʻalofa,
Tonga.

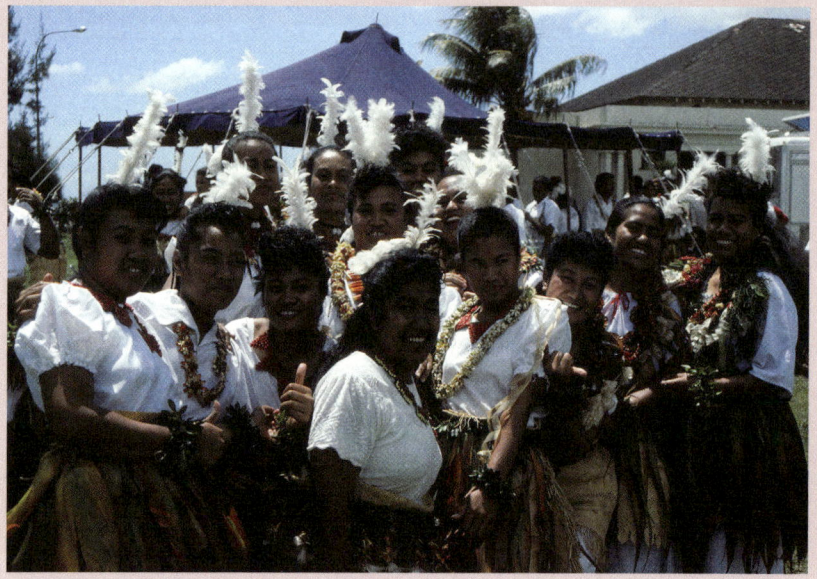

pen sowie ihre Beziehungen zu den jeweiligen Nachbarn im Vordergrund standen, keine Bedeutung zu. Überdies wird diese Eingrenzung der komplexen kulturellen Realität in Ozeanien nur bedingt gerecht: so bestehen »polynesische« Gesellschaften auch auf einzelnen, weit außerhalb der »Grenzen« Polynesiens gelegenen Inseln wie u.a. dem kleinen Atoll Nukuoro in Mikronesien oder der Insel Tikopia in Melanesien, und die Unterschiede zwischen den Gemeinwesen innerhalb Polynesiens sind teilweise erheblich.

Dennoch waren die seit dem 18. Jahrhundert in den Pazifik vordringenden Seefahrer aus Europa von den vielen sprachlichen und kulturellen Gemeinsamkeiten überrascht, denen sie trotz der riesigen Distanzen zwischen den Inseln überall begegneten. Als Tupaia (ca. 1725–1770), ein Priester und Navigator von der Insel Raʻiatea, Kapitän James Cook auf seiner Weiterreise von Tahiti im Jahre 1769 begleitete und sich ohne Probleme auch mit Bewohnern weit entfernter Inseln verständigen konnte, warf dies ein Schlaglicht auf den gemeinsamen Ursprung der verschiedenen in Polynesien gesprochenen Sprachen. Und noch auf Tahiti beeindruckte der gebildete Tupaia die Engländer durch seine weit über den Bereich seiner Heimatinsel weisenden geographischen Kenntnisse der Inselwelt – ein Hinweis auf das seefahrerische Können und das navigatorische Wissen der Polynesier.

Als 1976 erstmals seit Jahrhunderten wieder ein polynesisches Doppelrumpfboot, die *Hōkūleʻa* aus Hawaiʻi, durch die Weiten des Pazifiks segelte, lenkte dies den Blick auf die großen Seefahrten der polynesischen Vergangenheit.

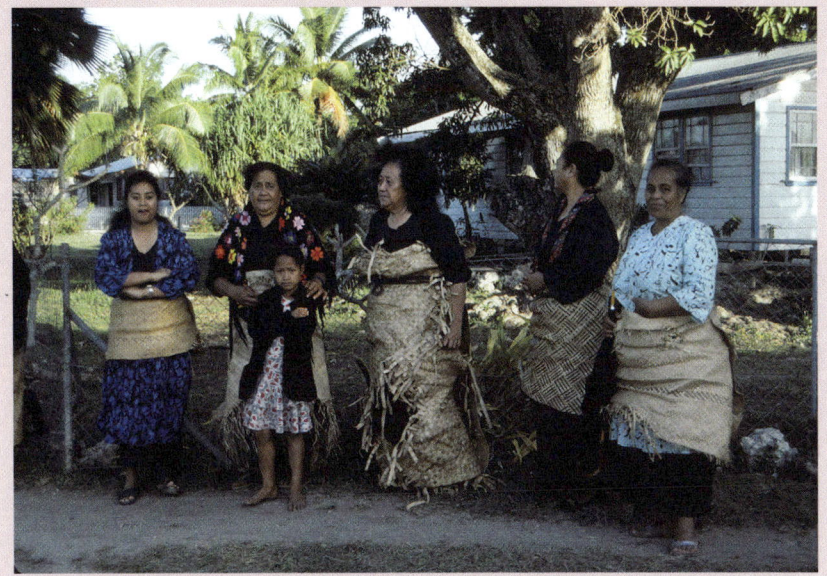

Abb. 97
Wartende Frauen an einer
Bushaltestelle in Tonga tragen
die althergebrachten, aber
noch immer hoch geschätzten
Flechtmatten über ihrer
Alltagskleidung.

Abb. 98
Dieser Brustschmuck mit
Anhänger aus Walzahn diente
dem hawaiischen Hochadel als
Schmuck und Statuszeichen
zugleich. Roemer- und
Pelizaeus-Museum Hildesheim,
Kat. Nr. 227.

Auf vielen Inseln Polynesiens wird von bedeutenden Entdeckern berichtet, die vom legendären Ursprungsland »Hawaiki« in den unbekannten Ozean aufbrachen, um neues Land zu finden und zu besiedeln. So erzählen die Maori vom Navigator Kupe, der eine Bootsflotte nach Aotearoa geführt haben soll und manche Hawaiianer feiern den legendären Seefahrer Hawai'iloa als Entdecker ihres Archipels. Heute belegen archäologische und linguistische Forschungen den gemeinsamen Ursprung der Polynesier und damit gewissermaßen die Existenz eines »Hawaiki«: es waren wohl die Inseln um Tonga und Samoa, von denen vor über 2.000 Jahren die ersten Polynesier in den östlichen Pazifik aufbrachen und die bis dahin noch menschenleeren Inseln Polynesiens entdeckten und besiedelten.

Dieser gemeinsame Ursprung erklärt viele kulturelle Gemeinsamkeiten der über so große Distanzen verteilten Inselgesellschaften – Gemeinsamkeiten, die weit über die enge Verwandtschaft der polynesischen Sprachen hinausgehen. Überall in Polynesien trafen englische und französische Seefahrer des 18. Jahrhunderts, Aristokratien und soziale Ungleichheit in ihren Heimatländern gewohnt, auf Gesellschaften, in denen strenge hierarchische Strukturen das soziale Leben regelten. Genealogien definierten hier den gesellschaftlichen Status des Individuums und erblicher Rang bildete die Grundlage der traditionellen politischen und sozialen Organisation. Eine herausgehobene Stellung nahmen die weltlichen und religiösen Oberhäupter und die Angehörigen der hochrangigen Abstammungslinien ein – führte dieser Adel, die *Ali'i oder Ariki*, seine Herkunft doch bis auf die Götter selbst zurück. Die polynesischen Rangsy-

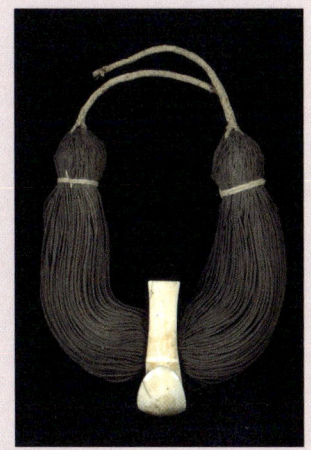

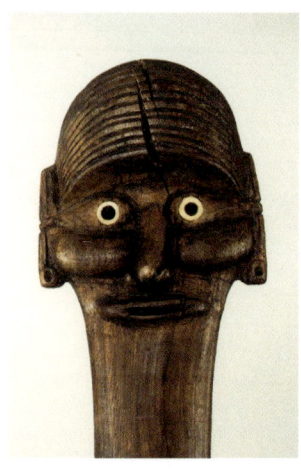

steme privilegierten die männlichen Mitglieder der Abstammungslinien, und doch finden sich gerade in den strengsten Hierarchien, wie in Hawai'i, Tahiti oder auch in Aotearoa, Beispiele bedeutender weiblicher Oberhäupter und einflussreicher Frauen von Rang.

Es waren vier Hauptgötter, denen in weiten Teilen Polynesiens Verehrung zuteil wurde: in Hawai'i unter den Namen Kāne, Kanaloa, Lono und Kū verehrt, hießen sie bei den Maori in Aotearoa Tāne, Tangaroa, Rongo und Tū. Hier wie dort war jeder dieser Götter auf ähnliche Weise mit einem Bereich der Natur bzw. des menschlichen Lebens assoziiert – so galt Kāne als Gott des Landes und der Natur, Kanaloa wurde mit dem Ozean verbunden und Lono, im Gegensatz zum Kriegsgott Kū mit Fruchtbarkeit und Landbau. In heiligen Bezirken (*Marae* in Aotearoa, Tahiti oder auf den Cook-Inseln) und Tempeln (*Heiau* in Hawai'i) fanden von Priestern durchgeführte Zeremonien und Rituale statt, die der Ehre dieser Götter und der Manifestation wie der Sicherung weltlicher Macht dienten. Nach einer frühen und tief greifenden, vielerorts von den gesellschaftlichen Eliten unterstützten Missionierung bestimmt heute das Christentum das religiöse Leben auf den polynesischen Inseln.

Der Welt des Göttlichen entsprang auch das *Mana*, eine besondere Kraft und »sakrale Essenz«, die Menschen von Rang durch ihre Abstammung eignete, die aber durch besonderes Können und außerordentliche Taten auch vermehrt und erworben werden konnte. Diese Kraft trug zum Gelingen von Vorhaben bei und sicherte das Wohlergehen der Gemeinschaft, war aber auch potentiell gefährlich oder konnte gar zerstörerisch wirken. Mit *Mana* geht daher die Vorstellung des *Tapu* (auch *Tabu* oder *Kapu*) einher, d.h. der Gefährlichkeit bzw. des Verbots. Die polynesischen Oberhäupter und hohen Adligen waren *tapu* – nicht nur sie selbst, auch die von ihnen benutzten Gegenstände und in einigen Fällen sogar der Boden, den sie berührten, stellte eine Gefahr für Menschen geringeren Ranges dar, die jede Berührung mit ihnen vermeiden mussten. Auch hergestellte Gegenstände, Orte und Dinge der belebten wie der unbelebten Natur konnten ständig oder auch nur für eine gewisse Zeit *tapu* sein und unterlagen dann Restriktionen und erforderten bestimmte Verhaltensweisen.

Wie auch die anderen Inselkulturen Ozeaniens kannten die Polynesier in voreuropäischer Zeit keine Schrift – die Weitergabe der Mythen und Legenden, der komplexen Schöpfungsgeschichten und vor allem der umfangreichen, für die Bestimmung des Ranges so wichtigen Genealogien erfolgte ausschließlich mündlich. In Gesängen und den Reden geschulter Oratoren

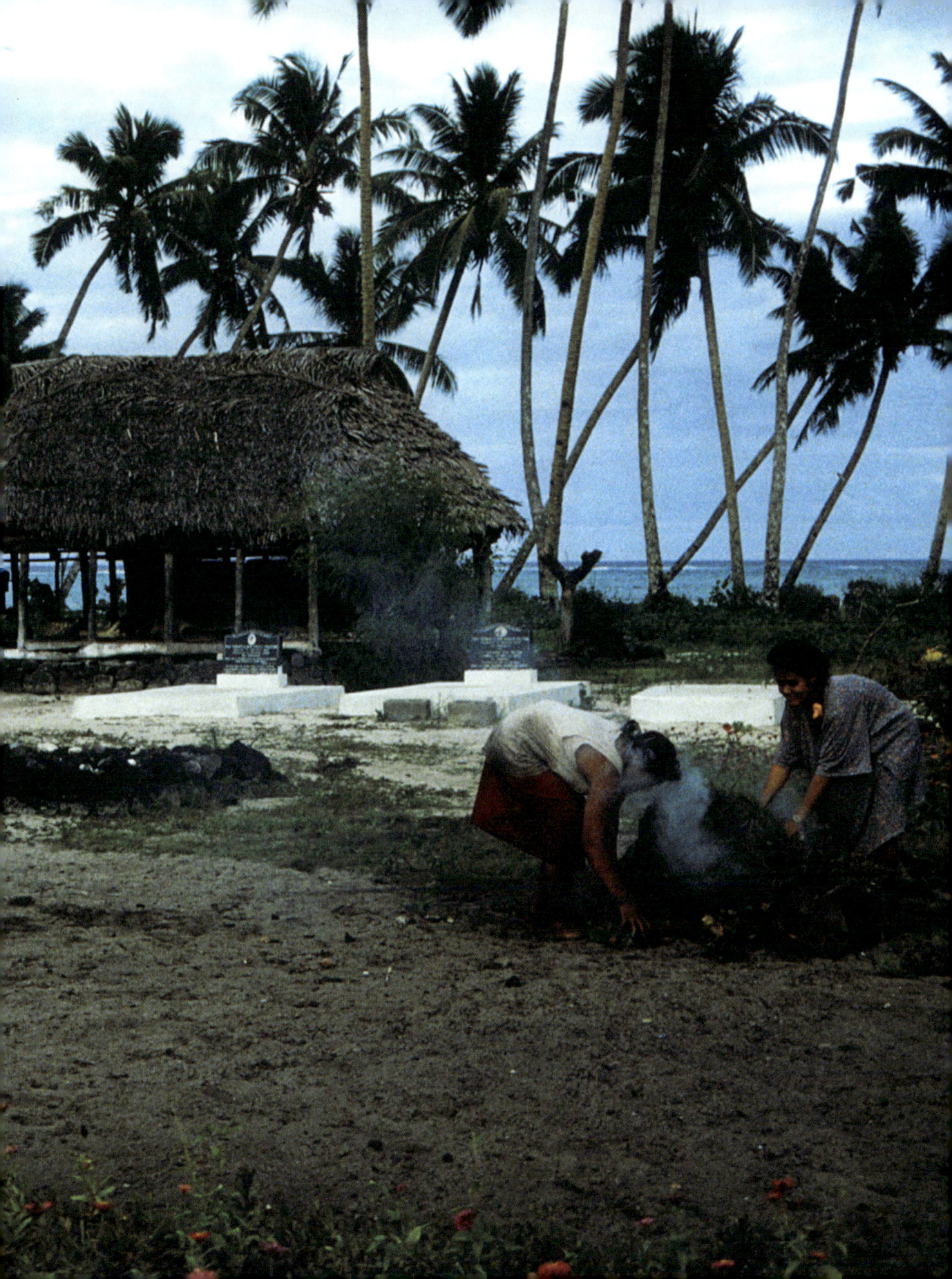

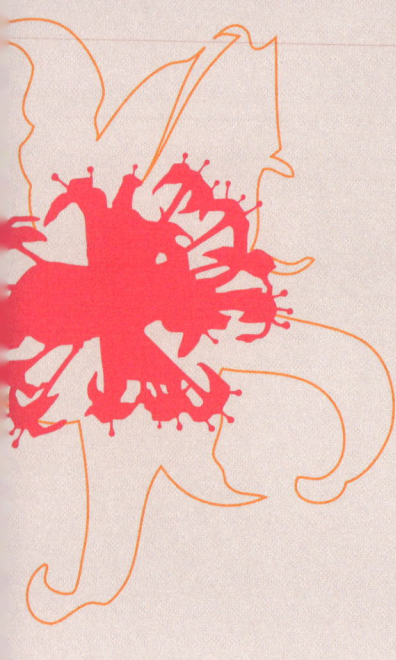

wurden sie bei formalen Zusammenkünften wie gemeinschaftlichen Festen immer wieder bekräftigt, erneuert und über Generationen hinweg bis heute weitergegeben.

Rivalitäten um Status und Land stellten in vielen polynesischen Gesellschaften eine Triebfeder des politischen Wandels dar und boten darüber hinaus Möglichkeiten, das eigene *Mana* zu vergrößern. Herrschaftsbereiche expandierten über die Grenzen einzelner Inseln hinaus und fielen wieder in sich zusammen; Kriege wurden zeitweilig über weite Distanzen geführt. In der von den frühen europäischen Entdeckern zunächst als so friedlich empfundenen Inselwelt gehörten tödliche Waffen wie die Keulen der Maori zu den Rangabzeichen der Oberhäupter und der Status eines erfolgreichen Kriegers, *Koa* oder *Toa*, sicherte Prestige und *Mana*. In Aotearoa führten die kriegerischen Auseinandersetzungen sogar zur Anlage besonderer durch Palisaden und andere Befestigungen geschützter Wehrsiedlung, den *Pā*.

Auf vielen Inseln Polynesiens fanden sich die Siedlungen in Gestalt kleiner Dörfer oder offener Weiler in der Nähe des Strandes, auf den großen Inseln auch im Landesinneren. Viele Tätigkeiten, wie der aufwendige Anbau des Grundnahrungsmittels Taro (*Colocasia esculenta*) auf bewässerten Feldern oder der Fischfang (mit Haken auf See und mit Netzen in der Lagune), wurden von den Bewohnern in gemeinschaftlicher Arbeit ausgeführt. In Hawai'i, den Inseln mit der wohl deutlichsten Trennung zwischen Adel und übriger

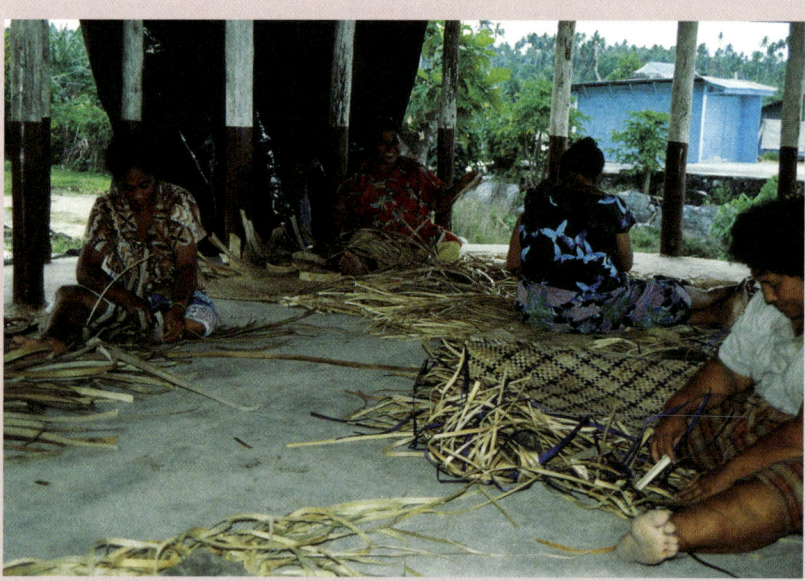

Abb. 101
Vielfältig verwendbare Matten werden wie hier in Samoa bis heute auf traditionelle Weise von den Frauen hergestellt.

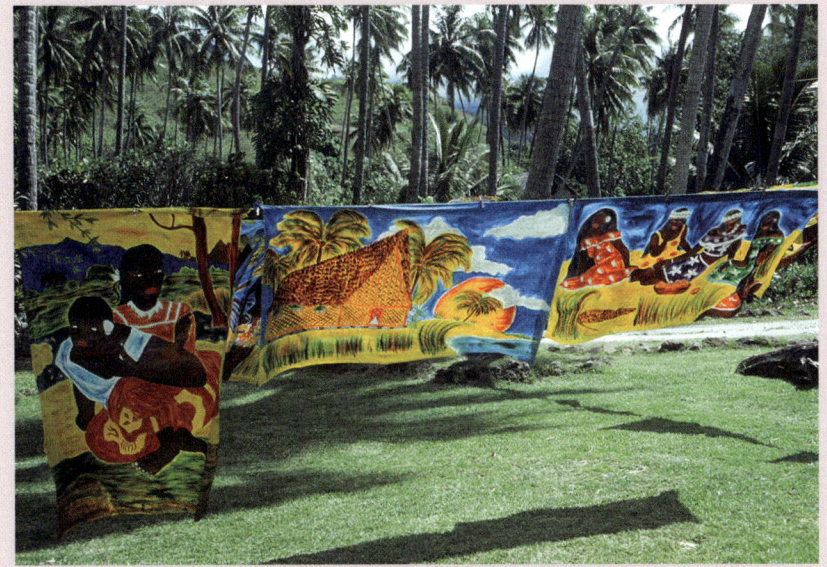

Bevölkerung, war das Land in einzelne Wirtschaftsbereiche eingeteilt, die im Idealfall vom Meer bis zu den Gipfeln der Berge im Inneren reichten und ihren Bewohnern die Nutzung des Meeres, der Gärten und der Wälder ermöglichten. Die Bearbeitung des Landes erfolgte unter der Aufsicht eines adeligen Verwalters, der einen großen Teil der Erzeugnisse erhielt und seinerseits einen bedeutenden Anteil an das herrschende Oberhaupt weiterreichte. Auch wenn andernorts das Landrecht und die Regeln der Landnutzung ganz unterschiedlich organisiert sein konnten, profitierten die ranghohen Häuptlinge und der Adel doch auch dort von der Arbeit des Großteils der Bevölkerung, die ihrerseits auf die spirituelle Kraft und die Verbindung des Adels zur Leben spendenden Sphäre des Göttlichen vertraute.

Konnte dieser etwas einseitige Austausch von Gütern zwischen den ungleichen Bevölkerungsgruppen in manchen Fällen fast die Form einer Besteuerung annehmen (wie in Hawai'i oder Tahiti), so diente der Tausch von Geschenken (Matten, Körben, Gefäßen, Rindenbaststoffen, Kawa und auch Nahrungsmitteln) zwischen Menschen und Gruppen vergleichbaren Ranges auch der Schaffung und Festigung sozialer Beziehungen.

Hergestellt wurden hölzerne wie steinerne Schalen, Skulpturen oder Waffen, Schmuckobjekte und Arbeitsgeräte, ebenso die großen Doppelrumpfboote und Häuser mit Werkzeugen aus Holz, Stein und Muschelschale, wobei die Anfertigung oftmals besonders ausgewiesenen Experten übertragen wurde.

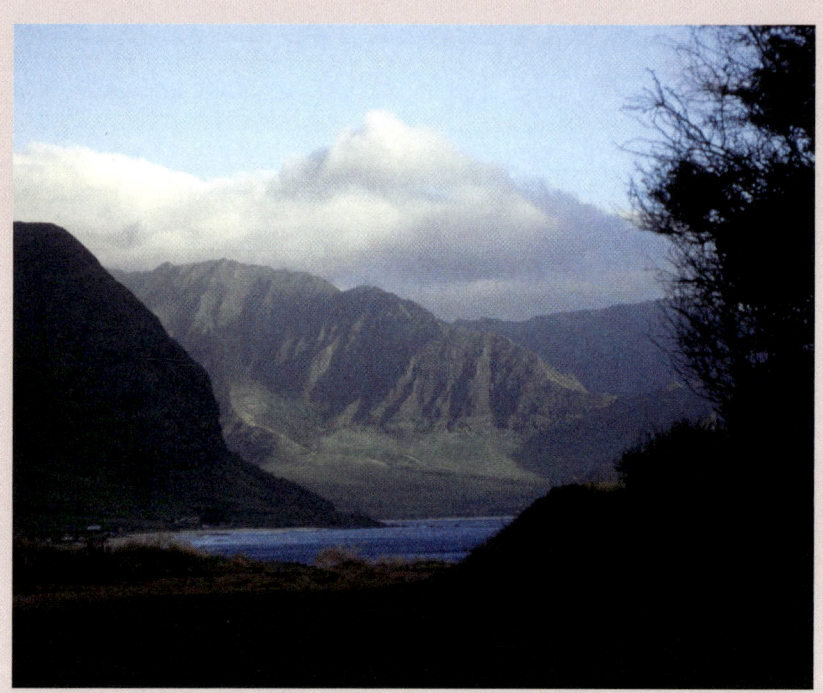

Wie im übrigen Ozeanien waren Metalle auf den Inseln Polynesiens in voreuropäischer Zeit unbekannt, doch schon bald nach Ankunft der ersten Segler aus dem fernen Europa gehörte der neue Werkstoff zu den begehrtesten und bevorzugt gehandelten Materialien. Die wertvollsten, durch ihre technische wie künstlerische Qualität herausragenden Gegenstände wurden für den Adel hergestellt – besondere Materialien wie Walzahn oder die roten Federn seltener Vogelarten waren fast überall Personen von Rang vorbehalten, in deren Besitz sich die bedeutendsten Gegenstände und das mit ihnen weitergegebene *Mana* sammelten. Diesen Objekten sind zumeist eine zurückhaltende Formgebung und der Verzicht auf Bemalung eigen – charakteristische Merkmale einer polynesischen Ästhetik, in der schon der Auswahl angemessener Materialien und der Einhaltung bestimmter Arbeitsregeln große Bedeutung zukam.

Besondere Wertschätzung galt in ganz Polynesien dem Tanz, der zusammen mit dem Begleitgesang religiöse wie weltliche Geschichten darstellte und ihnen Ausdruck verleihen konnte, integraler Bestandteil ritualisierter Zusammenkünfte war oder auch dem alltäglichen Vergnügen und der gemeinsamen Unterhaltung diente. Vor allem zwei Tanzformen sind über Ozeanien hinaus bekannt geworden: zum einen ist dies der hawaiische *Hula*, ein ursprünglich von Frauen wie Männern ausgeführter sakraler Tanz, dessen sanfte Bewegungen zum Inbegriff des Südseetanzes wurden; und zum anderen der heute

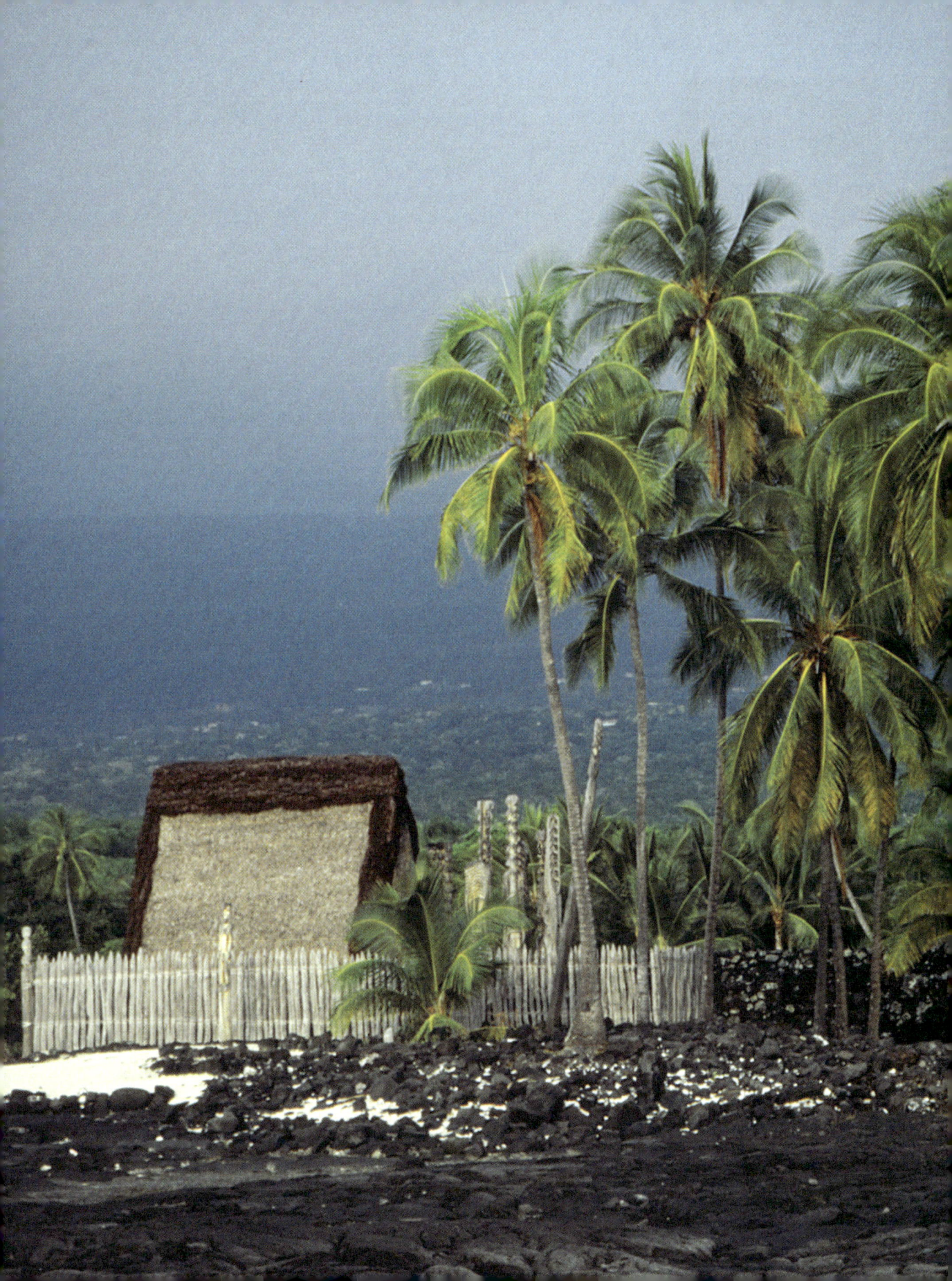

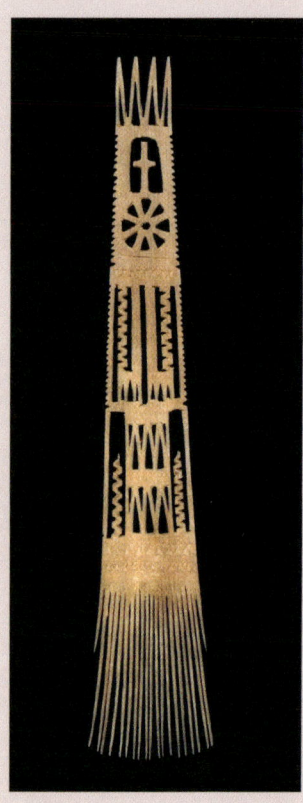

vor allem von Männern getanzte *Haka* der Maori, ein durch seine aggressiv anmutenden Gesten geprägter traditioneller Begrüßungs- und auch Kriegstanz,
der durch die »All Blacks«, das nationale Rugby Team Neuseelands, die seit
1906 vor jedem ihrer Spiele einen *Haka* tanzen, internationale Bekanntheit
und Berühmtheit erlangte.

Seit die Polynesier in der zweiten Hälfte des 18. Jahrhunderts das erste Mal
europäischen Seefahrern begegneten, haben sich das Leben auf den Inseln
und die gesellschaftlichen Strukturen zum Teil grundlegend verändert. Neue
Krankheiten forderten das Leben vieler Inselbewohner und die mancherorts
mit Nachdruck durchgesetzten ökonomischen Interessen der Fremden sorgten
für einen Umbau der traditionellen Wirtschaftsformen. Unter Ausnutzung einer neuen politischen, waffentechnischen und auch religiösen Situation erran-
gen einzelne traditionelle Oberhäupter die Herrschaft über ganze Archipele
und prägten so die Geschichte der von ihnen regierten Inseln: Kamehameha I.
(ca. 1752–1819) eroberte 1795 die hawaiischen Inseln und begründete das
bis 1893 bestehende Königreich Hawaiʻi; Pomare II. (ca. 1782–1821) errang
1815 die Herrschaft über Tahiti und führte das Christentum ein; der ebenfalls
christliche König George Tupou I. Tāufaʻāhau (1797–1893) legte die Grundlagen für das bis heute bestehende Königreich Tonga und der Adlige Cakobau
(ca. 1817–1883) versuchte vergeblich, die Übernahme Fijis durch die englische
Krone zu verhindern. Im Laufe des 19. Jahrhunderts gerieten dann bis auf
Tonga alle Inseln Polynesiens unter die koloniale Herrschaft Englands oder
Frankreichs, des Deutschen Reichs oder der USA und bis heute bleiben Französisch-Polynesien, Amerikanisch-Samoa, Rapa Nui (Chile) oder die Cook-
Inseln (Neuseeland) abhängige Gebiete. In Hawaiʻi (seit 1959 ein Bundesstaat
der USA) und Aotearoa (Neuseeland) müssen sich die polynesischen Bewohner mit einer eingewanderten Mehrheitsbevölkerung auseinandersetzen, die
Kultur, Politik und Wirtschaft dominiert – während die meisten anderen der
heute unabhängigen kleinen Staaten mit wirtschaftlichen Schwierigkeiten zu
kämpfen haben.

Auf manchen Inseln bestehen wesentliche Aspekte der traditionellen Gesell-
schaftsordnungen bis heute fort, auf anderen hat ein moderner, westliche wie
polynesische Elemente verbindender Lebensstil das Alte fast verdrängt und
ersetzt. Überall jedoch – und das zeigt nicht nur die seit der ersten Fahrt der
Hōkūleʻa wieder auflebende traditionelle Seefahrt – ist das Wissen um die jeweils eigene Geschichte und die überkommenen Traditionen die Grundlage
für eine neuerliche Besinnung auf die Vergangenheit und eine dynamische
Fortentwicklung der so vielfältigen polynesischen Kulturen.

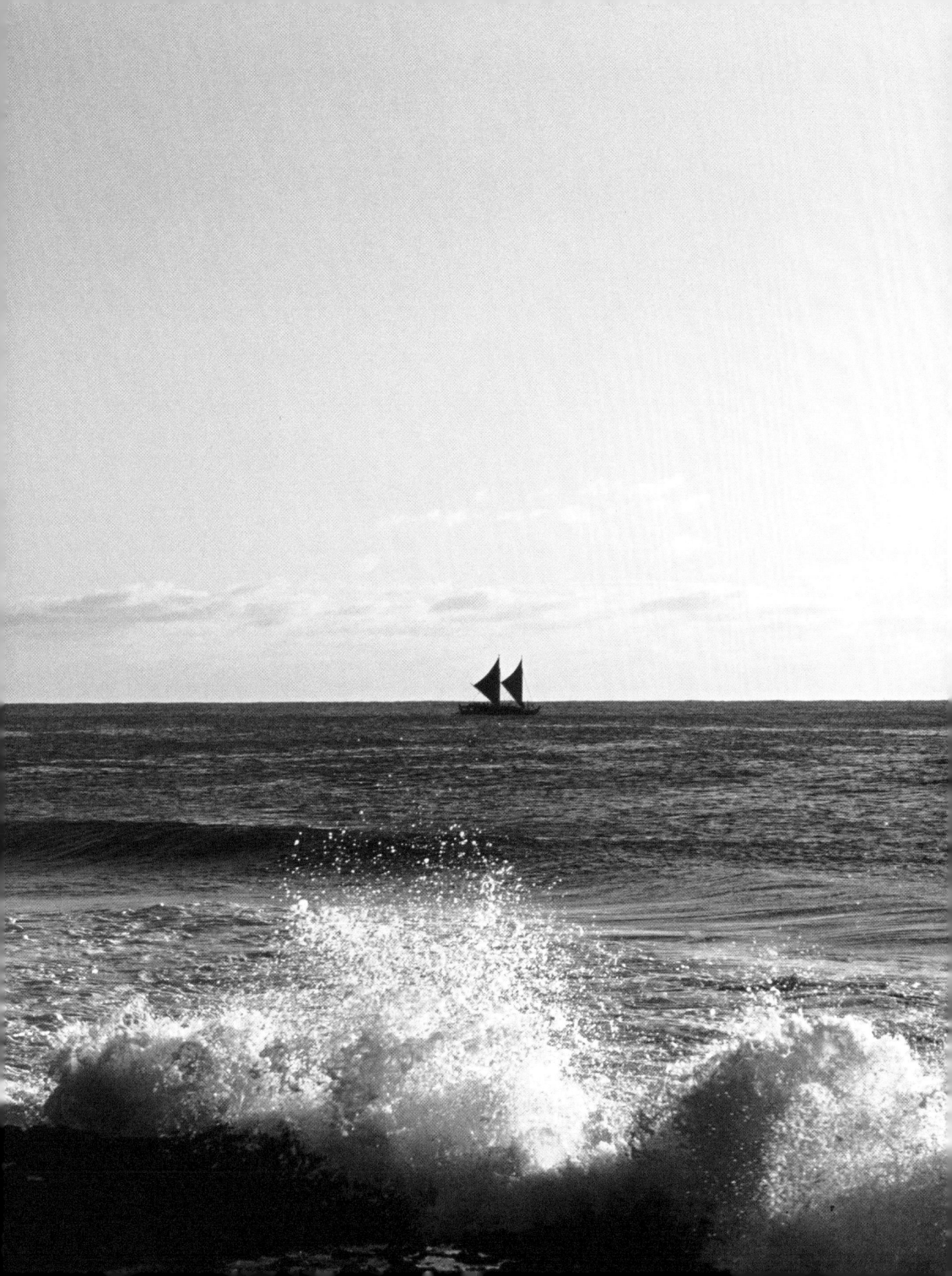

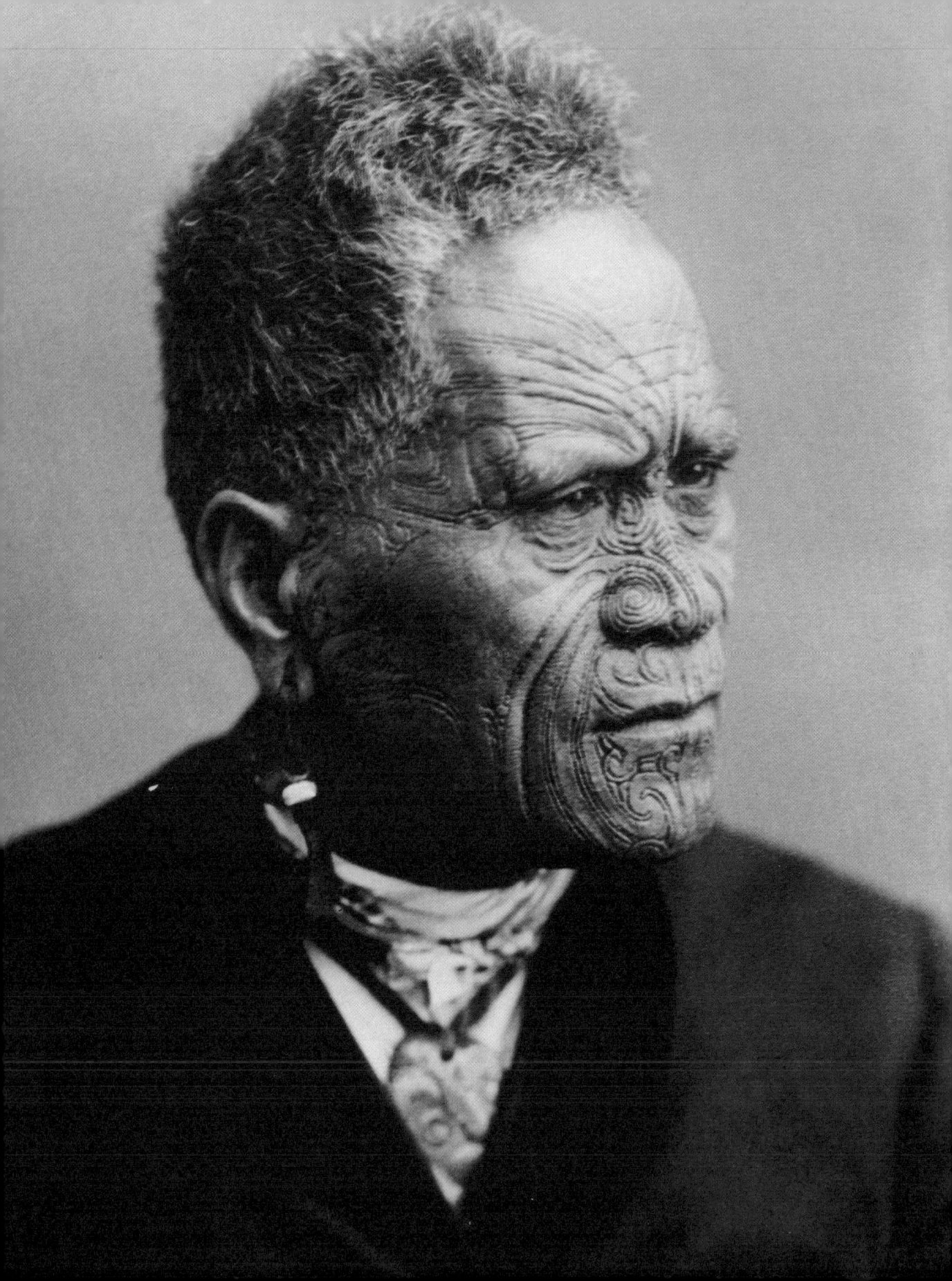

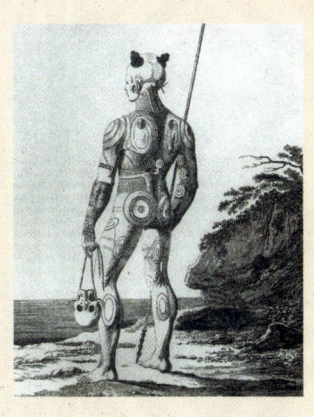

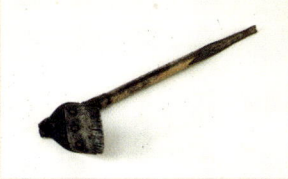

Tatau

Körperschmuck in Polynesien

Michaela Appel

Tatauierung (vom tahitischen Wort *tatau*) ist in Polynesien eine Form des Körperschmucks bzw. eine Kunstform, die die soziale Rolle und Identität sowie die Lebensleistung der erwachsenen Männer und Frauen signalisiert. Kunst wurde in diesem Zusammenhang als kreativer Prozess definiert, der nicht Fassbares fassbar macht und in sofern auch sozialen Wandel widerspiegelt.

Die Ursprünge der Tatauierung in ganz Ozeanien sind wohl auf die Zeit der Lapita Kultur vor 2000 Jahren zurückzuführen, deren Musterformen uns durch Keramikfunde bekannt geworden sind, doch haben die Tatauiermuster in den einzelnen Gebieten – etwa Samoa, den Marquesas, Hawai'i oder Neuseeland – ganz unterschiedliche Ausprägungen erfahren.

Auf Samoa war die Tautauierung der jungen Männer ein notwendiges Zeichen der Männlichkeit – die Tatauierung, die große Teile des Körpers bedeckte, sollte auch Schutz bei gefährlichen Unternehmungen bieten. So wird eine bestimmte Art der Tatauierung auf Samoa *ta-pulu* (»schlagen-wickeln«) genannt, ein Begriff, der auf das Einwickeln des Körpers mit Mustern hindeutet. Auf den Marquesas wurde Tatauierung *pahu tiki* »Einwickeln in Bilder« genannt, und bestimmte Darstellungen von Gottheiten und Ahnen auf dem Rücken der Krieger sollten diese empfindliche Stelle des Körpers vor hinterhältigen Angriffen schützen. Auch auf Hawai'i soll die Tatauierung vor Einführung europäischer Waffen vor allem Schutz in Schlachten gewährt haben. Gleichzeitig konnten auf Hawai'i bestimmte Tatauierungen die Genealogie eines Menschen, d.h. die Verbindung zu den Ahnen und Gottheiten darstellen, die ihm heiligen Schutz gewährte. Das Wort *mo'o*, das eigentlich »Eidechse« bedeutet, bezieht sich auf Hawai'i auch auf Familienbande, Abstammungslinien und Ahnengottheiten. Auf Neuseeland heißt dasselbe Wort *moko* und bedeutet »Tatauierung«.

Abb. 107
Maori mit der charakteristischen Gesichtstatauierung moko, die auch Zeichen von Rang und Bedeutung war.

Abb. 108
Typische Tatauierung des gesamten Körpers bei einem Mann von den Marquesas-Inseln. Stich von 1812.

Abb. 109
Mit den scharfen Zähnen der Tatauiergeräte brachte man durch wiederholtes Klopfen den Farbstoff in die Haut ein. Roemer- und Pelizaeus-Museum Hildesheim, Kat. Nr. 212.

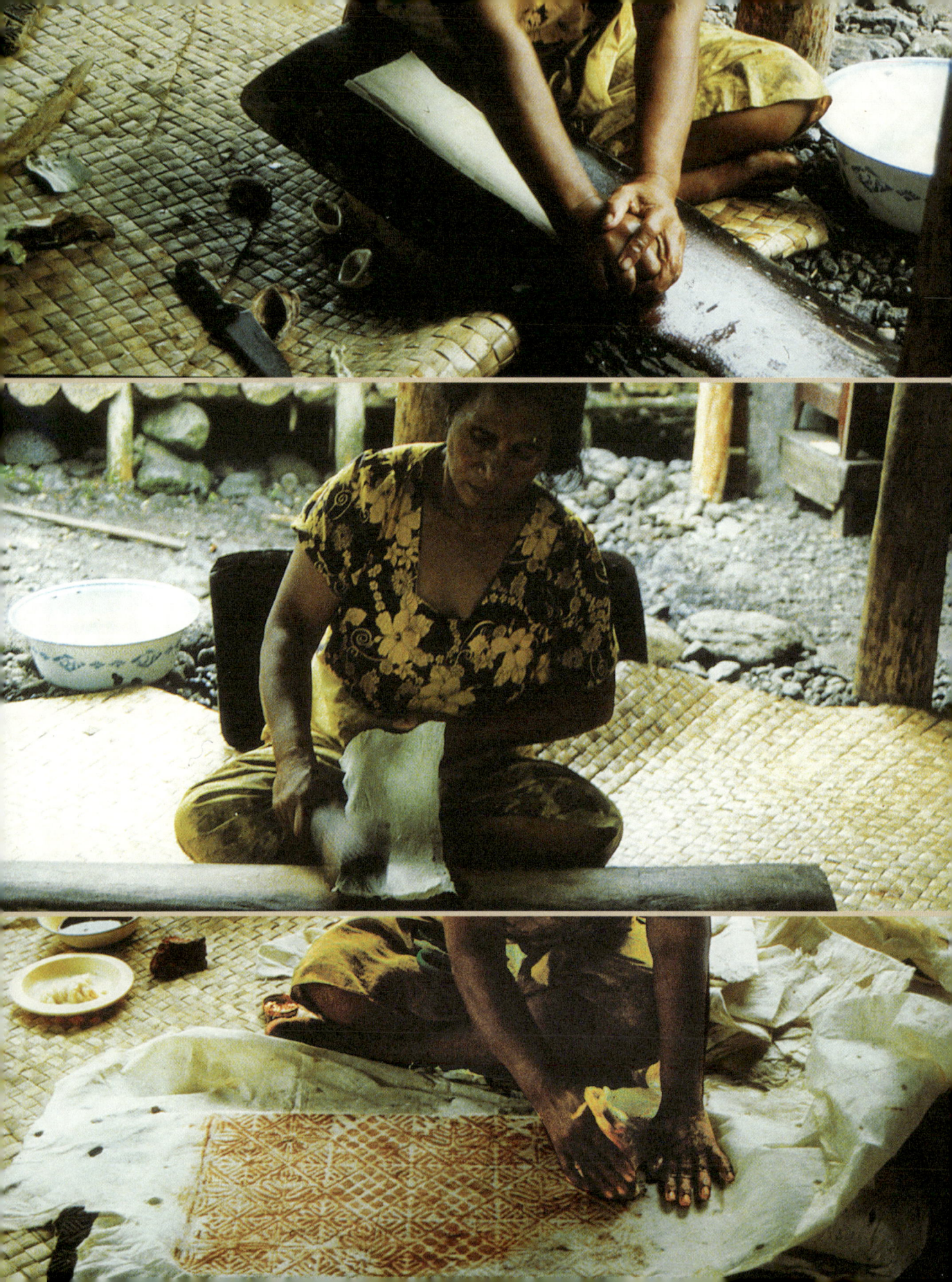

TAPA
STOFFE AUS RINDE

INÉS DE CASTRO

Reich bemalte Rindenbaststoffe spielten vor allem in Polynesien eine bedeutende Rolle. Tapa-Stoffe wurden nicht nur zu traditionellen Kleidungsstücken verarbeitet, sondern auch als Vorhänge, Decken oder Schlafunterlagen benutzt. In Polynesien dienten sie als Verpackung wertvoller Geschenke oder als Umwicklung von Toten bei den Begräbnisritualen. Auf Samoa galten sie als rituelle Tauschgabe, auf Hawai'i wurden sie als Tribut für Adelige hergestellt. Im melanesischen Vanuatu waren verzierte Tapa-Gürtel Rangabzeichen von Würdenträgern. Rindenbaststoffe hatten einen rituellen Charakter und konnten buchstäblich Kraft in sich einbinden.

Die Stoffe wurden in der Regel aus dem Rindenbast des Papiermaulbeerbaumes (*Broussonetia papyrifera*) hergestellt. Die herausgelösten dünnen langen Streifen der Innenrinde unter der äußeren Borke wurden gewässert und auf einer festen Unterlage mit einem hölzernen Klopfer bearbeitet, um die Fasern auszubreiten. Durch das Schlagen wurde die Oberfläche vergrößert und die Fasern miteinander verfilzt. Größere Stoffe entstanden durch das Verfilzen mehrerer Teile nebeneinander. Die Herstellung von Tapa ist bis heute den Frauen vorbehalten.

Rindenbaststoffe wurden mit natürlichen Farben freihändig bemalt, wie in Samoa mit einer Matrize dekoriert oder wie in Hawai'i durch Stempel mit einem feinen Wasserzeichen versehen. Als Pinsel konnte zum Beispiel das faserige Ende eines Pandanus-Samens dienen. Die ursprünglich aus Blattwerk oder Pflanzenfasern hergestellten Matrizen wurden teilweise durch Matrizen aus Holz abgelöst.

Abb. 110
Vorhergehende Seite:
In Fiji dienten die von Frauen hergestellten Tapa als zeremonielle Kleidung der Männer. Sie wurden bei besonderen Gelegenheiten mehrfach um den Körper gewickelt. Fiji, 1914. Roemer- und Pelizaeus-Museum Hildesheim, Kat. Nr. 192.

Abb. 111
Herstellung eines Tapa-Stoffes auf Savai'i, Samoa: Glättung der feuchten Faser, Verfilzen der Rindenstreifen mit einem Klopfer und Musterung mit Hilfe einer Matrize.

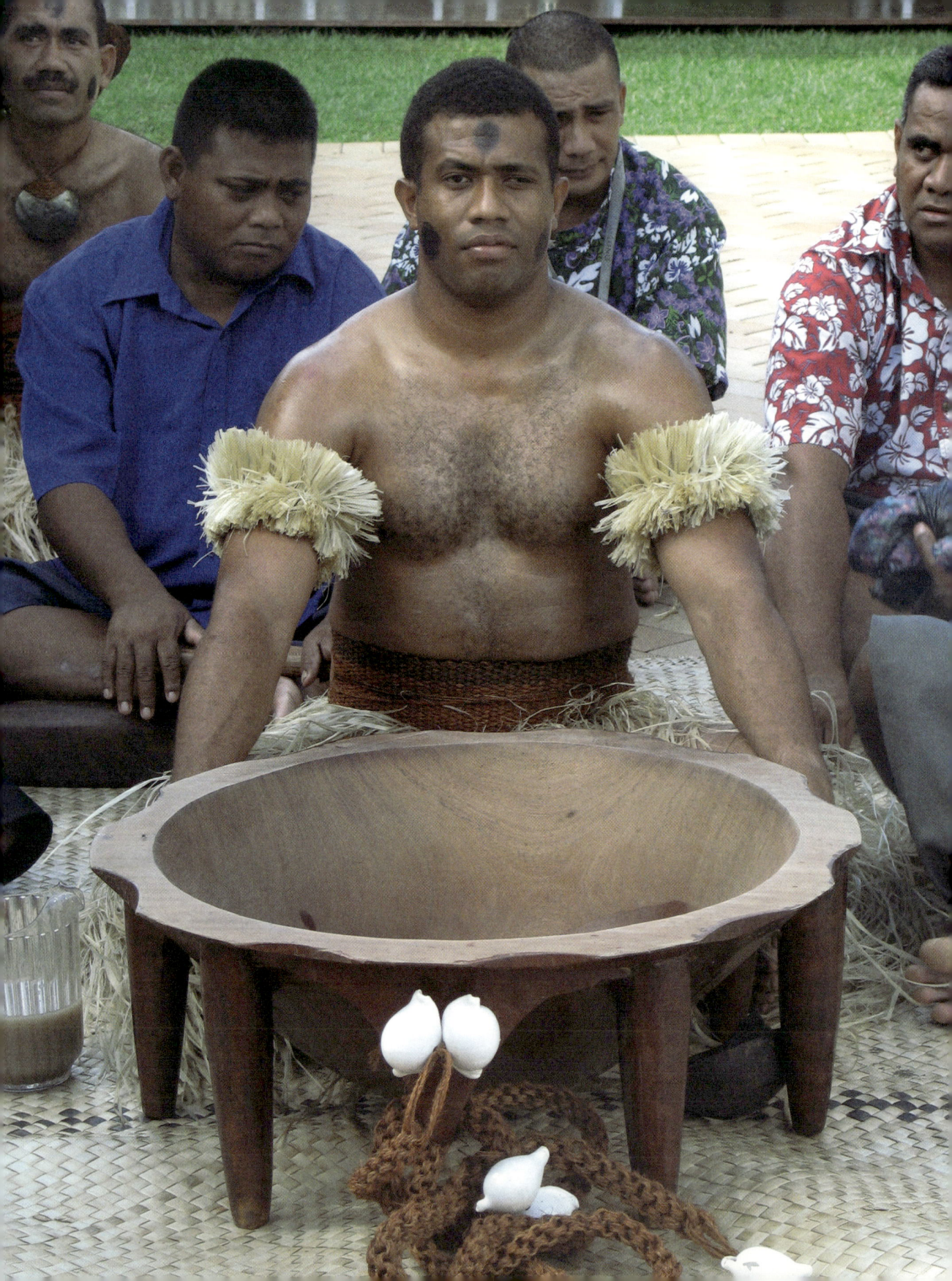

Kawa
Zeremonielles Getränk aus der Pfeffer-Baum-Wurzel

Ehrentraud Bayer

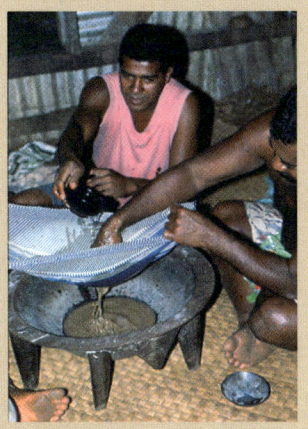

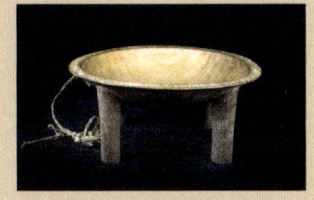

»Doch haben sie ein berauschendes Getränk, auf welches vorzüglich einige alte Oberhäupter sehr viel halten. Es wird aus dem Saft einer Pfeffer-Baum-Wurzel, hier zu Lande *Awa* genannt, [...] verfertigt, [...].« So notiert Georg Forster (1754–1794), Mitreisender von Kapitän James Cook, 1773 beim Aufenthalt auf den Gesellschaftsinseln in seinem Tagebuch. »Außerdem«, beobachtet Forster, »gilt aber diese Wurzel, bey den Einwohnern aller dieser Inseln, auch für ein Sinnbild des Friedens, [...].«

Forster und Cook sind die ersten Europäer, die von jenem Rauschpfeffer berichten, der für das religiöse, politische und gesellschaftliche Leben der Südseeinsulaner seit jeher eine wichtige Rolle spielt. *Kawa*, *'Awa* oder *Yangona*, so die polynesischen Namen der Pflanze, bedeuten so viel wie scharf, sauer oder bitteres Getränk. Gewonnen wird es aus dem 2–10 kg schweren Wurzelstock von *Piper methysticum*, wie diese Pfeffer-Art wissenschaftlich heißt. Ihre Heimat vermutet man auf Neuguinea oder den Inseln Vanuatus. Der nur in Kultur bekannte Rauschpfeffer ist ein 2–5 m hoher, immergrüner Strauch mit großen hellgrünen herzförmigen Blättern. Die männlichen, kleinen grünlich-weißen Blüten stehen in etwa 6 cm langen Ähren. Weibliche Blüten und Früchte fehlen; eine Vermehrung ist daher nur durch Stecklinge möglich.

Für rituelle Zeremonien, aber auch zum täglichen Gebrauch, schält und zerkleinert man die Wurzelstöcke und setzt sie mit Wasser oder Kokosmilch an. Im gemeinschaftlichen Genuss der zeremoniell bereiteten und ausgeteilten Kawa manifestiert sich der gesellschaftliche Status der einzelnen Teilnehmer; zugleich festigt und erneuert er die zwischen ihnen bestehenden sozialen Beziehungen. Die Inhaltsstoffe, die Kawalactone und Kawapyrone, betäuben Zunge und Mundschleimhaut und wirken beruhigend, erfrischend, durstlöschend, angstlösend, muskelentspannend und vorübergehend leistungssteigernd. Überdosierung führt zu Hautschäden und Augenrötung.

Abb. 112
Hölzerne Kawaschale (tanoa)
mit Zeremonialschnur (sau),
bereitgestellt für eine Kawa-
Zeremonie zu Ehren einer
politischen Delegation aus
Übersee, Suva, Viti Levu, Fiji.

Abb. 113
Zubereitung des Kawa-
Getränkes in einem fijianischen
Dorf auf Vanua Levu, Fiji.

Abb. 114
Aus einem Stück gearbeitete
Kawaschale aus Samoa.
Roemer- und Pelizaeus-
Museum Hildesheim,
Kat. Nr. 205.

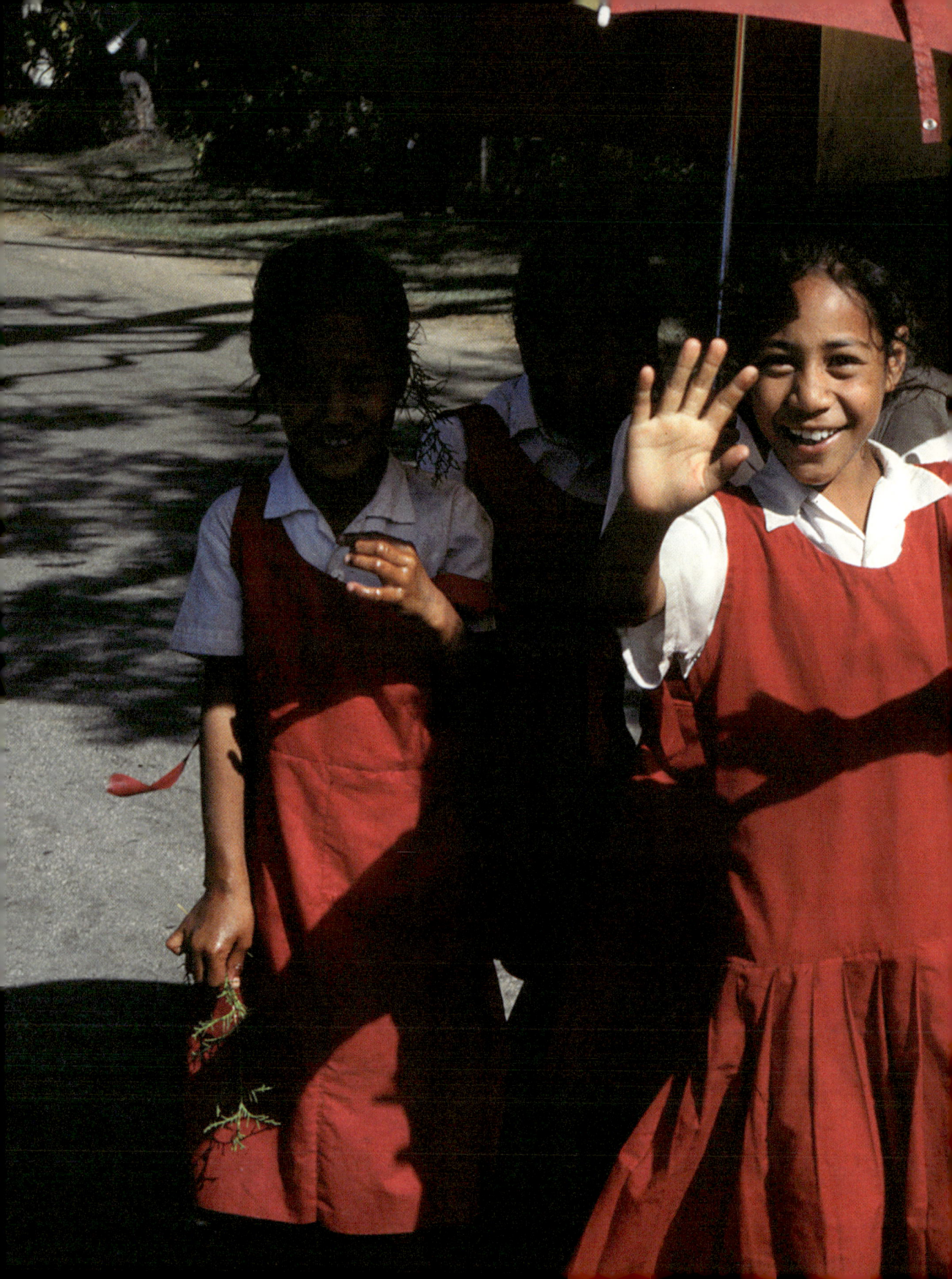

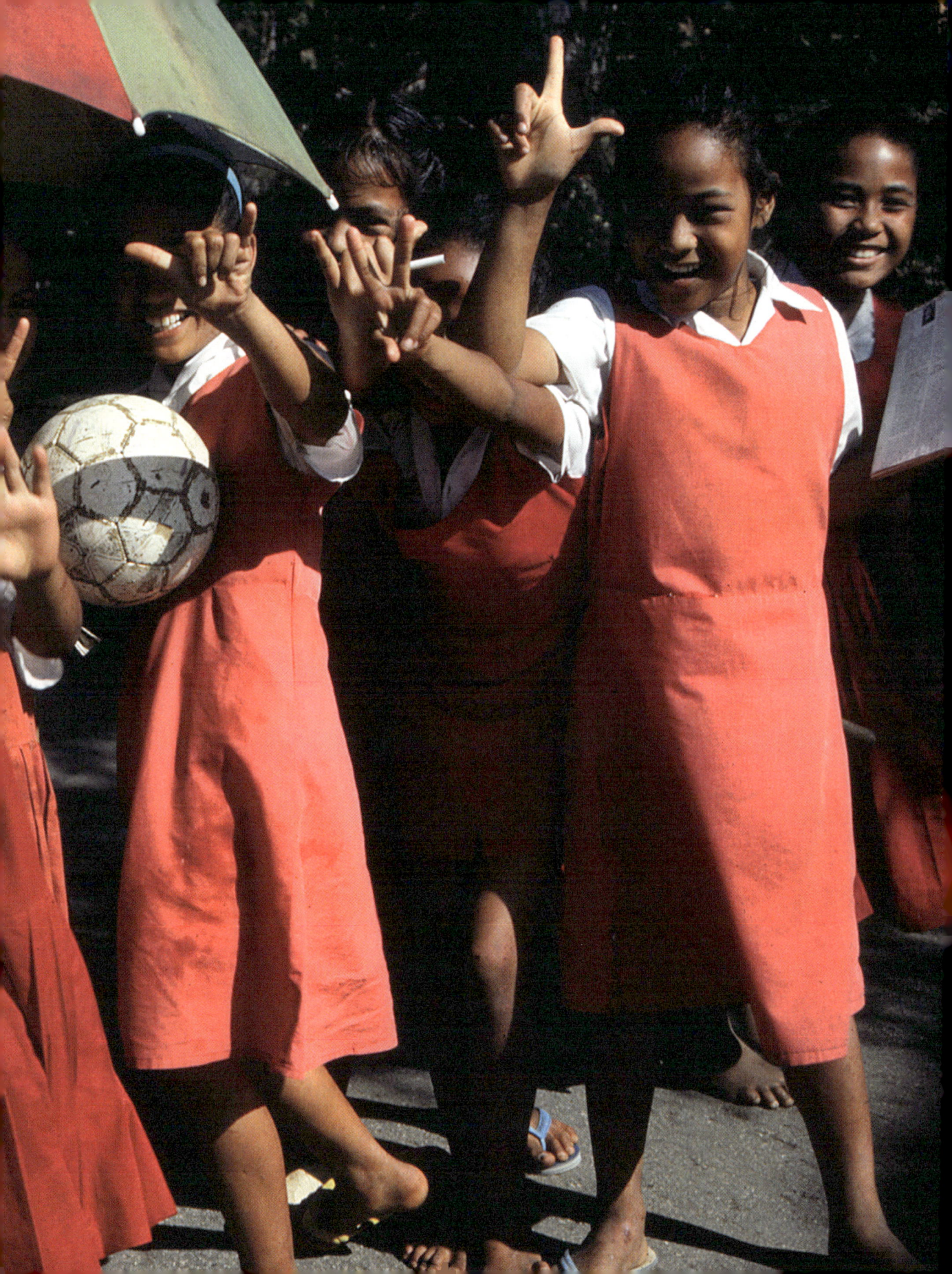

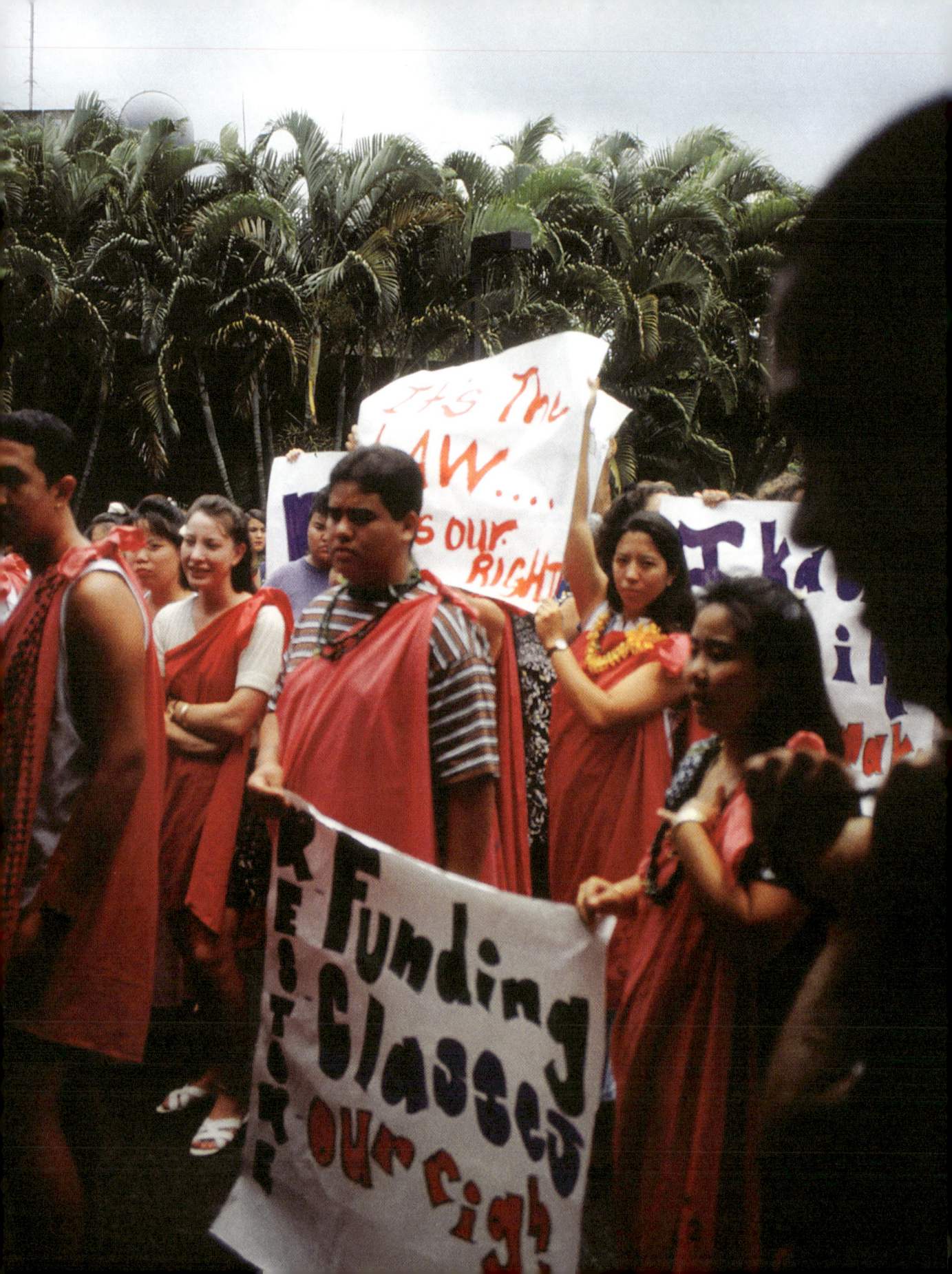

»Paradiese« im Wandel

Ozeanien seit dem 20. Jahrhundert

Ulrich Menter

Die Berichte europäischer Entdeckungsreisender machten die Inselwelt des Pazifischen Ozeans nicht nur zum Gegenstand europäischer Imaginationen, sie rückten die Inseln auch in den Fokus ideologischer, wirtschaftlicher und politischer Interessen. Schon bald nach den Weltumseglern kamen die ersten Handelsschiffe, Walfänger und christlichen Missionare, die überall auf den Inseln zu einem tief greifenden Wandel der sozialen wie der politischen Strukturen beitrugen. Sie konfrontierten die Südseebewohner mit fremden Vorstellungen von Eigentum und ökonomischem Handeln, die sie – unterstützt von ihren jeweiligen Herkunftsländern – auch durchzusetzen wussten. Nur sehr wenige Ozeanier waren in der Lage, sich die neuen Verhältnisse nutzbar zu machen, für den weitaus größeren Teil bedeuteten die mehr und mehr in den Pazifik vordringenden Fremden nicht nur den Verlust des eigenen Landes sondern auch neue, tödliche Krankheiten und die Entfremdung von wesentlichen Aspekten der eigenen Kultur.

Im Laufe des 19. Jahrhunderts gliederten die europäischen Mächte und die USA die Südseeinseln in ihre bereits bestehenden Kolonialreiche ein. Für die einzelnen Inselgruppen hatte dies sehr unterschiedliche Auswirkungen: während in den Siedlerkolonien Neuseeland (Großbritannien), Neukaledonien (Frankreich) und auch Hawai'i (USA) die indigene Bevölkerung schon bald in großem Umfang ihre Rechte verlor und hinter den Zuwanderern aus Europa und Amerika zurückstehen musste, blieb das Königreich Tonga als britisches Protektorat von den kolonialen Entwicklungen nahezu unbehelligt. Koloniale Plantagenwirtschaften wie in Fiji und Teilen des Bismarck Archipels machten eine alles durchdringende Verwaltung möglich, während z.B. in weiten Regionen der großen Insel Neuguinea die Kolonialmacht nur sehr begrenzt und sporadisch in Erscheinung trat.

Abb. 115
Vorhergehende Seite:
Junge Samoanerinnen auf dem
Weg zur Schule.

Abb. 116
Hawaiische Studenten
protestierten 1995 gegen
Kürzungen, die das Angebot
an hawaiischer Sprache und
Kultur betrafen.

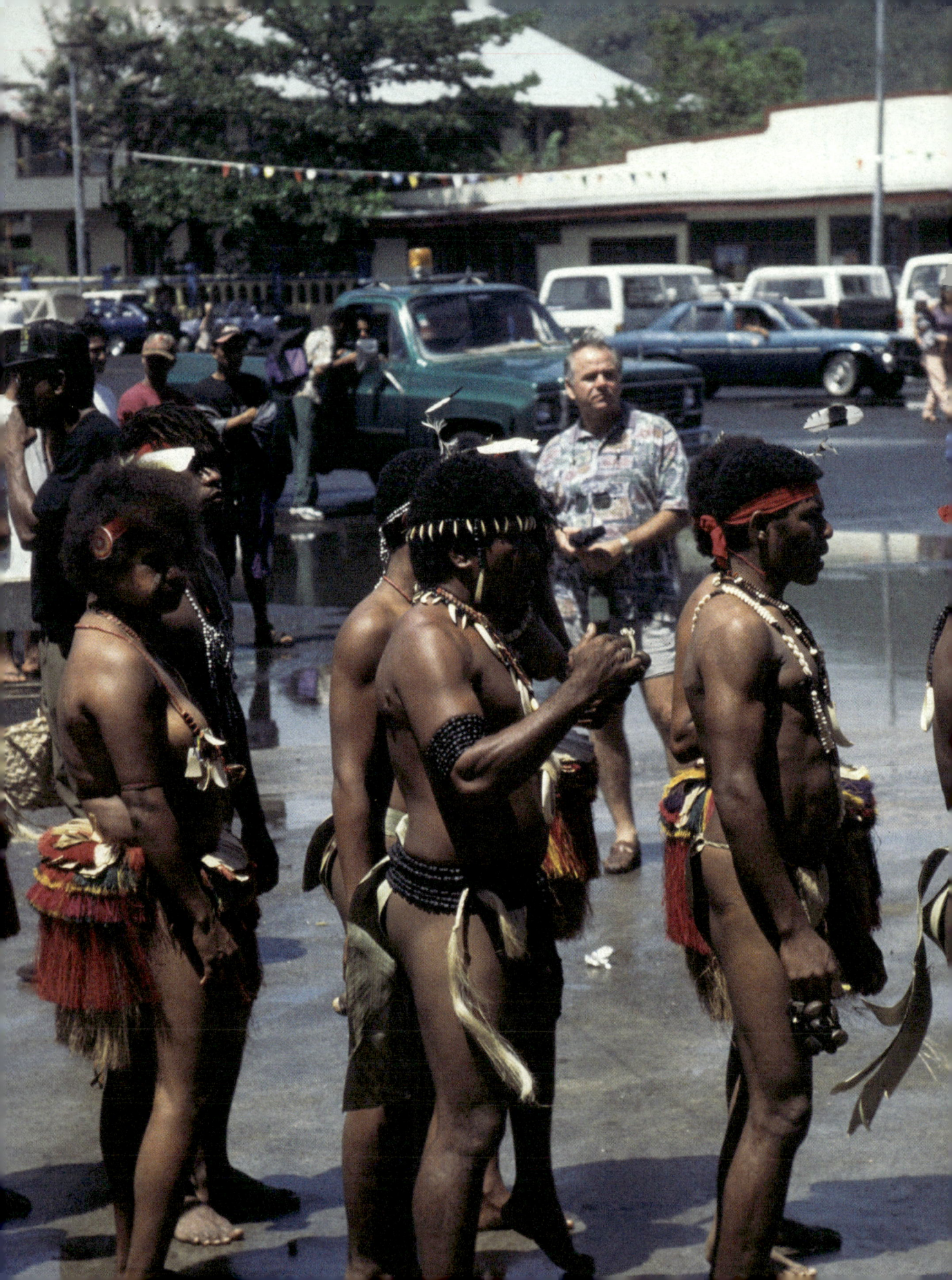

Beide Weltkriege hatten Auswirkungen auch auf die pazifische Inselwelt, insbesondere die umfangreichen Kampfhandlungen des Zweiten Weltkriegs ließen kaum eine der Inseln unberührt. In Neuguinea, auf den Salomonen und den mikronesischen Inseln wurde über Jahre hinaus gekämpft, viele Ozeanier traten in die Kampfverbände der Alliierten ein. Nach dem Ende des Krieges blieb ein militärisches Interesse der Großmächte am Pazifik bestehen: insbesondere die Nukleartests der USA auf dem Bikini-Atoll (1946–1958), Großbritanniens auf Kiritimati (1957–1958) und Frankreichs auf dem Moruroa-Atoll (1966–1996) beeinträchtigen bis heute durch Umsiedlungen, radioaktive Kontamination und Zerstörungen das Leben in den betroffenen Regionen.

In der zweiten Hälfte des 20. Jahrhunderts veränderte die Entkolonialisierung die politische Landschaft des Pazifiks. Schon 1970 wurden Fiji und die Salomonen selbständig, in dem Jahrzehnt bis 1980 folgten dann West Samoa, Kiribati, Tuvalu und Vanuatu. Der Staat Papua Neuguinea, der den östlichen Teil der Insel Neuguinea ausmacht, erlangte seine Souveränität 1975, während das westliche Neuguinea nach dem Rückzug der Holländer aus Südostasien schon 1961 dem neuen Staat Indonesien einverleibt wurde. Zumal in Melanesien hatten koloniale Grenzziehungen viele unterschiedliche Sprach- und Kulturgruppen in neuen Staaten und Territorien zusammengebracht und damit auch spätere politische Probleme heraufbeschworen. Schon vor der Unabhängigkeit Papua Neuguineas verlangte die zu seinem Staatsgebiet gerechnete Salomoneninsel Bougainville nach Autonomie – ein immer wieder aufflammender

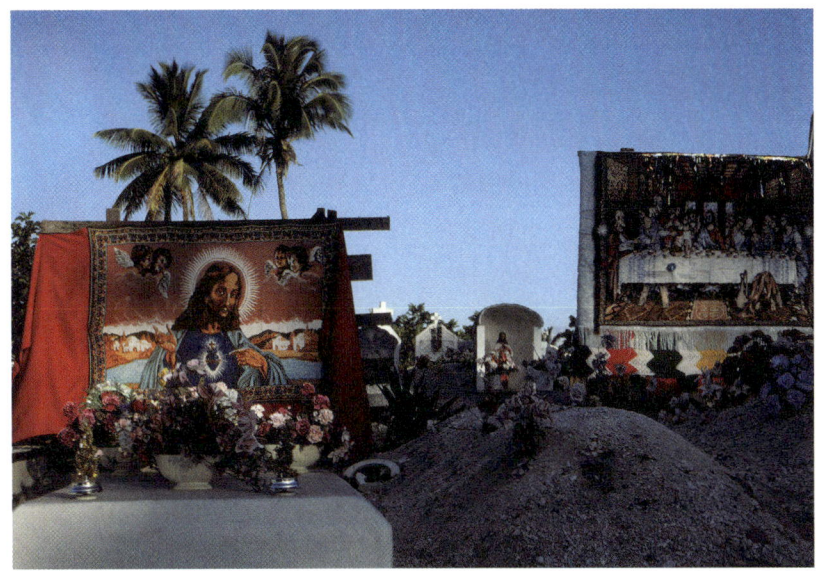

Abb. 117
Zum kulturellen Austausch
zwischen den Nationen
Ozeaniens trägt das alle
vier Jahre in einem anderen
Inselstaat stattfindende Pacific
Arts Festival bei. Hier wartet
eine Tanzgruppe aus Papua
Neuguinea auf ihren Auftritt in
Samoa.

Abb. 118
Die Mehrheit der Ozeanier
gehört heute dem Christentum
an. Die Gestaltung tonganischer
Grabstätten zeigt eine eigene
Ausprägung der christlichen
Religion.

und gewaltsam ausgetragener Konflikt, der erst 1997 mit einem weitgehenden Autonomiestatut beigelegt werden konnte. In Mikronesien, das als UN-Treuhandgebiet unter US-amerikanischer Verwaltung stand, kam die Dekolonisation erst spät zum Zuge: 1986 gründeten sich mit den unabhängigen Staaten Chuuk, Kosrae, Pohnpei und Yap die Federated States of Micronesia, denen die Marshall-Inseln 1990 und die Republik Palau 1994 in die Unabhängigkeit folgten – sie alle verbleiben in sehr enger politischer Anlehnung an die USA. Auch die autonomen Cook-Inseln und Niue sind weiterhin mit Neuseeland assoziiert.

Jedoch gibt es im Pazifik nach wie vor abhängige Territorien. Zu ihnen gehören die französischen Überseegebiete Französisch-Polynesien, Wallis und Futuna sowie Neukaledonien, wo die indigene Minderheit in den 1980er Jahren gewaltsam gegen die Mehrheit der europäischen Einwanderer aufbegehrte. Die USA kontrollieren Amerikanisch-Samoa, die Insel Guam sowie die nördlichen Marianen; Chile beansprucht weiterhin die Insel Rapa Nui (Osterinsel) und die kleine Insel Pitcairn, einst Zufluchtsort der Meuterer von der Bounty, ist bis heute britische Kolonie. Besondere Verhältnisse zeigen sich schließlich in Hawai'i, heute ein Bundesstaat der USA, und in Neuseeland, das seine Unabhängigkeit als europäisch geprägte und dominierte Nation erlangte. In beiden Staaten bildet die indigene Bevölkerung der Kānaka Maoli bzw. der Maori heute eine Minderheit.

Längst sind die Inselnationen in der globalisierten Welt des 21. Jahrhunderts angekommen, wirtschaftliche Abhängigkeiten haben vielerorts die koloniale Dominanz der beiden vergangenen Jahrhunderte ersetzt. In Papua Neuguinea

Abb. 119
Plantagen – in diesem Fall eine Zuckerrohrpflanzung auf der Insel O'ahu, Hawai'i – trugen auf vielen Inseln zum Wandel der wirtschaftlichen und gesellschaftlichen Verhältnisse bei.

Abb. 120
Busstation in Samoa. Bunte Toyota-Busse bringen Mensch und Ladung ans Ziel.

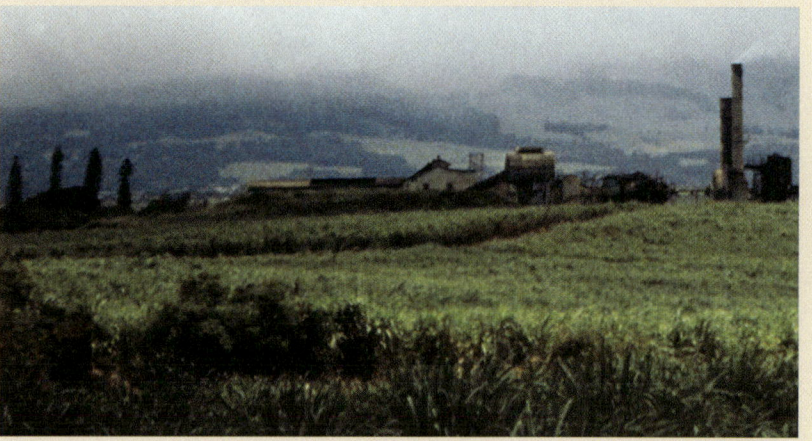

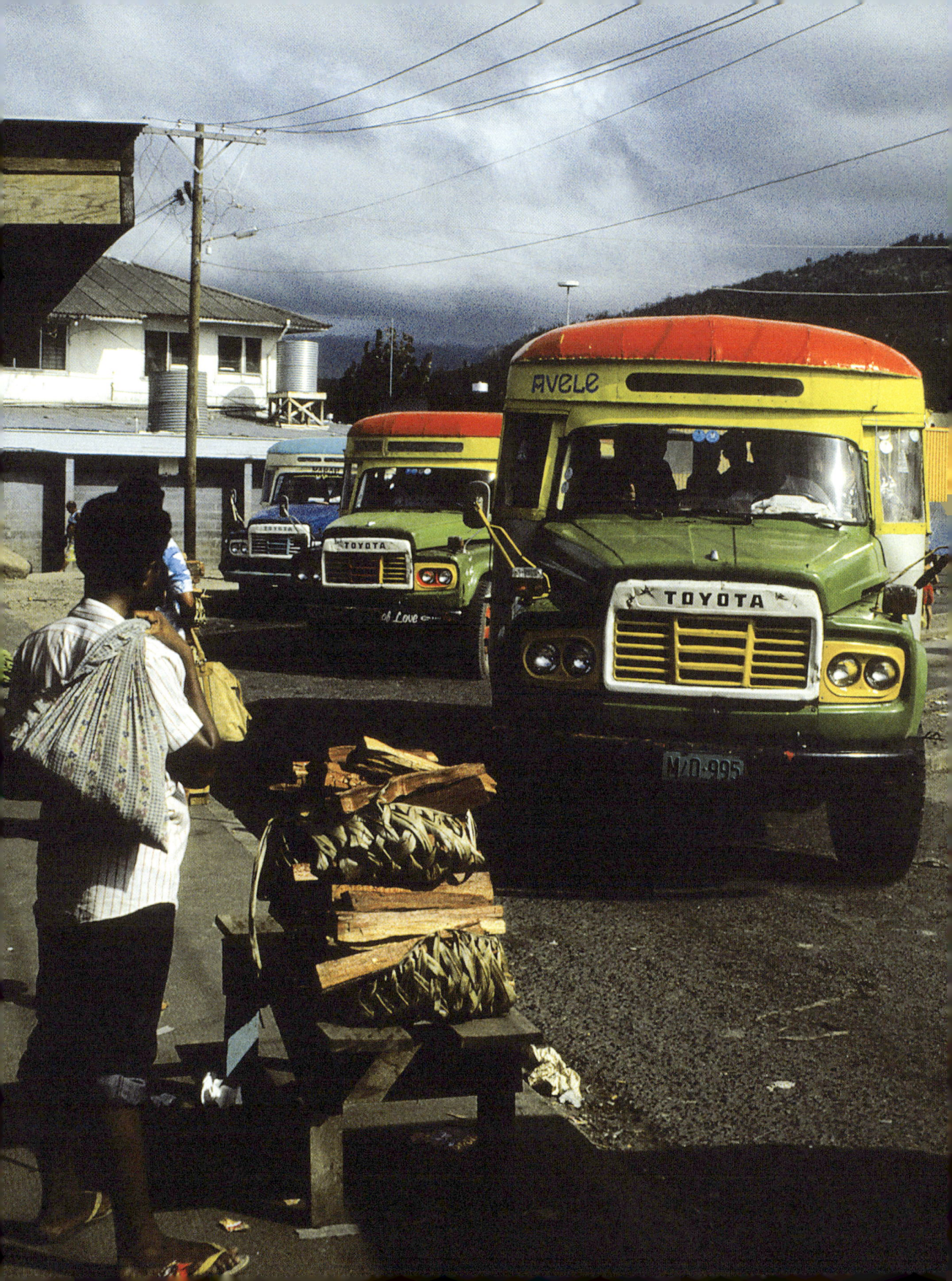

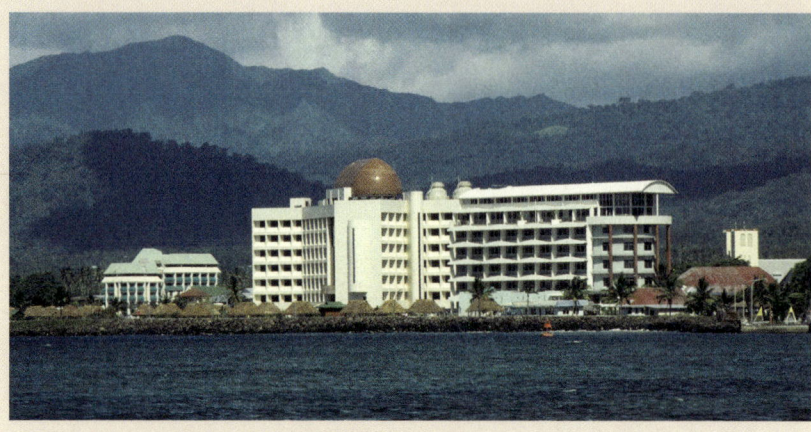

Abb. 121
Tradition wird mit Moderne verbunden – auf dem Dach des Regierungsgebäudes in Apia symbolisiert die große Kuppel ein traditionelles samoanisches fale (Wohn- und Versammlungshaus).

Abb. 122
Ein wesentlicher Aspekt des modernen Tourismus im Pazifik sind Kreuzfahrtschiffe, die wie hier vor Tahiti die Inseln ansteuern.

und Neukaledonien beuten internationale Minenkonzerne Bodenschätze aus, multinationale Firmen kontrollieren auf den Salomon-Inseln den Holzeinschlag und Fischereiflotten aus vielen Ländern der Welt nutzen die reichen Fischbestände des Pazifiks. Das ökonomische Potential der kleinen Inselstaaten ist sehr begrenzt und so suchen viele Inselbewohner nicht zuletzt aus wirtschaftlichen Gründen ihre Zukunft in den USA, in Neuseeland oder Australien. Ihre Geldüberweisungen an Verwandte in den Heimatländern sind in einigen Staaten zu einem wichtigen wirtschaftlichen Faktor geworden. Eine zunehmende Urbanisierung verändert auch innerhalb der ozeanischen Staaten und Territorien das Leben der Menschen: waren städtische Zentren in den traditionellen Gesellschaften Ozeaniens unbekannt, so prägen sie inzwischen vielerorts das wirtschaftliche und politische Leben in den Inselstaaten. Metropolen wie Honolulu (910.000 Einwohner) und Auckland (1,3 Millionen Einwohner) sind Ausnahmen, doch stellen auch Städte wie Pape'ete (132.000), Suva (77.366), Port Moresby (254.000) oder kleine städtische Zentren auf Atollen die Inseln vor große planerische, soziale und ökologische Herausforderungen.

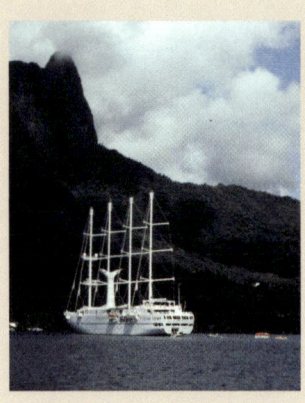

Für viele Inseln stellt der Tourismus heute eine der wichtigsten Einnahmequellen dar, auch wenn Ozeanien im weltweiten Tourismus eine eher kleine Rolle spielt. Jedes Jahr besuchen mehr als 6 Millionen Touristen die hawaiischen Inseln, fast 500.000 zieht es nach Fiji, 240.000 in die Inselwelt Französisch-Polynesiens und über 100.000 sind es in Papua Neuguinea. Die erfolgreiche Vermarktung des Mythos von den unberührten Inselparadiesen und exotischen Kulturen bringt jedoch neben Arbeitsplätzen auch Probleme: Die Bedürfnisse der Touristen lasten nicht nur schwer auf den natürlichen Ressourcen der Inseln, touristische Programme tragen auch zu einer wachsenden Standardisierung der vielfältigen Südseekulturen bei.

Seit dem 19. Jahrhundert haben sich die gesellschaftlichen, wirtschaftlichen und politischen Bedingungen auf allen Inseln der Südsee zum Teil gravierend verändert: Regierungssysteme nach dem Vorbild westlicher Nationen traten an die Stelle indigener und späterer kolonialer Strukturen, neue wirtschaftliche Verflechtungen, Bedürfnisse und Abhängigkeiten transformierten nicht nur die Ökonomien der modernen Inselstaaten, sondern auch das tägliche Leben ihrer Bürger, die Beziehungen innerhalb der Familien und zwischen Verwandtengruppen.

Zugleich gehen aber auch die vielschichtigen überlieferten Traditionen der Südseekulturen nicht verloren: Nicht nur in Neukaledonien, Neuseeland und Hawai'i, wo die indigene Bevölkerung seit vielen Jahren eine größere kulturelle und politische Autonomie anstrebt, haben Sprache, Kunst und kulturelle Praxis eine Revitalisierung erlebt. Auch andernorts erfahren Tanz und Musik große Wertschätzung und bildende Künstler schaffen eindringliche Werke, in denen sie moderne Medien und traditionelle Ästhetik spannungsreich in Verbindung setzen. Schriftsteller, oft weit über ihre Heimatinseln hinaus bekannt, bringen in ihren Werken das facettenreiche und komplexe Bild einer Südsee zum Ausdruck, in der die Traditionen der Vorfahren ihren selbstverständlichen Platz neben den Anforderungen der Gegenwart haben. Zugleich reichen die Reverenzen an die eigenen Überlieferungen heute weit über die Grenzen der Inselgruppen hinaus – sind sie doch nicht nur Ausdruck politischer Unabhängigkeit, sondern auch Manifestation einer neuen, gemeinsamen pazifischen Identität und einer aktiven Gestaltung der eigenen Zukunft.

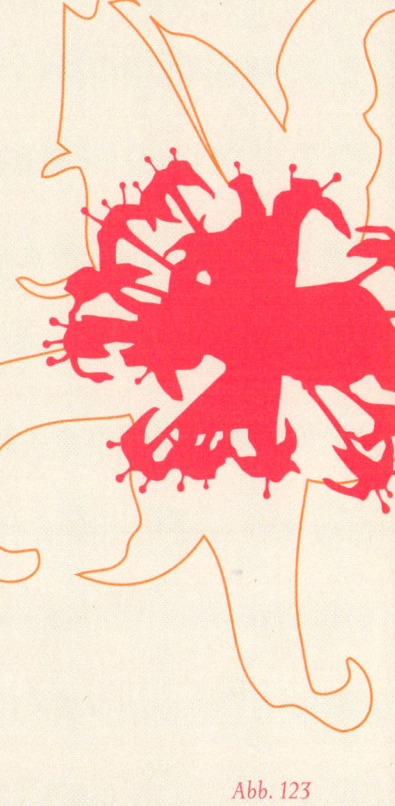

Abb. 123
Der berühmte Strand von Waikiki in Honolulu, O'ahu, verdeutlicht das enorme Wachstum der Tourismusindustrie – vor nicht einmal 100 Jahren bestimmten in ganz Waikiki noch sumpfiges Land und Palmenhaine das Bild.

Abb 124
Nachfolgende Seite: Spuren der kolonialen Vergangenheit lassen sich bis heute auf vielen Inseln der Südsee finden – nicht immer so ausgeprägt wie im Fall der Polizeikapelle von Apia, der Hauptstadt Samoas.

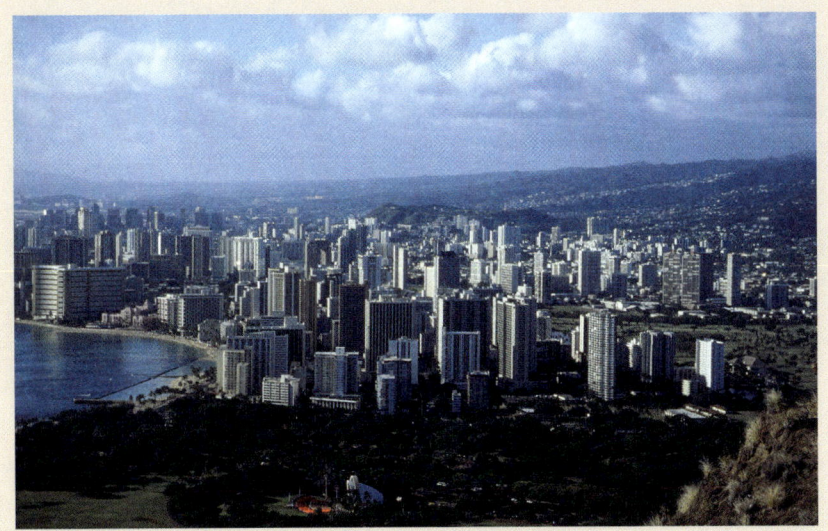

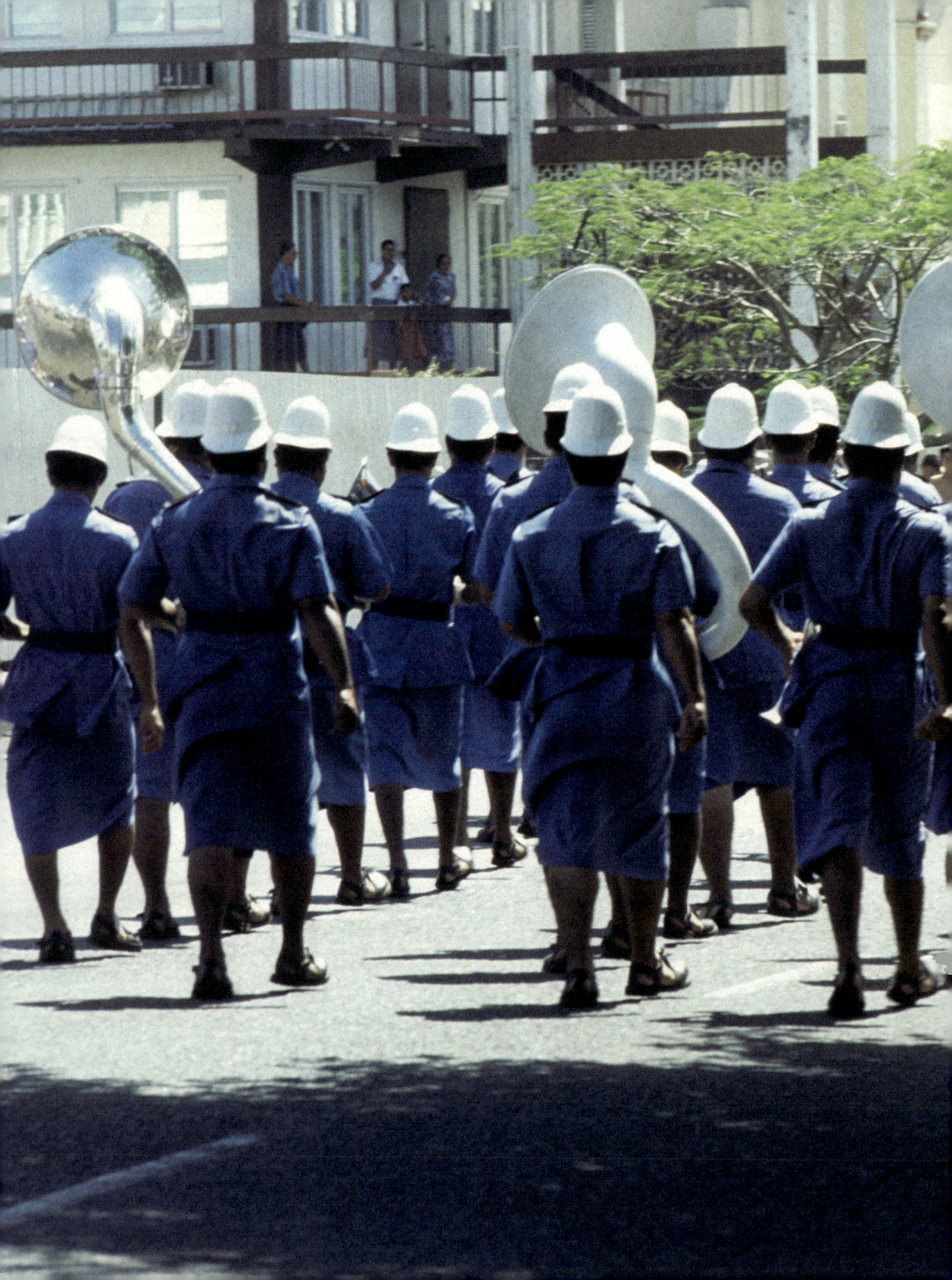

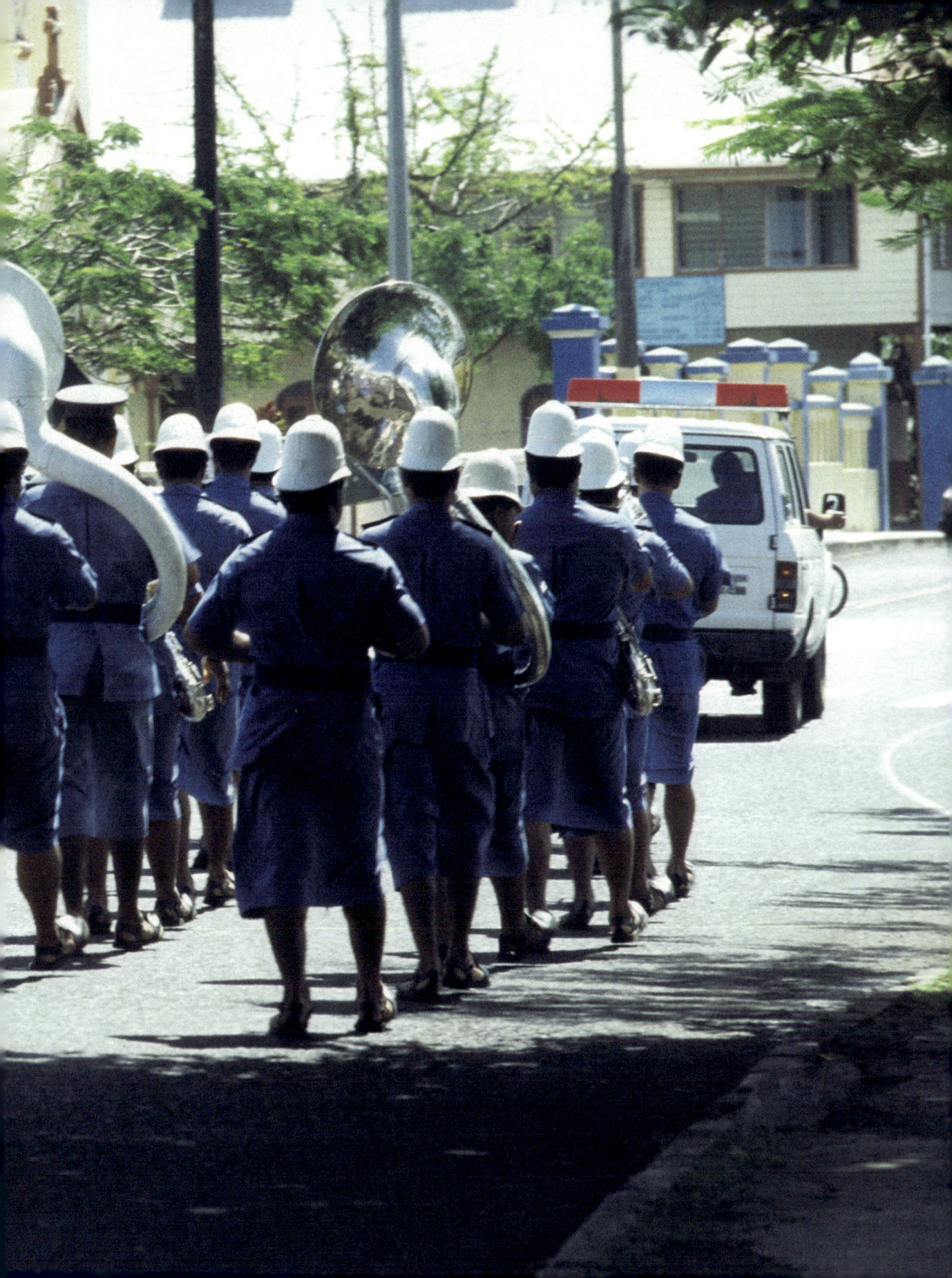

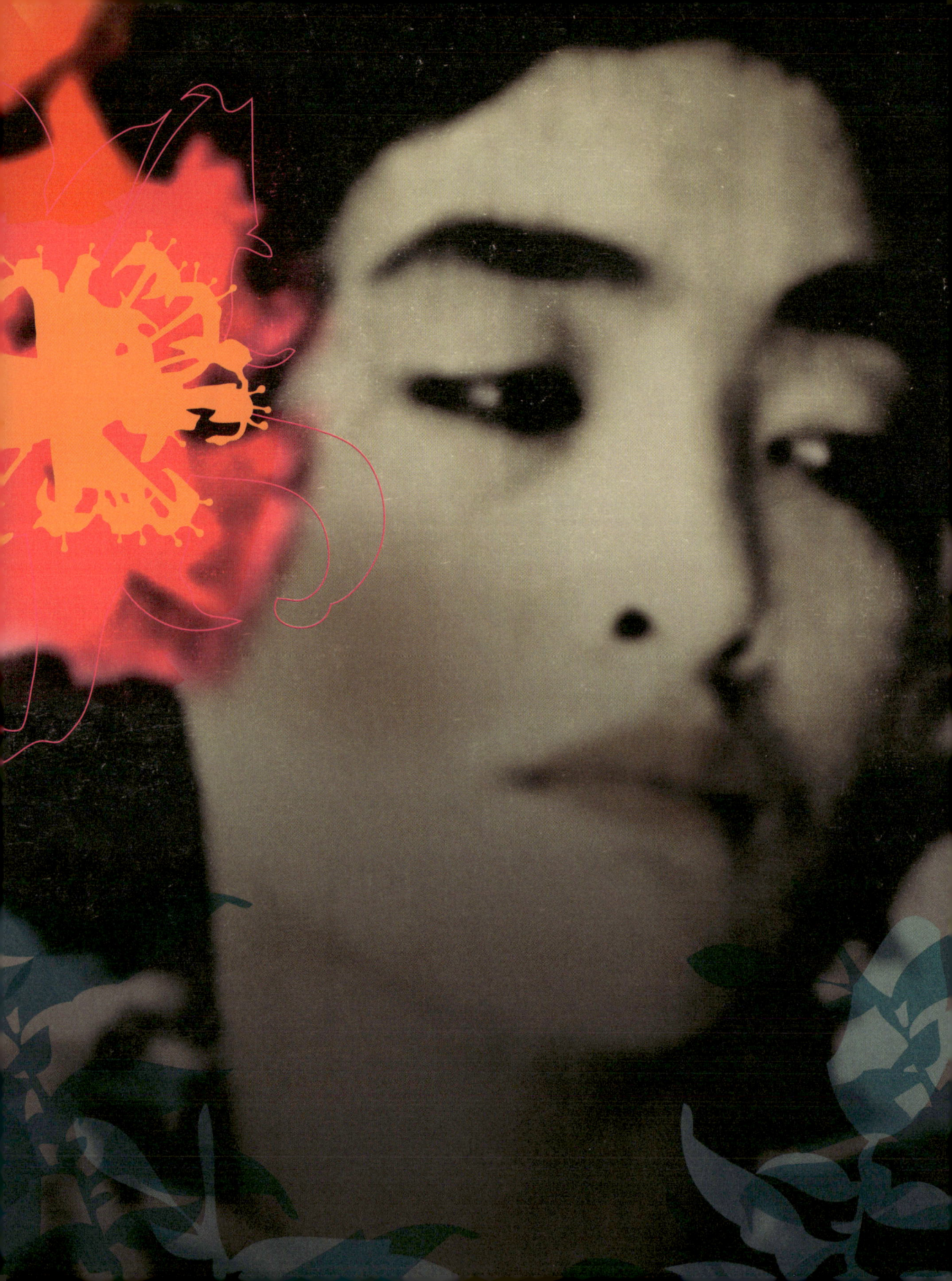

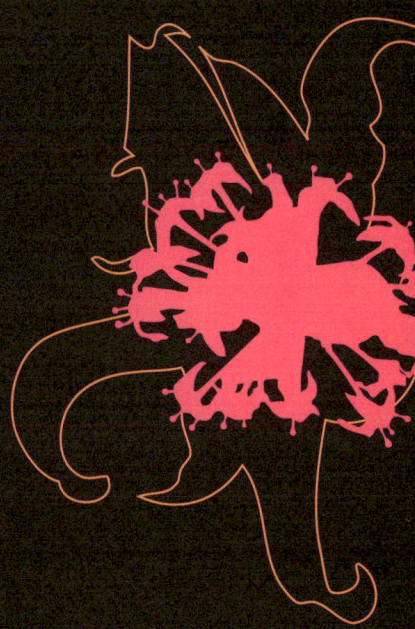

KATALOG

ALLE OBJEKTE STAMMEN AUS DEN BESTÄNDEN
DES ROEMER- UND PELIZAEUS-MUSEUMS HILDESHEIM

001 |

ZEREMONIALTOPF

Neuguinea, Maprik-Gebiet,
Abelam
Ton
H: 15 cm
RPM Inv. Nr. V 1351

Die in Spiralwulsttechnik hergestellten und mit Reliefschnitzerei
verzierten Töpfe wurden bei den
Abelam zur Bereitung zeremoni-
eller Speisen verwendet.

002 |

SPEISESCHALE

Neuguinea, Huon-Halbinsel
Holz, Pigment
H: 18 cm, B: 77,2 cm, T: 33,4 cm
um 1900
RPM Inv. Nr. V 630

Die bootsförmigen Speiseschalen wurden auf den kleinen Tami-Inseln angefertigt
und im ganzen Bereich des Huon-Golfs gehandelt.

003 |

SPEISESCHALE

Neuguinea, Huon-Halbinsel, Finschhafen
Holz, Pigment
H: 11,2 cm, B: 69,5 cm, T: 28 cm
um 1900
RPM Inv. Nr. V 528

Die charakteristische Form wie auch die geschnitzten und farbig gefassten Ornamente verweisen bei dieser in Finschhafen erworbenen Schale auf die Tami-Inseln.

005 |

NETZTASCHE

Neuguinea, Huon-Halbinsel,
Finschhafen
Pflanzenfasern, Pigment
H: 39 cm, B: 43 cm
um 1900
RPM Inv. Nr. V 695

Netztaschen oder *bilum* werden
von den Frauen hergestellt; sie waren und sind bis heute Teil ihrer alltäglichen Arbeitsausstattung.

004 |

SPEISESCHALE

Neuguinea, Huon-Halbinsel, Simbang (b. Finschhafen)
Holz, Pigment
H: 10 cm, B: 53 cm, T: 15,5 cm
Slg. H. Großkopf, um 1900
RPM Inv. Nr. V 529

Ihre aufwendige Dekoration und der plastisch gearbeitete Tierkopf heben diese
Schale aus der großen Zahl von Speiseschalen heraus.

006 |

NETZTASCHE

Neuguinea
Pflanzenfasern, Pigment
H: 26,5 cm, B: 33 cm
um 1900
RPM Inv. Nr. V 835

Frauen tragen die gefüllten und oft
sehr schweren Netztaschen auf dem
Rücken, indem sie den Trageriemen
über die Stirn führen.

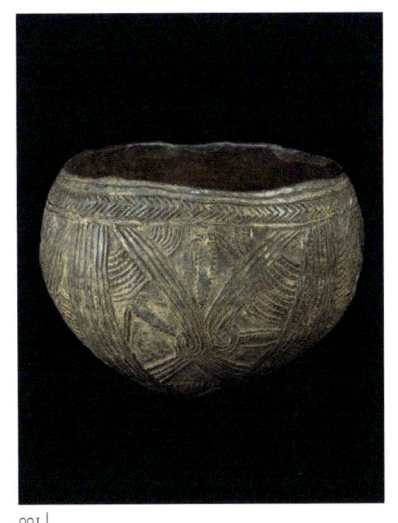

001 |

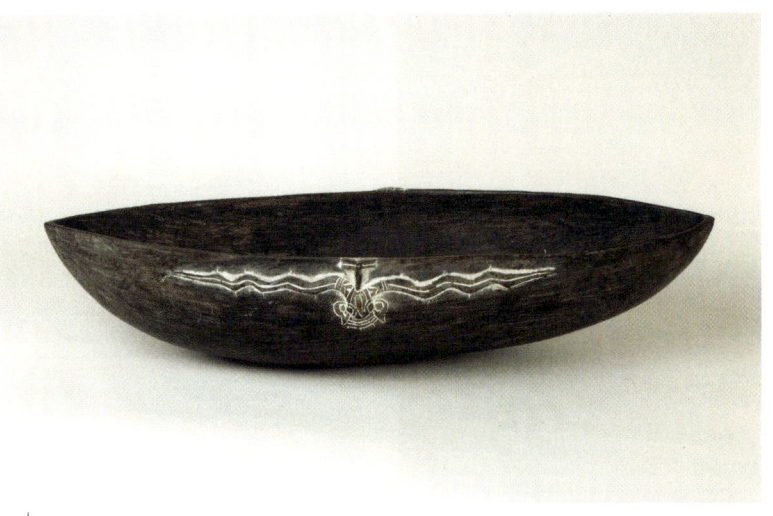

002 |

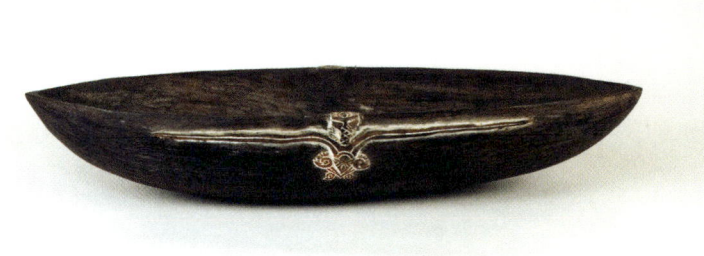

003 |

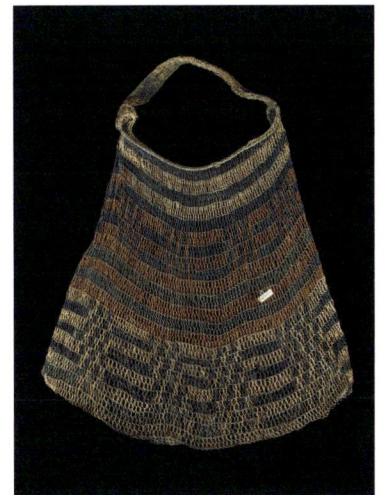

005 |

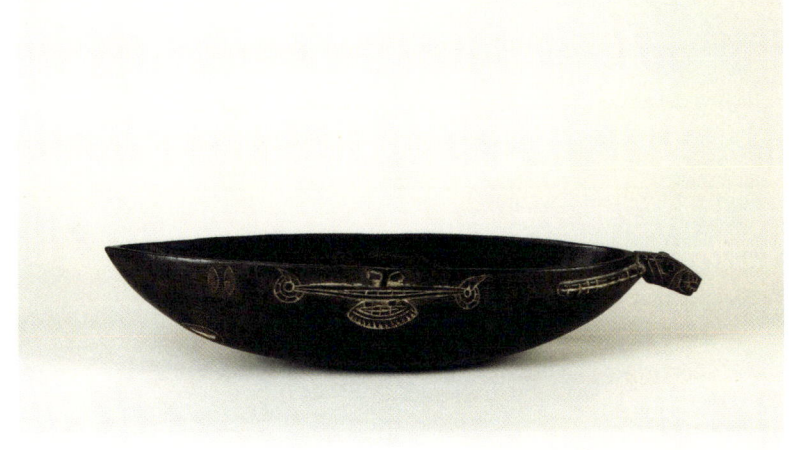

004 |

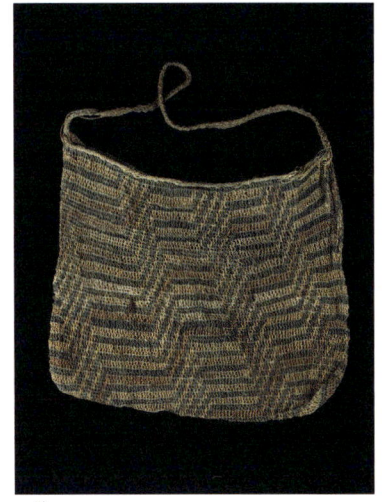

006 |

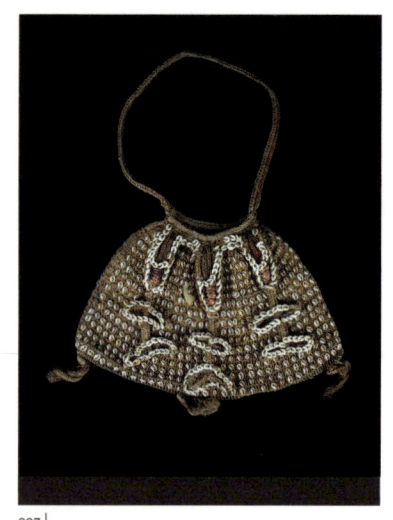

007 |

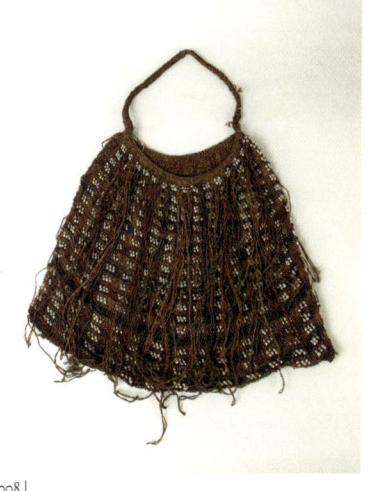

008 |

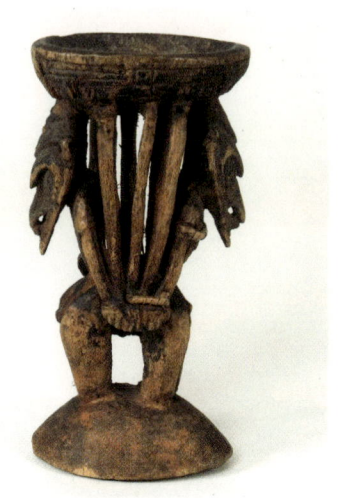

010 |

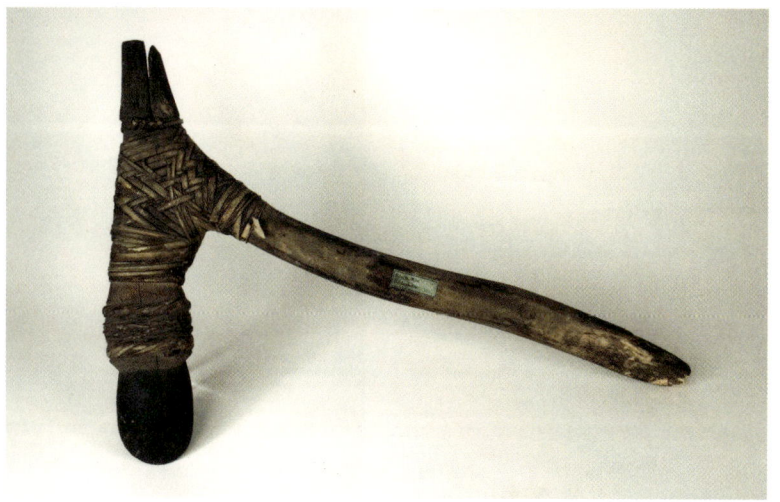

009 |

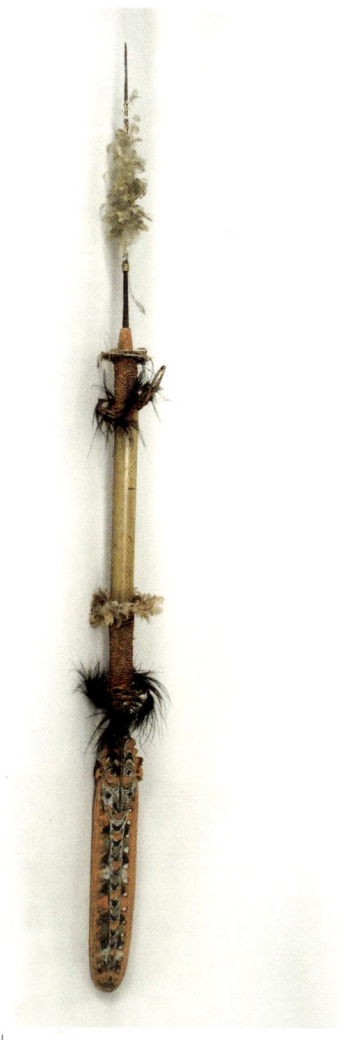

011 |

012 |

164

007 |

NETZTASCHE

Neuguinea, Ramu-Mündungsgebiet
Pflanzenfasern, Rotang, Nassa
H: 20 cm, B: 34 cm
RPM Inv. Nr. V 848

Die von Männern getragenen Taschen sind oft auf besondere Weise verziert; in ihnen führen die Männer Arbeitsgeräte, aber auch Genussmittel wie Betel mit sich.

008 |

NETZTASCHE

Neuguinea, Nordküste, Bogia
Pflanzenfasern, Samen *(Coix lacrimae)*, Pigment
L: 36 cm, B: 51,5 cm
RPM Inv. Nr. V 590

010 |

BETELMÖRSER

Neuguinea, Sepik-Mündungsgebiet
Holz, Rotang, Pigment
H: 18,5 cm
Slg. Kap. Niedermeyer, um 1900
RPM Inv. Nr. V 592

In dem Mörser zerkleinerte man Betelnüsse vor dem Genuss. Alte Reparaturstellen am Arm einer der Figuren zeugen vom Wert eines solchen Schnitzwerks.

009 |

STEINBEIL

Aitape-Region, Neuguinea
Stein, Holz, Rotang
L: 61,3 cm
RPM Inv. Nr. V 478

Überall auf der Insel Neuguinea stellte man in voreuropäischer Zeit Steinklingen für die Verwendung in Beilen, Dechseln und anderen Werkzeugen her.

012 |

KALKGEFÄSS

Neuguinea, Mittlerer Sepik
Bambus, Holz, Pigment, (Kasuar-)
Federn, Kauri, Kokosfasern
H: 177 cm, B: 9 cm
Slg. R. Krebs, 1930
RPM Inv. Nr. V 8927

In dem Bambusgefäß bewahrte man Kalk für den Betelgenuss auf. Der Aufsatz ist mit einem Maskengesicht und geschwungenen Formen typisch für die Kunst vom Mittelsepik.

011 |

KALKGEFÄSS

Neuguinea
Kürbis
H: 32 cm, B: 10 cm
um 1900
RPM Inv. Nr. V 845

In vielen Regionen Melanesiens stellte man Gefäße aus verzierten Flaschenkürbissen her. In solchen Behältern trugen Männer Kalk für den Betelgenuss bei sich.

013 |

KALKSPATEL

Neuguinea, Massim-Region
Holz
L: 40 cm, B: 3 cm
RPM Inv. Nr. V 790

Die in vielerlei Formen auf Neuguinea und den benachbarten Inseln gefertigten Kalkspatel dienten der Entnahme von Kalk aus den mitgeführten Behältern.

016 |

STAB

Neuguinea, Massim-Region
Holz
L: 89 cm, D: 3 cm
RPM Inv. Nr. V 16

Die Funktion eines solchen Stabes
kann nur vermutet werden: vielleicht hatte er Bedeutung als Statussymbol, vielleicht ist er aber auch
für den Verkauf an Europäer hergestellt worden.

014 |

KALKGEFÄSS

Neuguinea, Massim-Region,
Milne-Bay
Kürbis, Holz, Pflanzenfasern
H: 18,5 cm, D: 11,6 cm
RPM Inv. Nr. V 1093

Das Gefäß zur Aufbewahrung von
Kalk für den Betelgenuss ist mit einer Brandverzierung dekoriert.

015 |

KALKBEHÄLTER

Neuguinea, Massim-Region,
Milne-Bay
Brandverzierter Kürbis, Holz,
Pflanzenfasern
H: 22,5 cm, D: 18 cm
RPM Inv. Nr. V 789

017 |

STAB

Neuguinea, Massim-Region
Holz
H: 104 cm, B: 7 cm
RPM Inv. Nr. V 32

Der Knauf des Stabes zeigt mit
durchbrochen gearbeiteten Ver-
zierungen und den an den Schmal-
seiten ausgearbeiteten stilisierten
Vogelmotiven typische Muster der
Massim-Kunst.

018 |

BUGVERZIERUNG

Neuguinea, Massim-Region, Trobriand-Inseln
Holz, Pigment
L: 111 cm, B: 90 cm
Slg. Neu Guinea Compagnie, 1889
RPM Inv. Nr. V 771

Seegängige Auslegerboote *(nagega)*, hergestellt auf einigen Inseln der Massim-Region
und selbst wichtiges Handelsgut, wurden mit solchen Stevenverzierungen ausge-
rüstet.

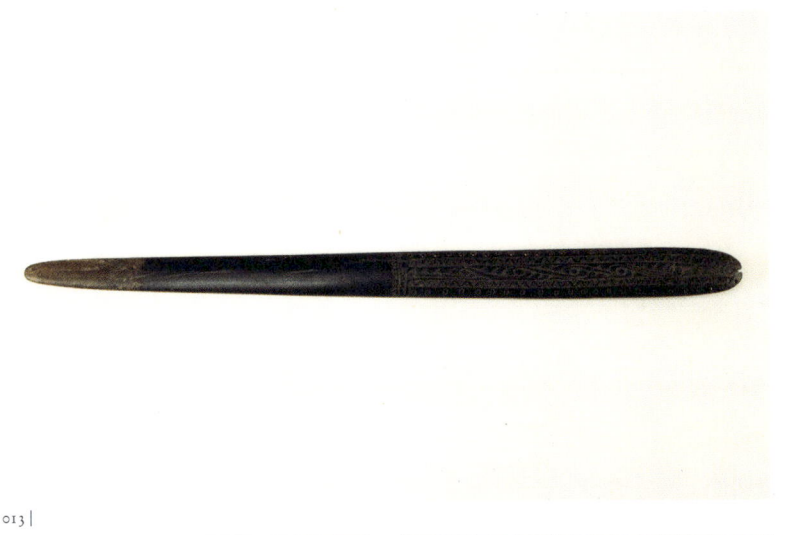

013 |

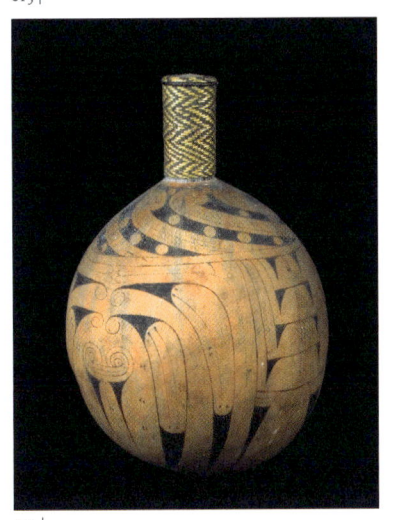

014 |

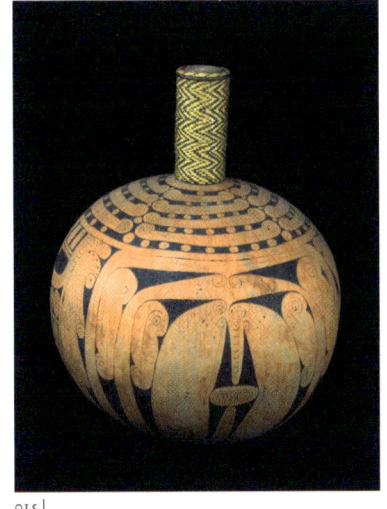

015 |

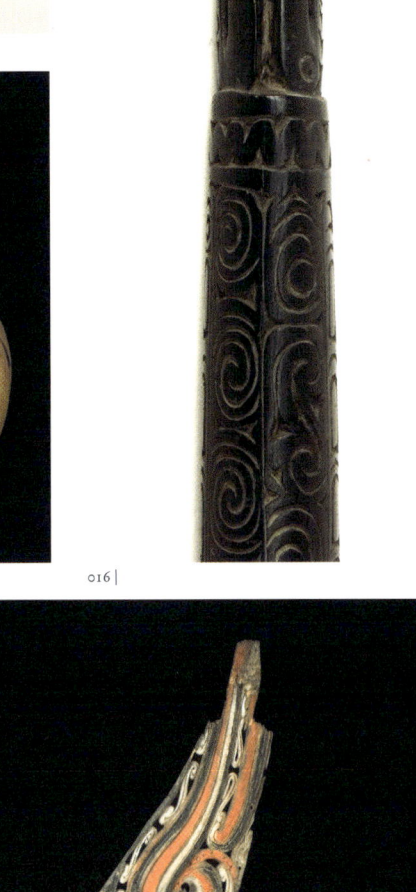

016 |

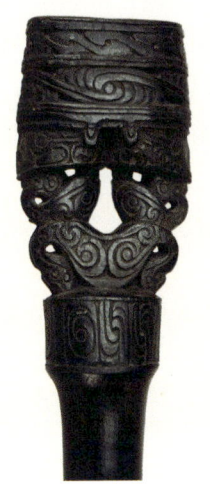

017 |

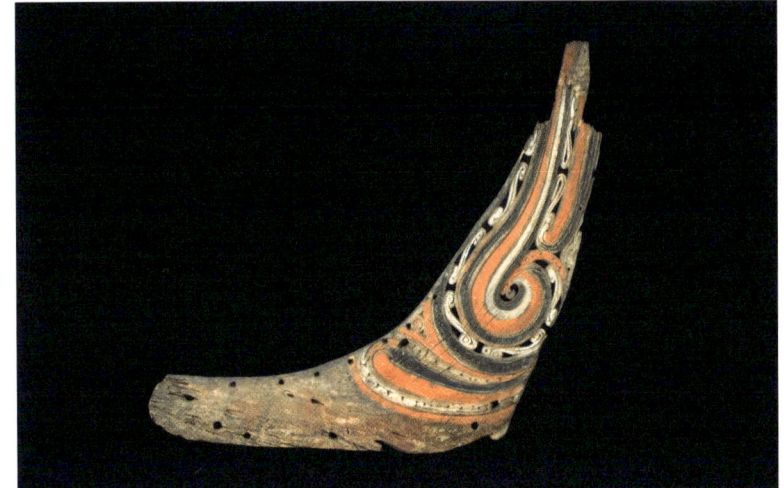

018 |

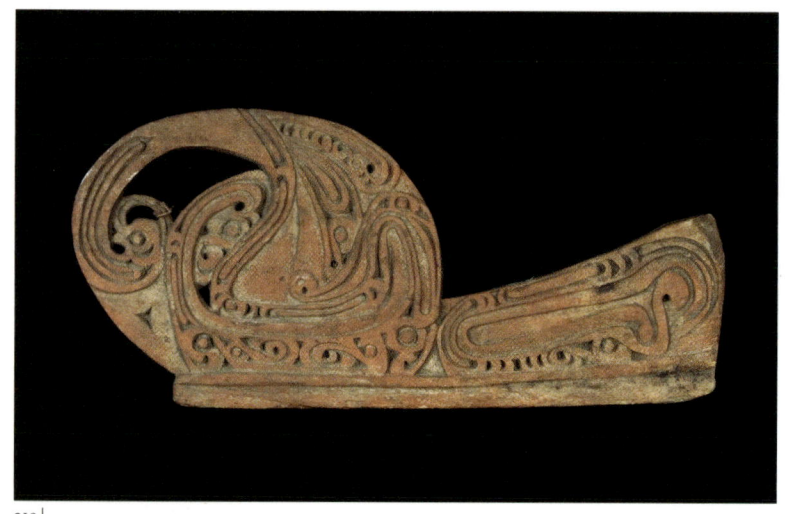

019 |

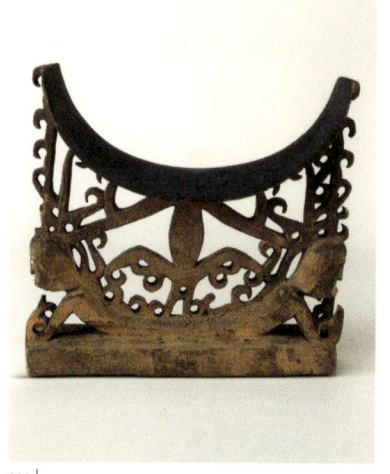

022 |

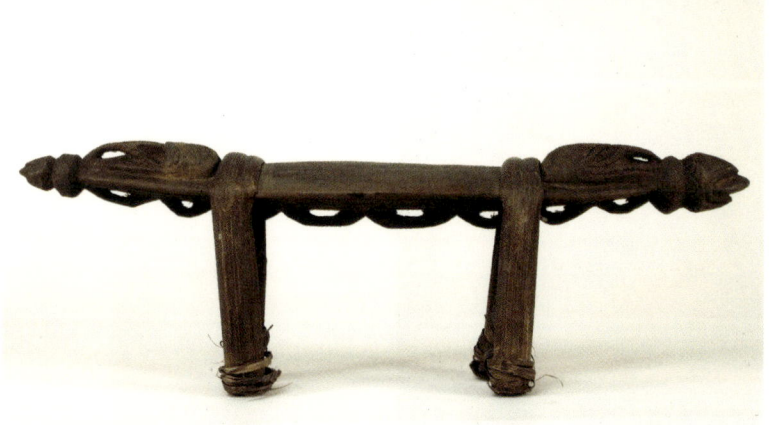

020 |

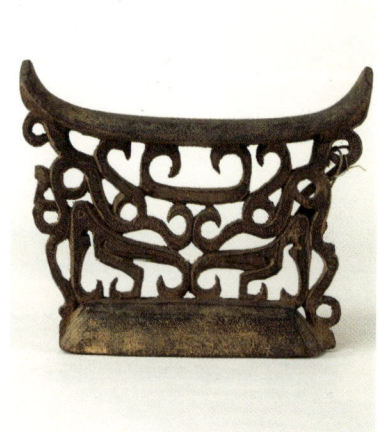

023 |

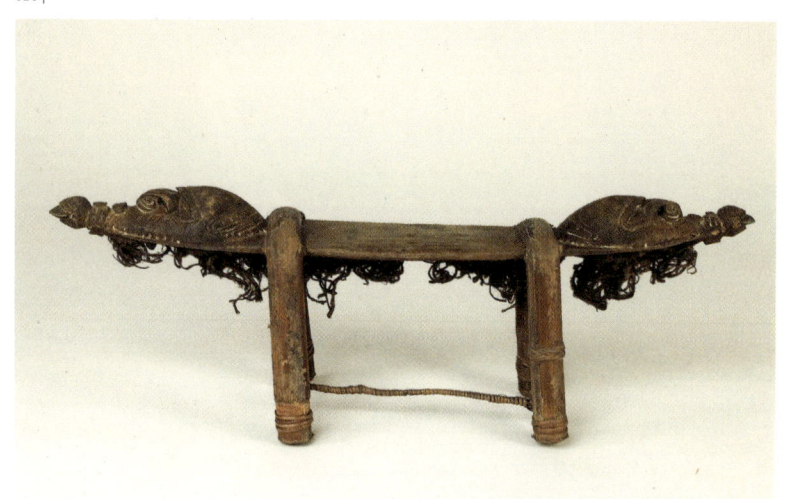

021 |

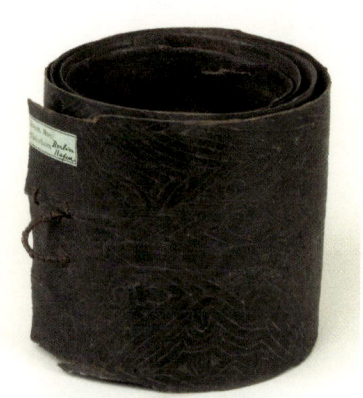

024 |

019 |

BUGVERZIERUNG *TAYUBA*

Neuguinea, Massim-Region
Holz, Pigmentreste
L: 46 cm, H: 21 cm
RPM Inv. Nr. V 447

Mit einem beschnitzten Bootsschild zierte ein solcher Bootsschnabel den Vorder-
steven der für den zeremoniellen Kula-Handel benutzten Boote *(masawa)*.

022 |

NACKENSTÜTZE

West-Neuguinea (Irian Jaya),
Cenderawasih-Bai
Holz
H: 22 cm, B: 24 cm
um 1900
RPM Inv. Nr. V 924

Zwei als Korvar bezeichnete Ah-
nendarstellungen sowie der stilisierte Körper einer weiteren Figur
stützen bei dieser Nackenstütze
den Kopf des Schläfers.

020 |

NACKENSTÜTZE

Neuguinea, Unterer Sepik
Holz, Rotang
H: 15 cm, B: 43 cm
RPM Inv. Nr. V 855

Bei dieser Kopfbank sind die Enden der Auflage mit den für die Kunst des Unteren
Sepik typischen langnasigen Maskengesichtern verziert.

023 |

NACKENSTÜTZE

West-Neuguinea (Irian Jaya),
Cenderawasih-Bai
Holz
H: 16 cm, B: 20 cm, T: 5 cm
RPM Inv. Nr. V 923

Die durchbrochen gearbeitete Kopfbank zeigt die für die westlichste
Region der Insel Neuguinea so typischen Rankenmotive.

021 |

NACKENSTÜTZE

Neuguinea, Sepik-/Ramu-Küstengebiet, Insel Manam
Holz, Rotang, Pflanzenfasern
H: 17,2 cm, B: 53 cm
um 1900
RPM Inv. Nr. V 854

Die Kombination einer beschnitzten hölzernen Kopfauflage mit Füßen aus gebo-
genem Rotang ist charakteristisch für Nackenstützen der Nordküste und vom Sepik-
Unterlauf.

024 |

RINDENGÜRTEL

Neuguinea, Nordküste, Aitape-
Region
Baumrinde, Rotang
H: 15 cm
RPM Inv. Nr. V 477

In der Aitape-Region zählten die
mit Kerbschnitt verzierten breiten
Rindengürtel zur schmückenden
Kleidung der Männer.

025 |

ARMMANSCHETTE

Neuguinea, Nordküste
Schildpatt
H: 9,5 cm, D: 8,7 cm
um 1900
RPM Inv. Nr. V 1364

An der gesamten Nordküste hergestellt, wurden Armmanschetten wie
diese als Schmuck der Männer und
zeremonielle Wertgegenstände bis
weit in das Binnenland gehandelt.

026 |

ARMMANSCHETTE

Neuguinea, Huon-Halbinsel
Schildpatt, Kalk, Pflanzenfaser
H: 7 cm, D: 7,2 cm
um 1894
RPM Inv. Nr. V 866

029 |

BRUSTSCHILD

Neuguinea, Nordküste, Aitape-
Region
Holz, Rotang, Eberhauer, Nassa,
Samen (Abrus precatorius), Harz,
Schnur
H: 25 cm, B: 20,5 cm
um 1903
RPM Inv. Nr. V 867

Brustschilde wie dieses gehörten
– an einer einfachen Schnur um den
Hals getragen – zur Festkleidung
der Männer in der Region um den
Ort Aitape.

027 |

HAARSTECKER

Neuguinea, Nordküste
Kasuarfedern, Holz, Pflanzenfa-
sern
H: 43,5 cm
RPM Inv. Nr. V 896

Haarstecker aus den feinen Kasuarfedern gehörten zum festlichen
Kopfputz der Männer.

028 |

KNOCHENDOLCH

Neuguinea, Sepik-Gebiet
(Kasuar-) Knochen
L: 34,7 cm, B: 5 cm
um 1900
RPM Inv. Nr. V 481

Beschnitzte Dolche aus Knochen
wurden von den Männern auch in
einem Oberarmband als Schmuck
getragen.

030 |

NASENSCHMUCK

Neuguinea, Astrolabe Bay
Perlmutt
um 1900
RPM Inv. Nr. V 814

Nasenschmuck zählte in Neuguinea zur üblichen Schmuckausstat-
tung der Männer und wurde durch
ein Loch in der Nasenscheidewand
gezogen.

031 |

STIRNBINDE

Neuguinea, Sepik-Küstengebiet
Pflanzenfasern, Rotang, Nassa, Hundezähne
L: 40,5 cm, H: 6,5 cm
RPM Inv. Nr. V 864

Mit Scheibchen aus der Schale der Nassa-Schnecke und Hundezähnen verzierte
Stirnbinden gehörten im gesamten Sepik-Küstengebiet zum Schmuck der Männer.

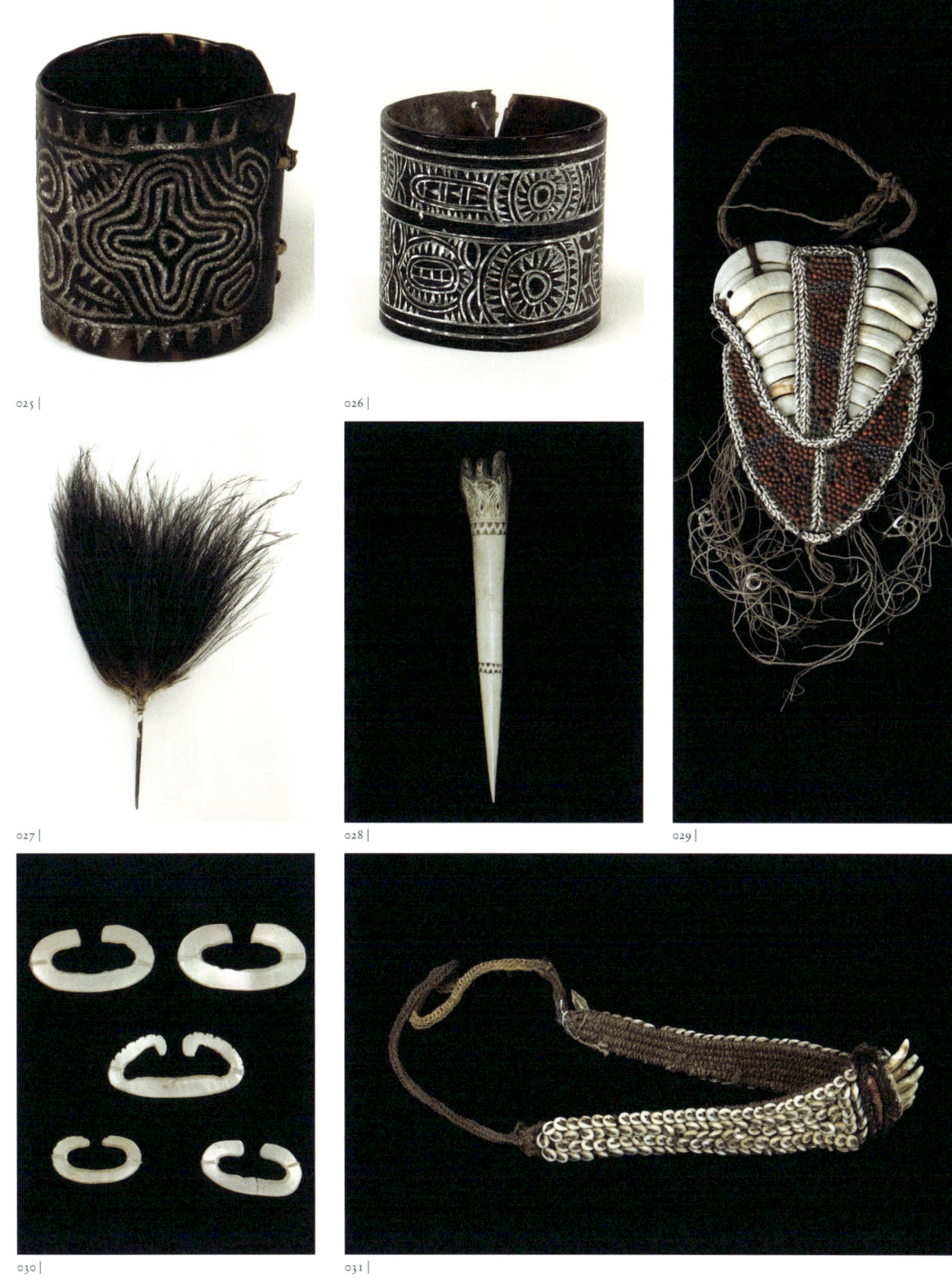

025 |

026 |

027 |

028 |

029 |

030 |

031 |

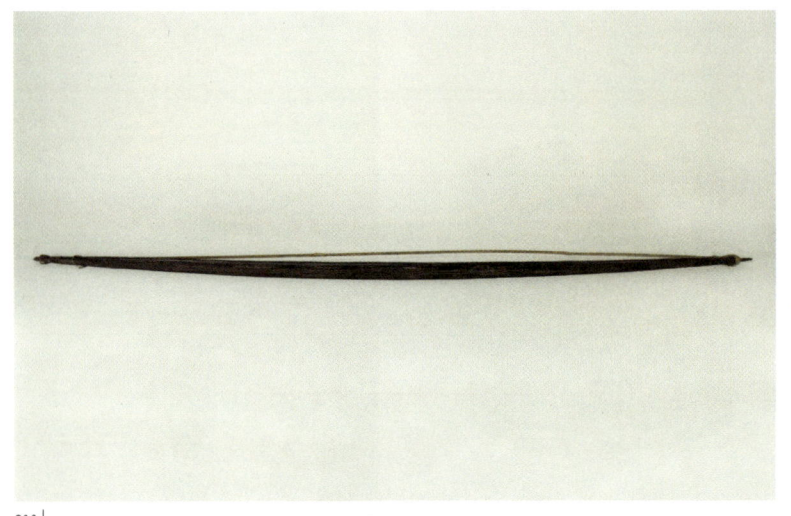

032 |

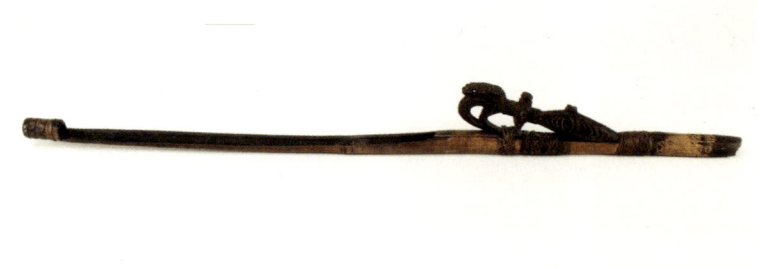

033 |

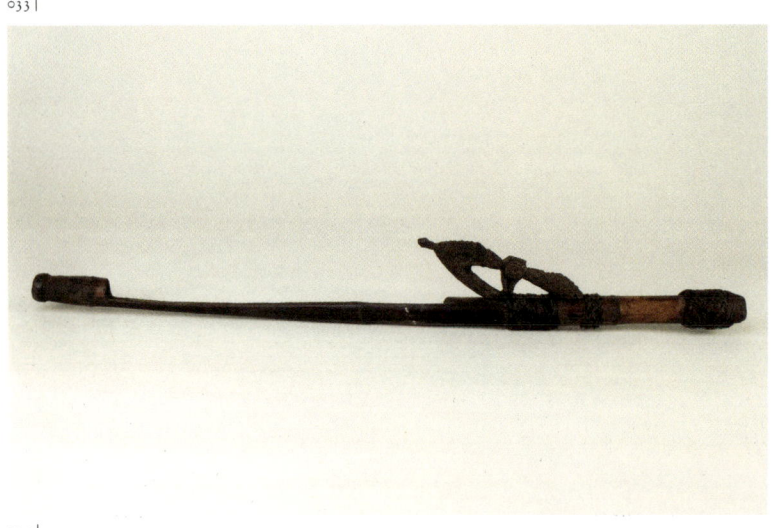

034 |

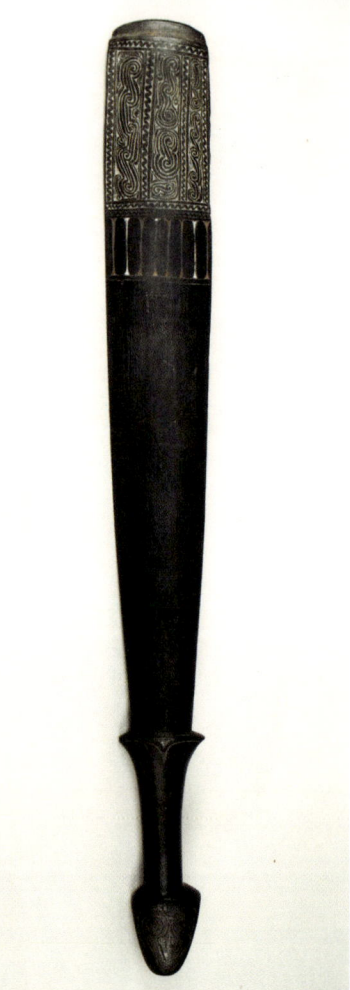

035 |

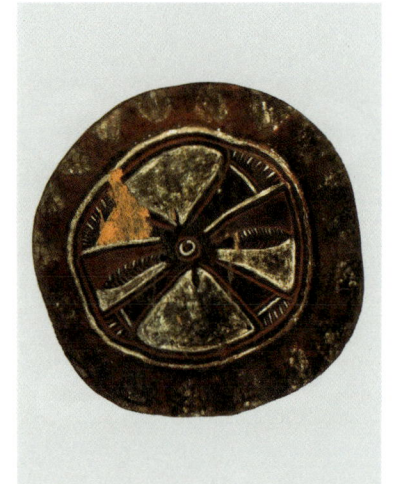

041 |

032 |

BOGEN

West-Neuguinea (Irian Jaya)
Holz, Bambus
H: 171,5 cm, B: 4 cm
um 1900
RPM Inv. Nr. V 927

In verschiedenen Regionen der Insel Neuguinea dienten Pfeil und Bogen als Jagd- und auch als Kriegswaffen.

033 |

SPEERSCHLEUDER

Neuguinea, Sepik-/Ramu-Küstengebiet, Bogia
Bambus, Holz, Rotang
L: 86 cm
Slg. H. Großkopf, vor 1900
RPM Inv. Nr. V 445

Die hölzerne Auflage für den Speer ist hier in Form eines stilisierten Vogels gearbeitet; daneben kommen häufig auch abstrahierte Krokodilmotive vor.

034 |

SPEERSCHLEUDER

Papua Neuguinea, Sepik-/Ramu-Küstengebiet
Bambus, Holz, Rotang
L: 71 cm, H: 9 cm
Slg. Kap. Niedermeyer, 1902
RPM Inv. Nr. V 602

Durch die Verwendung von Speerschleudern konnten Reichweite und Durchschlagskraft der Speere erhöht werden.

035 |

KEULE

Neuguinea, Massim-Region,
Trobriand-Inseln
Holz, Kalk
L: 77 cm, B: 8,5 cm
Slg. C. A. Pöhl, vor 1890
RPM Inv. Nr. V 86

Kurven und spiralförmige Ornamente sind typisch für die Massim-Kunst; bemerkenswert ist die Darstellung stilisierter Vogelmotive, wie sie sich auf dem Griff der Kriegskeule finden.

041 |

KAMPFSCHILD

Neuguinea, Astrolabe-Bai, Insel
Bilbil
Holz, Pigmente
D: 90 cm, T: 7 cm
Slg. Neu-Guinea Compagnie, 1889
RPM Inv. Nr. V 770

Die in Ozeanien einzigartigen Rundschilde stellte man aus Brettwurzeln Bäume her. Ihre Bemalung zeigt vier gefingerte Arme sowie mehrere an Federn erinnernde Motive.

036 |

KAMPFSCHILD

Neuguinea, Huon-Golf
Holz, Pigmente
H: 154 cm, B: 40 cm
Slg. Neu-Guinea Compagnie, um
1894 (vor 1885 ?)
RPM Inv. Nr. V 764

Die über Feuer gewölbten Schilde
zeigen die Darstellung eines Geistwesens, das einen Kopfschmuck aus
Paradiesvogelfedern trägt.

037 |

KAMPFSCHILD

Neuguinea, Nordküste, Aitape-Region
Holz, Pigmente
H: 121 cm, B: 54 cm
Slg. Kap. Niedermeyer, um 1903
RPM Inv. Nr. V 833

Schilde der Aitape-Region sind wegen ihrer expressiven Bemalung bemerkenswert.
Große Augenpaare sind nicht näher bestimmten, stark abstrahiert dargestellten
Wesen zugeordnet.

042 |

RUFHORN

West-Neuguinea (Irian Jaya),
Cenderawasih-Bai
Tritonshorn *(Charonia tritonis L.)*
L: 32 cm
um 1900
RPM Inv. Nr. V 922

Aus der Schale der Tritonschnecke
gefertigte Ruf- oder Signalhörner
verwendete man in vielen Regionen
der Südsee.

044 |

HANDTROMMEL

Süd-Neuguinea, Papua-Golf
Holz, Echsenhaut, Rotang
H: 65,9 cm, D: 17 cm
Slg. Conrad Machens, um 1900
RPM Inv. Nr. V 17

Charakteristisch für Trommeln vom Papua-Golf sind die spitz zulaufenden Flügel
des unteren Trommelteils, auf denen zumeist stilisierte Gesichter eingeschnitzt sind.

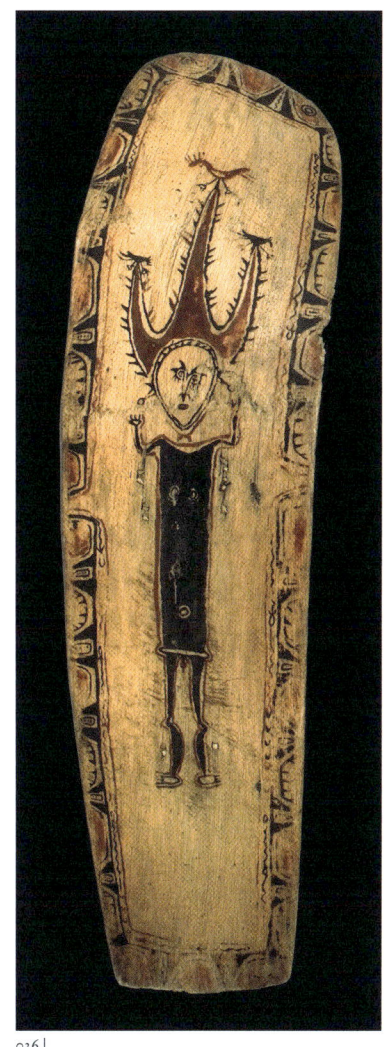

036 |

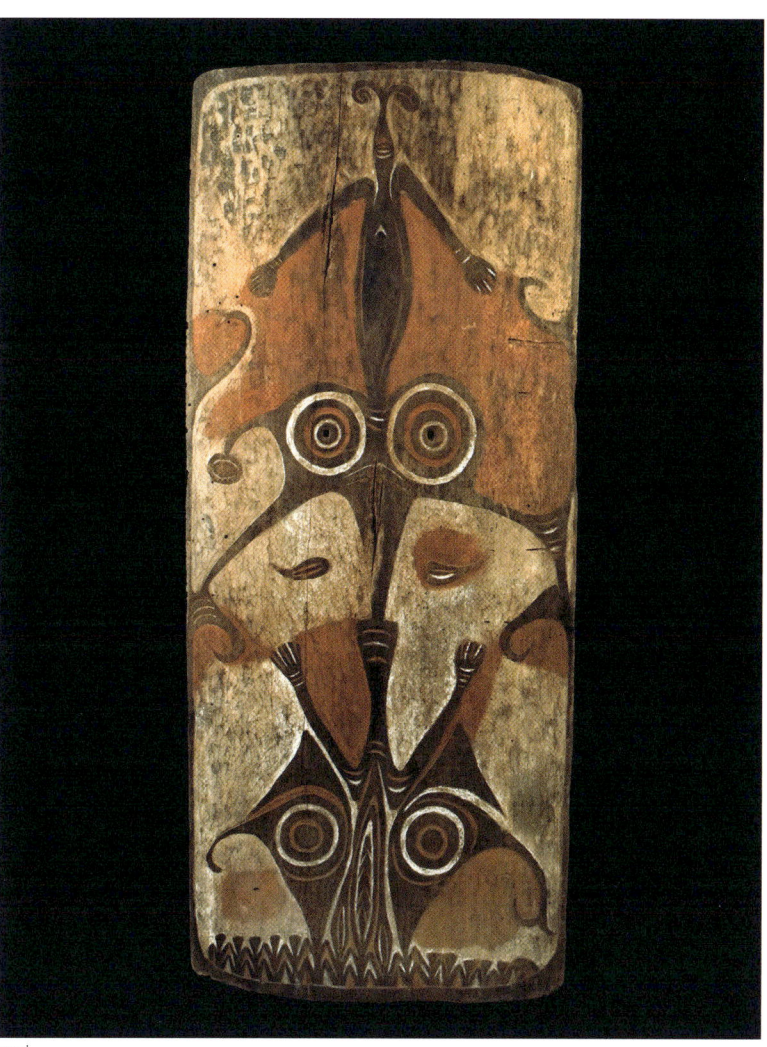

037 |

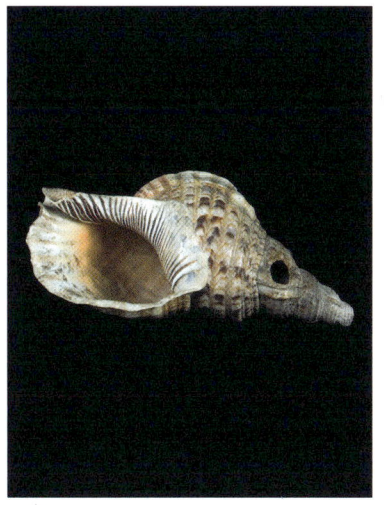

042 |

044 |

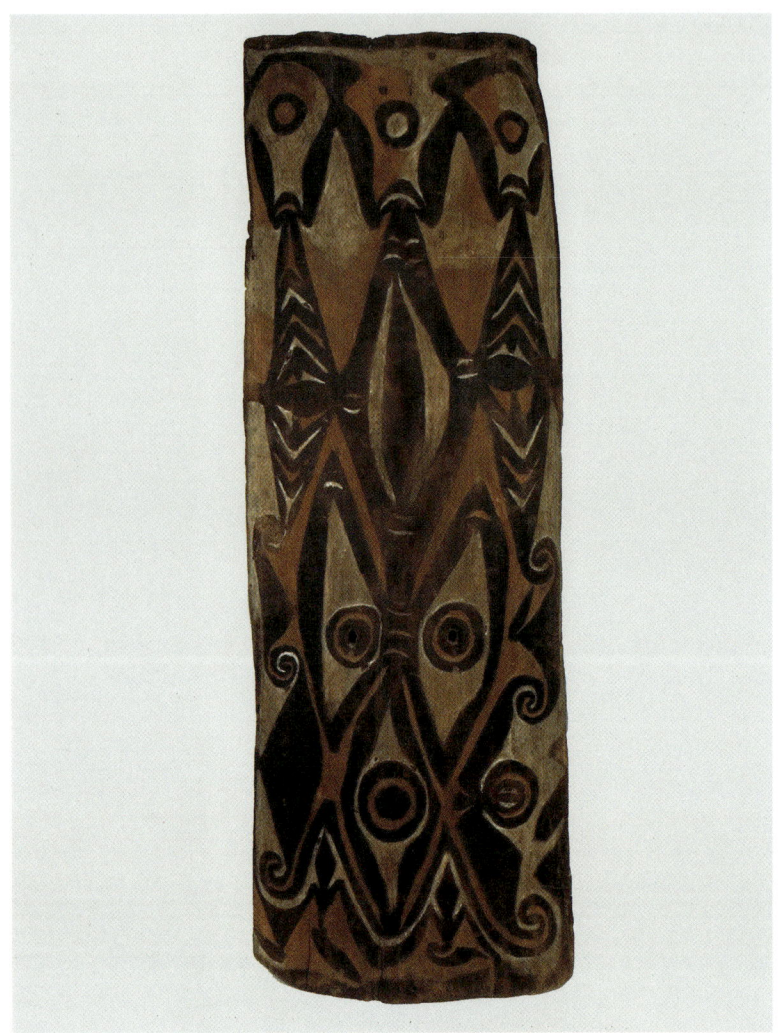

038 |

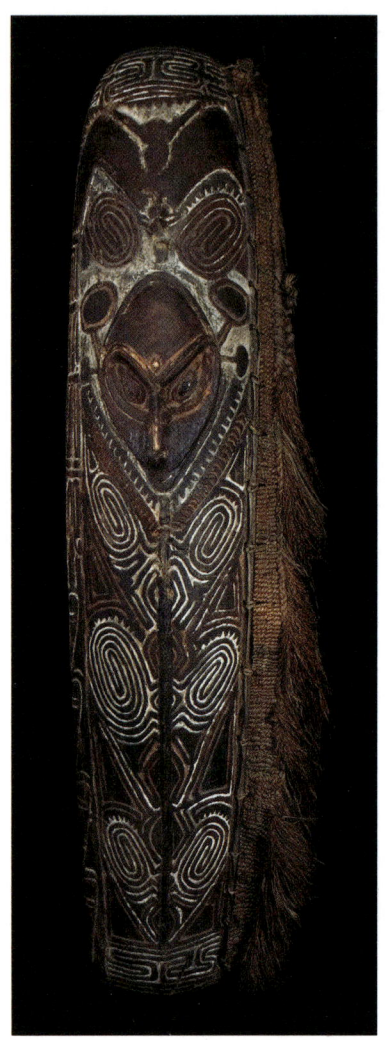

039 |

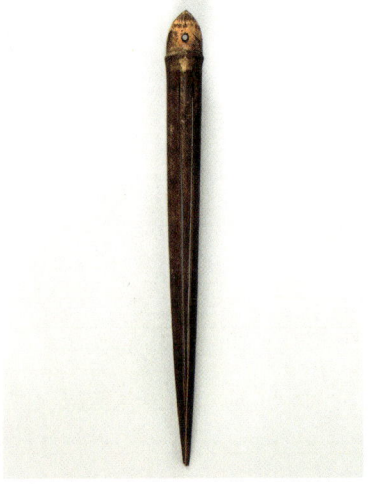

043 |

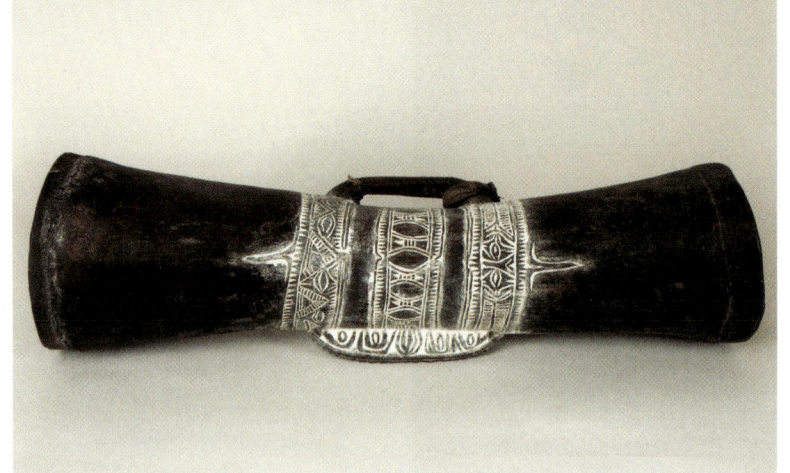

045 |

KAMPFSCHILD

Neuguinea, Nordküste, Aitape Region
Holz, Pigment
H: 135 cm, B: 48 cm
Slg. Kap. Niedermeyer, 1902
RPM Inv. Nr. V 832

Gewölbte Tragbandschilde, an einer Schlaufe über der Schulter getragen, schützen den Krieger und ließen zugleich den Gebrauch von Pfeil und Bogen zu.

KAMPFSCHILD

Neuguinea, Ramu-Mündungsgebiet (Hansabucht)
Holz, Pflanzenfasern, Rotang, Pigmente
H: 160 cm, B: 50 cm
Slg. Kap. Niedermeyer, 1903
RPM Inv. Nr. V 830

Die Vorderseite des Schilds zeigt oberhalb des ausgearbeiteten Maskengesichts die stilisierte Darstellung eines geflügelten Tieres. Das Schild diente zur Abwehr von Speeren.

MAULTROMMEL

Neuguinea, Nordküste
Bambus
L: 25 cm, B: 2,5 cm
vor 1901
RPM Inv. Nr. V 868

Die einfachen aus Bambusabschnitten gefertigten Maultrommeln finden sich vielerorts auf der Insel Neuguinea.

TROMMEL

Neuguinea, Huon-Halbinsel, Finschhafen
Holz, Kalk, Rindenbaststoff
H: 70 cm, D: 21 cm
RPM Inv. Nr. V 887

In den äußeren Ornamentbändern der sanduhrförmigen Trommel sieht man stark stilisierte Gesichtsmotive, wie sie in der Kunst der Huon-Golf-Region häufig zu finden sind.

040 |

KAMPFSCHILD

Neuguinea, Ramu-Küstengebiet,
Insel Manam
Holz, Rotang, Pflanzenfasern,
Pigment
H: 110 cm, B: 32 cm
Slg. Kap. Niedermeyer, 1901
RPM Inv. Nr. V 831

Der flache Tragbandschild zeigt
ein zentrales Maskengesicht sowie
Spiralmotive, wie sie sich auch auf
anderen Objekten aus dieser Region finden.

046 |

HANDTROMMEL

Neuguinea, Sepik-/Ramu-Mündungsgebiet
Holz, Echsenhaut, Rotang, Conus, Pigment
H: 59 cm, D: 18 cm
Slg. Kap. Niedermeyer, 1902
RPM Inv. Nr. V 587

Den Trommelkorpus zieren vier stilisierte, in Reliefschnitzerei gearbeitete Gesichter,
während die Enden des Griffes von plastisch geschnitzten Masken gebildet werden.

049 |

FÜSSE EINER SCHLITZTROMMEL

Neuguinea, Sepik-/Ramu-Küstengebiet
Holz
L: 68 cm, H: 19,5 cm, T: (b) 22 cm, (c) 17,3 cm
Slg. Kap. Niedermeyer, 1901
RPM Inv. Nr. V 585 b, c

Die mächtigen Schlitztrommeln ruhten auf hölzernen Füßen, die bei diesem Paar mit
naturalistisch anmutenden Tierköpfen verziert sind.

047 |

SCHLITZTROMMEL

Neuguinea, Sepik-/Ramu-Küstengebiet
Holz, Kokosfasern, Kalk
H: 34 cm, B: 188 cm, T: 65 cm
Slg. Kapitän Niedermeyer, 1901
RPM Inv. Nr. V 584

Zum Inventar der Männerhäuser gehörten die großen Schlitztrommeln, die sowohl im zeremoniellen Rahmen, als auch für Kommu-
nikationszwecke Verwendung fanden.

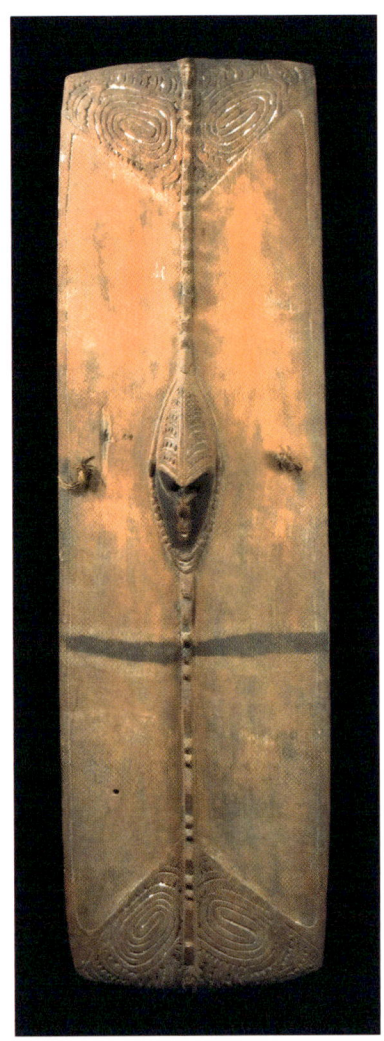

040 |

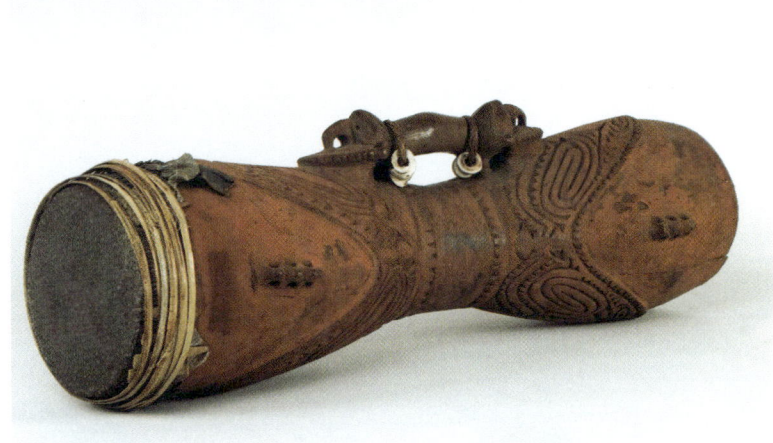

046 |

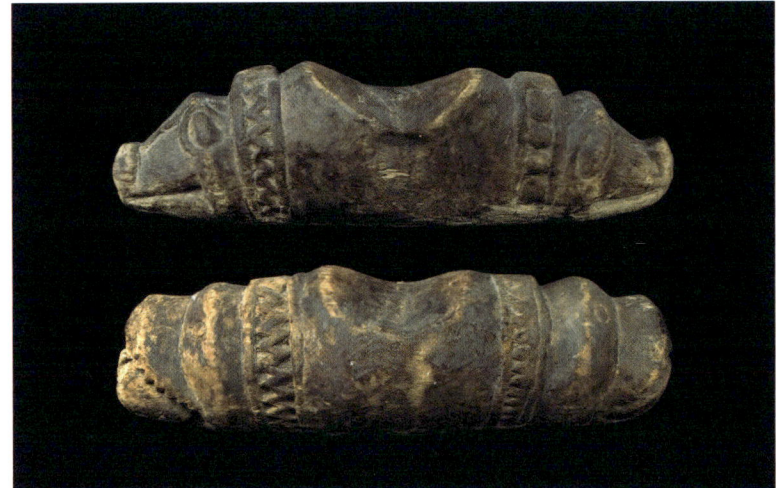

049 |

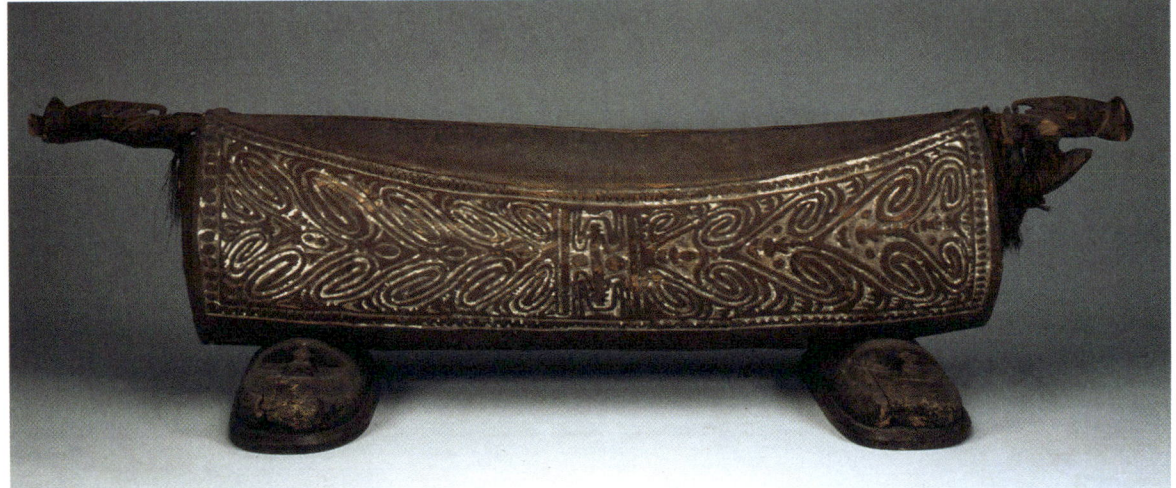

047 |

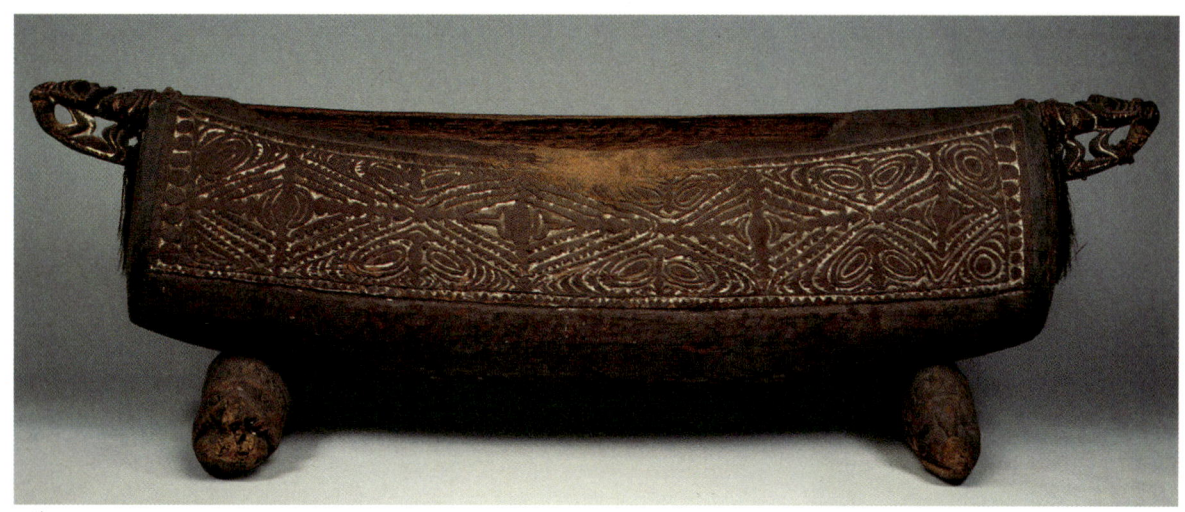

048 |

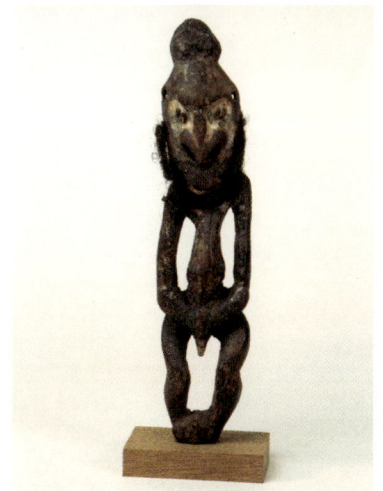

050 |

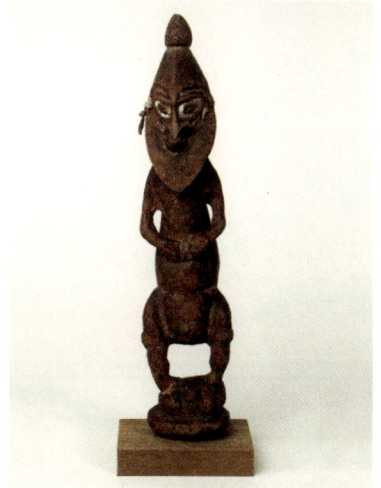

051 |

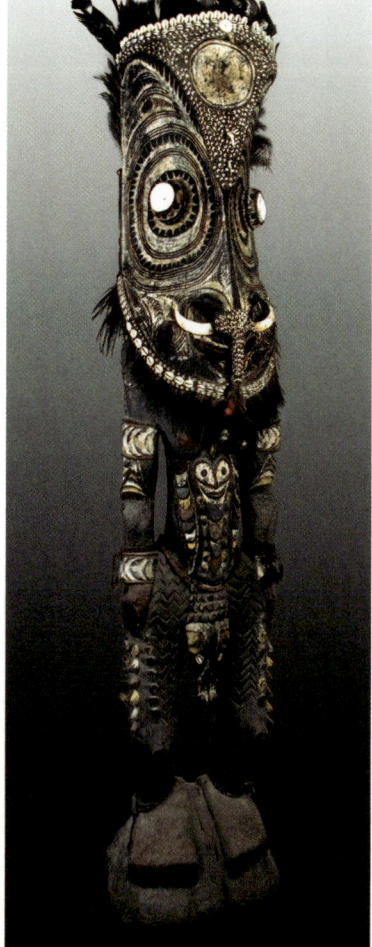

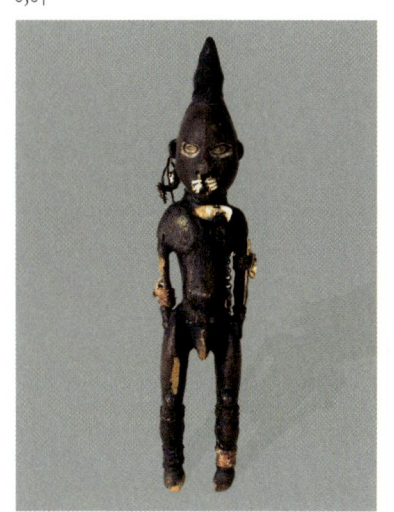

052 |

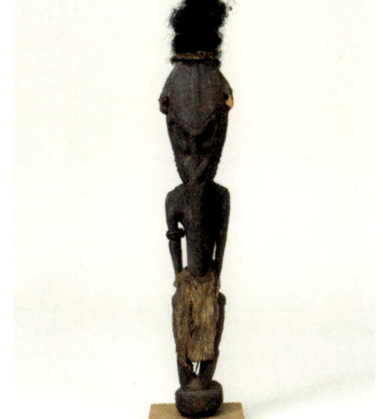
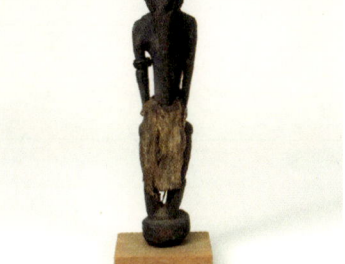

053 |

054 |

048 |

SCHLITZTROMMEL

Neuguinea, Sepik-/Ramu-Küstengebiet
Holz, Kokosfasern, Rotang, Kalk
H: 53 cm, B: 239 cm, T: 45 cm
Slg. Kapitän Niedermeyer, 1901
RPM Inv. Nr. V 585

Die Hockfiguren an den Griffteilen entsprechen der figürlichen Kleinplastik der Region, die zwischen annähernd realistischen und abstrahierenden Darstellungen wechselt.

050 |

MÄNNLICHE FIGUR

Neuguinea, Nordküste
Holz, Haar, Pigment
H: 22 cm
RPM Inv. Nr. V 858

Neben stark stilisierten, beinahe vogelähnlichen Gesichtern kennt die Kleinplastik der Nordküste auch annähernd realistisch ausgearbeitete Gesichtsformen.

051 |

WEIBLICHE FIGUR

Neuguinea, Nordküste
Holz, Rotang, Pigment
H: 23 cm
RPM Inv. Nr. V 856

Männliche wie weibliche Figuren werden zumal in der älteren Literatur häufig als „Ahnenfiguren" bezeichnet, doch bleiben ihre Bedeutung und Funktion weitgehend ungewiss.

054 |

MÄNNLICHE FIGUR

Neuguinea, Mittlerer Sepik
Holz, Muschel- und Schnecken-schalen, Eberhauer, Kittmasse, Federn, Pigmente (u.a.)
H: 203 cm, B: 55 cm, T: 50 cm
RPM Inv. Nr. V 10400

Die große Figur ist stilistisch der Mittelsepik-Region zugehörig; sie weist jedoch eine Vielfalt an Dekorelementen auf, die in der traditionellen voreuropäischen Kunst so nicht zu finden ist.

052 |

MÄNNLICHE FIGUR

Neuguinea, Unterer Sepik/Ramu
Holz, Rotang, Schnur, Schnecken-schalen (Conus, Nassa), Muschel-schale, Rochenstachel, Pigment
H: 39,5 cm
RPM Inv. Nr. V 1147

Mit ihrer aufwendigen Dekoration vermittelt diese Skulptur ein Bild des tatsächlichen Schmucks erwachsener Männer.

053 |

MÄNNLICHE FIGUR

Neuguinea, Unterer Sepik/Nord-küste
Holz, Haar, Rindenbaststoff, Rotang
H: 33 cm
Slg. Kap. Niedermeyer, 1902
RPM Inv. Nr. V 594

Die lange und bis zum Nabel reichende Nase entspricht einem Stil der Gesichtsdarstellung, wie er am Unterlauf des Sepik sowie den angrenzenden Küstengebieten verbreitet ist.

055 |

MASKE

Neuguinea, Nordküste, Ramu-
Küstengebiet, Bogia
Holz, Pflanzenfasern, Perlmutt,
Pigment
H: 51,0 cm, B: 26,0 cm
Slg. H. Großkopf, um 1900
RPM Inv. Nr. V 448

Gesichtsmasken, erkennbar an den
Augenlöchern, waren Teil eines aufwendigen, den ganzen Körper eines
Maskenträgers verbergenden Ko-
stüms aus pflanzlichen Materialien.

056 |

MASKE

Neuguinea, Ramu-Küstengebiet,
Bogia
Holz, Pflanzenfasern, Pigment
H: 33,5 cm, B: 12 cm
Slg. H. Großkopf, um 1900
RPM Inv. Nr. V 543

Maskenkostüme stellten im Rahmen von religiösen Zeremonien
verschiedene Ahnenwesen dar;
nach ihrer Verwendung verwahrte
man die hölzernen Masken in den
Männerhäusern.

057 |

MASKE

Neuguinea, Unterer Sepik/Ramu
Holz, Pigment
H: 32,5 cm B: 14,5 cm
Slg. H. Großkopf, um 1900
RPM Inv. Nr. V 542

Zahlreiche, nur noch zum Teil erhaltene Durchbohrungen am Rand
des Maskengesichts deuten auf den
dort ursprünglich angebrachten
Schmuck aus Pflanzenfasern hin.

058 |

MASKE

Neuguinea, Nordküste
Holz, Rotang, Kittmasse, Nassa,
Pigment
H: 31 cm, B: 18 cm
Slg. Kap. Niedermeyer, 1902
RPM Inv. Nr. V 819

Die vollständig erhaltene Umflechtung dieser Gesichtsmaske lässt noch
Teile der früheren Verzierung aus
Kittmasse und den Schalenabschnit-
ten der Nassa-Schnecke erkennen.

059 |

ÜBERMODELLIERTER
SCHÄDEL

Neuguinea, Mittlerer Sepik
Knochen, Ton, Kittmasse, Haar,
Perlmutt, Pigment
H: 17 cm, B: 15 cm, T: 22 cm
Slg. Mirow, 1914
RPM Inv. Nr. V 10172

Die verzierten Schädel verwahrte man
in den Männerhäusern, wo sie die Erinnerung an die Vorfahren, die Herkunft und die Geschichte der Männer-
hausgemeinschaft wach hielten.

060 |

ÜBERMODELLIERTER
SCHÄDEL

Neuguinea, Mittlerer Sepik
Knochen, Ton, Kittmasse, Haar,
Rotang, Perlmutt, Nassa, Kauri,
Pigment
H: 16 cm, B: 16 cm, T: 23 cm
Slg. Thorhauer, 1925
RPM Inv. Nr. V 10174

061 |

ÜBERMODELLIERTER
SCHÄDEL

Neuguinea, Mittlerer Sepik
Knochen, Ton, Kittmasse, Haar,
Pigment, Conus
H: 20 cm, B: 17 cm, T: 23 cm
RPM Inv. Nr. V 34

Die Dekoration der Schädelplastiken lehnte sich an die festlichen
Gesichtsbemalungen der Männer
an.

066 |

GEFÄSS

Admiralitätsinseln
Holz, Schnur, Samenkapseln *(Palaquium ssp.)*, Perlen aus Schneckenschale
L: 30,7 cm, D: 16 cm, H: 9,5 cm
RPM Inv. Nr. V 506

Die Figur mit typischer Haartracht zeigt die charakteristische starre Haltung anthro-
pomorpher Bildwerke von den Admiralitätsinseln.

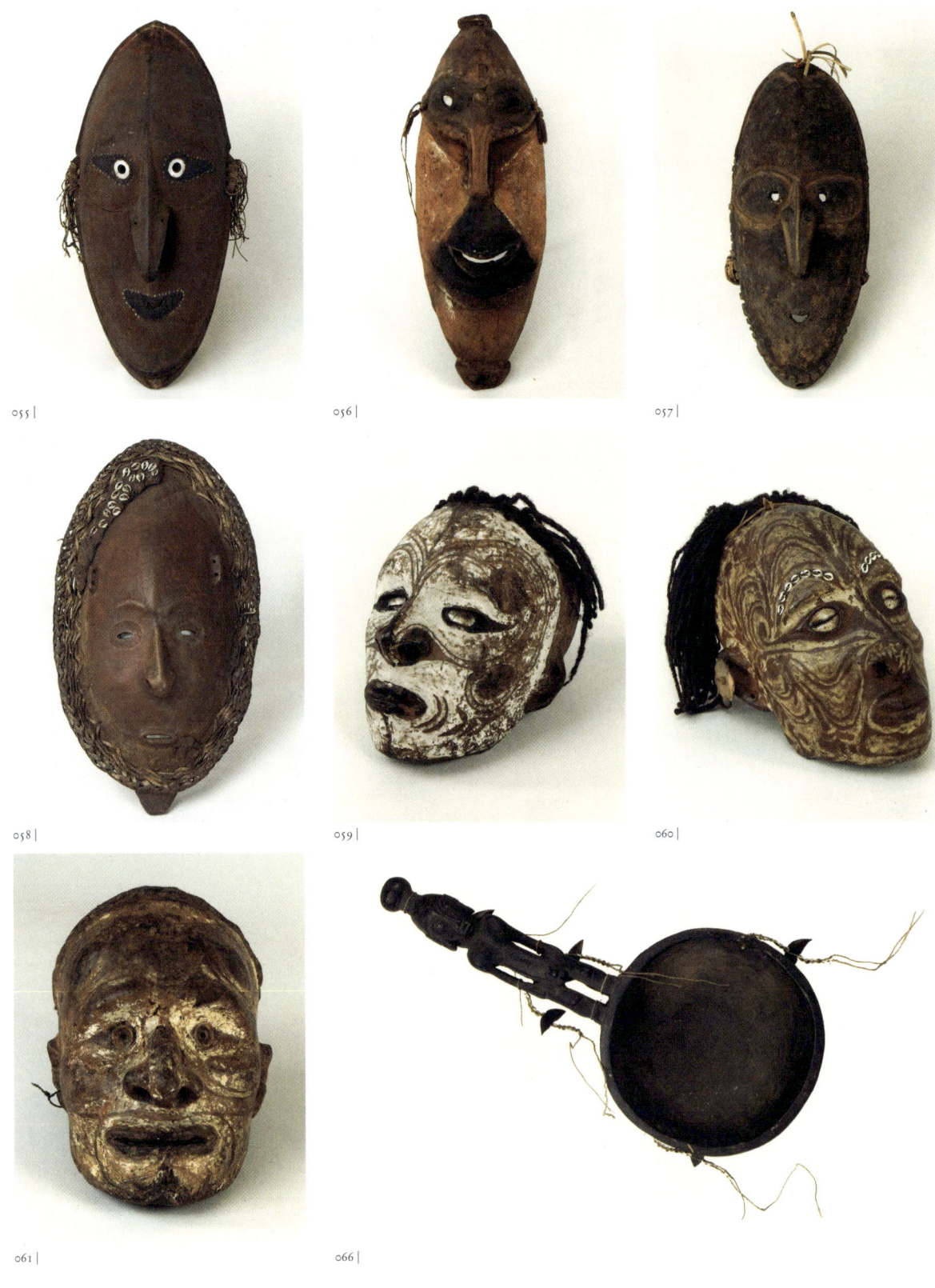

055 |

056 |

057 |

058 |

059 |

060 |

061 |

066 |

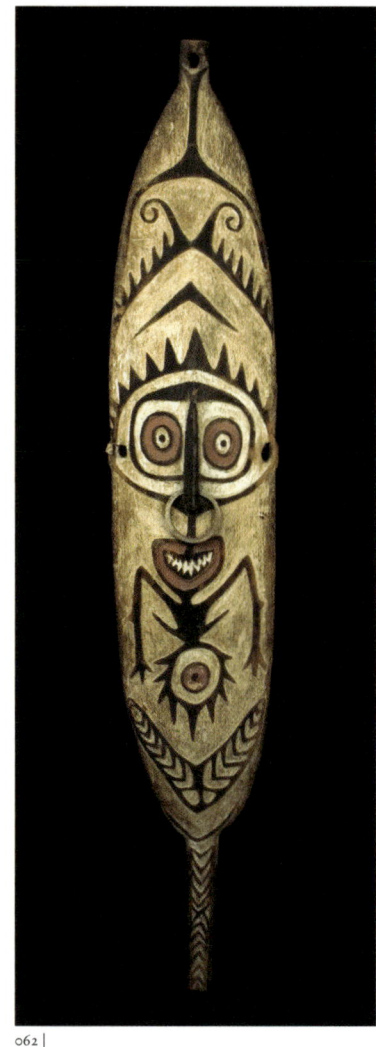

062 |

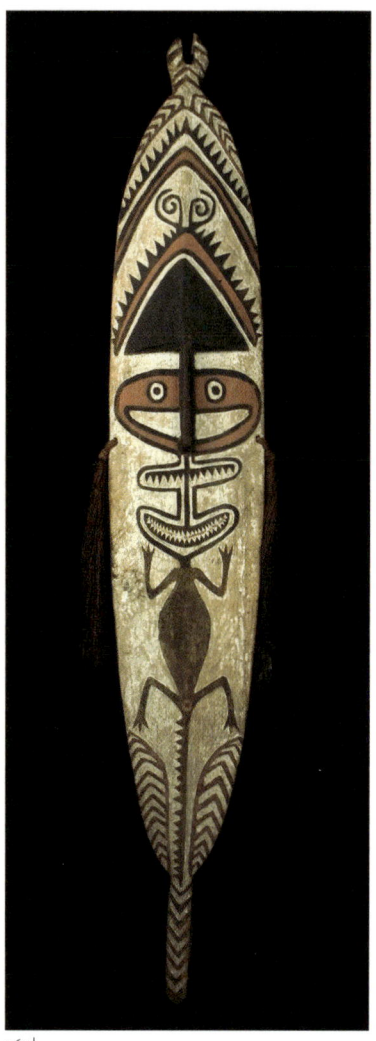

063 |

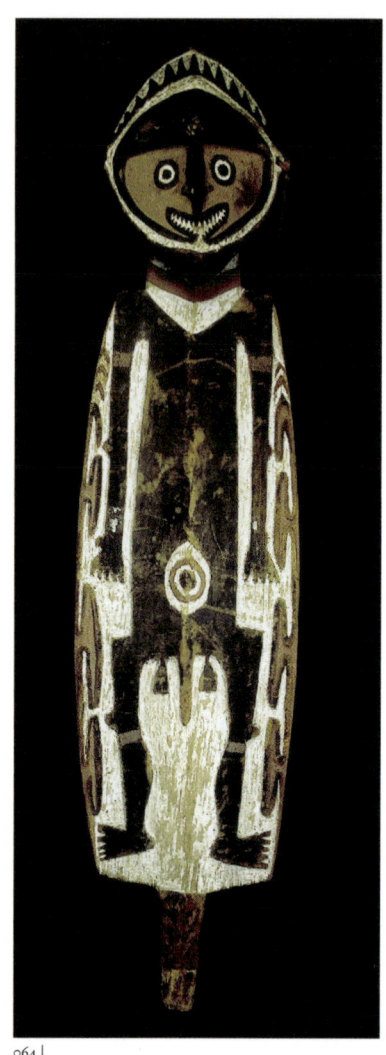

064 |

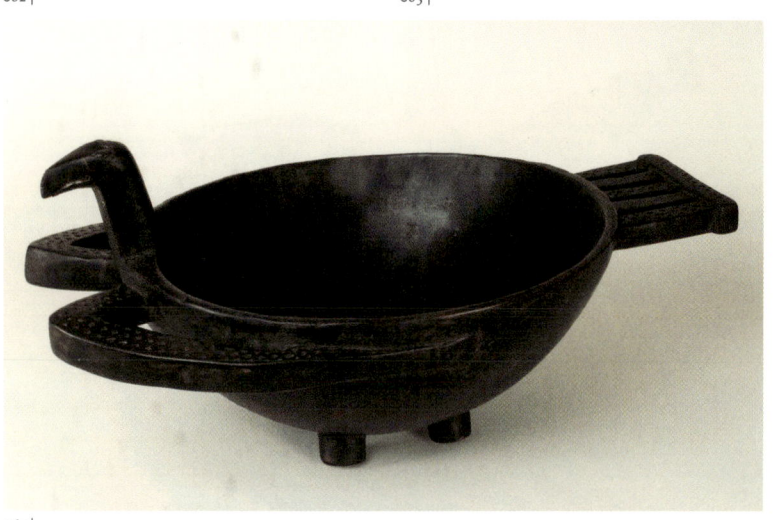

065 |

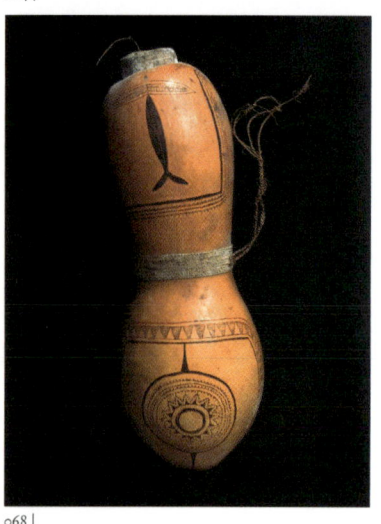

068 |

HOHAO-BRETT

Neuguinea, Papua-Golf
Holz, Pigmente, Kokosfasern
H: 143 cm, B: 25 cm
Slg. H. Roemer, vor 1894
RPM Inv. Nr. V 1090

Die Bretter befanden sich im Besitz
einzelner Mitglieder der Männer-
hausgemeinschaft, die sie in den
Männerhäusern verwahrten, wo
sie entlang den Wänden aufgestellt
waren.

HOHAO-BRETT

Neuguinea, Papua-Golf
Holz, Pigmente, Kokosfasern
H: 167,5 cm, B: 26 cm
RPM Inv. Nr. V 1089

Die als Relieffiguren dargestellten
Ahnenwesen standen als Mittler
zwischen der Welt der Lebenden
und den Kräften der Schöpfungs-
zeit im Zentrum von Jagdritualen.

HOHAO-BRETT

Neuguinea, Papua-Golf (Elema)
Holz, Pigmente, Kokosfasern
H: 149 cm, B: 36 cm
Slg. H. Roemer, vor 1894
RPM Inv. Nr. V 1088

Während die meisten *hohao*-Bretter
dem Gesicht Vorrang geben, ist hier
die gesamte Gestalt abgebildet. Bei
den Elema stellten diese Figuren
bedeutende Clanahnen dar.

SPEISESCHALE

Admiralitätsinseln
Holz
H: 22 cm, D: 32,5 cm, L: 48,5 cm
Slg. Kap. Niedermeyer, um 1902
RPM Inv. Nr. V 822

Schalen in Tierform – neben vogelförmigen Schalen kennen wir auch solche in Hun-
degestalt – dienten bei festlichen Anlässen als Essgefäß.

KALKGEFÄSS

St. Matthias Inseln (Bismarck
Archipel)
Kürbisschale, Holz, Pflanzenfasern
H: 31,5 cm, D: 12 cm
vor 1908
RPM Inv. Nr. V 5638

Die mit Brandmalerei verzierten
Kalebassen zeichnen sich durch eine
recht freie Ornamentierung aus.

067 |

KALKSPATEL

Admiralitätsinseln
Holz, Hundezähne, Samenkapseln *(Palaquium ssp.)*, Baumwolltuch, Schnur
H: 46,5 cm
RPM Inv. Nr. V 6605

Wie die Dolche werden auch die Kalkspatel von anthropomorphen Figuren geziert; letztere sind häufig mit Attributen der Ahnenwelt, wie z.B. Tierdarstellungen, verbunden.

069 |

BRUSTSCHMUCK *KAPKAP*

Admiralitätsinseln
Muschel *(Tridacna gigas)*, Schild-patt, Glasperle, Schnur, Pflanzensamen *(Coix lacrimae)*
D: 4,6 cm
RPM Inv. Nr. V 6575

Charakteristisch für viele *kapkap* von den Admiralitätsinseln sind die Ritzzeichnungen am Rand der Muschelscheibe.

070 |

BRUSTSCHMUCK *KAPKAP*

Admiralitätsinseln
Muschel *(Tridacna gigas)*, Schild-patt, Glasperle, Schnur
D: 5 cm
RPM Inv. Nr. V 6569

071 |

BRUSTSCHMUCK *KAPKAP*

Admiralitätsinseln
Muschel *(Tridacna gigas)*, Schild-patt, Schnur
D: 11,5 cm
RPM Inv. Nr. V 614

Auf den Admiralitätsinseln trugen Männer die *kapkap* nicht nur an einer Schnur um den Hals, sondern auch als Teil des Kopfschmucks.

072 |

BRUSTSCHMUCK *KAPKAP*

Admiralitätsinseln
Muschel *(Tridacna gigas)*, Schild-patt, Zahn, Schnur
D: 10 cm
RPM Inv. Nr. V 575

Die zentral ausgerichteten Schild-pattauflagen zeigen in ihrer übrigen Gestaltung recht große Freiheit.

073 |

BRUSTSCHMUCK *KAPKAP*

Admiralitätsinseln
Muschel *(Tridacna gigas)*, Schild-patt, Glasperle, Schnur
D: 4,7 cm
RPM Inv. Nr. V 6570

074–075 |

PENISSCHMUCK

Admiralitätsinseln
Ovula-Schneckenschalen *(Ovula ovum L.)*
L: 7,5 cm, B: 4 cm (V 507)
L: 6,6 cm, B: 4 cm (V 508)
RPM Inv. Nr. V 507, V 508

Die Schneckenschalen, deren Innen-windungen entfernt wurden, trugen erwachsene Männer bei Tänzen und im Kampf, wobei sie die Eichel in den Spalt der Schale klemmten.

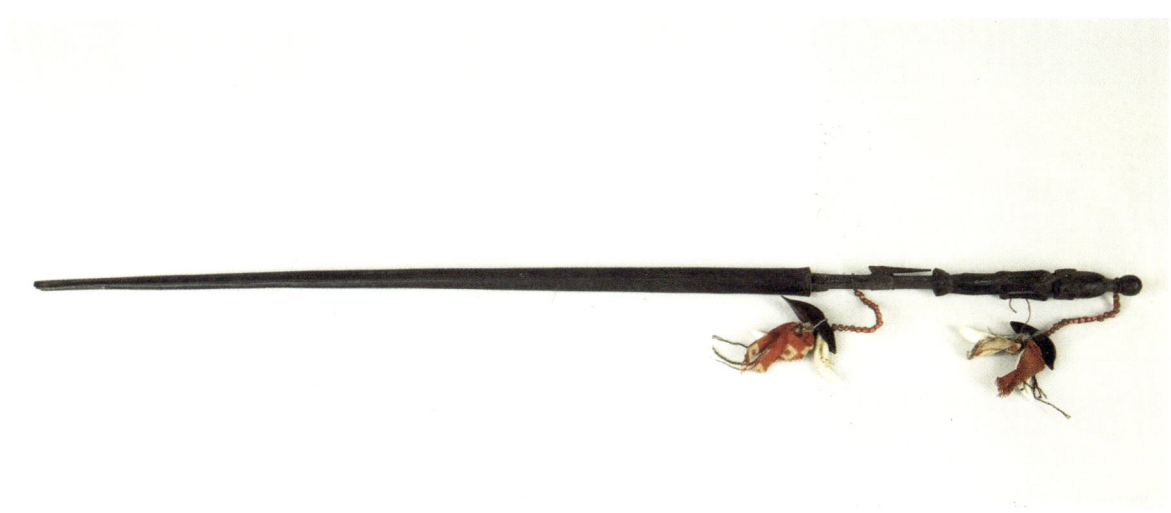

067 |

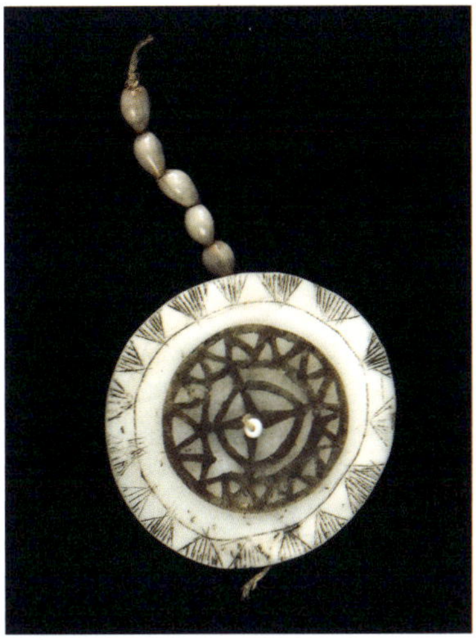

069 |

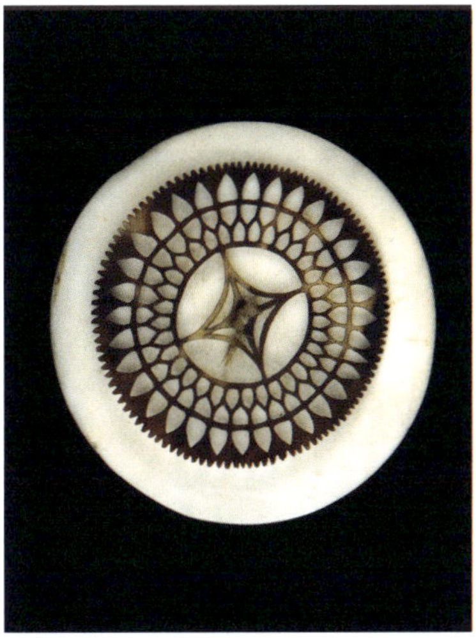

070 |

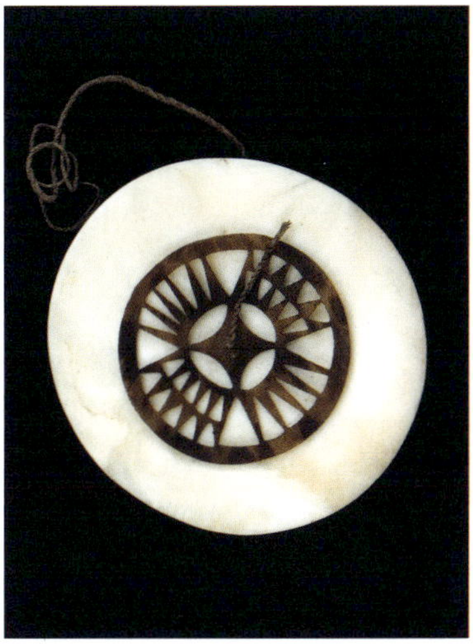

071 |

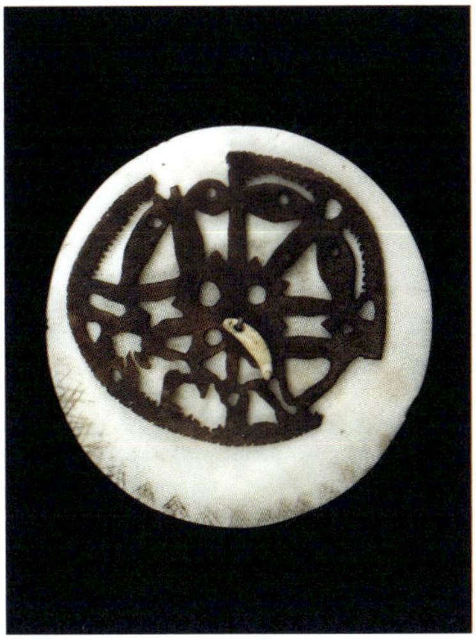

072 |

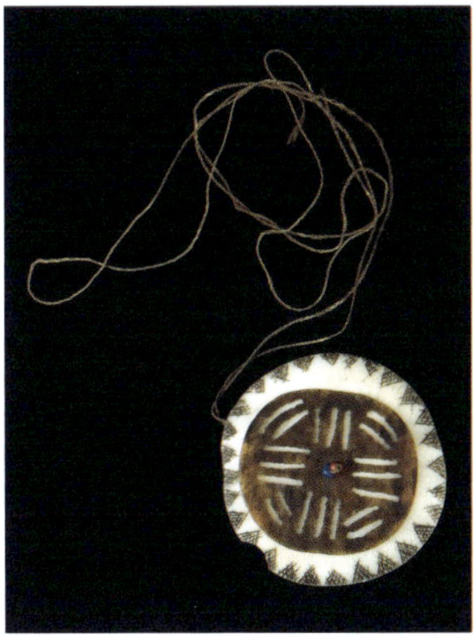

073 |

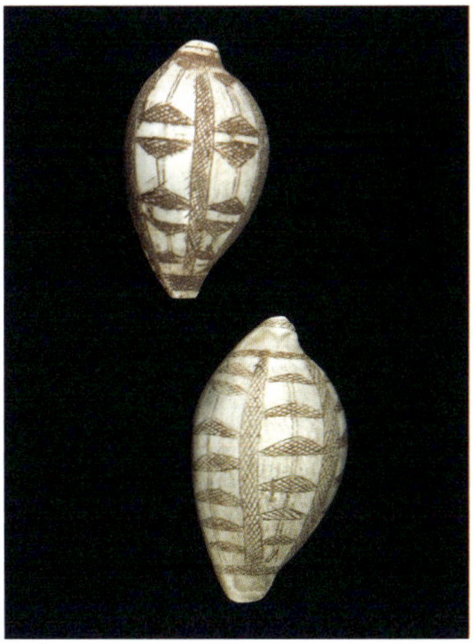

074 | 075

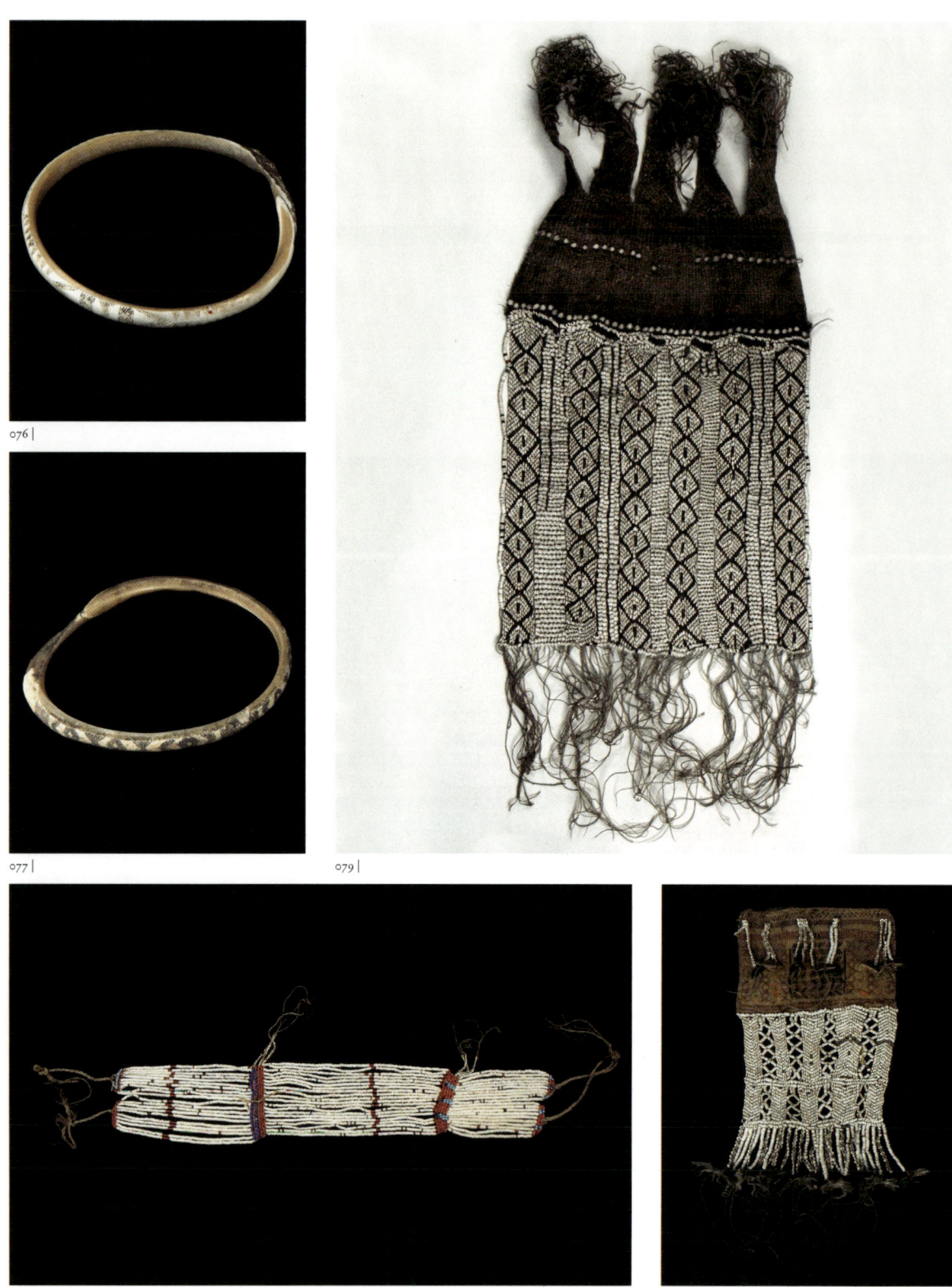

076 |

077 |

079 |

078 |

080 |

076 |

ARMRING

Admiralitätsinseln
Schneckenschale *(Trochus niloticus)*
D: 10,6 cm
RPM Inv. Nr. V 6583

Zur Herstellung der Ringe wurde
das Gewinde der großen Trochus-
Schnecken entfernt und das Ge-
häuse dann in schmale Ringe zer-
sägt.

077 |

ARMRING

Admiralitätsinseln
Schneckenschale *(Trochus niloticus)*
D: 9,2 cm
RPM Inv. Nr. V 6582

Ritzzeichnungen, wie sie sich auch
auf *kapkap* und Penisschmuck
finden, zieren die Außenseite der
Ringe.

078 |

SCHNECKENGELDGÜRTEL

Admiralitätsinseln
Pflanzenfasern, Conus-Scheibchen, Glasperlen, Kokos-Scheibchen
L: 65 cm, B: 11 cm
um 1900
RPM Inv. Nr. V 625

Die wertvollen Scheibchen aus den Schalen der Conus-Schnecke stellten Frauen auf
wenigen kleinen Inseln her; auch diese Männergürtel waren Teil der Brautausstat-
tung.

079 |

SCHURZ

Admiralitätsinseln
Schnur, Schneckengeld, Kokosscheibchen, Pflanzensamen *(Coix lacrimae)*, Federn
L: 55 cm, B: 35 cm
Slg. Mirow, 1903
RPM Inv. Nr. V 571

Die wertvollen Perlenschurze waren festliche Bekleidung der Männer, wurden bei der
Heirat aber auch von der Braut als Teil ihrer Ausstattung getragen.

080 |

SCHURZ

Admiralitätsinseln
Pflanzenfasern, Conus-Scheibchen,
Samenkapseln *(Palaquium ssp.)*,
Federn
L: 41,5 cm, B: 21,5 cm
vor 1879
RPM Inv. Nr. V 649

081 |

SCHURZ

Admiralitätsinseln
Pflanzenfasern, Conchylien
L: 96 cm, B: 36 cm
Slg. Spangenberg, 1924
RPM Inv. Nr. V 6563

082 |

SCHURZ

Admiralitätsinseln
Rindenbaststoff, Pflanzenfasern,
Schneckengeld, Samenkapseln *(Pa-laquium ssp.)*, Glasperlen, Federn
L: 95 cm, B: 65 cm
Slg. Kap. Niedermeyer, 1902
RPM Inv. Nr. V 627

Neben geflochtenen Schurzen fer-
tigten die Frauen auf den Admiralitätsinseln auch Schurze aus Rindenbaststoff – auch sie dienten den
Männern als Kleidung.

084 |

DOLCH

Admiralitätsinseln
Obsidian, Atuna-Kitt, Pigmente
L: 31,5 cm, B: 4,5 cm
RPM Inv. Nr. V 6593

Die Verwendung von Obsidian
zur Herstellung von Klingen und
Speerspitzen sowie einer Kittmasse
aus Baumsamen *(Atuna racemosa
Raf.)* sind typisch für die Admiralitätsinseln.

085 |

DOLCH

Admiralitätsinseln
Holz, Rochenstachel, Schnur,
Atuna-Kitt
L: 41 cm, B: 3,5 cm
RPM Inv. Nr. V 618

Zwischen einem schlichten Griff
und der Spitze aus Rochenstachel
befindet sich bei diesen Dolchen
eine fein ausgearbeitete Figur, wobei sich die Spitze zumeist an die
Frisur anschließt.

087 |

DOLCH

Admiralitätsinseln
Holz, Rochenstachel, Schnur,
Atuna-Kitt
L: 47 cm, B: 3,5 cm
um 1900
RPM Inv. Nr. V 619

Der Dolch zeigt eine ungewöhnliche Gestaltung des zumeist sehr
schlichten Griffs; eine Kopfplastik
ersetzt zudem die sonst zwischen
Griff und Spitze eingefügte Figur.

086 |

DOLCH

Admiralitätsinseln
Holz, Rochenstachel, Schnur,
Atuna-Kitt, Glasperlen
L: 51 cm, B: 3 cm
RPM Inv. Nr. V 505

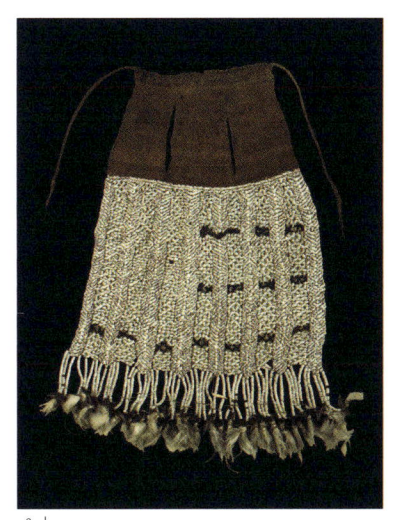

081 |

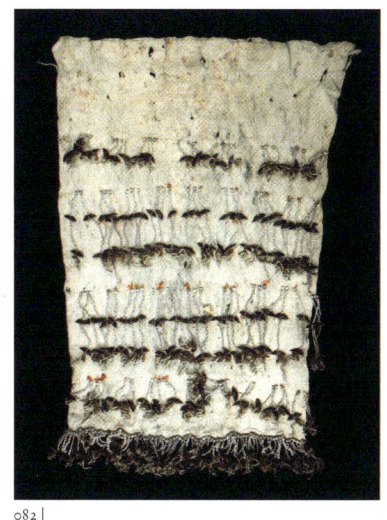

082 |

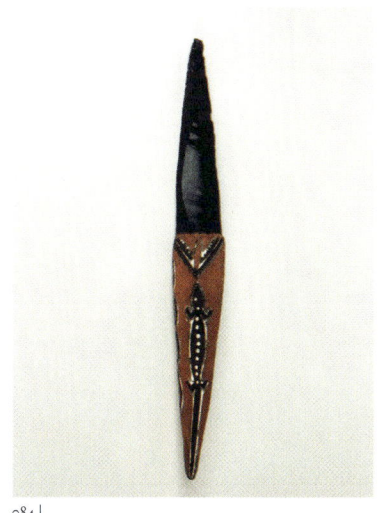

084 |

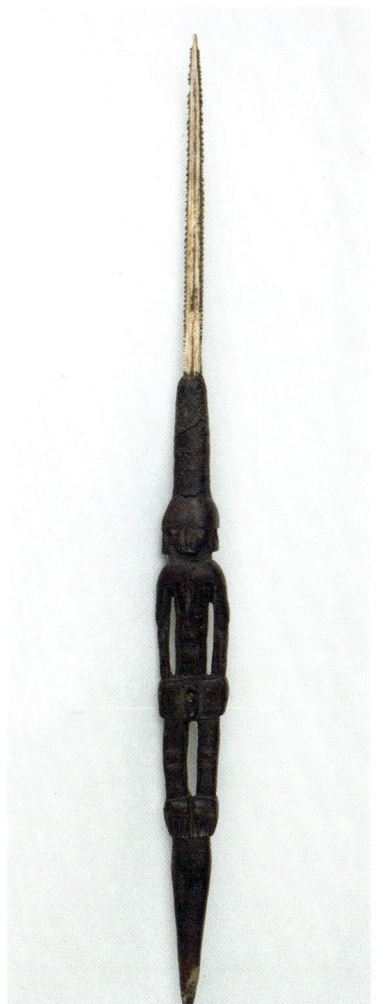

085 |

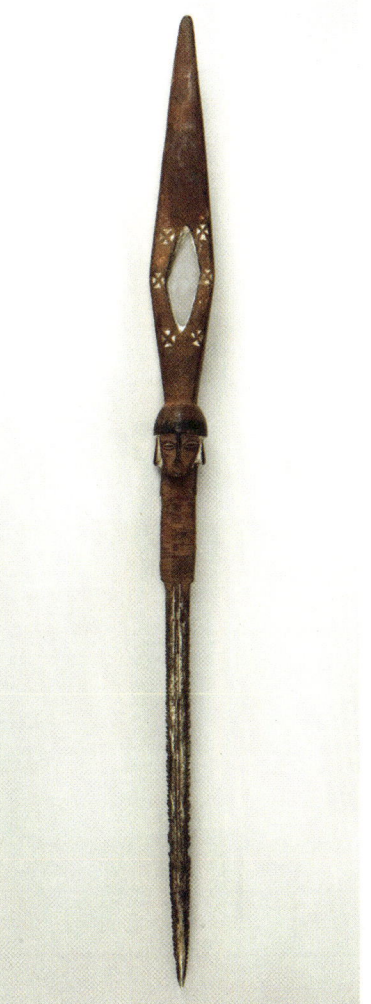

087 |

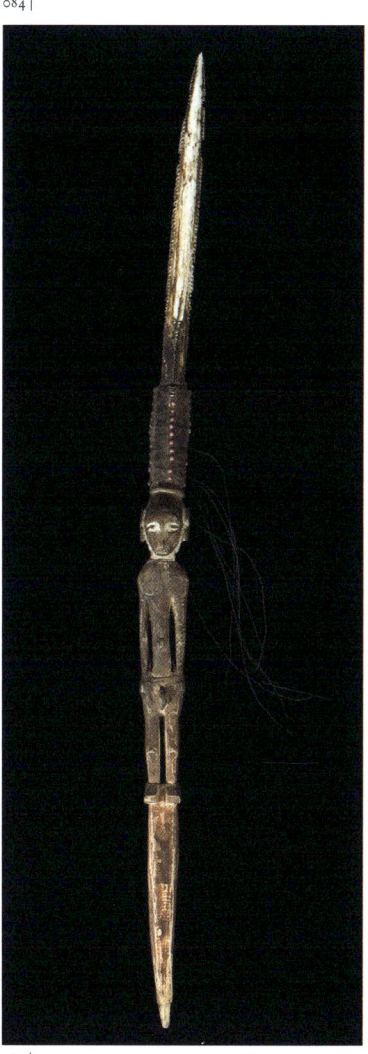

086 |

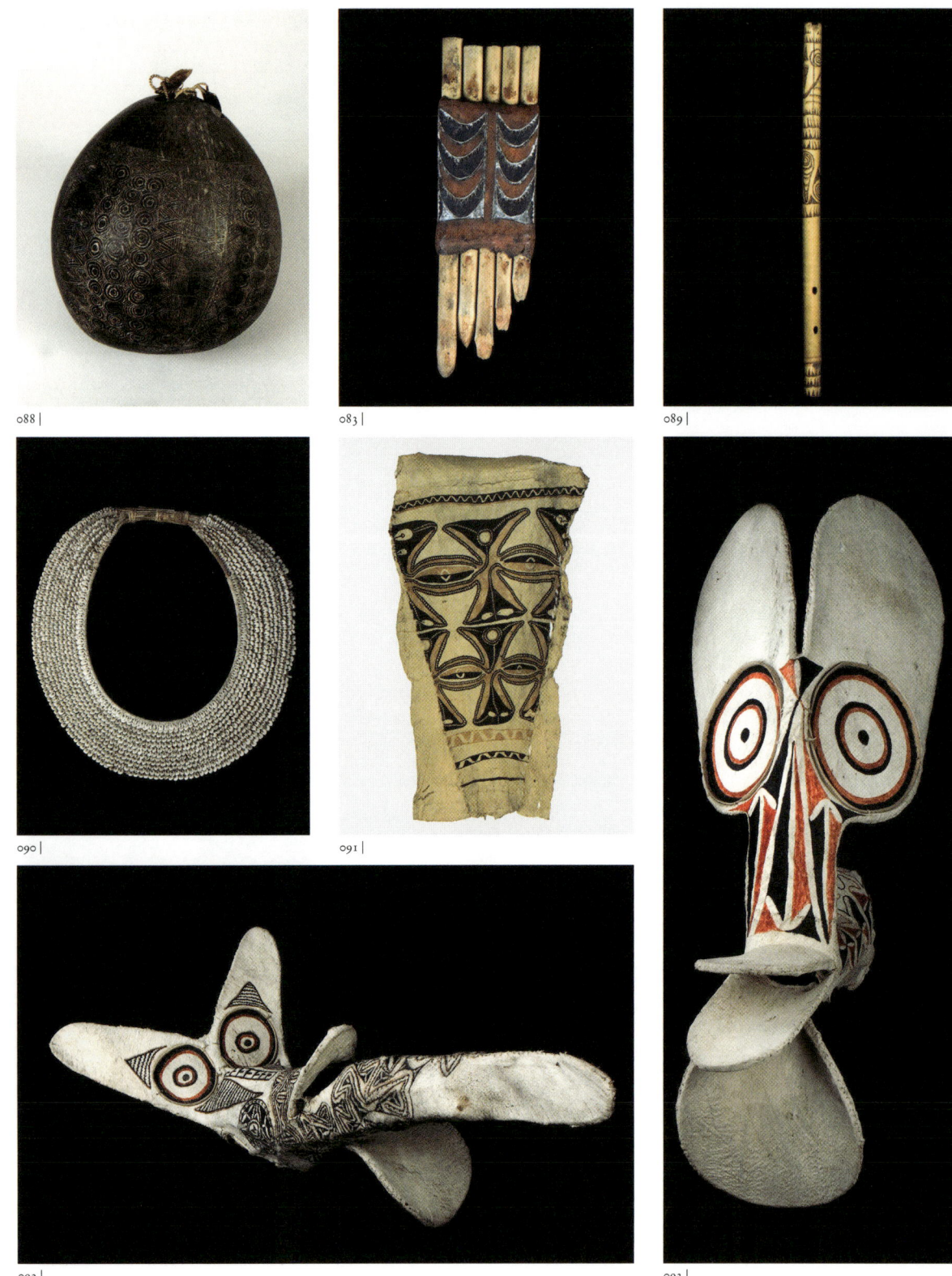

088 |

083 |

089 |

090 |

091 |

092 |

093 |

088 |

KALKGEFÄSS

Neubritannien
(Bismarck Archipel)
Schale der Kokosnuss
um 1900
RPM Inv. Nr. V 55

In der verzierten Schale bewahrte
man den zum Betelgenuss benötig-
ten Kalk.

083 |

PANFLÖTE

Admiralitätsinseln
Bambus, Atuna-Kitt, Pigmente
L: 19,2 cm, B: 6 cm
vor 1908
RPM Inv. Nr. V 578

Die Flöte zeigt einmal mehr die
vielseitige Verwendung der für die
Kunst der Admiralitätsinseln typischen pflanzlichen Kittmasse.

089 |

NASENFLÖTE

Neubritannien
(Bismarck Archipel)
Bambus
L: 62,5 cm, D: 3,5 cm
RPM Inv. Nr. V 748

Nasenflöten finden sich in unterschiedlichen Regionen Ozeaniens;
ihr Ton wird durch die aus einem
Nasenloch geblasene Luft erzeugt.

090 |

SCHMUCKKRAGEN *MIDI*

Neubritannien (Bismarck Archi-
pel), Gazelle-Halbinsel (Tolai)
Rotang, Nassa-Schneckenschalen,
Schnur
H: 27,5 cm
vor 1878
RPM Inv. Nr.: 00078

Für den kostbaren Schmuckkragen
fand eine sehr große Zahl der feinen
Nassa-Scheibchen Verwendung, die
eingehandelt werden mussten.

091 |

MALEREI AUF TAPA

Neubritannien (Bismarck Archi-
pel), Gazelle-Halbinsel (Baining)
Rindenbaststoff, Pigmente
L: 95 cm, B: 50 cm
Slg. Kap. Niedermeyer, um 1904
RPM Inv. Nr. V 824

Form und Bemalung des Fragments
weisen auf einen frühere Verwendung als Teil einer Maske oder einer
Tanzsichel hin.

093 |

MASKE *KAVAT*

Neubritannien (Bismark Archipel),
Gazelle-Halbinsel (Baining)
Rotang, Rindenbaststoff, Pigmente
H: 130 cm, B: 70 cm, T: 70 cm
Slg. Volker Schneider, 1982
RPM Inv. Nr. V 9682

Kavat-Masken traten bei den
Nachttänzen der Baining auf und
werden je nach Gestaltung ihrer
Bemalung mit unterschiedlichen
Pflanzen und Tieren in Verbindung
gebracht.

092 |

MASKE

Neubritannien (Bismarck Archipel), Gazelle-Halbinsel (Baining)
Rotang, Rindenbaststoff, Pigmente
H: 63 cm, L: 109 cm
vor 1982
RPM Inv. Nr. V 9678

Die Maske hat die Form einer *vungvung*-Maske, die sich durch ein aus dem Mund
ragendes Schallrohr auszeichnet, das hier allerdings nur angedeutet ist.

094 |

Maske *KAVAT*

Neubritannien (Bismark Archipel),
Gazelle-Halbinsel (Baining)
Rotang, Rindenbaststoff, Pigmente
H: 105 cm, B: 45 cm, T: 78 cm
Slg. Volker Schneider, 1982
RPM Inv. Nr. V 9687

Die verschiedenen Masken der Baining bestehen aus einem leichten
Rotang-Gerüst, über das Rindenbaststoff gezogen wird.

095 |

Maske *MADASK*

Neubritannien (Bismarck Archi-
pel), Gazelle-Halbinsel (Baining)
Rotang, Rindenbaststoff, Federn
H: 501 cm, D: 55 cm
Slg. Volker Schneider, 1989 (1982)
RPM Inv. Nr. V 9673

Die hohen *madask*-Masken symboli-
sieren bestimmte Bäume; im Zentrum
der *madask*-Feiern stehen Fruchtbarkeit und die mit ihr assoziierten weiblichen Tätigkeiten wie der Gartenbau.

096 |

Maske

Neubritannien (Bismarck Archi-
pel), Gazelle-Halbinsel (Baining)
Rotang, Rindenbaststoff, Pigmente
H: 83,7 cm, B: 57,5 cm, T: 44,5 cm
Slg. Volker Schneider, 1982
RPM Inv. Nr. V 9685

Die Maske verbindet traditionelle
Elemente der Bemalung mit modernen Formen wie z.B. dem ge-
zähnten Mund.

097 |

Maske

Neubritannien (Bismarck Archipel), Gazelle-Halbinsel (Baining)
Rotang, Rindenbaststoff, Pigmente
H: 37 cm, B: 48,5 cm, L: 83 cm
Slg. Volker Schneider, 1982
RPM Inv. Nr. V 10178

Diese moderne Maskenform in Gestalt eines Eberkopfes verbindet traditionelle und
zeitgenössische Ornamentik.

100 |

Gefäss

Neuirland (Bismarck Archipel)
Kokosnussschale, Kokosfaser-
schnur
H: 13,5 cm, D: 13,5 cm
um 1900
RPM Inv. Nr. V 531

098–099 |

Masken

Neubritannien (Bismarck Archipel), Gazelle-Halbinsel (Baining)
Rotang, Rindenbaststoff, Pigmente
H: 28 cm, B: 27 cm, L: 89 cm (beide Masken)
Slg. Volker Schneider, 1982
RPM Inv. Nr. V 9676, V 9677

Krokodilmasken sind eine moderne Maskenform – realistisch gestaltete Masken fehlen unter den traditionellen Maskentypen.

101 |

Brustschmuck *KAPKAP*

Neuirland (Bismarck Archipel)
Muschel *(Tridacna gigas)*, Schild-
patt, Schnur
D: 5,2 cm
RPM Inv. Nr. V 5582

Die weitgehend radialsymmetrisch
gestalteten Schmuckscheiben gaben
auch Auskunft über den sozialen
und ökonomischen Status ihres
Trägers.

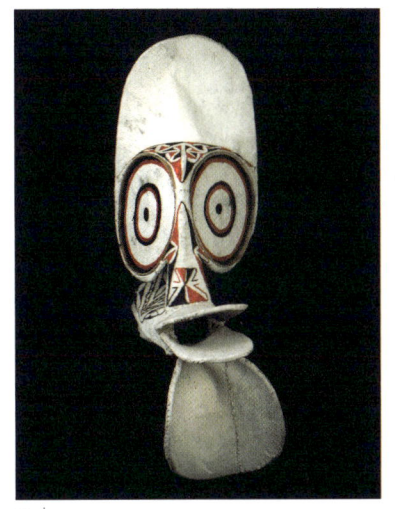

094 |

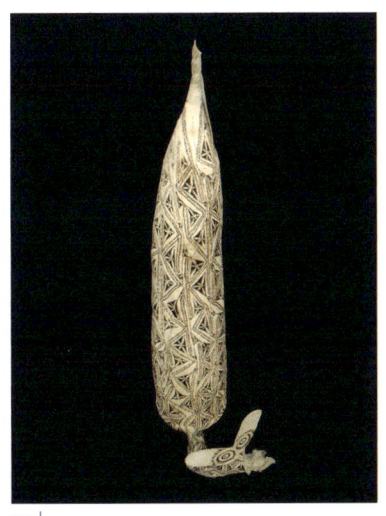

095 |

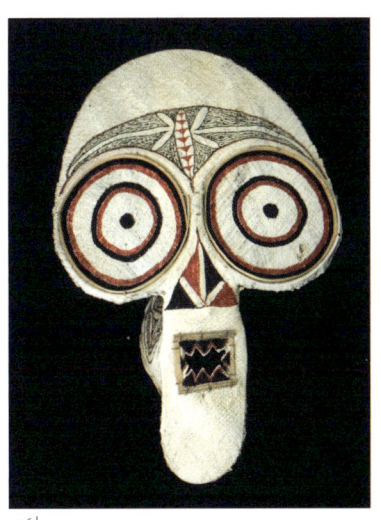

096 |

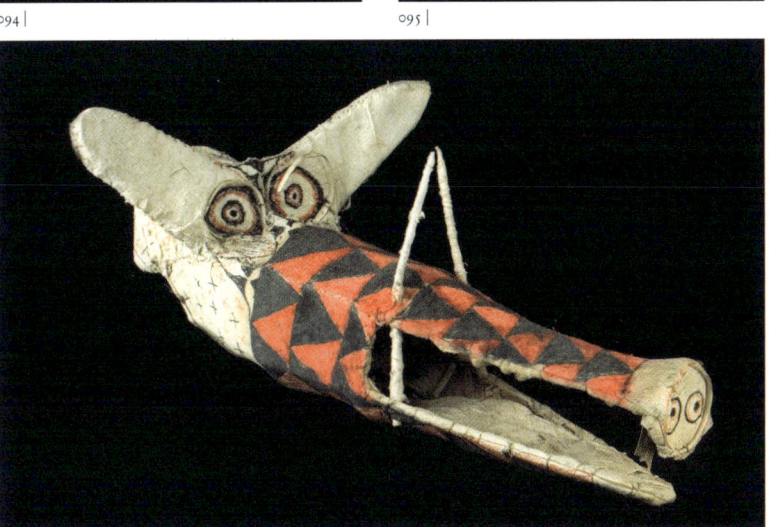

097 |

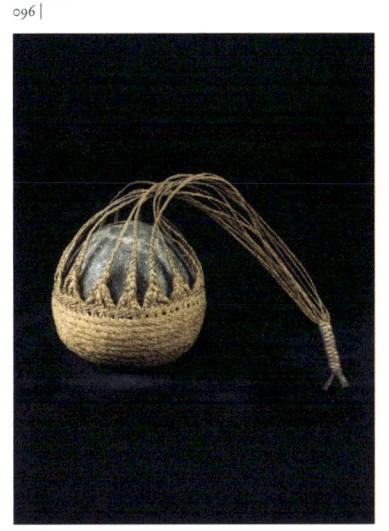

100 |

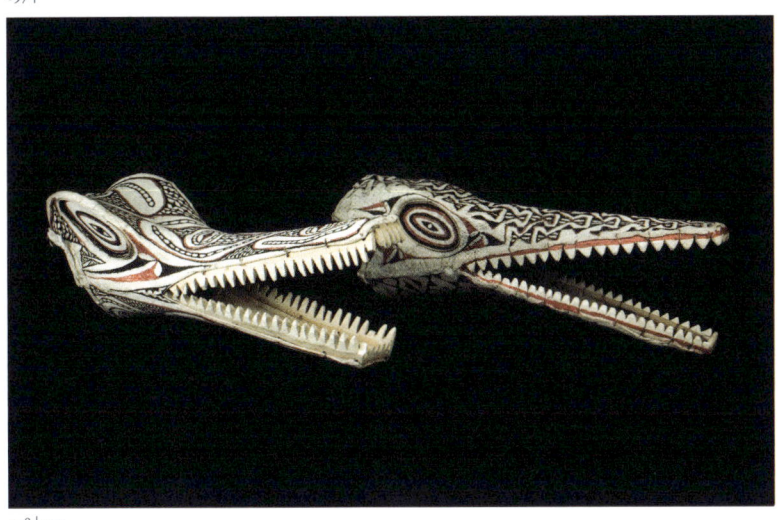

098 | 099

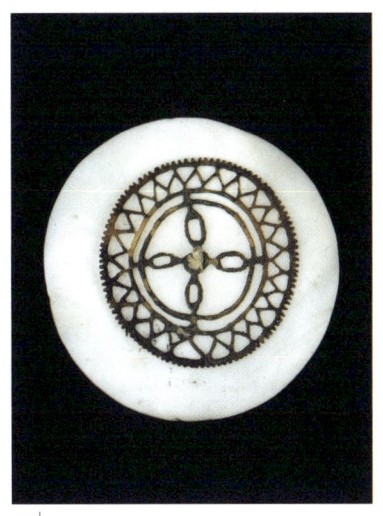

101 |

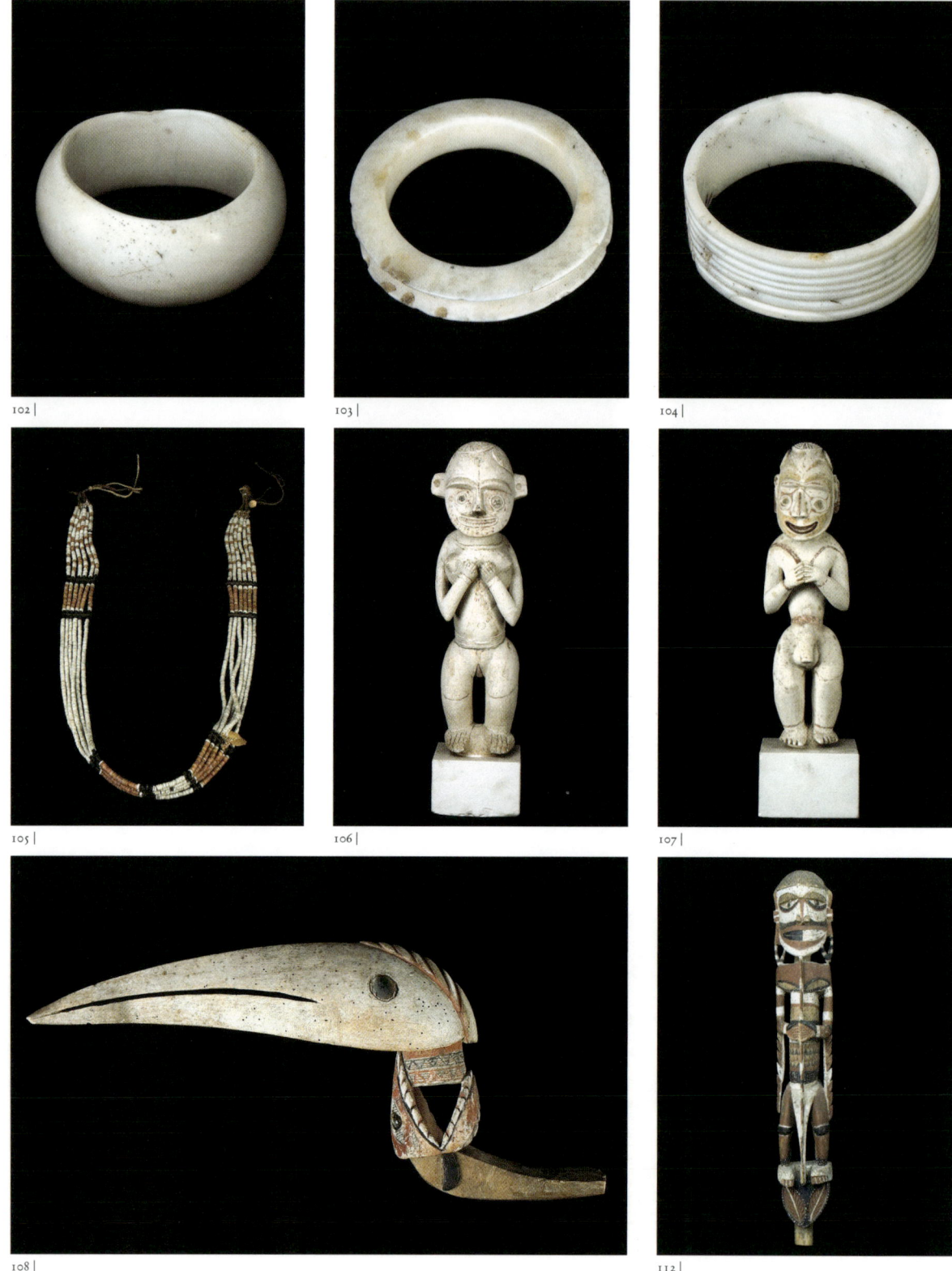

102 |

ARMREIF

Neuirland (Bismarck Archipel)
Tridacna gigas
H: 4 cm, D: 10 cm
RPM Inv. Nr. V 725

Die schweren Armreife schnitt man aus der Schale der Riesen- oder Mördermuschel und brachte sie dann durch Schleifen und Polieren in unterschiedliche Formen.

103 |

ARMREIF

Neuirland (Bismarck Archipel)
Tridacna gigas
D: 8,7 cm, B: 2,5 cm
RPM Inv. Nr. V 6580-1

104 |

ARMREIF

Neuirland (Bismarck Archipel)
Tridacna gigas
D: 10,5 cm, B: 1,3 cm
RPM Inv. Nr. V 6580-2

105 |

GÜRTEL

Neuirland (Bismarck Archipel)
Schneckengeld (Conus-Schnecken-schale), Kokosnuss-Scheibchen, Schildpatt, Schnur
L: 97 cm, B: 3,5 cm
Slg. C. A. Pöhl, (Museum Godeffroy), 1884
RPM Inv. Nr. V 761

Die durch Abstandshalter miteinander verbundenen Stränge besaßen in der traditionellen Gesellschaft eine dem Geld ähnelnde Funktion.

106 |

WEIBLICHE FIGUR *KULAP*

Südliches Neuirland (Bismarck Archipel)
Kalkstein, Pigmente
H: 52 cm
Slg. Museum Godeffroy, 1882
RPM Inv. Nr.: V 87

Steinfiguren wurden bereits in der zweiten Hälfte des 19. Jh. für den Verkauf an Europäer hergestellt, ohne dass sie in zeremoniellem Rahmen Verwendung fanden.

107 |

MÄNNLICHE FIGUR *KULAP*

Südliches Neuirland (Bismarck Archipel)
Kalkstein, Pigmente
H: 46 cm
ehem. Museum für Völkerkunde Berlin, vor 1894
RPM Inv. Nr. V 719

Die Figuren sollen der Totenehrung gedient haben und wurden von einem männlichen Verwandten des Verstorbenen erworben und aufgestellt.

108 |

TANZMUNDSTÜCK

Neuirland (Bismarck Archipel)
Holz, Pigmente, Schneckenschale (*Turbo petholatus*)
H: 16,5 cm, B: 38 cm, T: 4,3 cm
Slg. C. A. Pöhl (Museum Godeffroy), 1884
RPM Inv. Nr. V 58

Ein großer Teil der bekannten Mundstücke stellt den Kopf des Papuahornvogels (*Aceros plicatus*) dar, der hier im Maul eines Fisches gehalten wird.

112 |

MALAGAN (MÄNNLICHE FIGUR)

Neuirland (Bismarck Archipel)
Holz, Pigmente, Scheckenschale (*Turbo petholatus*)
H: 89,5, B: 14 cm, T: 14,5 cm
vor 1894
RPM Inv. Nr. V 711

Aus einem Stück gearbeitete Bildsäulen kombinieren häufig unterschiedliche Motive, wobei die menschliche Gestalt im Mittelpunkt steht.

Tanzmundstück

Neuirland (Bismarck Archipel)
Holz, Pigmente, Schneckenschale *(Turbo petholatus)*
H: 18,5 cm, B: 65 cm, T: 5,5 cm
um 1914
RPM Inv. Nr. V 714

Männer hielten die Mundstücke bei Tänzen mit den Zähnen fest. Die durchbrochene Schnitzarbeit zeigt eine stark abstrahierte Vogelfigur.

Malagan-Figur

Neuirland (Bismarck Archipel)
Holz, Kittmasse, Pigmente, Schneckenschale *(Turbo petholatus)*
H: 68 cm, B: 13 cm, T: 49,5 cm
Slg. H. Großkopf, 1900
RPM Inv. Nr. V 494 a, b

Der Kopf mit aufgesetzter Vogeldarstellung war Teil eines größeren Bildzusammenhangs, worauf auch der unbemalte Halsfortsatz hinweist.

Malagan-Figur

Neuirland (Bismarck Archipel)
Holz, Kittmasse, Pigmente, Schneckenschale *(Turbo petholatus)*
H: 68 cm, B: 13 cm, T: 49,5 cm
Slg. H. Großkopf, 1900
RPM Inv. Nr. V 494 a, b

Malagan (weibl. Figur)

Neuirland (Bismarck Archipel)
Holz, Bienenwachs, Pigmente, Samenkapseln, Schneckenschale *(Turbo petholatus)*
H: 88 cm, B: 17 cm, T: 16 cm
Slg. H. Großkopf, 1900
RPM Inv. Nr. V 495

Im Zentrum der *Malagan*-Skulpturen steht die menschliche Gestalt; die weibliche Figur ist mit einer traditionellen Regenhaube dargestellt.

Malagan (Vogeldarstellung)

Nördliches Neuirland (Bismarck Archipel)
Holz, Pigmente, Schneckenschale *(Turbo petholatus)*
H: 16 cm, B: 107 cm, T: 19 cm
Slg. Spangenberg, 1914 (erworben 1924)
RPM Inv. Nr. V 6625

Der horizontale Fries ist ein *kobo-kobor*, die wichtigste Kategorie der Malagane auf der Insel Tabar; typisch ist die symmetrische Orientierung der Figuren um einen zentralen Punkt.

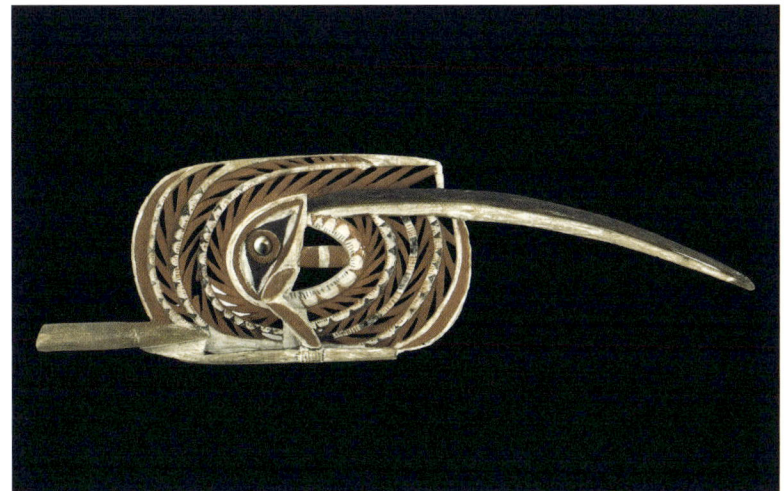

109 |

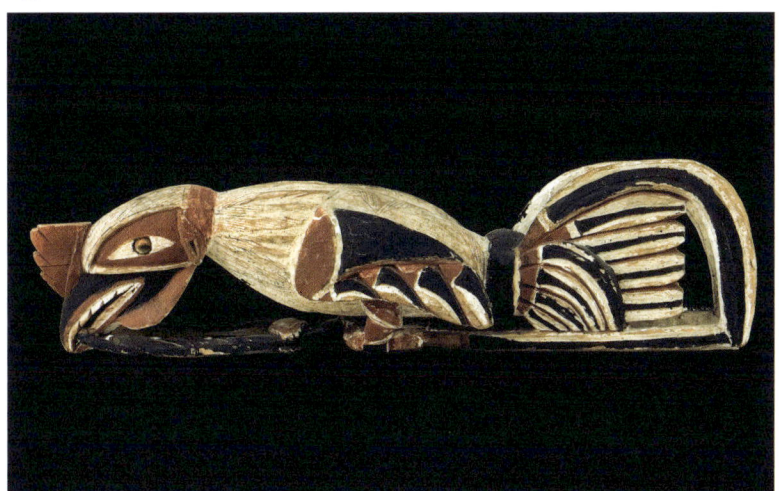

110b |

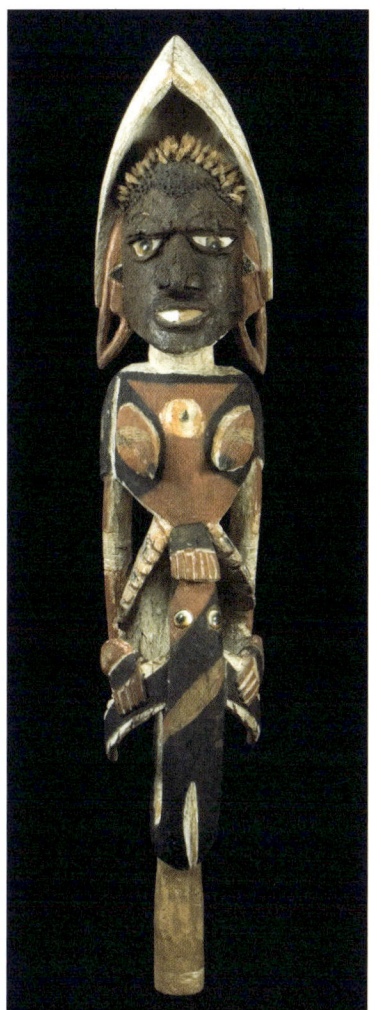

111 |

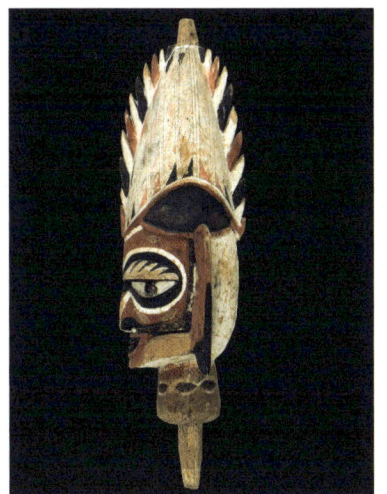

110a |

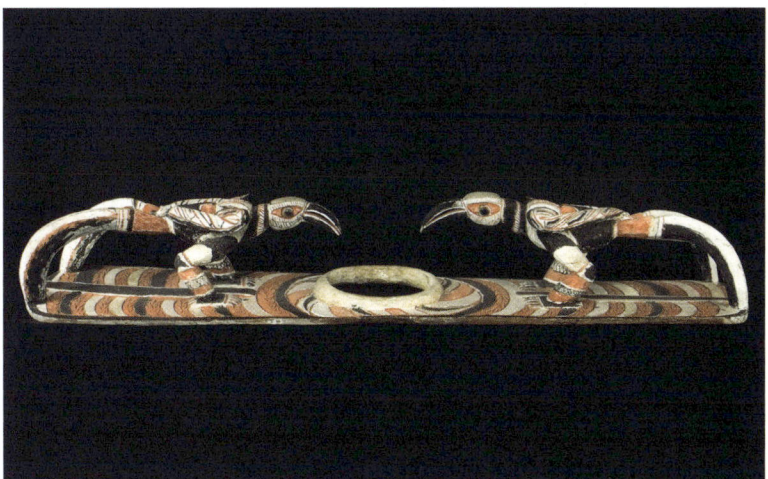

114 |

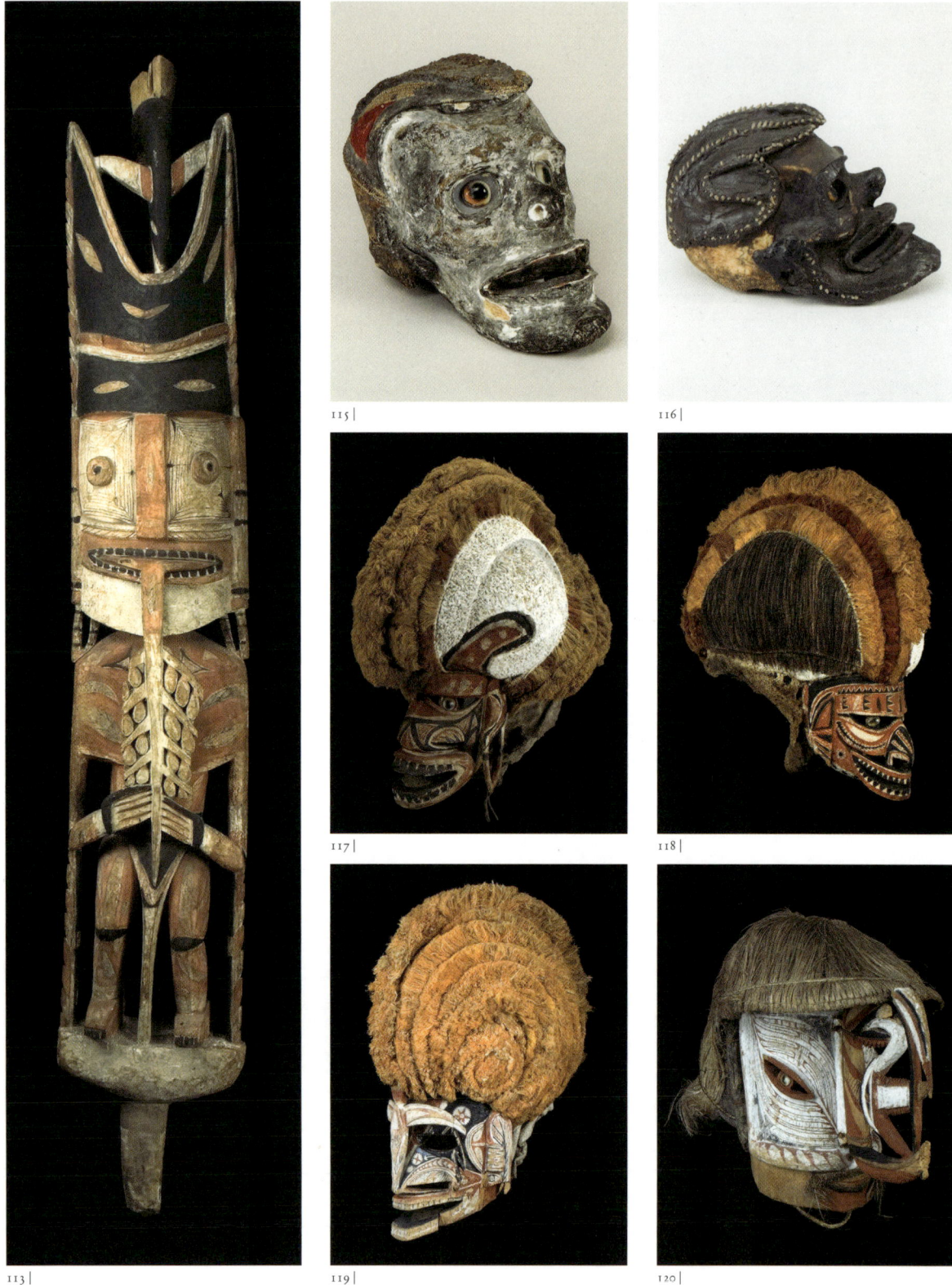

113 |

115 |

116 |

117 |

118 |

119 |

120 |

Skulptur (männliche Figur)

Neuirland (Bismarck Archipel)
Holz, Pigmente
H: 171 cm, B: 28 cm, T: 22 cm
Slg. Knölke, 1914
RPM Inv. Nr. V 6156

Die massiv anmutende, aus einem Baumstamm gearbeitete Figur wurde im Rahmen der Totengedenkfeiern *malagan* präsentiert.

Übermodellierter Schädel

Neuirland (Bismarck Archipel)
Knochen, Wachs, Schneckenschale, Wolle, Pflanzenfasern, Samenkapseln, Kalk
H: 17,3 cm
Slg. F. Spangenberg, 1924
RPM Inv. Nr. V 6623

Wie die Schnitzwerke präsentierte man auch die übermodellierten Schädel im Rahmen der Totengedenkfeiern *malagan*.

116

Übermodellierter Schädel

Neuirland (Bismarck Archipel)
Knochen, Wachs, Schneckengehäuse, Schneckenschale
H: 27 cm, B: 16 cm, T: 20 cm
Slg. F. Spangenberg, 1914
RPM Inv. Nr. V 6622

Um das weit vorspringende Kinn einiger Schädelplastiken zu erzielen, fügten die Hersteller einen künstlichen Unterkiefer aus Holz ein.

Maske *tatanua*

Neuirland (Bismarck Archipel)
Holz, Kokos- und Bananenfasern, Rindenbast, Kalk, Schneckenschale, Samenkapseln, Pigmente
H: 38 cm, B: 21 cm, T: 37 cm
vor 1894
RPM Inv. Nr. V 671

Die Masken gehören in den Kontext des *tatanua*-Tanzes, mit dem in einigen Regionen Neuirlands die Beerdigungstabus aufgehoben wurden.

Maske *tatanua*

Neuirland (Bismarck Archipel)
Holz, Kokos- und Bananenfasern, Schnur, Schneckenschale *(Turbo petholatus)*, Rindenbast, Pigmente
H: 30 cm, B: 22 cm, T: 39 cm
vor 1894
RPM Inv. Nr. V 672

Anders als die komplexen nach ihrer Präsentation zerstörten Malagan-Schnitzwerke, verwahrte man die Masken sorgfältig bis zu einer erneuten Verwendung.

Maske *tatanua*

Neuirland (Bismarck Archipel)
Holz, Kokos- und Bananenfasern, Rindenbast, Pigmente
H: 44 cm, B: 24 cm, T: 40 cm
vor 1894
RPM Inv. Nr. V 670

Nase und Augenbrauen dieser Maske, die umfangreiche Reparaturen und Beschädigungen aufweist, bilden gemeinsam eine stilisierte Vogeldarstellung.

Maske

Nördliches Neuirland (Bismarck Archipel)
Holz, Pflanzenfasern, Pigmente, Schneckenschale *(Turbo petholatus)*
H: 32 cm, B: 26 cm, T: 48 cm
vor 1903
RPM Inv. Nr. V 669

Die durchbrochen gearbeitete Nase, charakteristisch für diesen häufig als »ges« bezeichneten Maskentyp, vereint unterschiedliche, dem Tierreich entlehnte Motive.

121 |

Schild

Witu-Inseln (Bismarck Archipel)
Holz, Rotang Federn, Pflanzenfasern, Glasperlen, Pigmente
H: 161 cm, B: 21 cm
Slg. H. Großkopf, um 1900
RPM Inv. Nr. V 458

Eine Vogelfigur im Zentrum sowie je eine stark stilisierte Gesichtsdarstellung auf der oberen und unteren Außenfläche des Schildes sind typisch für die Gestaltung der Witu-Schilde.

122–123–124 |

Speere

Salomonen
Holz, Orchideenbast, Baumrinde, Kokosfaserschnur, Kittmasse, Knochen, Bast, Pigment
L: 341 cm, D: 2,2 cm (V 371)
L: 247 cm, D: 3,8 cm (V 3384)
L: 227,5 cm, D: 5 cm (V 8345)
RPM Inv. Nr. V 371, V 3384, V 8345

Die Schnitzarbeit zwischen Schaft und Spitze zeigt bei vielen Speeren von den Salomonen anthropomorphe Figuren.

125–126–127 |

Speere

Neuguinea, Sepik-/Ramu-Küstengebiet (RPM Inv. Nr. V 444), Malekula, Vanuatu (RPM Inv. Nr. V 313), Lavongai, Bismarck Archipel (RPM Inv. Nr. V 457)
Holz, Pigment, Bambus, Schnur, Kuskusfell, Conchylien, Federn, Pigment, Knochen
L: 280 cm, D: 3,8 cm (V 457)
L: 326 cm, D: 6,9 cm (V 444)
L: 270 cm (V 313)
RPM Inv. Nr. V 457, V 444, V 313

129 |

Keule *supe*

Malaita, Salomonen
Holz, Conus-Abschnitte, Schnur
H: 85 cm
ehem. Museum Godeffroy, um 1900
RPM Inv. Nr. V 331

Die von der Insel Malaita stammenden Keulen zeigen eine charakteristische Rautenform und sollen auch als Abwehrwaffe im Speerkampf eingesetzt worden sein.

128 |

Speer

Admiralitätsinseln
Holz, Obsidian, Schnur, Kittmasse, Pflanzensamen *(Coix lacrimae)*
L: 225 cm, B: 6 cm
RPM Inv. Nr. V 4648

130 |

Keule *supe*

Malaita, Salomonen
Holz
L: 73 cm, B: 15 cm, T: 2,5 cm
Slg. C.A. Pöhl, 1894
RPM Inv. Nr. V 70

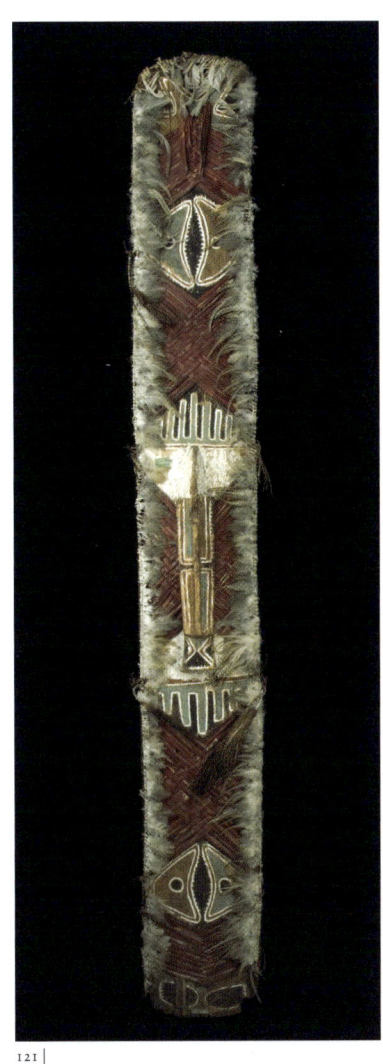

| 121 |

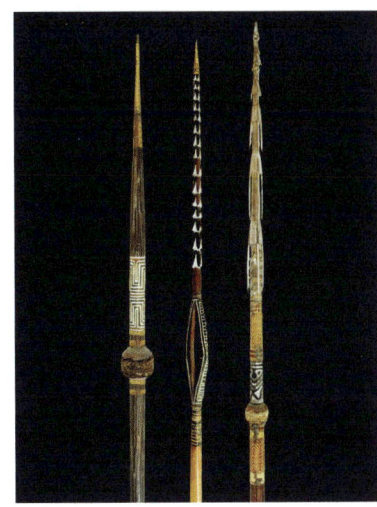

| 122 | 123 | 124 |

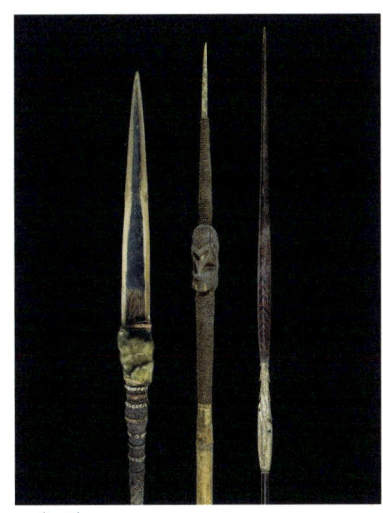

| 125 | 126 | 127 |

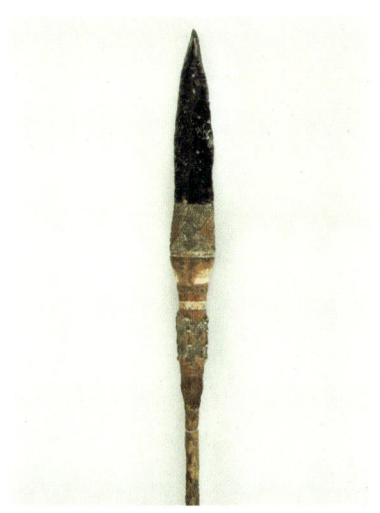

| 128 |

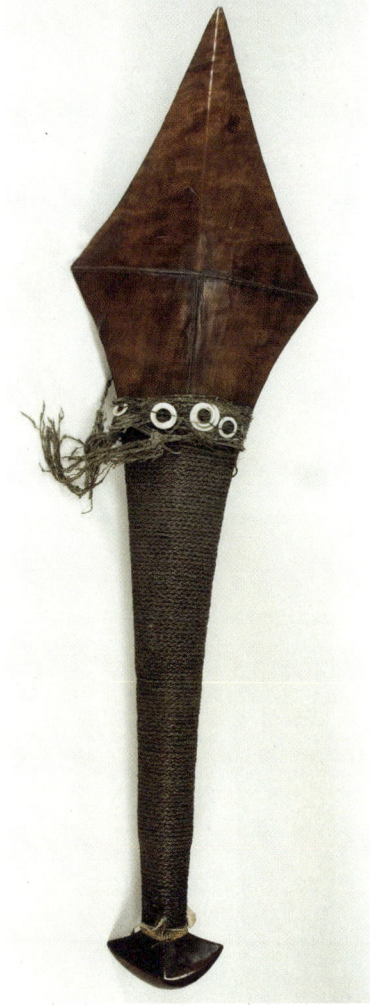

| 129 |

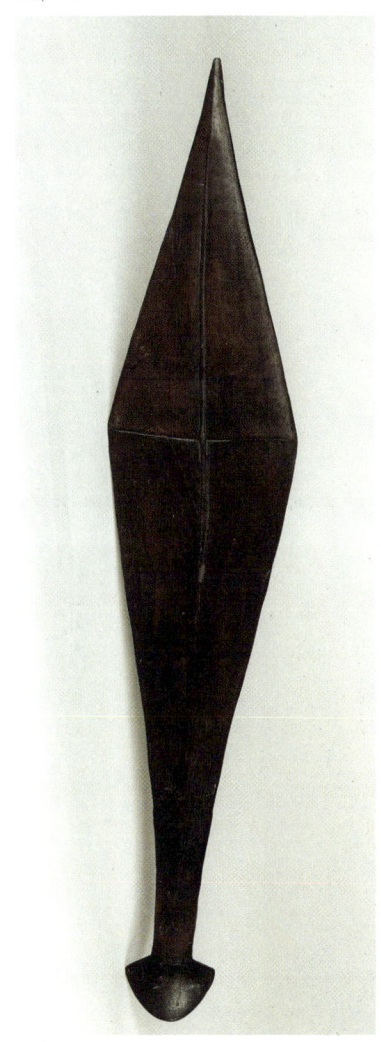

| 130 |

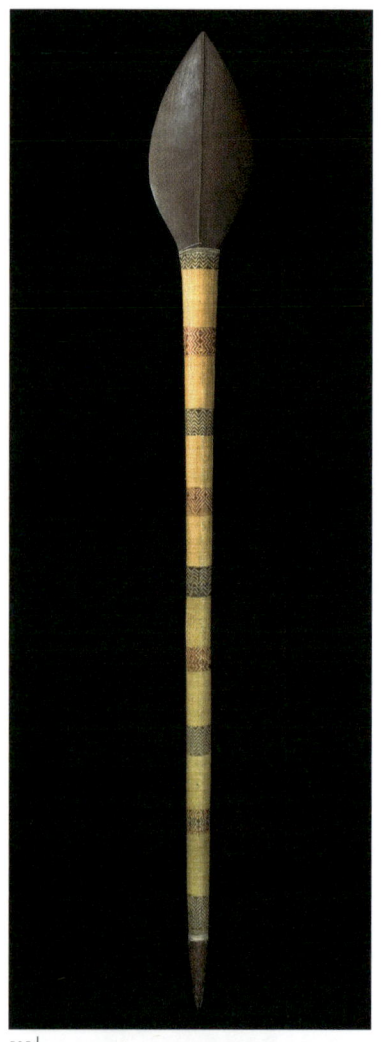

131 |

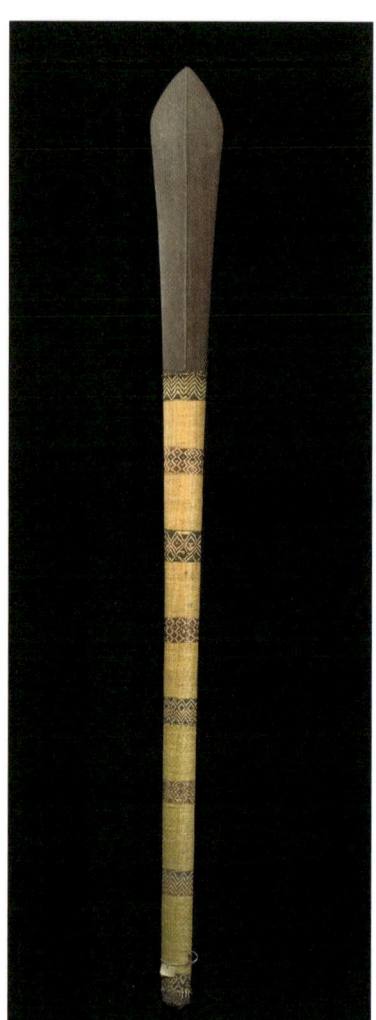

132 |

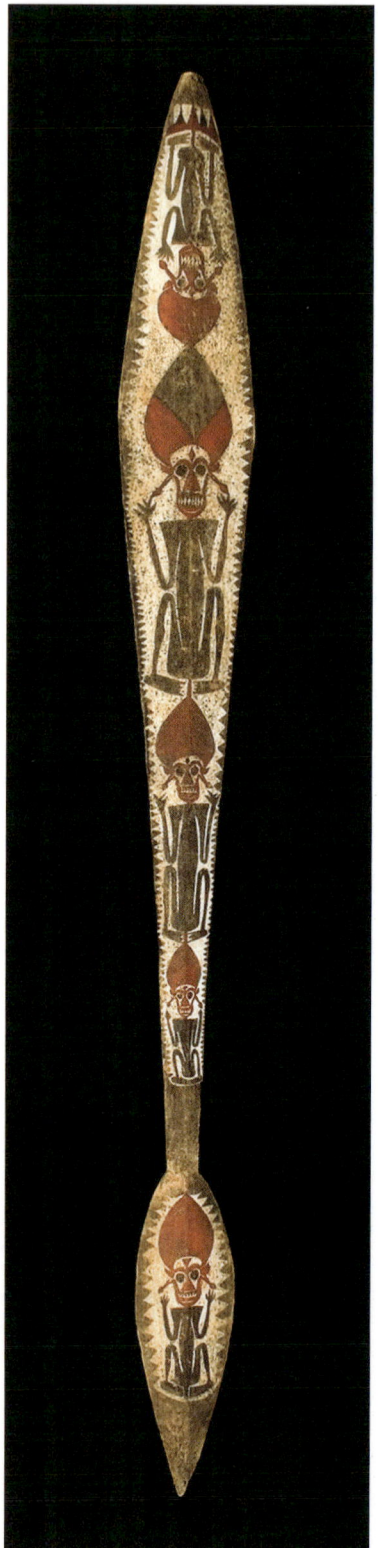

135 |

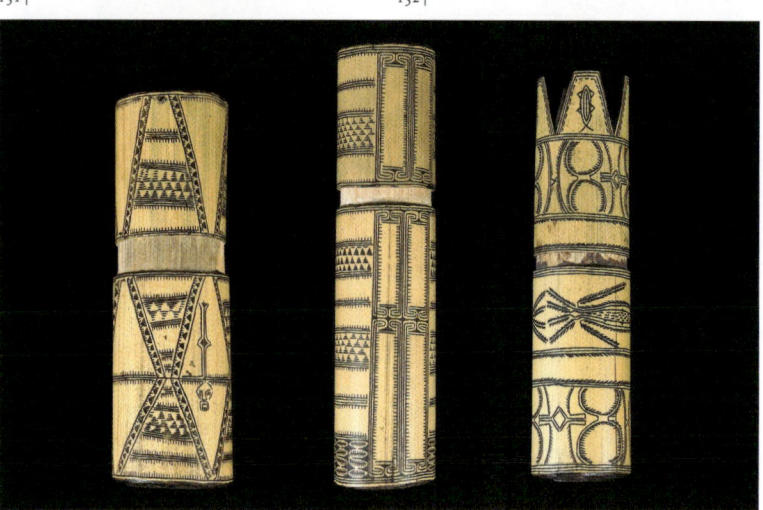

137 | 138 | 139

131 |

KEULE

Salomonen
Holz, Bast
H: 137 cm, B: 15 cm
RPM Inv. Nr. V 333

Eine feine Umflechtung aus Orchi-
deen- und Lianenfasern findet sich
auf zahlreichen Keulen von den
nördlichen Salomoninseln.

132 |

KEULE

Salomonen
Holz, Bast
H: 122,5 cm, B: 9,5 cm
RPM Inv. Nr. V 332

135 |

TANZPADDEL

Buka, Salomonen
Holz, Pigmente
H: 220 cm, B: 22 cm
Slg. Otto von dem Busche, 1888
RPM Inv. Nr. V 363

Das prächtige, aus leichtem Holz
gefertigte Tanzpaddel zeigt mehrere
übereinander angeordnete *kokorra*-
Figuren, die typisch für die Region
der Buka-Straße sind.

137–138–139 |

KALKGEFÄSSE

Salomonen
Bambus
H: 17,7 cm, D: 4 cm (V 347)
H: 15,7 cm, D: 4,5 cm (V 348)
H: 16,6 cm, D: 4,1 cm (V 527)
um 1900
RPM Inv. Nr. V 347, V 348, V 527

Aus Bambusrohr gefertigte und mit Brandintarsien verzierte Gefäße werden zur Aufbewahrung von Kalk benutzt.

PADDEL

Buka, Salomonen
Holz, Pigmente
H: 164 cm, B: 16,7 cm
Slg. Otto von dem Busche, um
1887
RPM Inv. Nr. V 353

Auf dem Paddelblatt ist die Figur
eines Geistwesens kokorra dargestellt, das sich in ähnlicher Form
auf vielen Objekten von den Inseln
Buka und Bougainville findet.

PADDEL

Buka, Salomonen
Holz, Pigmente
H: 159 cm, B: 15 cm
Slg. Otto von dem Busche, um
1887
RPM Inv. Nr. V 354

Zumeist in hockender Stellung und
mit erhobenen Armen dargestellt,
erscheint das Geistwesen *kokorra*,
dessen Bedeutung ungewiss ist, hier
in stark abstrahierter Gestalt.

TANZPADDEL

Buka, Salomonen
Holz, Pigmente
H: 131 cm, B: 19 cm
Slg. Otto von dem Busche, um
1887
RPM Inv. Nr. V 358

Die charakteristische hohe Frisur
der stilisierten Kopfdarstellung
nimmt Bezug auf die zu festlichen
Gelegenheiten ausgeführte Bemalung der männlichen Haartracht.

ZIERKAMM

Salomonen
Holz, Bast, Rotang, pflanzl. Kittmasse, Pigmente
H 24 cm, B: 11 cm
um 1894
RPM Inv. Nr. V 329

Kunstvoll umflochtene Kämme gehörten zum Schmuck der Männer auf den Salomoninseln.

FISCHERNETZE *IJIN*

Nauru
Holz, Palmbast, Schnur
L: 51 cm, B: 45,5 cm (V 6867)
L: 54,5 cm, B: 44,5 cm (V 6868)
RPM Inv. Nr. V 6867, V 6868

Mit den kleinen Schöpfnetzen
wurde Fischbrut am Riff gefangen,
die dann weiter aufgezogen wurde.

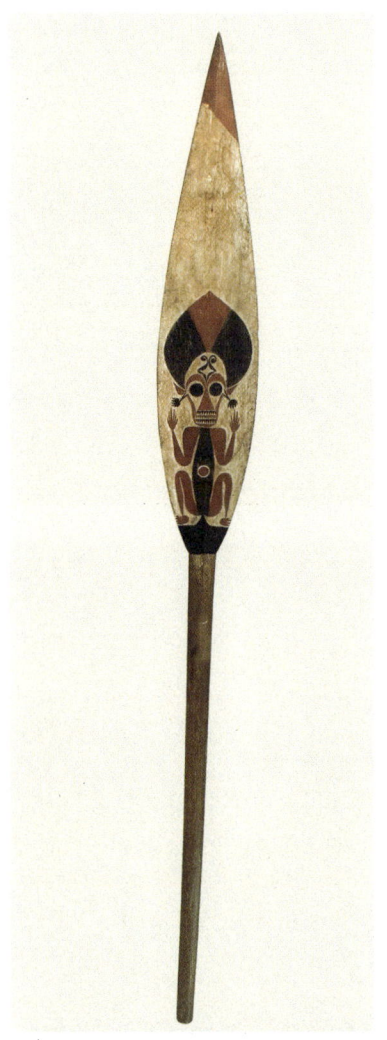

133 |

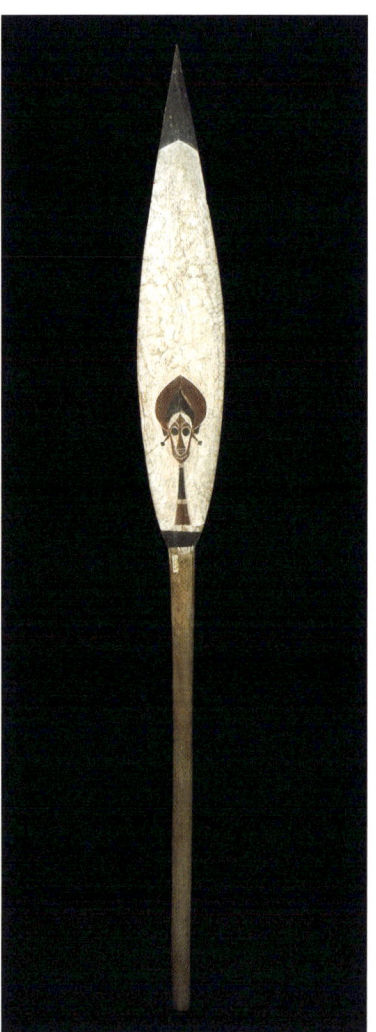

134 |

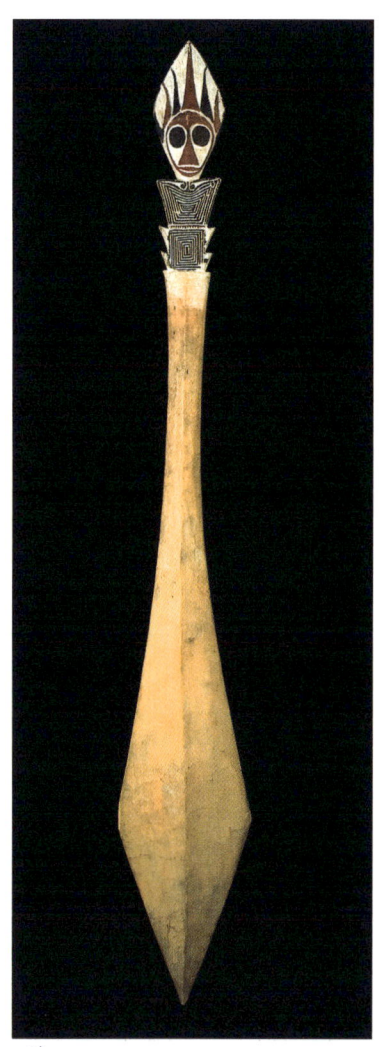

136 |

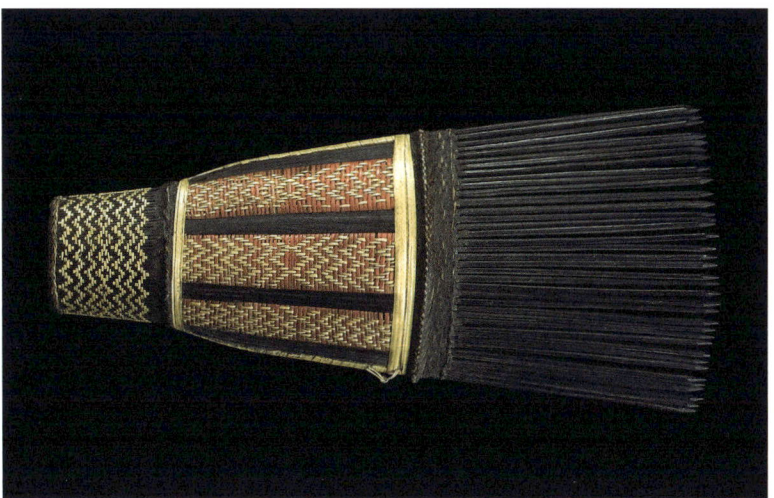

140 |

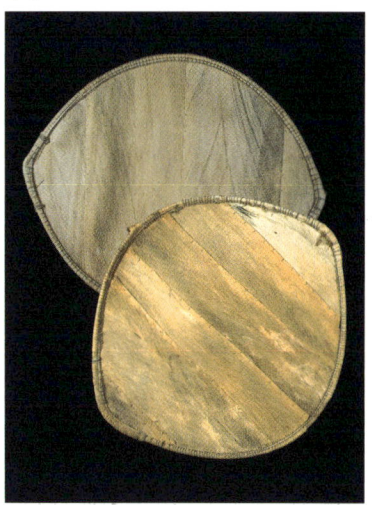

142 | 143 |

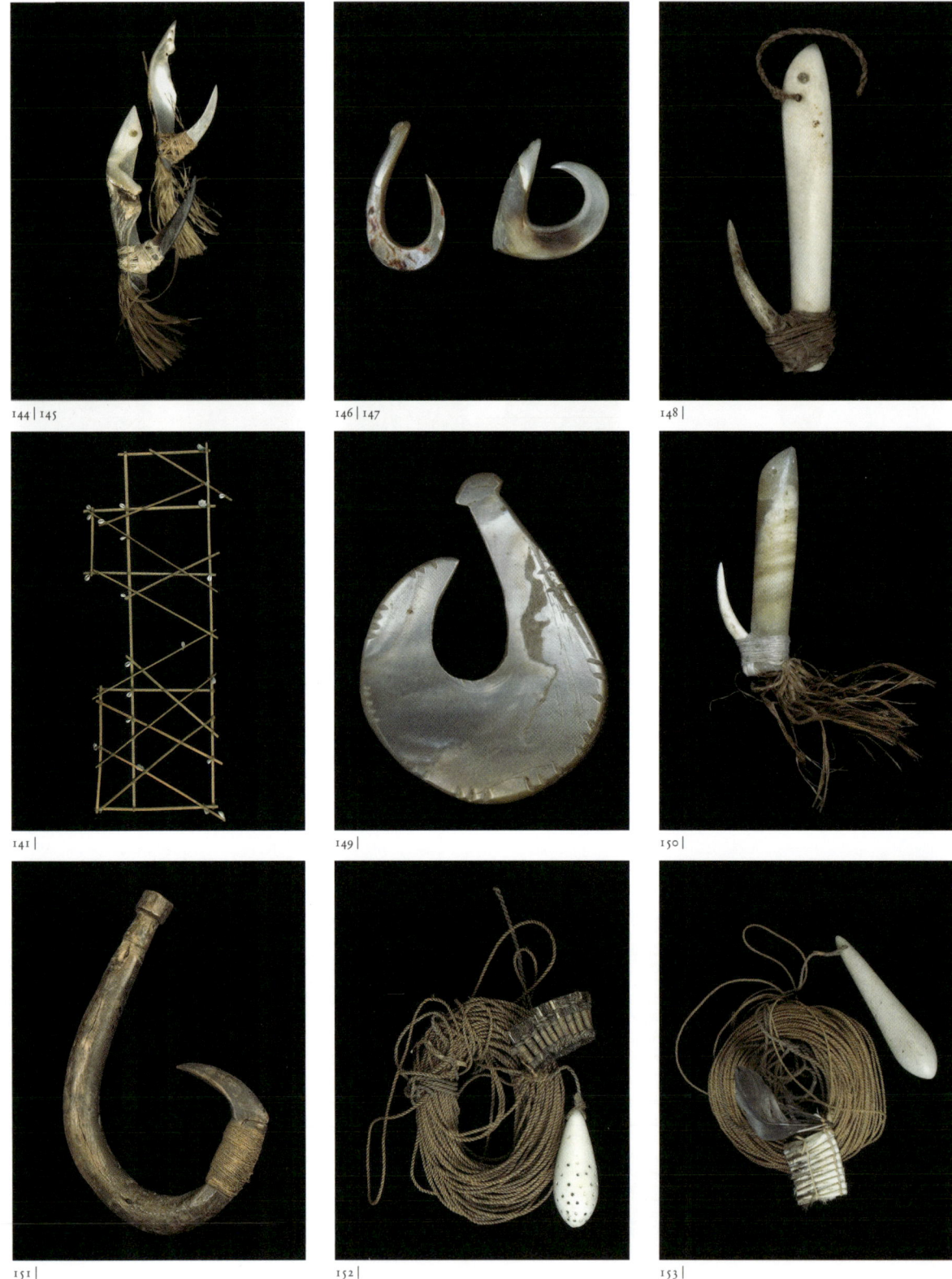

144 | 145

146 | 147

148 |

141 |

149 |

150 |

151 |

152 |

153 |

144–145 |

ANGELHAKEN

Marshall-Inseln
Muschel, Schildpatt, Schnur,
Pflanzenfasern
H: 15 cm (mit Quaste) (V 8050)
H: 14 cm (mit Quaste) (V 8052)
Slg. Otto Bartels, 1926 (1903)
RPM Inv. Nr. V 8050, V 8052

Die aus verschiedenen Materialien
zusammengesetzten Angelhaken
sind mit einer Faserquaste zum An-
locken der Fische versehen.

146–147 |

ANGELHAKEN

Nukuoro (Karolinen)
Perlmutt
B: 3,5 cm (V 217)
L: 4,5 cm (V 220 a)
vor 1899
RPM Inv. Nr. V 217, V 220 a

Der Haken (V 217) war Teil eines
zusammengesetzten Angelhakens,
der Blinker fehlt. Man befestigte
die Schnur am oberen Fortsatz des
Hakens (V 220 a).

148 |

ANGELHAKEN

Nauru
Muschel (Tridacna gigas),
Knochen, Schnur
H: 7,5 cm, B: 2,5 cm
RPM Inv. Nr. V 8057

Nach frühen Quellen sollen zur
Herstellung des mit Schnur befes-
tigten Hakens auch menschliche
Knochen verwendet worden sein.

141 |

STABKARTE *REBELIB*

Marshall-Inseln
Holz, Rohr, Schneckenschalen
B: 45 cm, L: 107 cm
Slg. Otto Bartels, 1903 (1926)
RPM Inv. Nr. V 8078

Die Stabkarten verzeichneten Wel-
lenrichtung, ihre Brechung sowie
die relativen Positionen von Inseln
und dienten der Vorbereitung einer
Seereise an Land.

149 |

ANGELHAKEN

Nauru
Perlmutt
L: 6 cm, B: 5 cm
RPM Inv. Nr. V 6890

150 |

ANGELHAKEN

Mikronesien
Stein, Knochen, Pflanzenfasern
L: 7,5 cm, B: 2,7 cm
RPM Inv. Nr. V 6883

151 |

ANGELHAKEN

Kiribati
Holz, Schnur
L: ca. 24,5 cm
vor 1926
RPM Inv. Nr. V 6901

Die großen hölzernen Haken verwendete man zum Fang von Hai-
fischen.

152 |

ANGELLEINE MIT SENKER

Nauru
Muschel (Tridacna gigas), Feder-
kiele, Schnur
L: (Senker) 7 cm
RPM Inv. Nr. V 6848

153 |

ANGELLEINE MIT SENKER

Nauru
Muschel (Tridacna gigas), Feder-
kiele, Schnur
L: (Senker) 11,5 cm
RPM Inv. Nr. V 6843

154–155 |

NETZNADELN

vermutl. Marshall-Inseln
Holz (V 6972); Knochen (V 6957)
H: 23 cm, B: 1,1 cm (V 6972)
H: 22 cm, B: 1,1 cm (V 6957)
vor 1926
RPM Inv. Nr. V 6972, V 6957

Die aus unterschiedlichem Material gefertigten Nadeln dienten u.a. der Reparatur von Fischnetzen.

156 |

DECHSEL

Nukuoro (Karolinen)
Holz, Muschel *(Tridacna gigas)*,
Kokosfaserschnur
L: 69,5 cm
1879
RPM Inv. Nr. V 09

Auf den kleinen Koralleninseln Mikronesiens ersetzten die Schalen der bis zu 200 Kilogramm schweren Riesenmuscheln *(Tridacna gigas)* fehlendes Gestein.

157 |

HACKE *AUFAL*

Chuuk
Holz, Schildkrötenknochen,
Kokosfaserschnur
L: 34 cm; Klinge H: 18 cm B: 16 cm
RPM Inv. Nr. V 6933

Mit der Hacke aus dem Knochen einer Schildkröte bearbeitete man den als Grundnahrungsmittel angepflanzten Taro *(Colocasia esculenta)*.

158 |

PANDANUS-KLOPFER

Marshall-Inseln
Muschel *(Tridacna gigas)*
L: 27 cm, B: 11 cm, T: 8 cm
vor 1926
RPM Inv. Nr. V 6997

Durch langes Schlagen machten Flechterinnen die zur Mattenherstellung verwendeten Blattstreifen des Schraubenbaumes *(Pandanus spec.)* geschmeidig.

159 |

WERTOBJEKT DER FRAUEN

Belau
Schildpatt
H: 2 cm, B: 23 cm, T: 12,5 cm
RPM Inv. Nr. V 255

Auf den Inseln Belaus werden Schalen wie diese in zeremoniellen Tauschbeziehungen unter den Frauen weitergegeben.

161 |

HALSSCHMUCK

Marshall-Inseln
Bastfasern, Muschel *(Spondylus spec.)*, Schildpatt
L: 30 cm
Slg. Otto Bartels, 1926
RPM Inv. Nr. V 243

Ketten aus Spondylus-Perlen waren ein von Männern und Frauen begehrter kostbarer Schmuck; Anhänger aus Schildpatt oder Muschel erhöhten diesen Wert noch.

160 |

KLEIDMATTE

Marshall-Inseln
Pandanusfasern
L: 207 cm, B: 198 cm
Slg. Otto Bartels, 1903
RPM Inv. Nr. V 20

Die geflochtenen Muster der Matten waren nicht nur Dekoration, sie reflektierten auch die komplexen sozialen Strukturen auf den Marshall-Inseln.

162 |

HALSSCHMUCK *MARRE-MARRE LAGELAG*

Marshall-Inseln
Bastfasern, Kokosnuss, Muschel *(Spondylus spec.)*, Knochen
L (gesamt): 30 cm, H (Anhänger): 3 cm, B (Anhänger): 11 cm
Slg. Otto Bartels, 1926
RPM Inv. Nr. V 7022

Die kammartig und vielfach durchbrochen geschnitzten Anhänger aus Zahn, Knochen oder Muschel waren den ranghöchsten Männern vorbehalten.

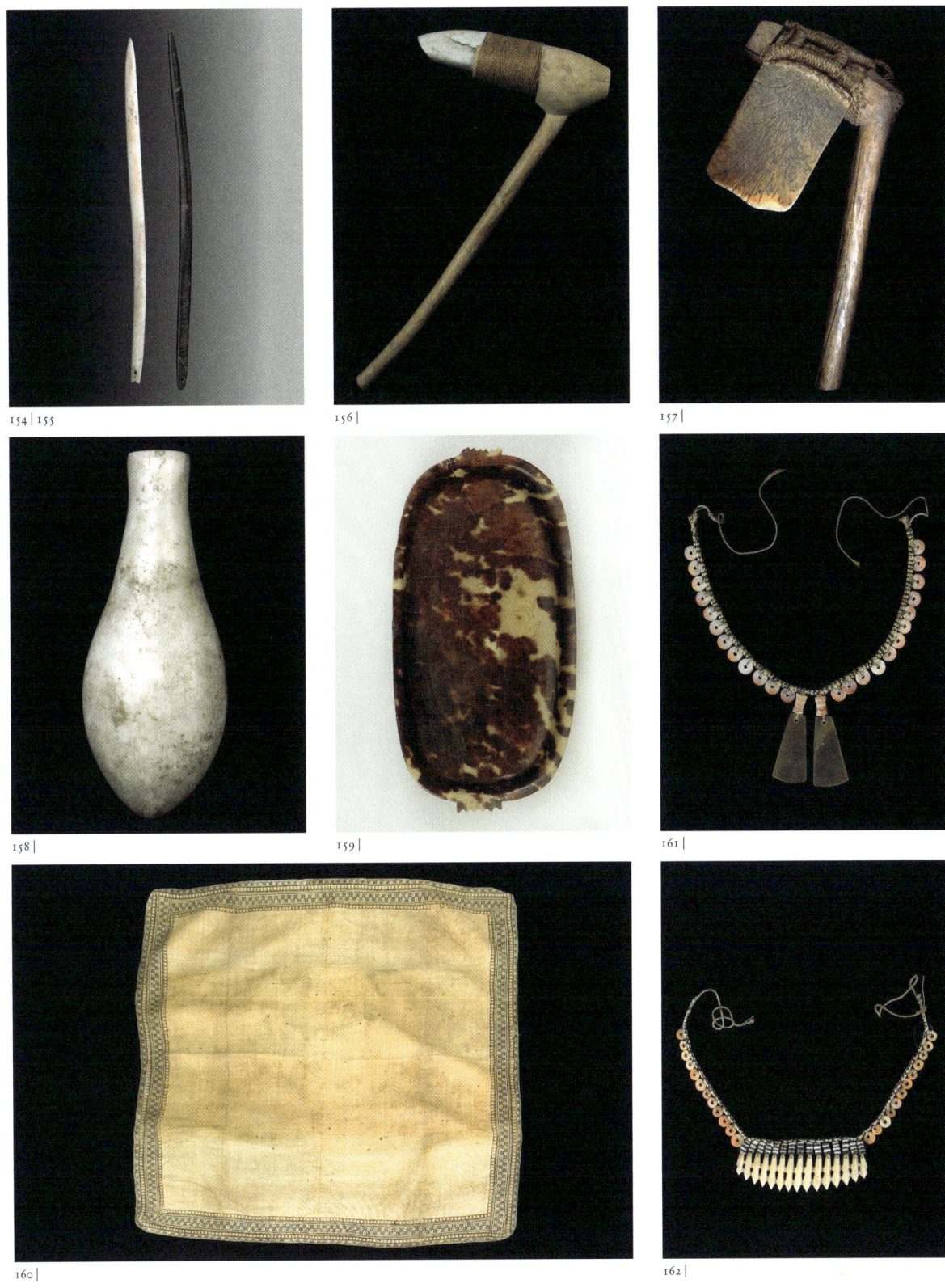

154 | 155

156 |

157 |

158 |

159 |

161 |

160 |

162 |

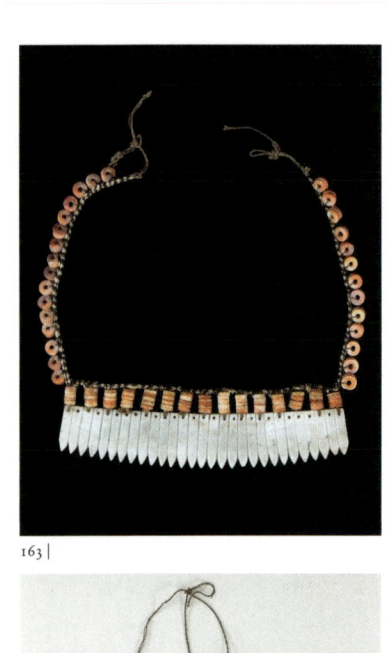

163 |

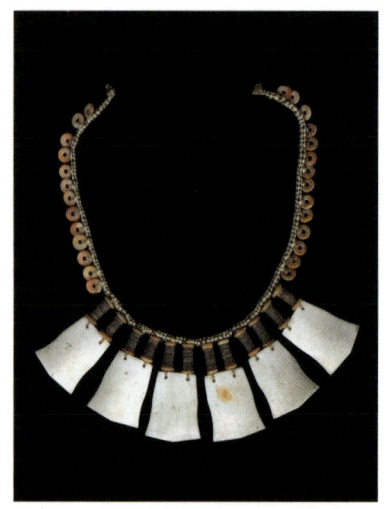

164 |

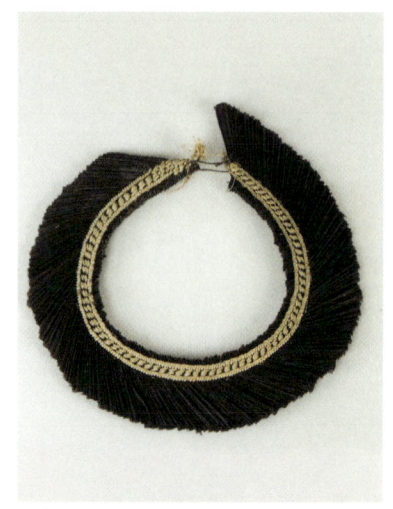

165 |

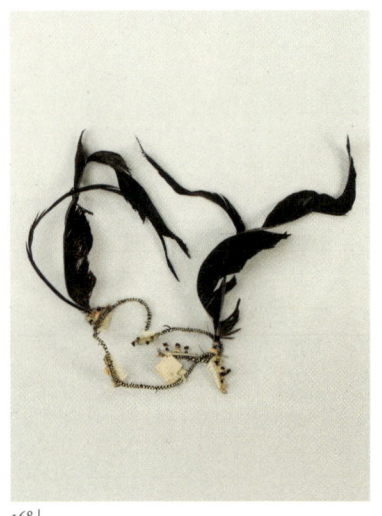

166 |

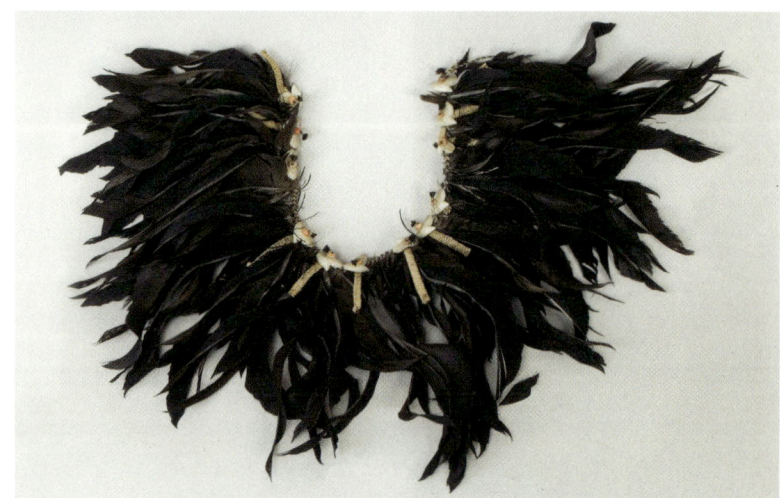

167 |

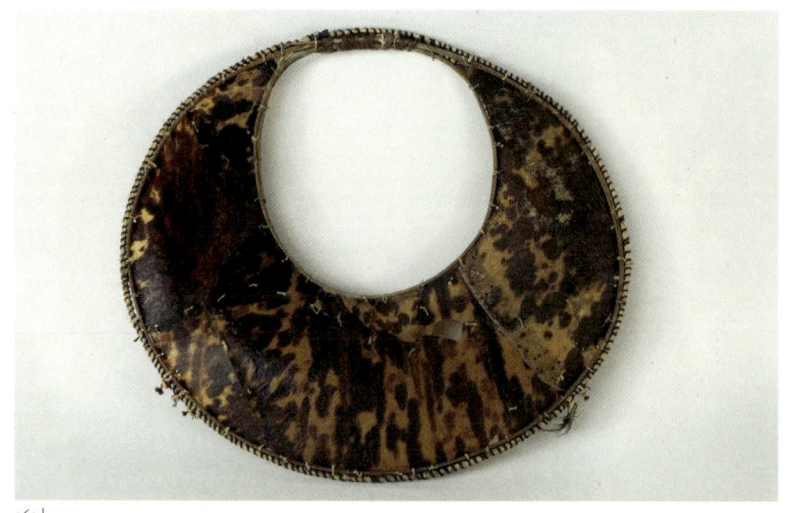

168 |

169 |

163 |

HALSSCHMUCK *MARRE-MARRE LAGELAG*

Marshall-Inseln
Bastfasern, Muschel *(Spondylus spec., Tridacna gigas)*
L (gesamt): 37 cm, H (Anhänger): 2,9 cm, B (Anhänger): 16 cm
Slg. Otto Bartels, 1926
RPM Inv. Nr. V 7028

Die große Zahl der roten Muschelperlen erhöht den Wert dieser Statusabzeichens eines ranghohen Mannes.

164 |

HALSSCHMUCK

Marshall-Inseln
Bastfasern, Muschel *(Spondylus spec., Tridacna gigas)*, Kokosnussschale
L: 29 cm
Slg. Otto Bartels, 1926
RPM Inv. Nr. V 7026

Der kostbare Schmuck fällt auf durch die ungewöhnliche Form der sechs aus der Schale einer Riesenmuschel geschliffenen Anhänger.

165 |

HALSSCHMUCK

Marshall-Inseln
Pflanzenfasern
B: 21 cm
Slg. Otto Bartels, 1926 (1903)
RPM Inv. Nr. V 6812

Nicht nur kostbare Rohstoffe dienten in Mikronesien zur Herstellung von Schmuck – so überraschen z.B. einfache Ketten aus Pflanzenfasern durch komplexe Flechttechniken.

166 |

BRUSTSCHMUCK

Nauru
Federn, Muschelperlen *(Spondylus spec.)*, Conus-Schneckenschale, Pflanzenfasern
L: 28,5 cm, D: (Conus-Scheibe): 7,5 cm
Slg. Wachsmuth
RPM Inv. Nr. V 6831

Den flach geschliffenen Boden einer Conus-Schnecke trug man an einer einfachen Schnur um den Hals.

167 |

KOPFSCHMUCK

Nauru
Federn, Muschelperlen *(Spondylus spec.)*, Haizähne, Pflanzenfasern
L: 45 cm, B: 21 cm
Slg. Wachsmuth
RPM Inv. Nr. V 6835

Dem Tanz und den mit ihm verbundenen Schmuckformen für Männer und Frauen kam auf Nauru besonders große kulturelle Bedeutung zu.

168 |

HALSKETTE

Nauru
Federn (Fregattvogel), Muschelperlen *(Spondylus spec.)*, Haizähne, Pflanzenfasern
L: ca. 36 cm, B: ca. 11 cm
Slg. Wachsmuth
RPM Inv. Nr. V 6836

Die Verwendung unterschiedlichster Materialien zeichnet diesen filigranen Schmuck aus.

169 |

AUGENSCHIRM

Nauru
Schildpatt, Kokospalmblattrippen, Industrietuch, Bast, Muschelperlen, Federn, Pflanzenfasern
D: 40 cm
Slg. Otto Bartels, 1926 (vor 1903)
RPM Inv. Nr. V 6855

Mit zusätzlichem Federschmuck versehen, diente ein solcher Augenschirm auch als Tanzhut.

170 |

OHRSCHMUCK

Yap
Kokos- und Conus-Scheiben
L: 6 cm
RPM Inv. Nr. V 230

In der nördlich von Palau gelegenen Inselgruppe Yap wurden diese charakteristischen gestreiften Ohrgehänge getragen.

171 |

GÜRTEL

Kosrae
Bananenfasern, Pigment
L: ca. 156 cm, B: 21 cm
um 1900
RPM Inv. Nr. V 222

Mikronesien war die einzige Region Ozeaniens, in der Webtechniken angewendet wurden; gewebte Gürtel mit ihren feinen Mustern waren hochrangigen Männern vorbehalten.

172 |

GÜRTEL

Pohnpei
Bananenfasern, Pigmente
L: ca. 170 cm, B: 13,5 cm
um 1900
RPM Inv. Nr. V 223

In den Webornamenten der Gürtel werden teilweise die für die Tatauierung verwendeten Muster aufgenommen.

174 |

KOPFSCHMUCK *NAGASAKA*

Lukunor, Mortlock-Inseln
Bananenfasern, Kokosfaserschnur,
Gelbwurz (Pigment)
L: 34 cm, H: 4,7 cm
Slg. Kubary (Godeffroy Museum),
1877
RPM Inv. Nr. V 6

Diesen Schmuck trugen die Männer oberhalb des Haaransatzes über der Stirn.

175 |

GÜRTEL u. HAARPFEIL

Chuuk
Perlen aus Kokosnuss, Schnecken- bzw. Muschelschalen, Holz,
Pflanzenfasern
L: 80 cm
RPM Inv. Nr. V 213

An den Enden des fein gearbeiteten Gürtels ist ein Haarstecker aus dem geschliffenen Boden der Conus-Schnecke befestigt.

173 |

GÜRTEL *PEK*

Chuuk
Holz, Kokos- und Muschelperlen *(Spondylus spec.)*, Pflanzenfasern
L: 68 cm, B: 13 cm
um 1900
RPM Inv. Nr. V 216

Die wegen der verarbeiteten Perlen aus Spondylus-Muscheln sehr wertvollen Gürtel wurden von den Männern zu festlichen Gelegenheiten getragen.

176 |

FIGUR *TINO AITU / DINONGA EIDU*

Nukuoro
Holz
H: 125 cm, B: 38 cm, T: 19 cm
Slg. Otto Bartels, 1903 (1926)
RPM Inv. Nr. V 7067

Die eindrucksvollen minimalistisch gestalteten Skulpturen stellten die von den verschiedenen Clanen verehrten Gottheiten dar.

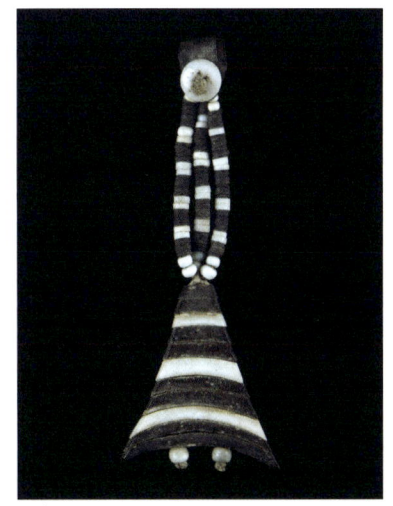

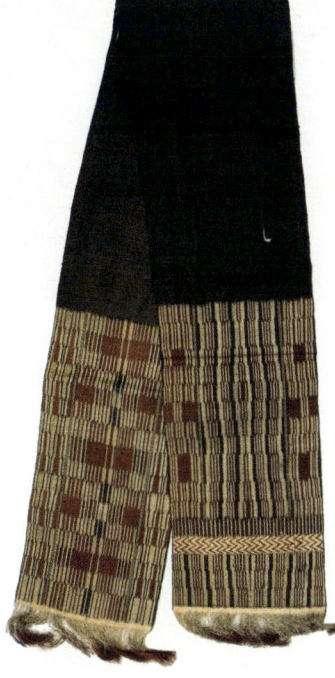

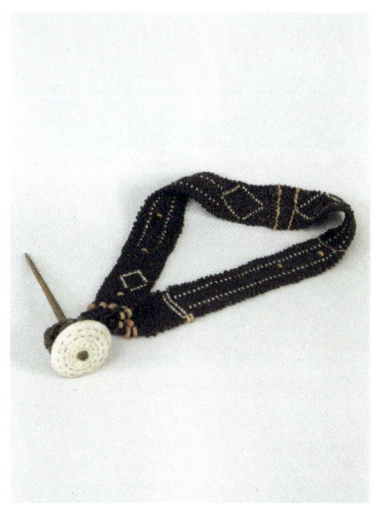

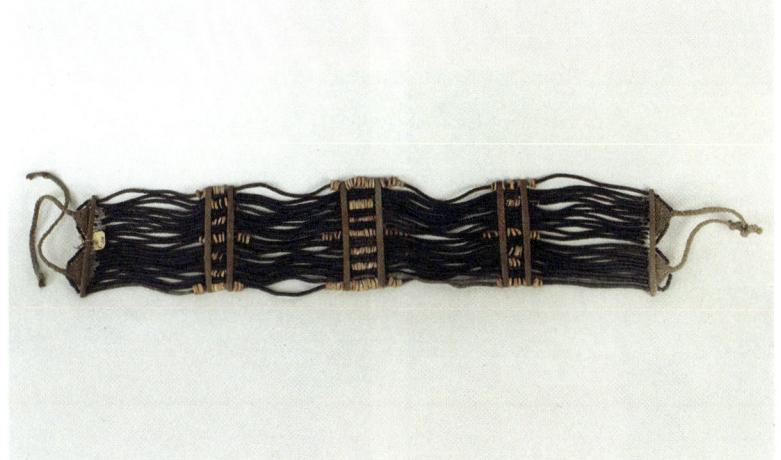

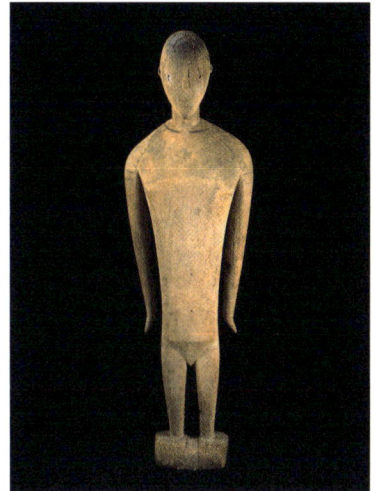

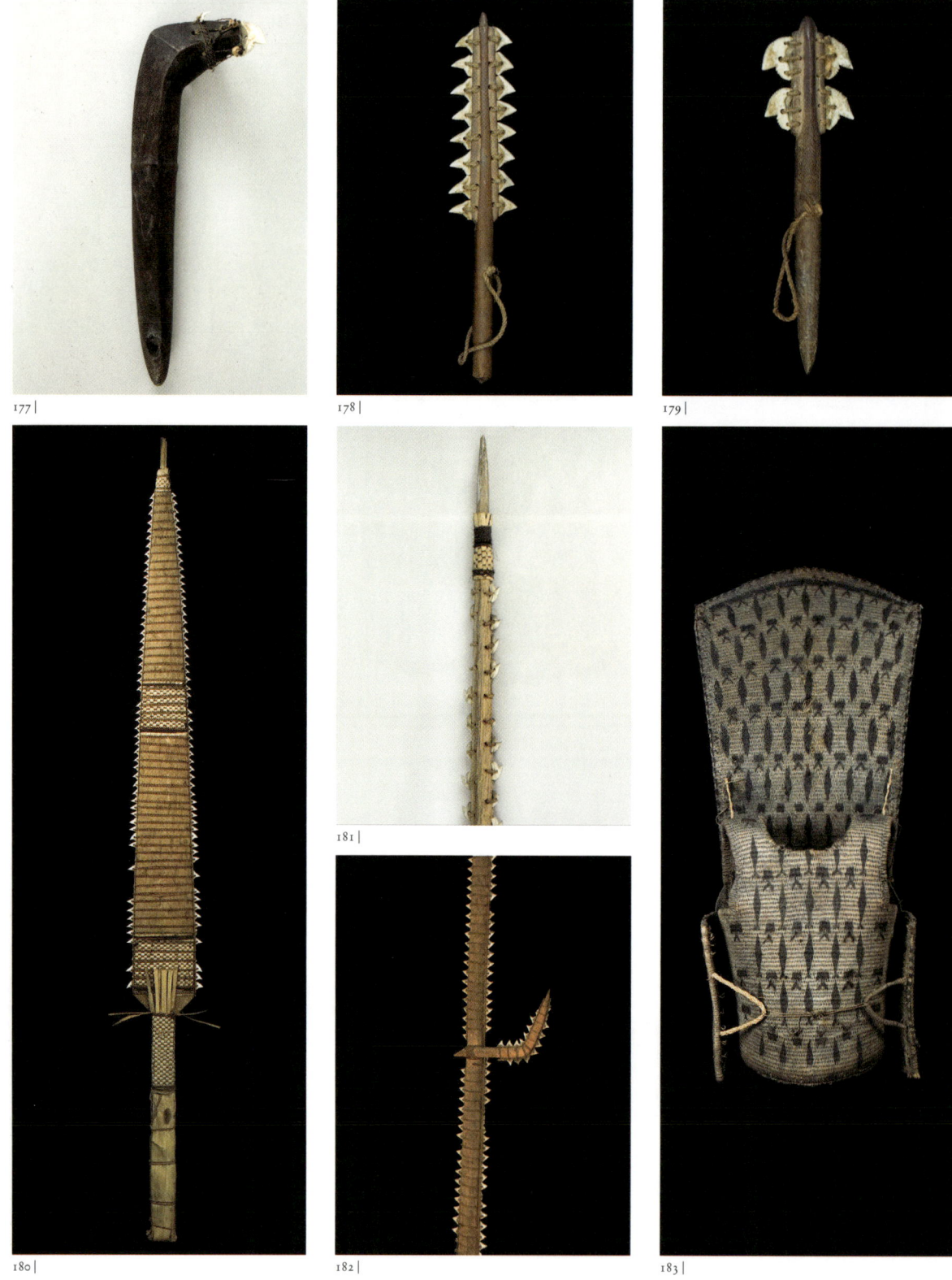

177 |

178 |

179 |

180 |

181 |

182 |

183 |

177 |

HAIZAHNDOLCH
E OKABAN

Nauru
Holz, Haizahn, Schnur
L: 28,2 cm, B: 11 cm
RPM Inv. Nr. V 6860

Der scharfe Haizahn konnte als
Messer oder auch als Kratzwaffe
benutzt werden.

178 |

REISSWAFFE

Nauru
Holz, Haizähne, Schnur
L: 21 cm
RPM Inv. Nr. V 6904

Scharfe Haizähne verliehen auch
kleinen Reißwaffen, oft als Frauen-
waffen bezeichnet, gefährliche Wirkung.

179 |

REISSWAFFE

Nauru
Holz, Haizähne, Schnur
L: 21 cm
RPM Inv. Nr. V 6903

180 |

REISSWAFFE

Kiribati
Holz, Haizähne, Pandanusblatt-
streifen, Kokosfaserschnur, Haar
L: 122 cm, B: 13 cm
um 1900
RPM Inv. Nr. V 185

Die Form der schwertförmigen
Haizahnwaffe scheint sich an die
Gestalt europäischer Hieb- und
Stoßwaffen anzulehnen.

181 |

LANZE

Kiribati
Holz, Haizähne, Schnur
L: 327 cm, B: 4,5 cm
um 1900
RPM Inv. Nr. V 3388

Ein dichter Besatz mit Haizähnen
macht die langen Lanzen aus Kiribati zu bedrohlichen Kriegswaffen.

183 |

BRUSTPANZER

Kiribati
Kokosfaserschnur, Haar
H: 110 cm, B: 36 cm, T: 28 cm
Slg. Eckart & Sohn, 1878
RPM Inv. Nr. V 166 a

Die einzigartigen Rüstungen aus
dem heutigen Kiribati sollten die
Kämpfer vor den scharfen Spitzen
der Haizahnwaffen schützen.

182 |

LANZE

Kiribati
Holz, Haizähne, Schnur
L: 417 cm, B: 3,5 cm
um 1900
RPM Inv. Nr. V 3394

184 |

BRUSTPANZER

Kiribati
Kokosfaserschnur, Schneckenscha-
len, Haar
H: 85 cm, B: 45 cm, T: 20 cm
um 1900
RPM Inv. Nr. V 165

Der Brustpanzer war Teil einer
aus Kokosfasern gefertigten Rü-
stung, die den gesamten Körper des
Kriegers schützte und neben dem
Panzer aus einer festen Hose sowie
einer Jacke bestand.

185 |

WASSERGEFÄSS

Fiji
Ton, Harz
H: 21 cm, D: 19 cm
um 1900
RPM Inv. Nr. V 258

Obwohl dekorierte Keramikscher-
ben zu den frühesten archäolo-
gischen Zeugnissen der Polynesier
gehören, hatten sich keramische
Techniken nur im Fiji Archipel erhalten.

186 |

WASSERGEFÄSS

Fiji
Ton, Harz
H: 15,5 cm, B: 18 cm, T: 18 cm
RPM Inv. Nr. V 259

Die Herstellung der ungewöhn-
lichen Wassergefäße gehörte zu den
Arbeiten der Frauen.

187 |

KOPFBANK *KALI NI BITU*

Fiji
Bambus, Rotang, Kokosfaserschnur
H: 15,5 cm, L: 48 cm
um 1900
RPM Inv. Nr. V 260

Die Nackenstütze ist mit eingebrannten Schriftzeichen, die lateinische Buchstaben
nachbilden, verziert.

188 |

TAPAKLOPFER

Fiji
Holz
H: 43 cm, B: 4 cm, T: 4 cm
Slg. C. A. Pöhl (Museum Godef-
froy), vor 1900
RPM Inv. Nr. V 54

Zur Herstellung von Rindenbaststoffen wurden Baststreifen durch
das Schlagen mit Klopfern verbreitert und aneinander gefügt.

189–190 |

SCHABLONEN ZUR BEMALUNG VON TAPA

Ovalau, Viti Levu, Fiji
Röntgenfilm, Pigmente
H: 22 cm, B: 22,5 cm (V 9751 b)
H: 20 cm, B: 18 cm (V 9751 c)
Slg. C. Brauer, 1990
RPM Inv. Nr. V 9751 b, c

Schablonen werden heute zur standardisierten Bemalung von Rindenbaststoffen verwendet.

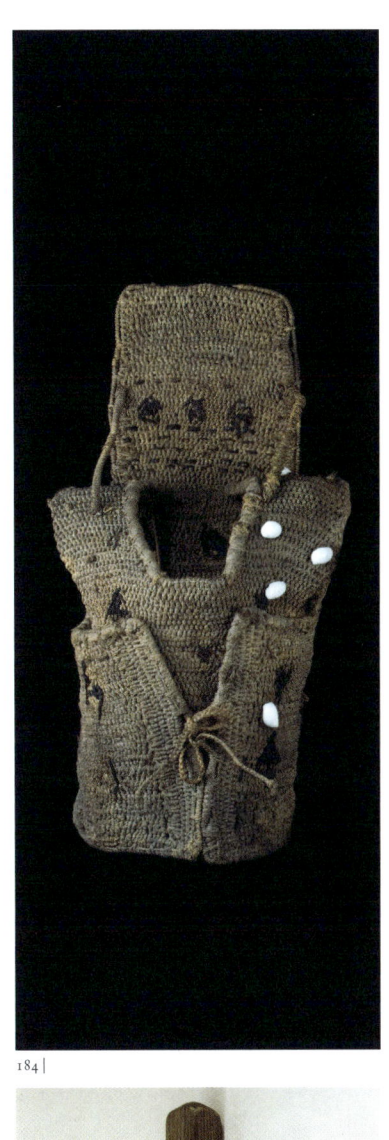

184 |

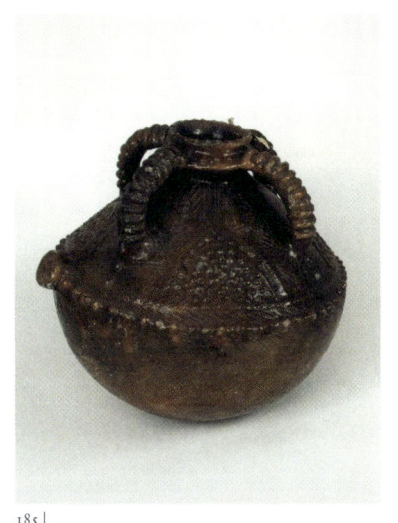

185 |

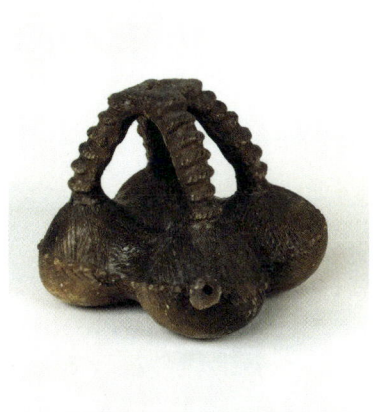

186 |

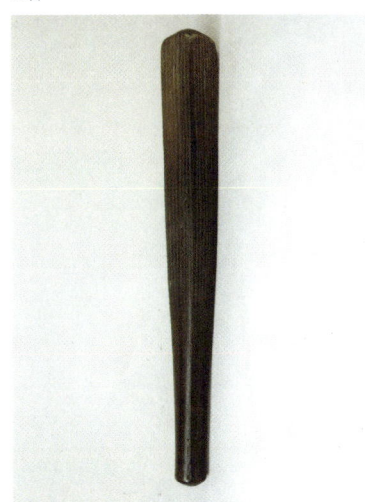

188 |

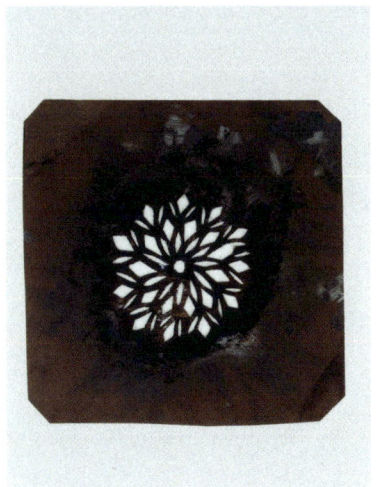

189 |

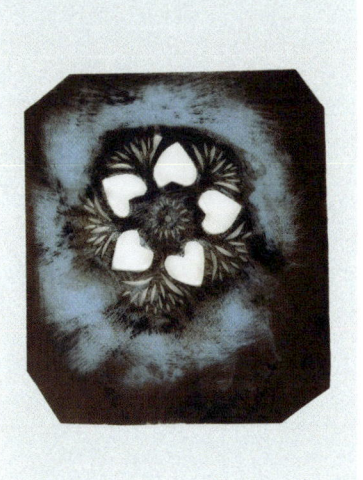

190 |

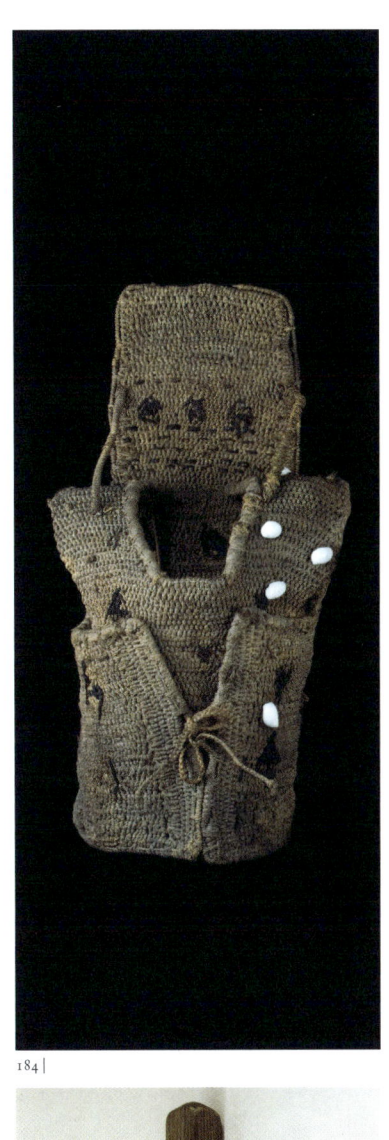

187 |

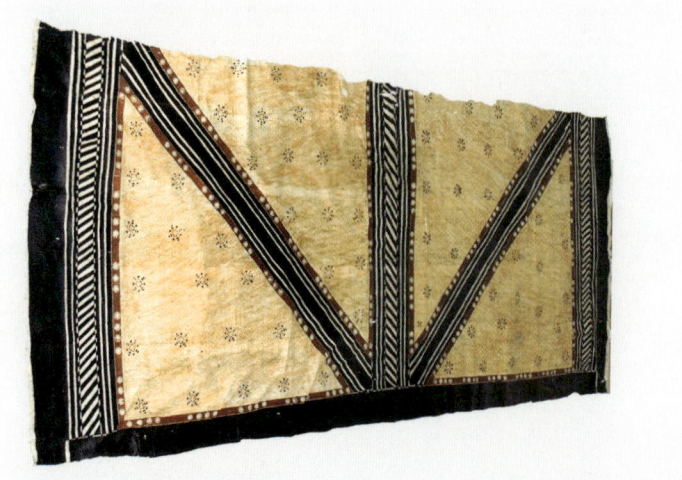

191 |

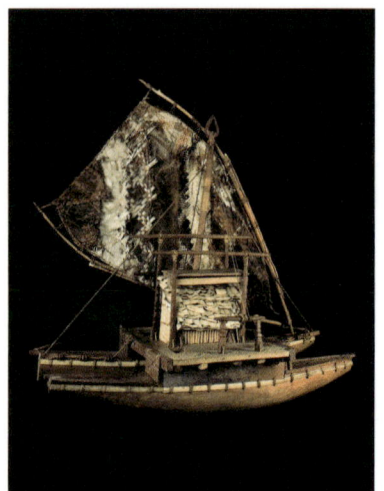

199 |

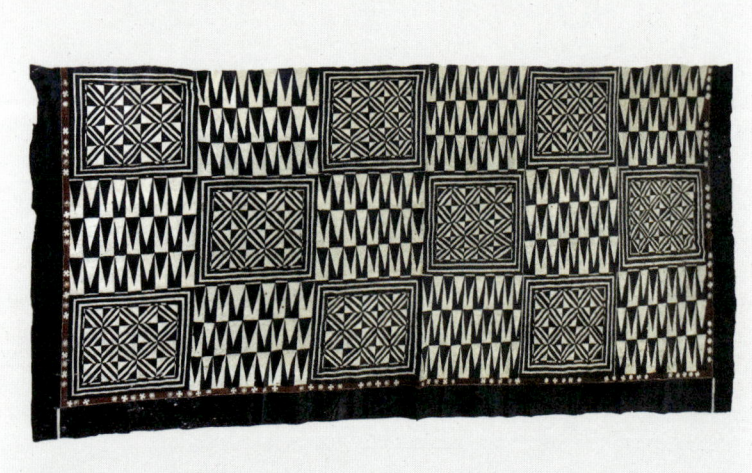

192 |

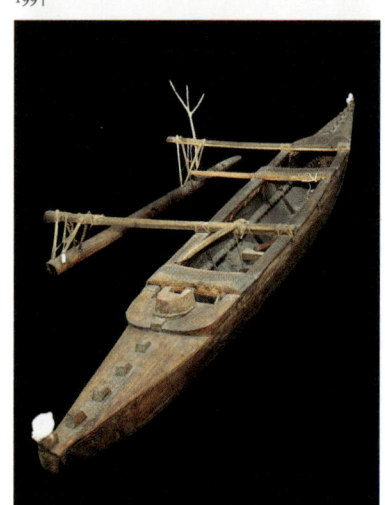

200 |

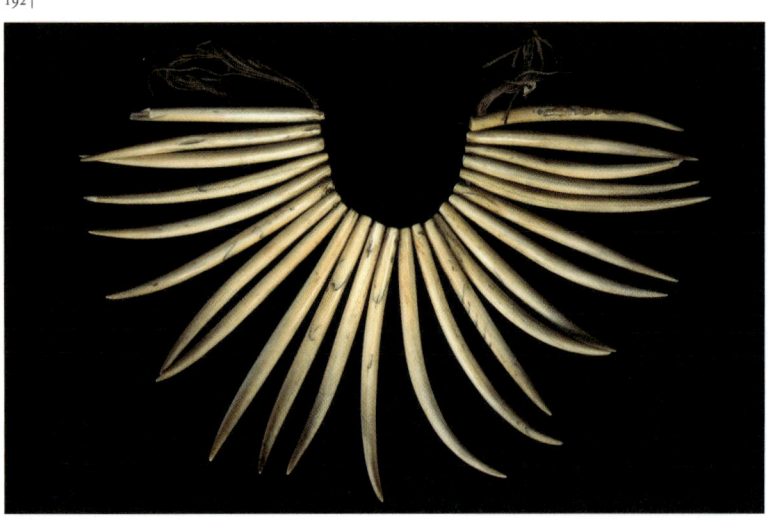

193 |

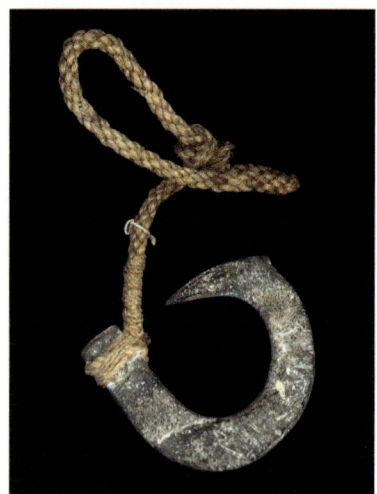

201 |

191 |

TAPA *MASI KESA*

Fiji
Rindenbast *(Broussonetia papyrifera)*, Pigmente
L: 560 cm, B: 230 cm
Slg. Conrad Machens, 1914
RPM Inv. Nr. V 41

Tapa, in Fij *masi* genannt, gehörte auf den Inseln des Archipels zu den wichtigsten zeremoniellen Tauschgütern.

192 |

TAPA *MASI KESA*

Fiji
Rindenbast *(Broussonetia papyrifera)*, Pigmente
L: 556 cm, B: 230 cm
Slg. Conrad Machens, 1914
RPM Inv. Nr. V 40

Von Frauen hergestellt, wurde Tapa in Fiji von Männern bei besonderen Anlässen – in vielen Lagen um den Körper gewickelt – getragen.

193 |

HALSKETTE *WASEKASEKA*

Fiji
L: 45 cm, L (Zahn): 18,5 cm
Spermwalzahn, Kokosfaserschnur
um 1900
RPM Inv. Nr. V 270

Zur Herstellung einer solchen Kette wurden die dicken und eher stumpfen Walzähne abgeschliffen und zugespitzt.

199 |

MODELL EINES DOPPEL-RUMPFBOOTES *VA'A 'ALIA*

Samoa
Holz, Bast- und Blattstreifen,
Bambus, Kokosfaserschnur
H: 98 cm, L: 101 cm, B: 55 cm
Slg. Endemann (H. Reiche), 1899
RPM Inv. Nr. V 210

Noch bis zum Ende des 19. Jh. segelten diese Boote, deren Rümpfe aus Einbäumen bestanden, in den Gewässern Samoas – sie konnten bis zu 100 Menschen transportieren.

200 |

AUSLEGERBOOT *VA'A ALO*

Samoa
Holz, Pflanzenfasern, Schnecken-schale *(Ovula spec.)*
L: 436 cm, B: 138 cm, H: 81 cm
Slg. Christiane Brauer, 1990
RPM Inv. Nr. V 9801

Diese in Kraweelbauweise gefertigten Auslegerboote nutzte man für den Fang von Thunfischen außerhalb der Lagune.

201 |

ANGELHAKEN

Polynesien
Schildpatt, Schnur
L: 4,5 cm, B: 5,5 cm
RPM Inv. Nr. V 6894

194 |

WURFKEULE *I ULA TAVATAVA*

Fiji
Holz
H: 42,5 cm, D: 8,5 cm
Slg. Museum Godeffroy, 1882
RPM Inv. Nr. V 19

Die sorgfältig gearbeiteten kleinen Keulen verwendete man als Distanzwaffen.

202 |

TINTENFISCHKÖDER
MAKA FEKE

Tonga
Stein, Schneckenschale, Schnur, Holz
L: 36 cm (Köder H: 5 cm, B: 6 cm)
RPM Inv. Nr. V 103

Tintenfische saugten sich an den glänzenden Schneckenschalen fest und ließen sich dann mit dem Köder in das Boot ziehen.

195 |

KEULE *TOTOKIA*

Fiji
Holz
L: 90,0 cm, D: 13 cm
RPM Inv. Nr. V 288

Aus den vielerlei Keulenformen Polynesiens heben sich die mächtigen, oft aus den Stämmen kleiner Bäume hergestellten Keulen Fijis schon durch ihre Größe heraus.

196 |

KEULE

Tonga
Holz
H: 112 cm, B: 11,5 cm
vor 1900
RPM Inv. Nr. V 74

Tonganische Keulen zeichnen sich durch die feine Musterung ihrer gesamten Oberfläche aus, die traditionell mit Werkzeugen aus Haizahn beschnitzt wurde.

203 |

KORB

Tonga
Pandanusblatt, Kokosfasern
H: 13,8 cm, D: 31,5 cm
RPM Inv. Nr. V 106

Um die schwarze Färbung zu erzielen, färbte man die Pandanusblätter vor dem Flechten mit dem Saft verschiedener Baumarten.

204 |

KORB

Tonga
Pandanus- und Kokosfasern
H: 19 cm, B: 57 cm, T: 31,5 cm
um 1900
RPM Inv. Nr. V 611

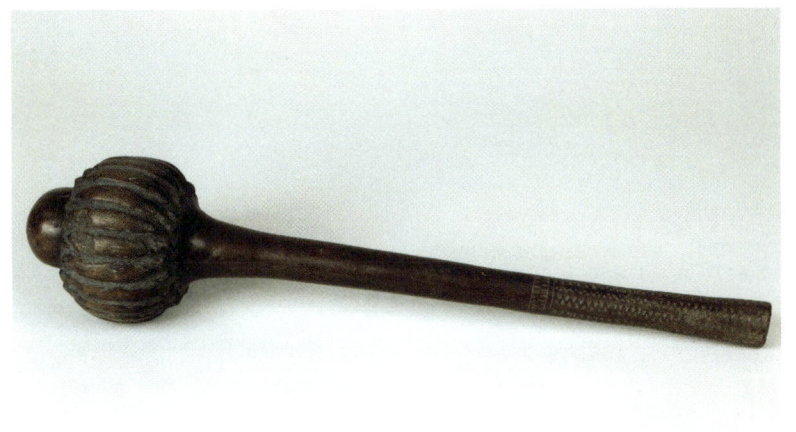

194 |

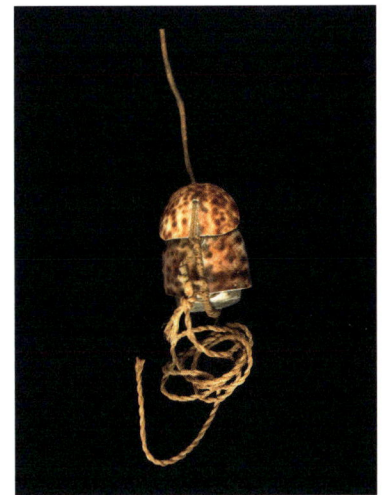

202 |

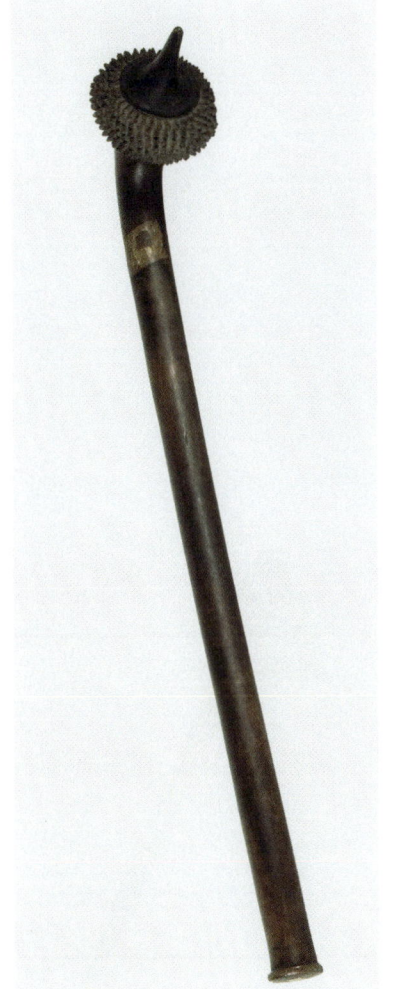

195 |

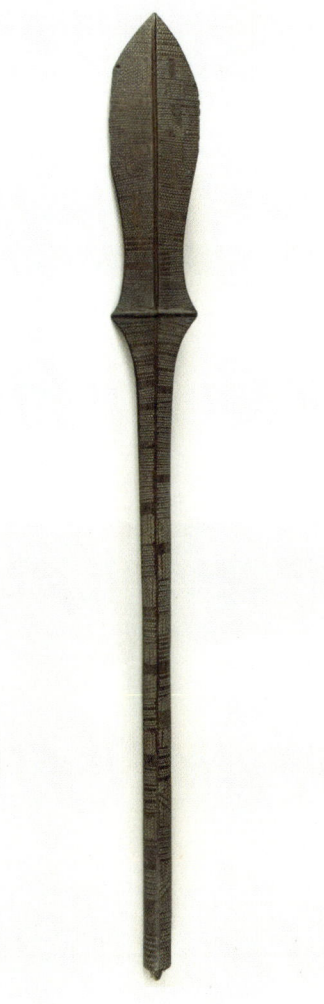

196 |

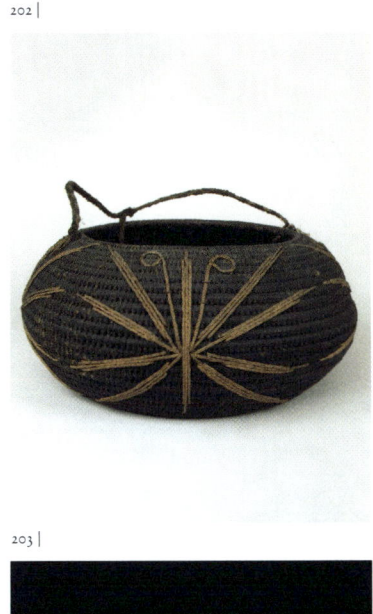

203 |

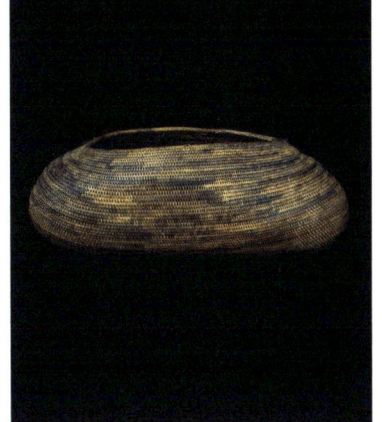

204 |

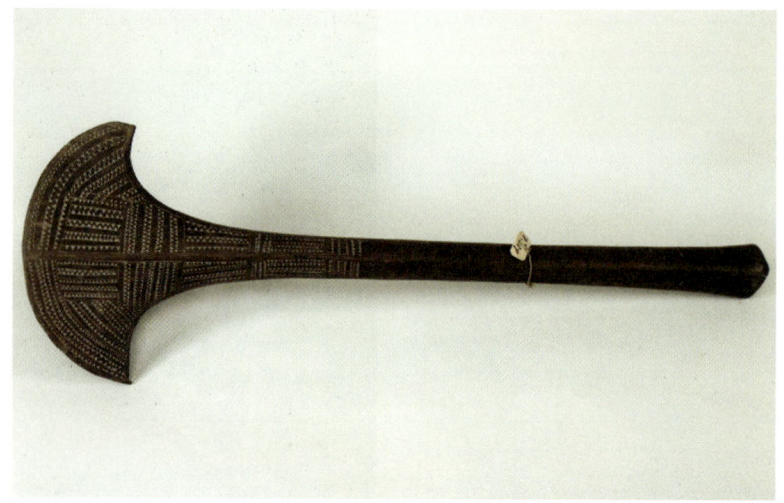

197 |

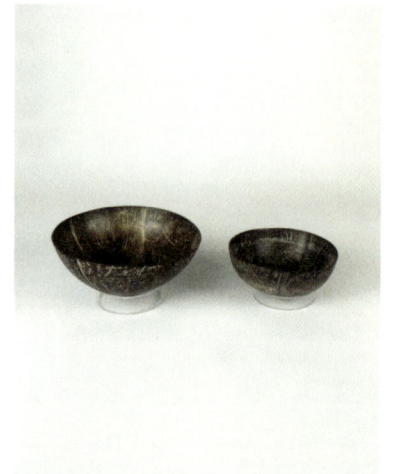

206 | 207

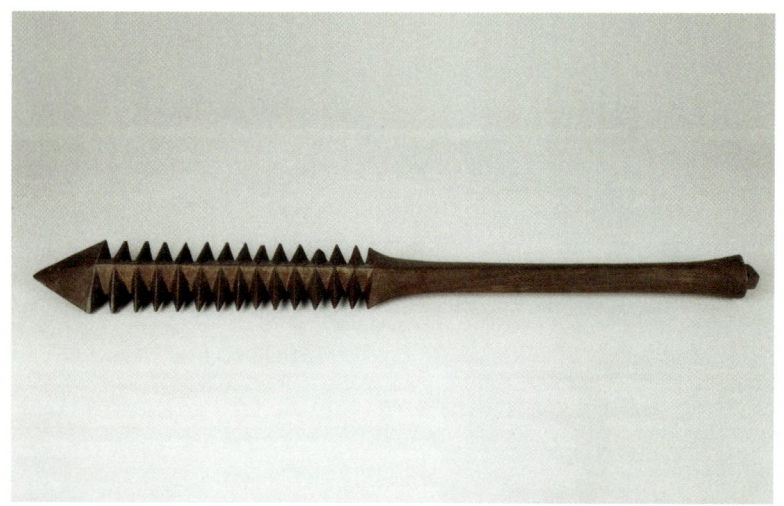

198 |

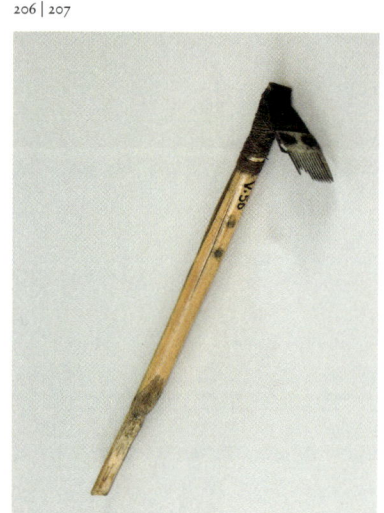

211 |

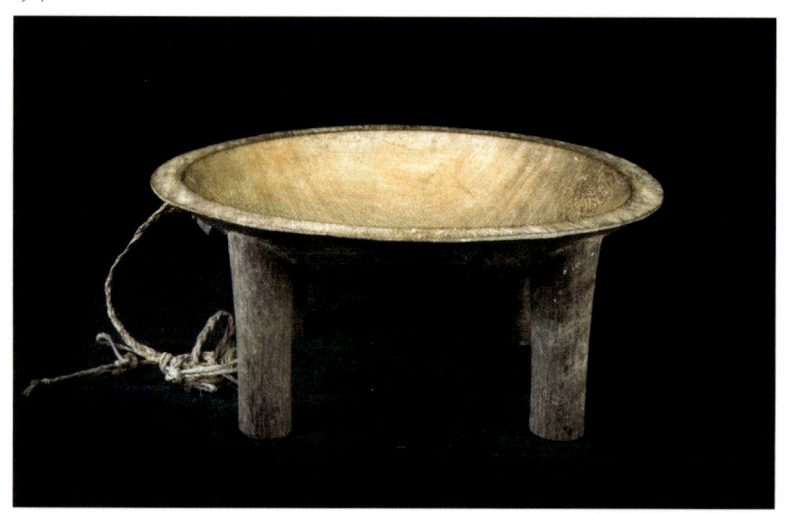

205 |

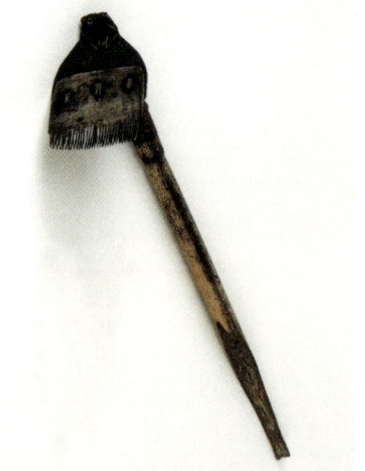

212 |

197 |

Keule *FA'ALAUTALINGA*

Samoa
Holz
H: 59,5 cm, B: 19,5 cm
um 1900
RPM Inv. Nr. V 129

Die Keule zeigt die charakteristische Kerbschnittverzierung samoanischer Schlagwaffen.

198 |

Keule *FA'ALAUFA'I*

Samoa
Holz
H: 66 cm, B: 8,5 cm
um 1900
RPM Inv. Nr. V 122

Der Name dieser Keule bezieht sich auf ihre Gestalt, die an die Form eines Blattes der
Bananenstaude angelehnt ist.

205 |

Kawaschale *TANOA FAI'AVA*

Samoa
Holz
H: 15,7 cm, D: 38 cm
um 1900
RPM Inv. Nr. V 37

In den aus einem Stück gearbeiteten Schalen bereitete man bei formalen Anlässen das
zeremonielle Getränk aus den Wurzeln der Kawa-Pflanze.

206–207 |

Trinkgefässe

Samoa
Kokosnussschale
H: 7,5 cm, D: 16,5 cm (V 262)
H: 6,2 cm, D: 12,5 cm (V 268)
um 1900
RPM Inv. Nr. V 262, V 268

In solchen dünn geschliffenen Trinkschalen reichte man *'ava*, das aus den
Wurzeln der Kawa-Pflanze hergestellte zeremonielle Getränk.

211–212 |

Tatauiergeräte *'AU*

Samoa
Bambus, Schildpatt, Knochen,
Schnur
L: 18 cm, B (Kamm): 1,4 cm (V 50)
L: 21,4 cm, B (Kamm): 3 cm
(V 3014)
RPM Inv. Nr. V 50, V 3014

Die Tatauierung des Körpers zählte
in Samoa zu den bedeutendsten
Kunstgattungen; mit den scharfen
Zähnen dieser Tatauiergeräte brachte
man das Pigment in die Haut ein.

208 |

MATRIZE *'UPETI FALA*

Samoa
Pandanusblattstreifen, Palmblattrippen, Kokosfaserschnur, Pigmentreste
L: 90 cm, B: 40 cm
Slg. Endemann, 1898
RPM Inv. Nr. V 160

Das Muster der Matrize wird durch Frottage auf die noch undekorierte Tapa übertragen – seit der ersten Hälfte des 20. Jh. haben hölzerne Matrizen die *'upeti fala* verdrängt.

214 |

SCHMUCKKAMM *SELU TOGA*

Samoa
Kokosblattrippen, Pflanzenfasern
H: 16,9 cm, B: 7 cm
vor 1879
RPM Inv. Nr. V 17

Diese Kämme dienten als Schmuck und zur Haarpflege.

209 |

TAPA

Samoa
Rindenbast *(Broussonetia papyrifera)*, Pigmente
L: 180 cm, B: 165 cm
Slg. Conrad Machens, 1914
RPM Inv. Nr. V 43

Neben den sehr fein geflochtenen Matten gehörte Tapa zu den wichtigsten Gütern des zeremoniellen Tausches zwischen Abstammungsgruppen und ihrem jeweiligen Oberhaupt.

215 |

SCHMUCKKAMM *SELU TOGA*

Samoa
Kokosblattrippen, Pflanzenfasern
H: 18,5 cm, B: 9 cm
vor 1882
RPM Inv. Nr. V 68

216 |

ZIERKAMM

Tokelau
Kokosblattrippen, Pflanzenfasern, Glasperlen
H: 18 cm, B: 7,2 cm
um 1900
RPM Inv. Nr. V 762

Dieser Kamm vom Tokelau-Archipel gleicht den Kämmen im nicht sehr weit entfernten Samoa.

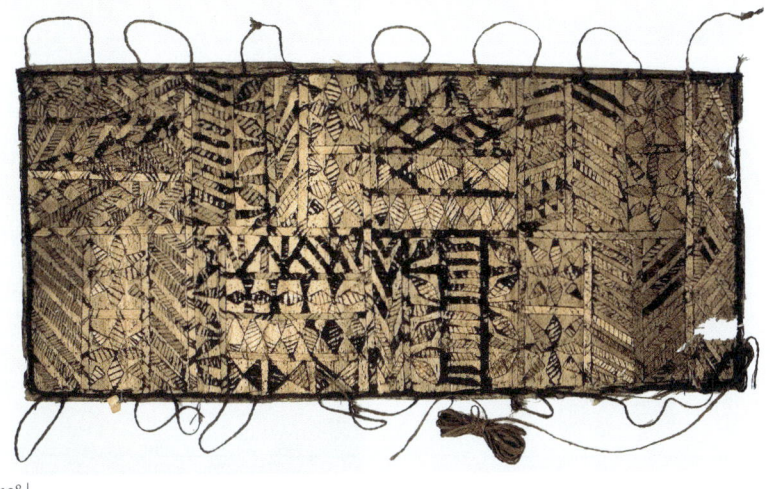

208 |

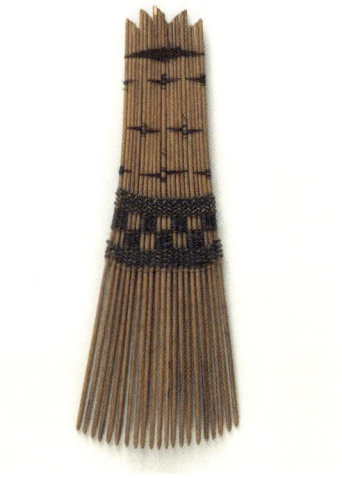

214 |

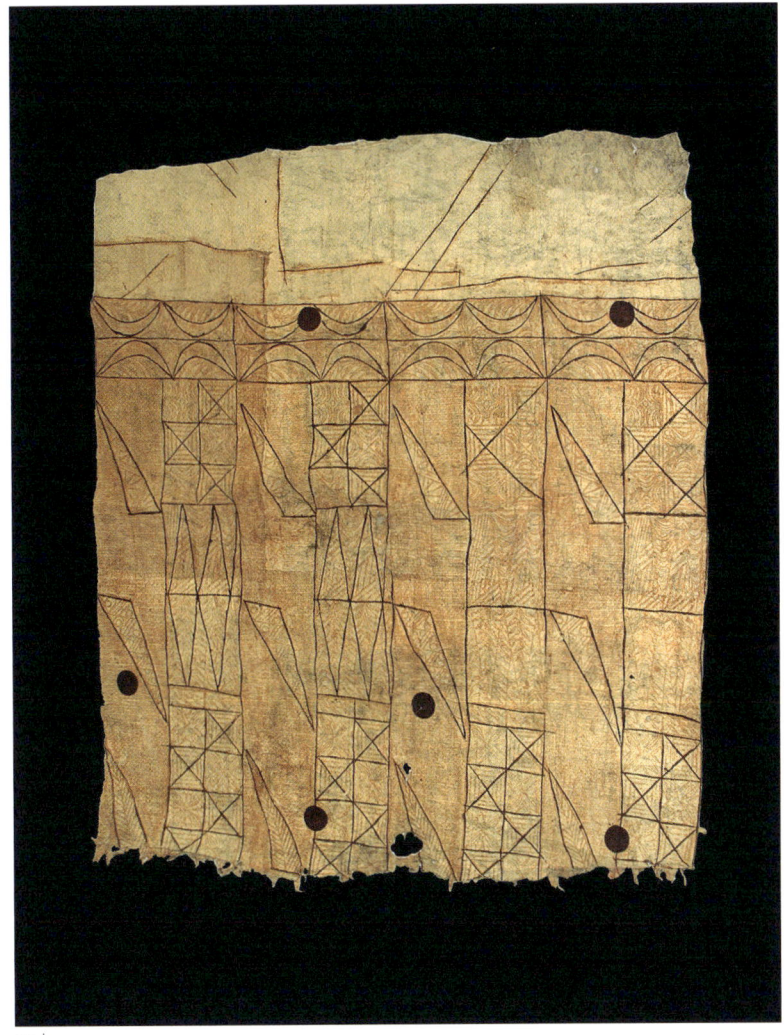

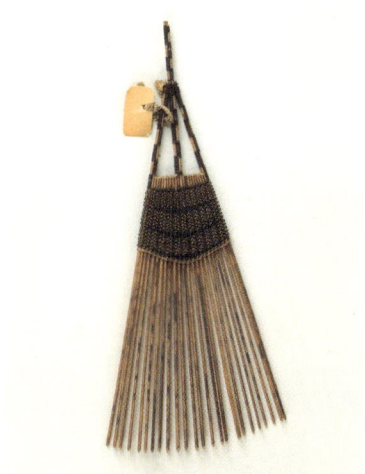

215 |

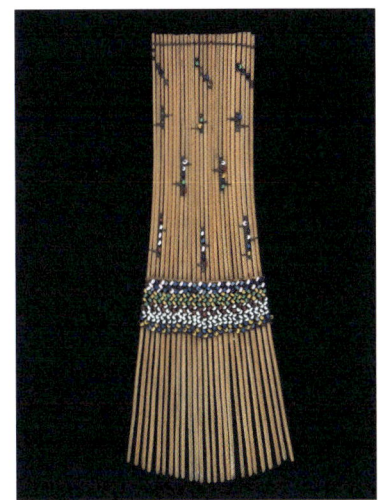

209 |

216 |

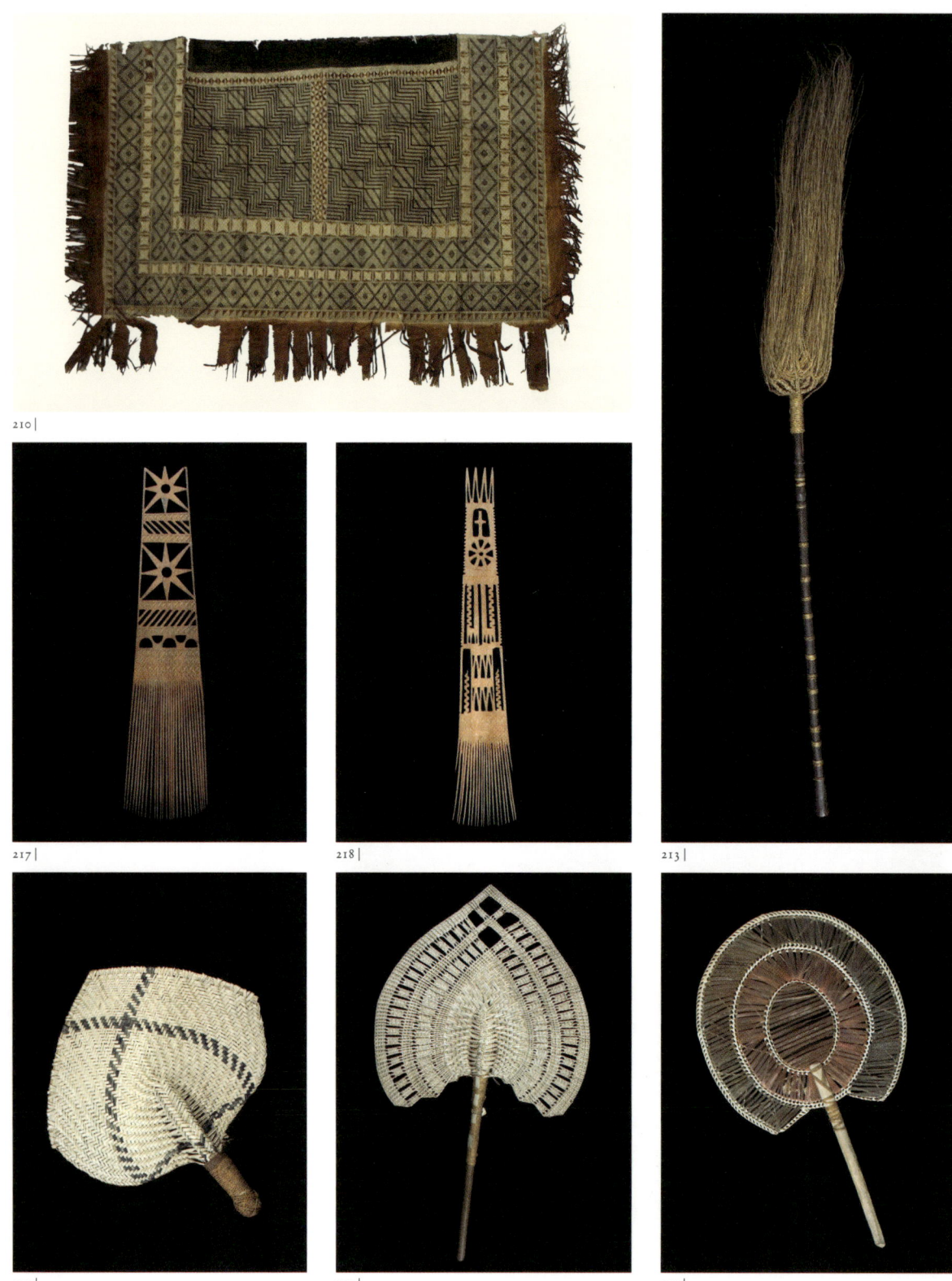

210 |

217 |

218 |

213 |

219 |

220 |

221 |

210 |

TAPA *SALATASI*

Futuna
Rindenbast *(Broussonetia papyrifera)*, Pigmente
L: 156 cm, B: 86 cm
Slg. Conrad Machens, 1914
RPM Inv. Nr. V 46

Die Tapas mit dem *sala*-Muster verwendete man auf Futuna als Wickelröcke.

213 |

WEDEL *FUE*

Samoa
Holz, Kokosfaserschnur,
Kokosfasern
L: ca. 71 cm
vor 1879
RPM Inv. Nr. V 110

Die mehr oder weniger aufwendig gearbeiteten Wedel stellten eines der wichtigsten Abzeichen der Redner dar.

217–218 |

ZIERKÄMME *SELU LAʻAU*

Samoa
Holz
H: 27,1 cm, B: 6,8 cm (V 139)
H: 33,7 cm, B: 6,3 cm (V 140)
vor 1879
RPM Inv. Nr. V 139, V 140

Die durchbrochen gearbeiteten hölzernen Zierkämme waren eine charakteristische Schmuckform Samoas und dienten ausschließlich als Schmuck.

219 |

FÄCHER *ILI*

Samoa
Holz, Blattstreifen, Kokosschnur
H: 44 cm, B: 38,5 cm
vor 1879
RPM Inv. Nr. V 18

Fächer waren ein Gebrauchsgegenstand, konnten aber auch den Status ihres Besitzers anzeigen.

220 |

FÄCHER *ILI*

Samoa
Holz, Pflanzenfasern
H: 56 cm
Slg. C. A. Pöhl (Museum Godeffroy), 1884
RPM Inv. Nr. V 53

Die durchbrochene Flechtarbeit verweist einmal mehr auf die große Formenvielfalt der in Samoa gefertigten Fächer.

221 |

FÄCHER *ILI*

Samoa
Holz, Pflanzenfasern
H: 45 cm, B: 26 cm
RPM Inv. Nr. V 152

Pflanzliche Fasern ermöglichten auch eine farbige Gestaltung von Flechtarbeiten, wie es dieser Fächer zeigt.

222 |

FÄCHER *ILI PAU*

Samoa
Holz
H: 46,8 cm, B: 13,5 cm
vor 1879
RPM Inv. Nr. V 144

Feine, aus einem Stück Holz geschnittene Fächer wurden bis in das frühe 20. Jahrhundert hergestellt.

223 |

GEFÄSS MIT HALTENETZ

Hawai'i
Kürbisschale, Pflanzenfasern
H: 32 cm, D: 40 cm
1879
RPM Inv. Nr. V 95

Das Gefäß diente dem Transport und der Aufbewahrung von *poi*, einem Brei aus gestampftem und anschließend fermentiertem Taro, einer der Hauptnahrungspflanzen in Ozeanien.

224 |

GEFÄSS *HUE WAI 'IHI*

Hawai'i
Kürbisschale
H: 34,5 cm, D: 23,5 cm
RPM Inv. Nr. V 614

Die feine Verzierung der Kalebasse weist auf Hawai'i als Herkunftsort.

225 |

GEFÄSS

Hawai'i
Holz
H: 9,2 cm
Slg. Wiedemann, 1887
RPM Inv. Nr. V 40

Aufgrund ihres *Mana* konnten selbst Essensreste und Ausscheidungen hoher Adliger eine Gefahr darstellen und wurden daher in solchen Gefäßen gesammelt und entsorgt.

228 |

ZEREMONIALPADDEL

Ra'ivavae, Austral-Inseln
Holz
H: 100,5 cm, B: 23 cm
1900
RPM Inv. Nr. V 73

Die vollständig mit überwiegend geometrischen Mustern beschnitzten Tanzhandhaben wurden schon früh für den Handel mit Europäern hergestellt.

226 |

GEFÄSS

Hawai'i
Holz
H: 7,5 cm
Slg. Wiedemann, 1887
RPM Inv. Nr. V 41

Kennzeichen der Abfallgefäße ist ein einzelner Fortsatz, der als Henkel genutzt werden konnte.

227 |

BRUSTSCHMUCK *LEI NIHO PALAOA*

Hawai'i
Spermwalzahn, menschl. Haar, *olonā*-Schnur *(Touchardia latifolia)*
L: 24,5 cm
Slg. Wiedemann, 1887
RPM Inv. Nr. V 42

An einem Halsband aus geflochtenem Haar getragen, war der hakenförmige Anhänger aus Walzahn Schmuck und Statuszeichen des hawaiischen Hochadels.

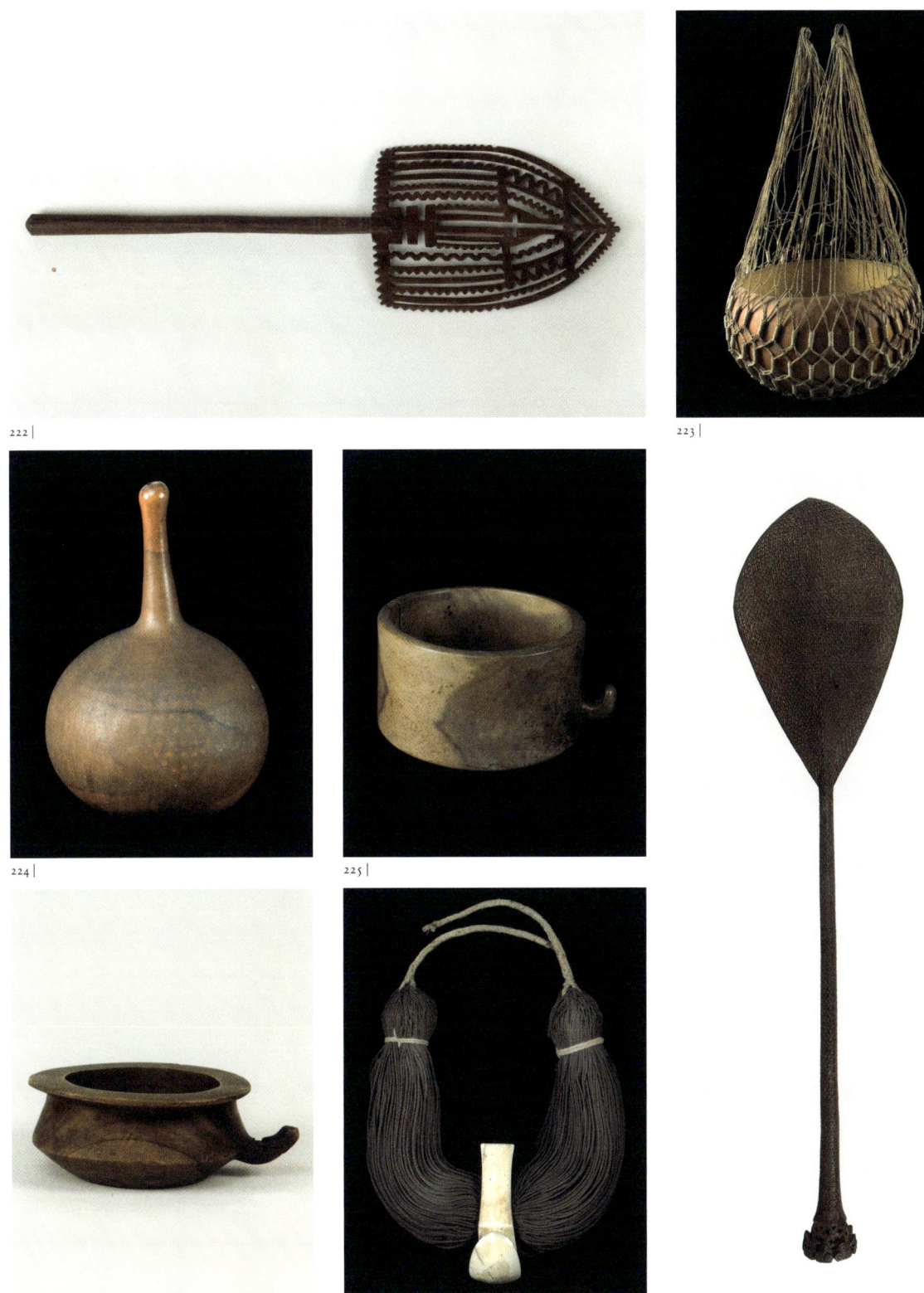

222 |

223 |

224 |

225 |

226 |

227 |

228 |

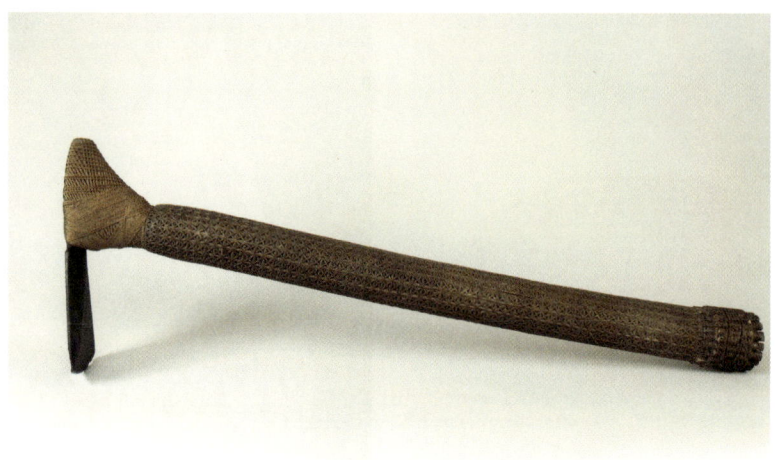

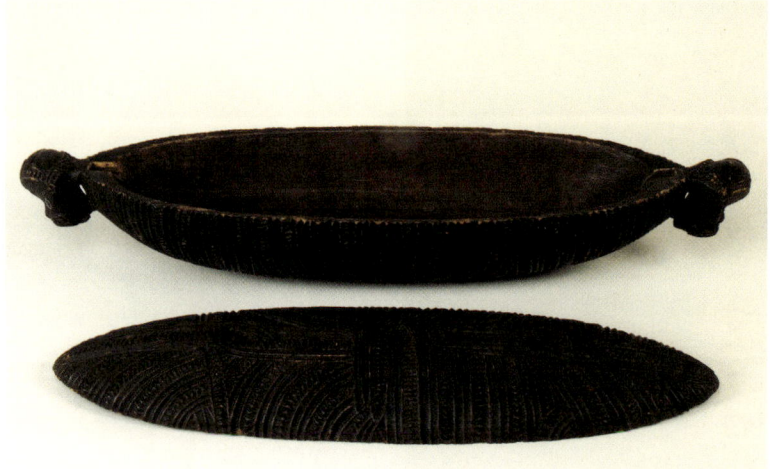

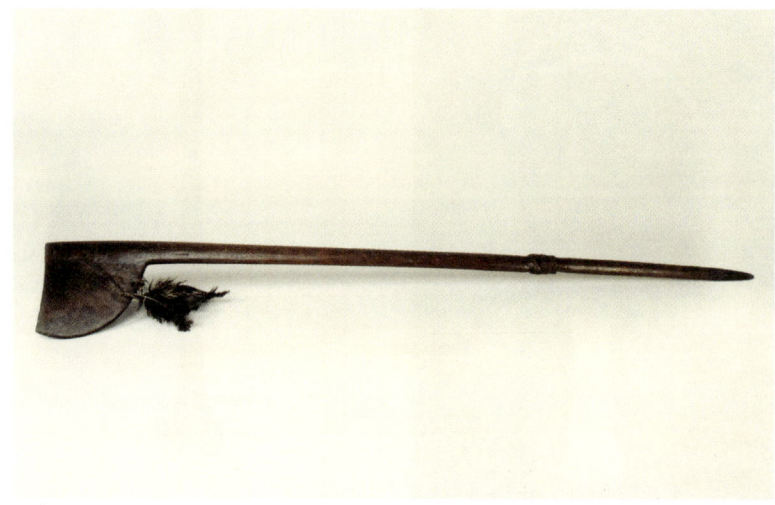

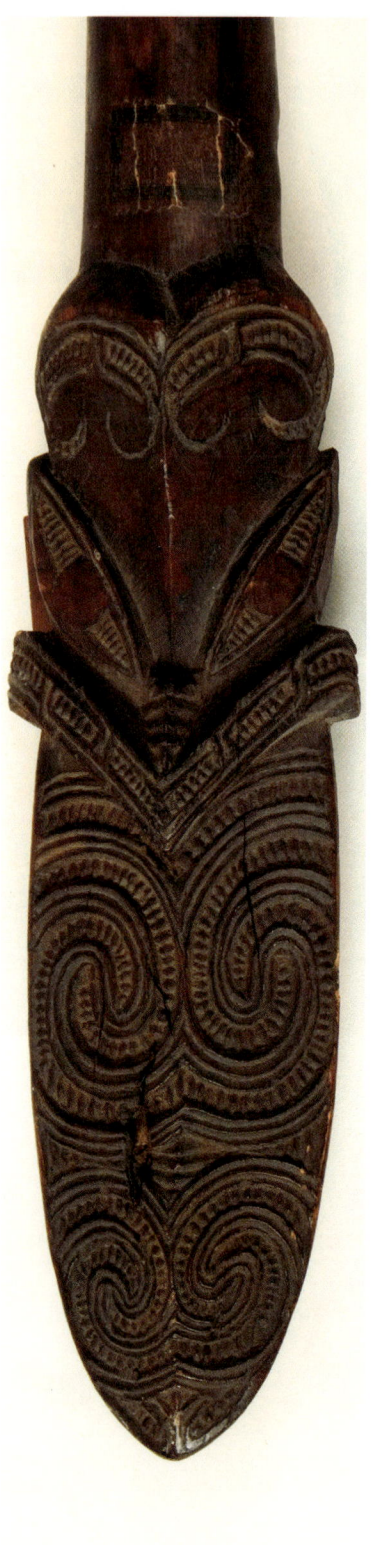

229 |

ZEREMONIALBEIL

Mangaia, Cook-Inseln
Holz, Stein, Kokosfaserschnur
H: 99 cm, B: 32 cm, T: 13 cm
1896
RPM Inv. Nr. V 98

Das Zeremonialwerkzeug entspricht in seiner Form den für Holzarbeiten verwendeten Dechseln.

230 |

SCHMUCKDOSE *WAKAHUIA*

Aotearoa / Neuseeland
Holz, *pāua*-Schneckenschale *(Haliotis spec.)*
H: 8,5 cm, B: 47 cm, T: 11cm
Slg. Museum Umlauff, 1921
RPM Inv. Nr. V 09

Da die Schmuckdosen in voreuropäischer Zeit in Inneren der Häuser aufgehängt waren, kam insbesondere der Dekoration des Bodens große Bedeutung zu.

231 |

KEULE *TEWHATEWHA*

Aotearoa / Neuseeland
Holz, Federn, Schnur
H: 137 cm, B: 18,5 cm
Slg. Museum Umlauff, 1921
RPM Inv. Nr. V 39

Diese Keulen waren ein Rangabzeichen der Oberhäupter und zugleich wirkungsvolle Schlagwaffen.

232 |

KEULE *TAIAHA*

Aotearoa / Neuseeland
Holz
H: 142 cm, B: 6 cm, T: 3 cm
Slg. Museum Umlauff, 1921
RPM Inv. Nr. V 1165

Das spitze Ende der *taiaha*-Keule zeigt ein für die Maori-Kunst so charakteristisches stilisiertes Gesicht mit ausgestreckter Zunge.

233 |

KEULE *PATU ONEWA*

Aotearoa / Neuseeland
Basalt, neuseeländischer Flachs
(Phormium tenax)
H: 37 cm, B: 9 cm, T: 2,5 cm
RPM Inv. Nr. V 696

Die Kurzkeulen der Maori, hergestellt aus Stein, Nephrit, Holz oder
Walknochen, waren sowohl wert-
volles Statussymbol als auch wirkungsvolle Schlagwaffe.

234 |

WÜRDEZEICHEN *UA*

Rapa Nui (Osterinsel)
Holz, Obsidian, Knochen
H: 150 cm, B: 10 cm, T: 5,5 cm
Slg. C.A. Pöhl (Museum Godef-
froy), 1884 (1882)
RPM Inv. Nr. V 62

Diese langen Keulen dienten als
Zeichen für den hohen Rang ihrer
Besitzer und waren zugleich mäch-
tige Waffen.

237 |

MÄNNLICHE FIGUR

Rapa Nui (Osterinsel)
Holz, Obsidian, Knochen
H: 57 cm, B: 13 cm, T: 7 cm
Slg. C.A. Pöhl (Museum Godef-
froy), 1882
RPM Inv. Nr. V 64

Die Holzfiguren von Rapa Nui gelten als Verkörperungen hilfreicher
Ahnengeister (akuaku).

235 |

KOPFSCHMUCK

Rapa Nui (Osterinsel)
Federn, Pflanzenfasern, Rindenbaststoff
D: 44 cm, H: 4 cm
vor 1884
RPM Inv. Nr. V 183

Oberhäupter trugen die Federkränze als Zeichen ihres Ranges bei festlichen Anlässen.

236 |

KOPFSCHMUCK

Rapa Nui (Osterinsel)
Hahnenfedern, Rindenbaststoff, Pflanzenfasern
D: 35 cm, H: 10 cm
Slg. C. A. Pöhl (Museum Godeffroy), 1884
RPM Inv. Nr. V 63

Die zu seiner Herstellung verwendeten roten Hahnenfedern machen diesen Feder-
kranz zu einem besonderen Kopfschmuck.

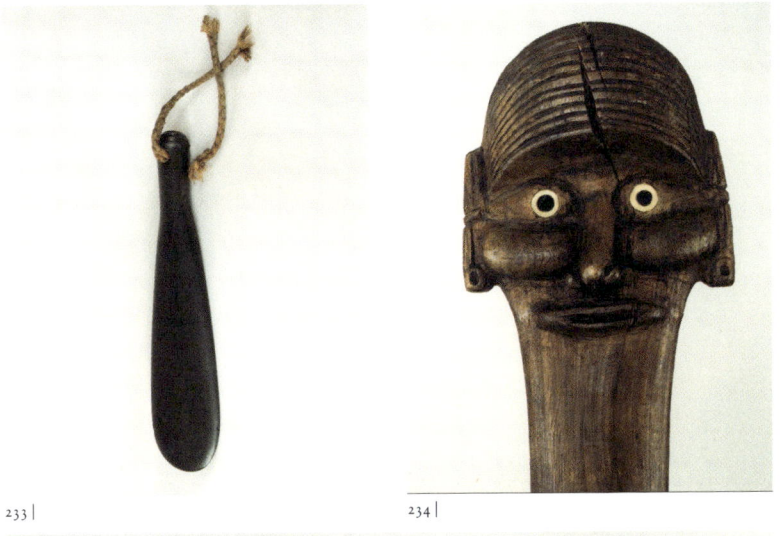

233 |

234 |

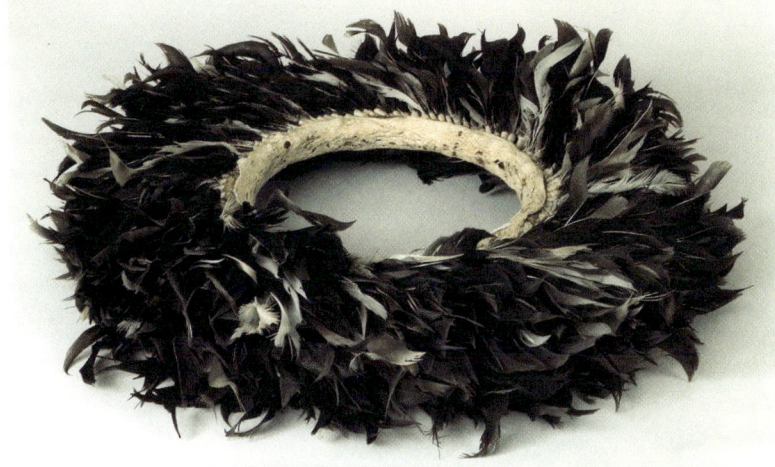

235 |

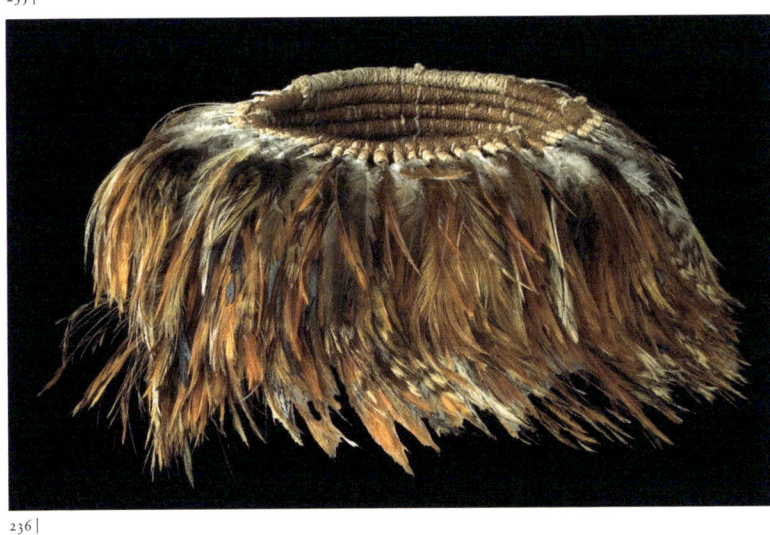

236 |

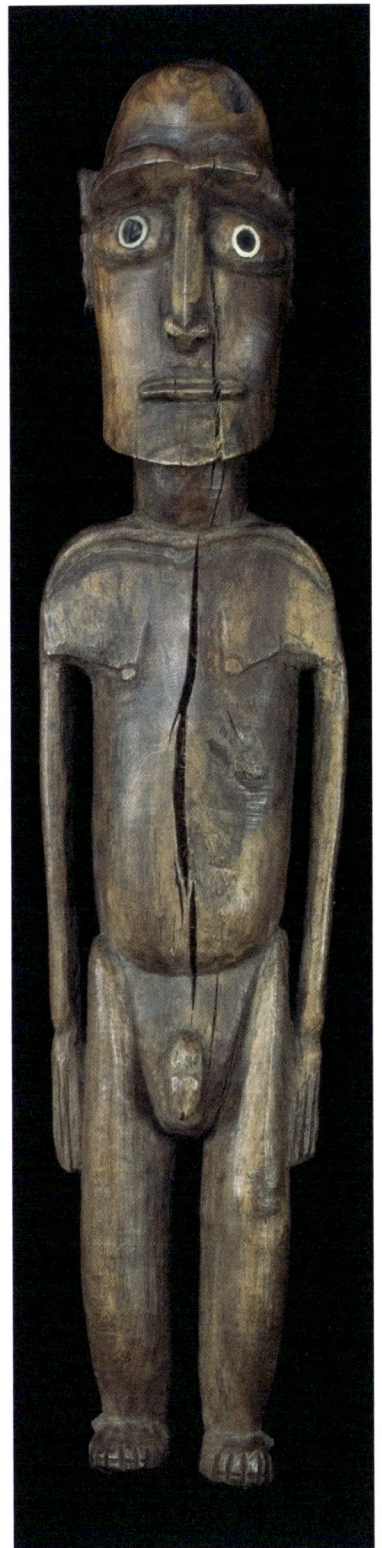

237 |

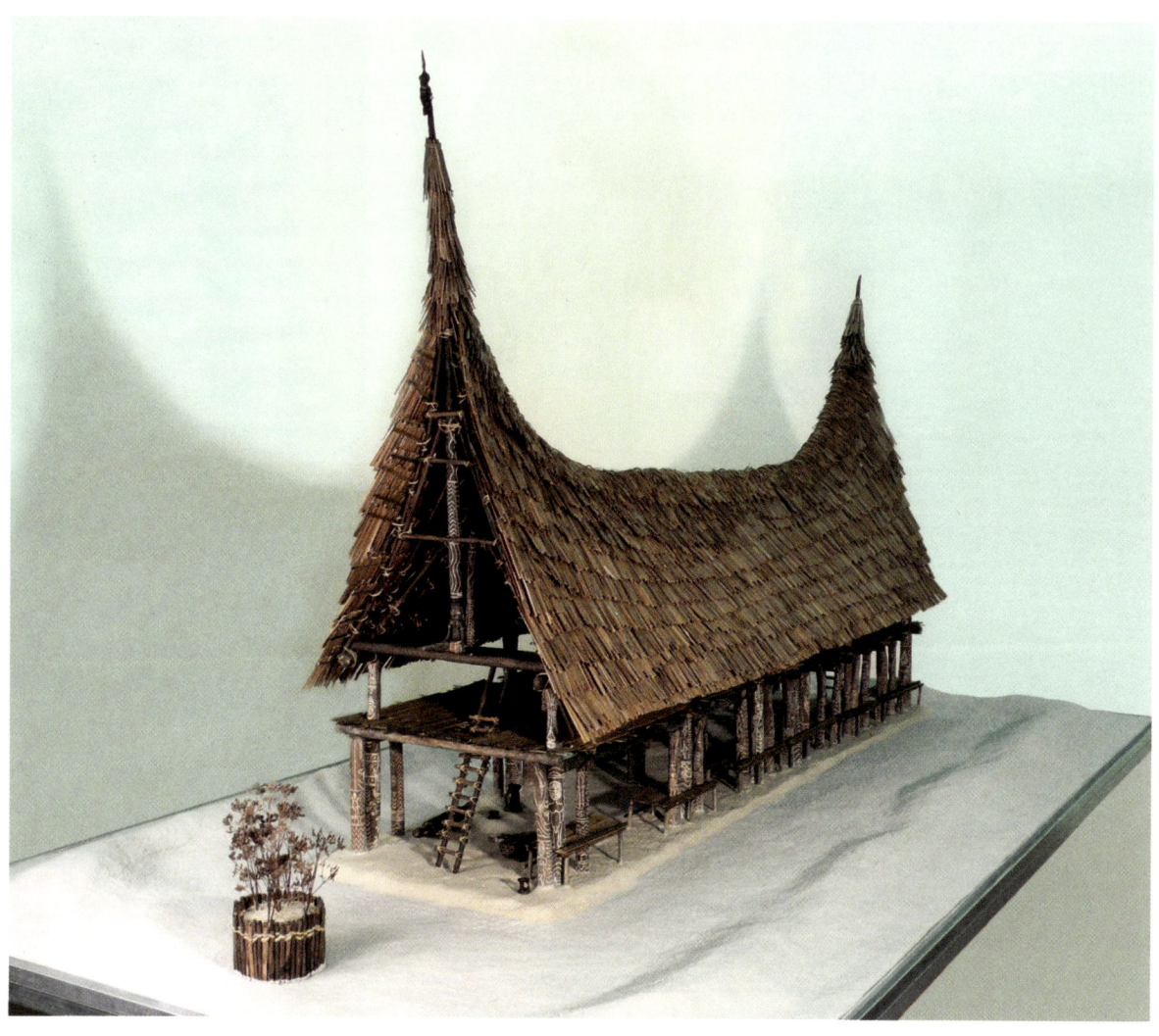

MODELL DES MÄNNERHAUSES VON KANGANAMAN

Maßstab 1:30
Holz, Gips, Dispersionsfarbe, Beize, Klebstoff, Schnur, Naturhalme
Modellplatte: 181 cm x 101 cm
Gebäude: L: 130 cm, B: 37 cm, H: 84 cm
Hochschule für angewandte Wissenschaft und Kunst
Fakultät Bauwesen / Fakultät Erhaltung von Kulturgut
Studienarbeit des Seminars 'Außereuropäische Kulturkreise', SS 2007
Ltg. Prof. Dipl.-Ing. Martin Thumm

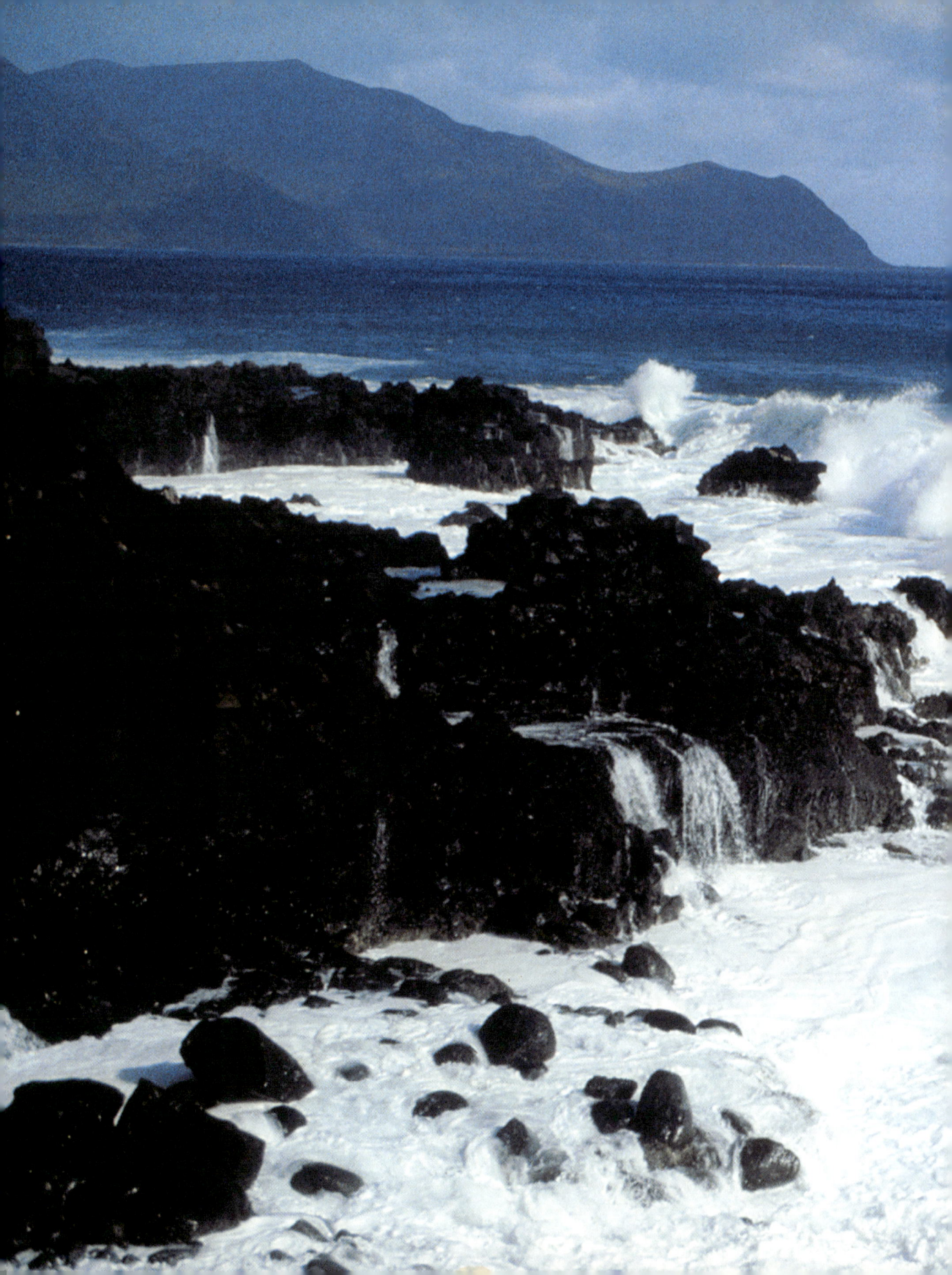

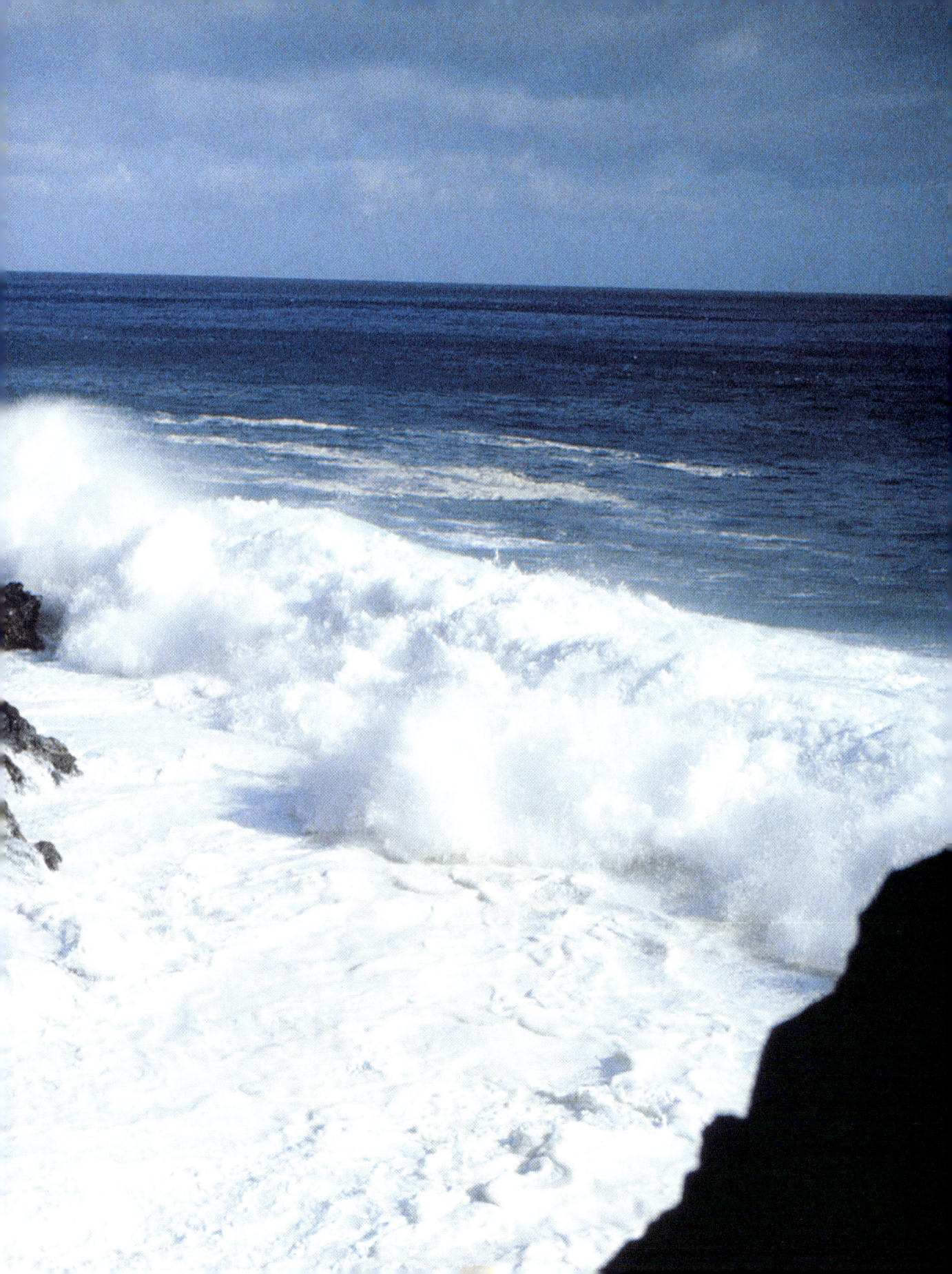

Autoren

Dr. Michaela Appel: Kuratorin der Abteilung Ozeanien, Indonesien, Staatliches Museum für Völkerkunde München.

PD Dr. Ehrentraud Bayer: Leitende Sammlungsdirektorin und stellvertretende Direktorin, Botanischer Garten München-Nymphenburg.

Dr. Inés de Castro: Kuratorin der ethnologischen Sammlung und stellvertretende Direktorin, Roemer- und Pelizaeus-Museum Hildesheim.

Antje Denner, M.A.: Sainsbury Research Unit for the Arts of Africa, Oceania & the Americas, University of East Anglia, UK.

Dr. Michael Dickhardt: Wissenschaftlicher Mitarbeiter, Institut für Ethnologie der Universität Göttingen.

Dr. Andreas Fluck: Kurator, Nolde Stiftung Seebüll.

Dr. Thomas Gädeke: stellvertretender Direktor des Landesmuseums für Kunst und Kulturgeschichte in der Stiftung Schleswig-Holsteinische Landesmuseen Schloß Gottorf.

Prof. Dr. Brigitta Hauser-Schäublin: Professorin am Institut für Ethnologie der Universität Göttingen.

Dr. Ingrid Heermann: Kuratorin der Abteilung Ozeanien, Linden-Museum Stuttgart, Staatliches Museum für Völkerkunde.

Dr. Wolfgang Kempf: Institut für Ethnologie der Universität Göttingen.

Prof. Dr. Werner Kreisel: Professor am Geographischen Institut der Universität Göttingen, Humangeographie.

Dr. Gundolf Krüger: Kustos der ethnologischen Sammlung, Institut für Ethnologie der Universität Göttingen.

Ulrich Menter, M.A.: freiberuflicher Ethnologe; Institut für Ethnologie der Universität Göttingen.

Dr. Markus Schindlbeck: Leiter des Fachreferats Ozeanien und Australien, Ethnologisches Museum Berlin.

Florian Stifel, M.A.: freiberuflicher Ethnologe, Linden-Museum Stuttgart.

Dr. Hildegard Wiegel: Forschungsgruppe „Transfers culturels" an der Ecole normale supérieure (ENS), Paris.

Bildnachweise

Essays
Abb. Einleitung: Foto: Fotolia International. **Karte:** Roemer- und Pelizaeus-Museum Hildesheim. **Abb. 1:** Foto: Berndt Sauer-Dieter. **Abb. 2:** Foto: Markus Hüsgen, Göttingen. **Abb. 3:** Werner Kreisel, Göttingen. **Abb. 4:** Foto: John Nicholls. **Abb. 5:** Foto: Melanie Rademacher, Göttingen. **Abb. 6:** Foto: Melanie Rademacher, Göttingen. **Abb. 7:** Fotolia International. **Abb. 8:** Foto: Markus Hüsgen, Göttingen. **Abb. 9:** Roemer- und Pelizaeus-Museum Hildesheim (Foto: S. Shalchi). **Abb. 10:** Botanischer Garten München-Nymphenburg. **Abb. 11:** Foto: Gundolf Krüger, Göttingen. **Abb. 12:** Sammlung Peter Rheinberger, Liechtenstein (Reproduktion: W. Wachter). **Abb. 13–15:** Institut für Ethnologie und Ethnologische Sammlung der Universität Göttingen (Foto: Harry Haase). **Abb. 16–30:** Ethnologisches Museum Berlin. **Abb. 31–39:** Nolde Stiftung Seebüll. **Abb. 40–44:** Stiftung Rolf Horn in der Stiftung Schleswig-Holsteinische Landesmuseen Schloß Gottorf, Schleswig. **Abb. 45:** Fotos: Wolfgang Kempf und Elfriede Hermann, Göttingen. **Abb. 46–47:** Foto: Wolfgang Kempf, Göttingen. **Abb. 48:** Roemer- und Pelizaeus-Museum Hildesheim (Foto: S. Shalchi). **Abb. 49:** Foto: Wolfgang Kempf, Göttingen. **Abb. 50:** Roemer- und Pelizaeus-Museum Hildesheim (Foto: S. Shalchi). **Abb. 51–52:** Foto: Wolfgang Kempf, Göttingen. **Abb. 53–56:** Foto: Jörg Hauser, Göttingen. **Abb. 57–58:** Foto: Antje Denner, Norwich. **Abb. 59:** Foto: Raymond Amman, Basel. **Abb. 60–61:** Foto: Antje Denner, Norwich. **Abb. 62–63:** Roemer- und Pelizaeus-Museum Hildesheim (Foto: S. Shalchi). **Abb. 64–65:** Foto: Antje Denner, Norwich. **Abb. 66:** Foto: Raymond Amman, Basel. **Abb. 67:** Roemer- und Pelizaeus-Museum Hildesheim (Foto: S. Shalchi). **Abb. 68:** Ethnologisches Museum Berlin. **Abb. 69–71:** Roemer- und Pelizaeus-Museum Hildesheim (Foto: S. Shalchi). **Abb. 72–73:** Foto: Michael Dickhardt, Göttingen. **Abb. 74:** Roemer- und Pelizaeus-Museum Hildesheim. **Abb. 75–76:** Roemer- und Pelizaeus-Museum Hildesheim (Foto: S. Shalchi). **Abb. 77:** Foto: Ingrid Heermann, Stuttgart. **Abb. 78 a:** Roemer- und Pelizaeus-Museum Hildesheim. **Abb. 78 b:** Roemer- und Pelizaeus-Museum Hildesheim (Foto: S. Shalchi). **Abb. 79–82:** Foto: Ingrid Heermann, Stuttgart. **Abb. 83:** Foto: Susanne Kühling, Heidelberg. **Abb. 84:** Foto: Ingrid Heermann, Stuttgart. **Abb. 85–87:** Roemer- und Pelizaeus-Museum Hildesheim (Foto: S. Shalchi). **Abb. 88:** Susanne Kühling, Heidelberg. **Abb. 89:** Roemer- und Pelizaeus-Museum Hildesheim (Foto: S. Shalchi). **Abb. 90:** Kevin Conrue (Foto: Hugo A. Bernatzik). **Abb. 91:** Roemer- und Pelizaeus-Museum Hildesheim (Foto: S. Shalchi). **Abb. 92:** Foto: Susanne Kühling, Heidelberg. **Abb. 93:** Kevin Conrue (Foto: Hugo A. Bernatzik). **Abb. 94:** Foto: Gundolf Krüger, Göttingen. **Abb. 95:** Foto: Harry Haase, Göttingen. **Abb. 96–97:** Foto: Gundolf Krüger, Göttingen. **Abb. 98–99:** Roemer- und Pelizaeus-Museum Hildesheim (Foto: S. Shalchi). **Abb. 100–102:** Foto: Gundolf Krüger, Göttingen. **Abb. 103–104:** Foto: Ulrich Menter, Göttingen. **Abb. 105:** Roemer- und Pelizaeus-Museum Hildesheim (Foto: S. Shalchi). **Abb. 106:** Foto: Harry Haase, Göttingen. **Abb. 107:** Fotoarchiv Staatliches Museum für Völkerkunde München. **Abb. 108:** aus: Georg Heinrich v. Langsdorff: *Bemerkungen auf einer Reise um die Welt in den Jahren 1803 bis 1807*; Frankfurt a. Main 1812. **Abb. 109–110:** Roemer- und Pelizaeus-Museum Hildesheim (Foto: S. Shalchi). **Abb. 111:** Fotos: Gundolf Krüger, Göttingen. **Abb. 112–113:** Foto: Wolfgang Kempf, Göttingen. **Abb. 114:** Roemer- und Pelizaeus-Museum Hildesheim (Foto: S. Shalchi). **Abb. 115:** Foto: Gundolf Krüger, Göttingen. **Abb. 116:** Foto: Ulrich Menter, Göttingen. **Abb. 117:** Foto: Markus Hüsgen, Göttingen. **Abb. 118:** Foto: Gundolf Krüger, Göttingen. **Abb. 119:** Foto: Ulrich Menter, Göttingen. **Abb. 120:** Foto: Gundolf Krüger, Göttingen. **Abb. 121:** Foto: Markus Hüsgen, Göttingen. **Abb. 122:** Gundolf Krüger, Göttingen. **Abb. 123:** Foto: Ulrich Menter, Göttingen. **Abb. 124:** Foto: Markus Hüsgen, Göttingen. **Abb. 125–126:** Foto: Ulrich Menter, Göttingen.

Katalog
Abb. 001–237: Roemer- und Pelizaeus-Museum Hildesheim (Fotos: S. Shalchi). **Modell:** Foto: Martin Thumm, Hildesheim.

LITERATUR

Inselwelten im Pazifik
Arnberger, Erik. 1993. *Die tropischen Inseln des Indischen und Pazifischen Ozeans*. Wien: Deuticke
Kreisel, Werner. 2004. *Die pazifische Inselwelt: Eine Länderkunde*. 2. Auflage. Stuttgart: Gebr. Borntraeger
Kreisel, Werner (Hg.). 2006. *Mythos Südsee. Länderprofile Ozeaniens zu Wirtschaft und Gesellschaft*. Hamburg: merus verlag

Deutsche in der Südsee
Christmann, Helmut, Peter Hempenstall u. Dirk Anthony Ballendorf. 1991. *Die Karolinen-Inseln in Deutscher Zeit: Eine kolonialgeschichtliche Fallstudie*. Münster: Lit Verlag
Fischer, Hans. 1984. *Warum Samoa? Touristen und Tourismus in der Südsee*. Berlin: Reimer
Graichen, Gisela u. Horst Gründer. 2005. *Deutsche Kolonien: Traum und Trauma*. Berlin: Ullstein
Gründer, Horst. 1985. *Geschichte der deutschen Kolonien*. Paderborn: Ferdinand Schöningh
Heermann, Ingrid. 1987. *Mythos Tahiti: Südsee – Traum und Realität*. Berlin: Reimer
Hardach, Gerd. 1990. *König Kopra. Die Marianen unter deutscher Herrschaft 1899–1914*. Stuttgart: Franz Steiner
Hezel, Francis X. 1995. *Strangers in their own land: a century of colonial rule in the Caroline and Marshall Islands*. Honolulu: University of Hawai'i Press
Hiery, Hermann Joseph. 1995. *Das Deutsche Reich in der Südsee (1900–1921): Eine Annäherung an die Erfahrungen verschiedener Kulturen*. Göttingen, Zürich: Vandenhoeck und Ruprecht
Keate, Georg. 1789. *Nachrichten von den Pelew-Inseln in der Westgegend des stillen Oceans: Aus den Tagebüchern und mündlichen Nachrichten des Capitains Heinrich Wilson, und einiger Officiere, welche daselbst mit ihm im August 1783 in der Antelope, einem Postschiff der englischen ostindischen Compagnie, Schiffbruch litten, zusammengetragen von Herrn Georg Keate ... und aus dem Englischen übersetzt von Georg Forster*. Hamburg: Hoffmann
Köhler, Michael. 1982. *Akkulturation in der Südsee: Die Kolonialgeschichte der Karolinen-Inseln im pazifischen Ozean und der Wandel ihrer sozialen Organisation*. Frankfurt a. Main: Peter Lang
Kroeber-Wolf, Gerda und Peter Mesenhöller (Hg.). 1998. *Talofa! Samoa, Südsee: Ansichten und Einsichten*. Frankfurt a. Main: Museum für Völkerkunde
Mackensen, Götz. 1977. *Zum Beispiel Samoa: der sozio-ökonomische Wandel Samoas vom Beginn der kolonialen Penetration bis zur Gründung des unabhängigen Staates im Jahre 1962 ...* Bremen: Übersee-Museum
Reche, Emil. 1926. *Tangaloa: Ein Beitrag zur geistigen Kultur der Polynesier*. München: R. Oldenbourg
Reinecke, Franz. 1902. *Samoa*. Berlin: Wilhelm Süsserott
Vinke, Hermann. 1984. *Wir sind wie die Fische im Meer*. Zürich: Arche

Das Bild der Südsee in der Kunst des frühen 20. Jahrhunderts
Möller, Magdalena M. (Hg.). 2002. *Emil Nolde: Expedition in die Südsee*. München: Hirmer
Orchard, Karin u. Roland März. 1992. *Emil Nolde: Reise in die Südsee 1913–1914*. (Ausstellungskatalog 1992/93). Hannover: Sprengel Museum
Rochard, Patricia, Gerhard Kölsch u. Ute-Dorothee Elchert (Red.). 1997. *Paul Gauguin, Emil Nolde und die Kunst der Südsee: Ursprung und Vision*. (Ausstellungskatalog Ingelheim 1997). Mainz: Schmidt
Rubin, William (Hg.). 1984. *„Primitivism" in twentieth-century art: affinity of the tribal and the modern*. (Ausstellungskatalog 1984/85). New York: Museum of Modern Art
Schmalenbach, Werner: *Die Kunst der Primitiven als Anregungsquelle für die europäische Kunst bis 1900*. Köln: DuMont-Schauberg

Emil Noldes Reise in die Südsee
Nolde, Emil. 2002 (7. Aufl.). *Jahre der Kämpfe: 1902–1914*. Köln: DuMont
Nolde, Emil. 2002 (4. Aufl.). *Welt und Heimat: die Südseereise 1913–1918*. Köln: DuMont
Nolde, Emil. 2002 (6. Aufl.). *Reisen, Ächtung, Befreiung: 1919–1946*. Köln: DuMont

Die Südseereise Max Pechsteins und ihr künstlerischer Ertrag
Pechstein, Max. 1993 (2. Aufl.). *Erinnerungen: mit105 Zeichnungen des Künstlers* (Hg. Leopold Reidemeister, mit einem Nachwort von Karin v. Maur). Stuttgart: DVA
Grubert-Thurow, Beate. 1996. „Das ferne Paradies. Pechstein und Palau". In: *Max Pechstein. Das ferne Paradies. Gemälde, Zeichnungen, Druckgraphik* (Katalog des Städtischen Kunstmuseum Spendhaus Reutlingen), S. 72–86. Ostfildern-Ruit: Hatje

Neuguinea: lokale Kulturen – globale Einbindungen

Connolly, Bob and Robin Anderson. 1987. *First contact: New Guinea's highlanders encounter the outside world.* New York: Viking

Harding, Thomas G. 1967. *Voyagers of the Vitiaz Strait: a study of a New Guinea trade system.* Seattle: University of Washington Press

Herdt, Gilbert (Hg.). 1984. *Ritualized homosexuality in Melanesia.* Berkeley: University of California Press

O'Hanlon, Michael. 1989. *Reading the skin: adornment, display and society among the Wahgi.* London: British Museum

Otto, Ton and R. J. Verloop. 1996. The Asaro mudmen: local property, public culture? *The Contemporary Pacific* 8 (2): 349–386

Schieffelin, Edward L. and Robert Crittenden. 1990. *Like people you see in a dream: first contact in six Papuan societies.* Stanford: Stanford University Press

Sillitoe, Paul. 1998. *An introduction to the anthropology of Melanesia: culture and tradition.* Cambridge: Cambridge University Press

Sillitoe, Paul. 2000. *Social change in Melanesia: development and history.* Cambridge: Cambridge University Press

Strathern, Andrew and P.J. Stewart. 2002. „The south-west Pacific". In: Andrew Strathern et al. *Oceania: an introduction to the cultures and identities of Pacific Islanders.* S. 11–98. Durham, N.C.: Carolina Academic Press

Big-Men und Geheimbünde – die Inseln Melanesiens

Albert, Steven. 1987. *The work of marriage and the work of death: ritual and political process among the Lak, southern New Ireland, Papua New Guinea.* (Ph.D. thesis. University of Chicago). Ann Arbor: UMI Dissertation Services

Allen, Michael. 1967. *Male cults and secret initiations in Melanesia.* Melbourne: Melbourne University Press

Allen, Michael (Hg.). 1981. *Vanuatu: politics, ritual and economics in Island Melanesia.* Sydney: Academic Press

Blackwood, Beatrice. 1935. *Both sides of Buka Passage. An ethnographic study of social, sexual, and economic questions in the north-western Solomon Islands.* Oxford: Clarendon Press

Bonnemaison, Joël et al. (Hg.). 1996. *Arts of Vanuatu.* Bathurst: Crawford House Publishing

Boulay, Roger et al. (Hg.). 1990. *De jade et de nacre: patrimoine artistique kanak.* Paris: Réunion des Musées Nationaux

Denner, Antje. 2003. „Die Magie der Tänze: Anir, Neuirland, Papua Neuguinea". In: Dorothea Deterts (Hg.). *Auf Spurensuche: Forschungsberichte aus und um Ozeanien zum 65. Geburtstag von Dieter Heintze.* TenDenZen 11, Jahrbuch des Übersee-Museums Bremen. S. 121–130. Bremen: Übersee-Museum

Denner, Antje. 2006. Federkleid aus Blättern: *tubuan*-Tänze und Vogelsymbolik auf Anir (New Ireland Province, Papua New Guinea). *Regio Basiliensis* 47 (1): 11–16

Denner, Antje. 2008. Images from over the sea: masking traditions on Anir, New Ireland, PNG (II). *Pacific Arts* (n.s.) 7: 12–23

Errington, Frederick Karl. 1974. *Karavar – masks and power in a Melanesian ritual.* Ithaca: Cornell University Press

Feinberg, Richard (Hg.). 1995. *Seafaring in the contemporary Pacific Islands: studies in continuity and change.* DeKalb, Ill.: Northern Illinois University Press

Godelier, Maurice & Marilyn Strathern (Hg.). 1991. *Big men and great men: personifications of power in Melanesia.* Cambridge: Cambridge University Press

Guiart, Jean. 1963. *Structure de la chefferie en la Mélanésie du Sud.* Paris: Institut d'Ethnologie

Ivens, Walter G. 1930. *The island builders of the Pacific.* Philadelphia: J. B. Lippincott Company

Kaeppler, Adrienne et al. (Hg.). 1994. *Ozeanien – Kunst und Kultur.* Freiburg, Basel, Wien: Herder

Kaufmann, Christian et al. (Hg.). 2002. *Admiralty Islands: art from the South Seas.* Zürich: Museum Rietberg

Kingston, Sean. 1998. *Focal images, transformed memories: the poetics of life and death in Siar, New Ireland, Papua New Guinea.* (Ph.D. thesis). London: University College London

Lindstrom, Lamont. 1990. *Knowledge and power in a South Pacific society.* Washington: Smithsonian Institution Press

Ohnemus, Sylvia. 1996. *Zur Kultur der Admiralitäts-Insulaner in Melanesien: Die Sammlung Alfred Bühler im Museum für Völkerkunde Basel.* Basel: Museum für Völkerkunde

Parkinson, Richard. 1907. *Dreißig Jahre in der Südsee. Land und Leute, Sitten und Gebräuche im Bismarckarchipel und auf den Deutschen Salomoninseln.* Stuttgart: Strecker & Schröder

Raabe, Eva (Hg.). 1992. *Mythos Maske: Ideen, Menschen, Weltbilder.* (Roter Faden zur Ausstellung 19) Frankfurt a. M.: Museum für Völkerkunde

Robillard, Albert B. (Hg.). 1992. *Social change in the Pacific Islands.* London: Kegan Paul International

Spriggs, Matthew. 1997. *The island Melanesians.* Cambridge, Mass.: Blackwell Publishers

Stöhr, Waldemar. 1987. *Kunst und Kultur aus der Südsee. Sammlung Clausmeyer.* (Ethnologica, N.F. Band 6). Köln: Rautenstrauch-Joest-Museum

Strathern, Marilyn (Hg.). 1987. *Dealing with inequality: analysing gender relations in Melanesia and beyond.* Cambridge: Cambridge University Press

Trompf, Garry W. 1991. *Melanesian religion.* Cambridge: Cambridge University Press

Waite, Deborah. 1983. *Art of the Solomon Islands from the collection of the Barbier-Müller Museum.* Genf: Musée Barbier-Müller

White, Geoffrey & Lamont Lindstrom. 1997. *Chiefs today: traditional Pacific leadership and the postcolonial state.* Stanford: Stanford University Press

Malagan – *Feste für die Toten*
Bodrogi, Tibor. 1987. „New Ireland art in cultural context". In: Louise Lincoln (Hg.). 1987, S. 17–32
Brouwer, Elizabeth C. 1980. *A Malagan to cover the grave – funerary ceremonies in Mandak.* (Ph.D. thesis). St. Lucia: University of Queensland
Bühler, Alfred. 1933. Totenfeste in Nord-Neuirland. *Verhandlungen der Schweizerischen Naturforschenden Gesellschaft* 114: 243–270
Gunn, Michael. 1987. „The transfer of Malagan ownership on Tabar". In: Louise Lincoln (Hg.). 1987, S. 74–83
Gunn, Michael. 1997. *Ritual arts of New Ireland in the collections of the Barbier-Mueller Museum.* Mailand: Skira
Gunn, Michael. 2007a. „*Malagan*-Masken für den Umgang mit Tabus". In: Michael Gunn & P. Peltier (Hg.). 2007, S. 250–251
Gunn, Michael. 2007b. Tatanua-Masken. In: M. Gunn & P. Peltier (Hg.). 2007, S. 260
Gunn, Michael. 2007c. Nicht-*malagan* Masken aus dem Norden. In: M. Gunn & Philippe Peltier (Hg.). 2007, S. 266
Gunn, Michael u. Philippe Peltier (Hg.). 2007. Neuirland – Kunst der Südsee. Milan: 5 Continents Editions
Heintze, Dieter. 1969. *Ikonographische Studien zur Malanggan-Kunst Neuirlands. Untersuchungen an ausgewählten Vogeldarstellungen.* (Inaugural Dissertation). Tübingen: Universität Tübingen
Heintze, Dieter. 1987. „On trying to understand some Malagans". In: Louise Lincoln (Hg.). 1987, S. 42–55
Helfrich, Klaus. 1973. *Malanggan 1: Bildwerke von Neuirland.* Berlin: Museum für Völkerkunde
Krämer, Augustin. 1925. *Die Malanggane von Tombára.* München: Georg Müller
Küchler, Susanne. 2002. *Malanggan. Art, Memory and Sacrifice.* Oxford, New York: Berg
Küchler, Susanne. 2007. „Der rituelle Kontext". In: Michael Gunn u. Philippe Peltier (Hg.). 2007, S. 46–47
Lewis, Phillip H. 1969. *The social context of art in northern New Ireland.* (Fieldiana Anthropology 58). Chicago: Field Museum of Natural History
Lincoln, Louise (Hg.). 1987. *An assemblage of spirits: idea and image in New Ireland.* New York: George Braziller
Peltier, Philippe. 2007. „Die *malagan*-Zeremonien im Norden Neuirlands". In: Michael Gunn u. Philippe Peltier (Hg.). 2007, S. 77–81
Powdermaker, Hortense. 1933. *Life in Lesu.* London: Williams & Norgate
Walden, Edgar (hrsg. von Hans Nevermann). 1940. Totenfeiern und Malagane von Nord-Neumecklenburg. *Zeitschrift für Ethnologie* 72: 11–38

Kleininselwelt im Pazifik – die Region Mikronesien
Etpison, Mandy T. 2004. *Palau. Cultural history, natural history.* 2. Vol. Koror: Tkei Corp.
Feldman, Jerome, Donald H. Rubinstein u. Leonard Mason. c. 1986. *The art of Micronesia.* Honolulu. University of Hawai'i, Art Gallery
Karl, Ferdinand und Hermann Mückler. 2002. *Oasen der Südsee. Die größten „Kleinstaaten" der Welt.* Gnas: Weisshaupt
Koch, Gerd. 1965. *Materielle Kultur der Gilbert Inseln.* (Veröffentlichungen des Museums für Völkerkunde Berlin, N.F. 6, Abt. Südsee III). Berlin: Museum für Völkerkunde
Koch, Gerd. 1994. „Männer vom Grund des Meeres: Frühe ostasiatische Einflüsse im südwestlichen Pazifik". In: Brigitta Hauser-Schäublin (Hg.). *Geschichte und mündliche Überlieferungen in Ozeanien.* (Basler Beiträge zur Ethnologie 37). Basel
Treide, Barbara. 1997. *In den Weiten des Pazifik: Mikronesien.* Wiesbaden: Reichert
Weiss, Gabriele und Carmen Petrosian-Husa. 1996. *Strahlende Südsee. Inselwelt Mikronesien.* Wien: Museum für Völkerkunde)

Den Sternen nach – Navigation und Boote in der Südsee
Bernatzik, Hugo. 1934. *Südsee.* Leipzig: Bibliographisches Institut
D'Arcy, Paul. 2006. *The people of the sea – environment, identity and history in Oceania.* Honolulu: University of Hawai'i Press
Haddon, A.C. und James Hornell. 1975. *Canoes of Oceania.* Honolulu: Bishop Museum Press
Koch, Gerd. 1969. *Südsee – Führer durch die Ausstellung der Südsee-Abteilung.* Berlin: Museum für Völkerkunde
Olopai, Lino M. 2005. *The rope of tradition.* Saipan: Northern Marianas Islands Council for Humanities

Mana und Tapu – die Welt der polynesischen Inseln
Feinberg, Richard u. Cluny MacPherson. 2002. „The ‚eastern' Pacific". In: Andrew Strathern et al. 2002. *Oceania: an introduction to the cultures and identities of Pacific Islanders.* S. 101–179. Durham: Carolina Academic Press
Hauser-Schäublin, Brigitta u. Gundolf Krüger (Hg.). 1998. *James Cook. Gifts and treasures from the South Seas: The Cook/Forster collection, Göttingen/James Cook. Gaben und Schätze aus der Südsee: Die Göttinger Sammlung Cook/Forster.* München: Prestel
Hooper, Steven. 2006. *Pacific encounters: art and divinity in Polynesia 1760–1860.* London: The British Museum Press
Kaeppler, Adrienne. 1994. „Polynesien und Mikronesien". In: Adrienne Kaeppler, Christian Kaufmann u. Douglas Newton. 1994. *Ozeanien: Kunst und Kultur.* S. 19–140. Freiburg i. Br.: Herder
Kirch, Patrick Vinton u. Roger C. Green. 2001. *Hawaiki, ancestral Polynesia: an essay in historical anthropology.* Cambridge: Cambridge University Press
Kroeber-Wolf, Gerda u. Peter Mesenhöller (Hg.). 1998. *Talofa! Samoa, Südsee: Ansichten und Einsichten* (Roter Faden zur Ausstellung 21). Frankfurt/Main: Museum für Völkerkunde

Lal, Brij V. u. Kate Fortune (Hg.). 2000. *The Pacific Islands: an encyclopedia*. Honolulu: University of Hawai'i Press

National Museum of Australia. 2006. *Cook's Pacific encounters: the Cook-Forster Collection of the Georg-August University of Göttingen*. Canberra: National Museum of Australia

Oliver, Douglas. 1989. *Oceania: the native cultures of Australia and the Pacific islands*. Honolulu: University of Hawai'i Press

Salmond, Anne. 2004. *The trial of the cannibal dog: Captain Cook in the South Seas*. London: Penguin

Tatau – *Körperschmuck in Polynesien*

De Coppet, Daniel and André Iteanu (Hg.). 1995. *Cosmos and society in Oceania*. Oxford: Berg

Gathercole, Peter. 1988. „Contexts of Maori Moko". In: Rubin, Arnold (Hg). 1988, S. 171–177

Gell, Alfred. 1993. *Wrapping in images: tattooing in Polynesia*. Oxford: Clarendon Press

Gell, Alfred. 1995. „Closure and multiplication: an essay on Polynesian cosmology and ritual". In: De Coppet, Daniel and André Iteanu (Hg.). 1995, S. 21–56

Kaeppler, Adrienne. 1988. „Hawaiian tatoo: a conjunction of genealogy and aesthetics". In: Rubin, Arnold (Hg.) 1988, S. 157–170

Rubin, Arnold (Hg.). 1988. *Marks of civilization: artistic transformations of the human body*. Los Angeles: University of California, Museum of Cultural History

„Paradiese" im Wandel – *Ozeanien seit dem 20. Jahrhundert*

Böge, Volker et al. (Hg.). 2005. *Konflikte und Krisen in Ozeanien: pazifische Inseln zwischen häuslicher Gewalt und innergesellschaftlichen Krisen*. Neuendettelsau: Pazifik-Netzwerk e.V.

Borofsky, Robert. 2000. *Remembrance of Pacific pasts: an invitation to remake history*. Honolulu: University of Hawai'i Press

Chiu, Melissa. 2004. *Paradise now? Contemporary art from the Pacific*. New York: Asia Society

Craig, Barry, Bernie Kernot u. Christopher Anderson (Hg.). 1999. *Art and performance in Oceania*. Honolulu: University of Hawai'i Press

Denoon, Donald et al. (Hg.). 1997. *The Cambridge history of the Pacific Islanders*. Cambridge: Cambridge University Press

Durie, Mason. 2005. *Ngā Tai Matatū tides of Māori endurance*. S. Melbourne: Oxford University Press

von Gizycki, Renate. *Wo der Tag beginnt, enden die Träume: Begegnungen in der Südsee*. Frankfurt a. Main: Fischer Taschenbuch Verlag

Hau'ofa, Epeli. 2005. „The ocean in us". In: Antony Hooper (Hg.). 2005. *Culture and sustainable development in the Pacific*, S. 32–43. Canberra: ANU E Press

Howe, K. R., Robert C. Kiste u. Brij V. Lal (Hg.). 1994. *Tides of history: the Pacific Islands in the twentieth century*. Honolulu: University of Hawai'i Press

Kahn, Miriam u. Erin Younger (Hg.). 2005. *Pacific voices: keeping our cultures alive*. Seattle: Burke Museum of Natural History and Culture

Kolig, Erich u. Hermann Mückler (Hg.). 2002. *Politics of indigeneity in the South Pacific: recent problems of identity in Oceania*. Münster: LIT Verlag

Kramer, Fritz W. 1983. *Bikini oder die Bombardierung der Engel: auch eine Ethnographie*. Frankfurt a. Main: Syndikat

Kreisel, Werner. 2004. *Die pazifische Inselwelt: eine Länderkunde*. Berlin: Bornträger

Lal, Brij V. u. Kate Fortune (Hg.). 2000. *The Pacific Islands: an encyclopedia*. Honolulu: University of Hawai'i Press

Lockwood, Victoria S. (Hg.). 2004. *Globalization and culture change in the Pacific Islands*. Upper Saddle River: Prentice Hall

Rathgeber, Theodor (Red.). 2006. *Wirtschaftliche, soziale und kulturelle Rechte in West-Papua: soziale Realität und politische Perspektiven*. Wuppertal: Foedus-Verlag

Smith, Huhana. 2002. *Taiāwhio: conversations with contemporary Māori artists*. Wellington: Te Papa Press

Trask, Haunani-Kay. 1993. *From a native daughter: colonialism and sovereignty in Hawai'i*. Monroe: Common Courage Press

Wendt, Albert, Reina Whaitiri u. Robert Sullivan (Hg.). 2003. *Whetu Moana: contemporary Polynesian poems in English*. Honolulu: University of Hawai'i Press

„Südsee" – *eine Literaturauswahl zu Geschichte, Kulturen und Kunst Ozeaniens*

Appel, Michaela. 2005. *Ozeanien: Weltbilder der Südsee*. München: Staatliches Museum für Völkerkunde

Beran, Harry u. Barry Craig. 2005. *Shields of Melanesia*. Honolulu: University of Hawai'i Press

Clunie, Fergus. 2003. *Yalo i Viti: a Fiji Museum catalogue*. Suva: Fiji Museum

D'Alleva, Anne. 1998. *Arts of the Pacific Islands*. New York: Harry N. Abrams

Gosden, Chris u. Chantal Knowles. 2001. *Collecting colonialism: material culture and colonial change*. Oxford: Berg

Hauser-Schäublin, Brigitta. 1989a. *Kulthäuser in Nordneuguinea*. (Abhandlungen und Berichte des Staatlichen Museums für Völkerkunde Dresden 43). Berlin: Akademie-Verlag

Heermann, Ingrid (Hg.). 2001. *Form Farbe Phantasie. Südsee-Kunst aus Neubritannien*. Stuttgart: Arnoldsche

Heermann, Ingrid u. Ulrich Menter. 1990. *Schmuck der Südsee. Ornament und Symbol*. München: Prestel

Herle, Anita, Nick Stanley, Karen Stevenson u. Robert L. Welsch (Hg.). 2002. *Pacific art: persistence, change and meaning*. Honolulu: University of Hawai'i Press

Kaeppler, Adrienne, Christian Kaufmann u. Douglas Newton. 1994. *Ozeanien: Kunst und Kultur.* Freiburg: Herder

Kaufmann, Christian, Christin Kocher Schmid u. Sylvia Ohnemus (Hg.). 2002. *Admiralty Islands: art from the South Seas.* Zürich: Museum Rietberg

Mallon, Sean. 2002. *Samoan art and artists: o measina a Samoa.* Honolulu: University of Hawai'i Press

Menter, Ulrich. 2003. *Ozeanien – Kult und Visionen: verborgene Schätze aus deutschen Völkerkundemuseen.* München: Prestel

Meyer, Anthony J.P. 1995. *Ozeanische Kunst (Dt./Engl./Frz.). Bd. 1, 2.* Köln: Koenemann

Neich, Roger u. Mick Pendergrast. 2004. *Pacific tapa.* Honolulu: University of Hawai'i Press

Newton, Douglas (Hg.). 1999. *Arts of the South-Seas: the collections of the Musée Barbier-Müller.* München: Prestel

O'Hanlon, Michael u. Robert L. Welsch (Hg.). 2000. *Hunting the gatherers: ethnographic collectors, agents, and agency in Melanesia, 1870s–1930s.* New York: Berghahn Books

St. Cartmail, Keith. 1997. *The Art of Tonga: ko e ngaahi 'aati'o Tonga.* Honolulu: University of Hawai'i Press

Schindlbeck, Markus (Hg.). 1993. *Von Kokos zu Plastik: Südseekulturen im Wandel.* (Veröffentlichungen des Museums für Völkerkunde Berlin, N.F. 59, Abt. Südsee 12). Berlin: Museum für Völkerkunde

Schindlbeck, Markus (Hg.). 2007. *Expeditionen in die Südsee: Begleitbuch zur Ausstellung und Geschichte der Südsee-Sammlung des Ethnologischen Museums.* Berlin: Reimer

Thode-Arora, Hilke. 2001. *Tapa und Tiki: die Polynesien-Sammlung des Rautenstrauch-Joest-Museums.* (Ethnologica N.F. 23). Köln: Rautenstrauch-Joest-Museum

Thomas, Nicholas. 1995. *Oceanic art.* London: Thames and Hudson

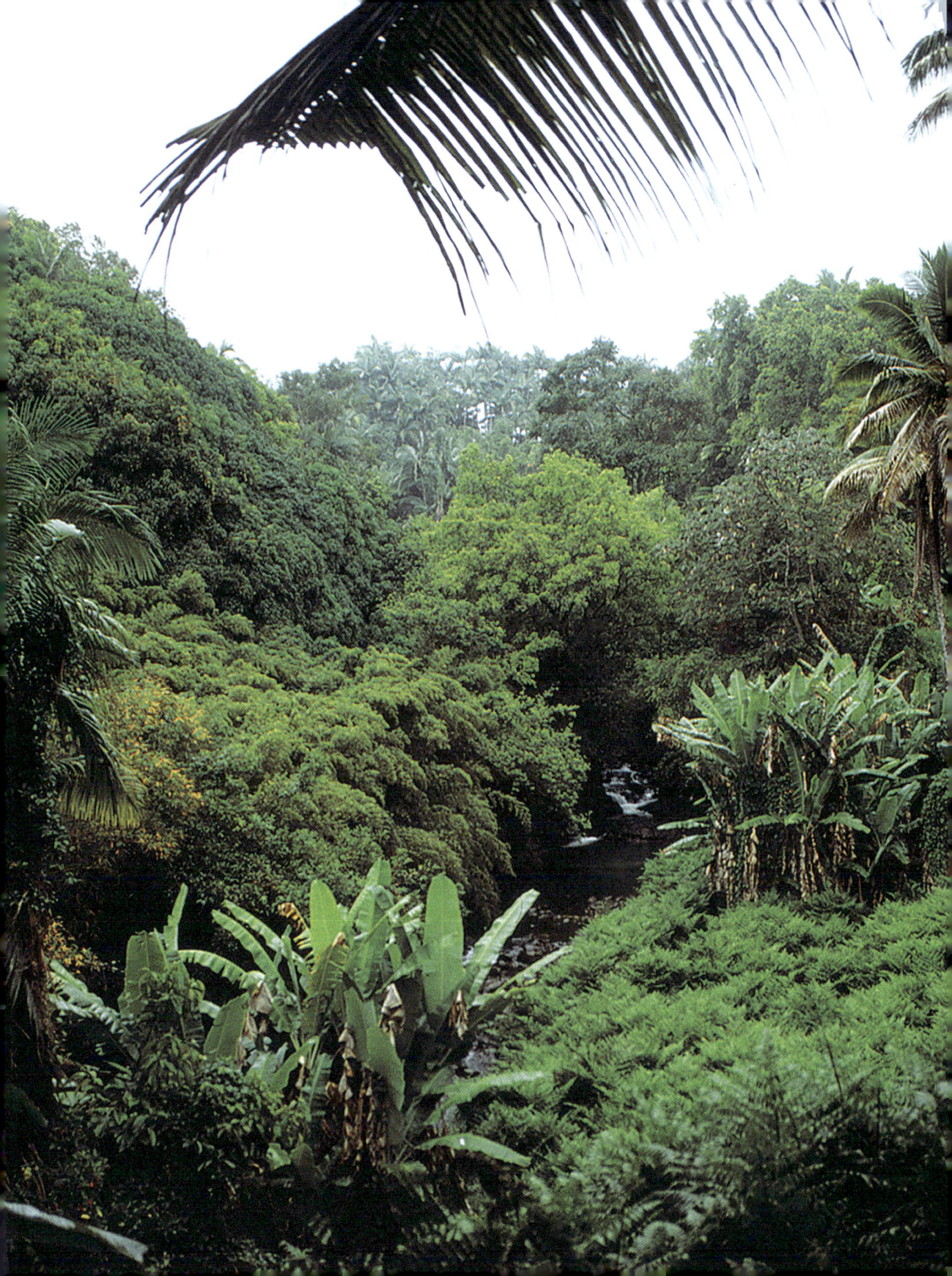